司法解释理解与适用系列

最高人民法院
民法典婚姻家庭编司法解释（二）
理解与适用

（含彩礼纠纷规定）

薛宁兰　刘征峰　汪　洋　缪　宇 ◎ 著

中国法治出版社
CHINA LEGAL PUBLISHING HOUSE

前　言

婚姻家庭制度历来是民法领域中公众关注度最高的制度。这不仅因为它关涉千家万户每个成员的切身利益（身份利益与财产利益），还与民法典总则、物权、合同等各编，以及妇女权益保障法、未成年人保护法、反家庭暴力法、公司法等法律有着千丝万缕、难以割舍的联系。

为贯彻实施《民法典》，最高人民法院在《婚姻家庭编司法解释（一）》基础上，于今年2月1日施行《婚姻家庭编司法解释（二）》。这一新司法解释以社会主义核心价值观为指导，以建立平等、和睦、文明的婚姻家庭关系为目标，注重维护婚姻家庭的伦理性，注重保护个人合法权益与家庭团体利益、保护婚姻家庭稳定与交易安全的平衡。针对重婚效力瑕疵可否补正、离婚协议中的债权人撤销权、同居关系析产、夫妻间给予房产、父母为子女结婚出资购房、夫妻一方擅自处分名下共有股权、一方用夫妻共同财产直播打赏、一方及其近亲属抢夺、藏匿未成年子女的行为后果、继父母对继子女抚育事实认定，以及离婚经济补偿、离婚经济帮助标准等司法实践中的难点问题，秉持体系化解释理念，综合考虑多重动态因素，作出统一法官裁判尺度的细化规定。

在《婚姻家庭编司法解释（二）》出台前，最高人民法院于2024年公布实施《彩礼纠纷规定》。《彩礼纠纷规定》聚焦由传统婚嫁习俗引发彩礼返还纠纷的解决，重申禁止借婚姻索取财物法律原则，采用例示性规定与多重因素相结合标准认定彩礼范围，区分确立婚约财产案件与离婚案件中的彩礼返还裁判规则，明晰两类案件中的诉讼主体，助力引导公众理性对待彩礼问题，推动提升高额彩礼专项社会治理效果。

本书由薛宁兰、刘征峰、汪洋、缪宇分工协力完成。除我外，其他三位作者均是近年来在民法和婚姻家庭法学领域引领学术潮头的新生力量。他们有着国外留学访学经历，谙熟大陆法系民法解释学理论及方法，著述丰厚，先后在《法学研究》《中国法学》《中外法学》等权威核心期刊发文多篇。在最高人民法院民事审判第一庭起动起草《彩礼纠纷规定》《婚姻家庭编司法解释（二）》工作期间，本书四位作者或参与草案讨论工作，或参加各种座谈会、研讨会，建言献策，或在《法律适用》《中国应用法学》《妇女研究论丛》等期刊撰文解读，为推动学界和司法实务界对两部司法解释的理解和适用，亦为公众知晓我国婚姻家庭法治建设最新动态贡献了丰富多维智识。

本书从条文主旨、理解与适用、疑点与难点、典型案例四方面，逐条展开对《婚姻家庭编司法解释（二）》和《彩礼纠纷规定》的学理释评。本书在视角、立场和方法等方面不同于官方释义书。由最高人民法院法官撰写的相关著作以司法解释起草者身份，侧重于规范设计对司法中疑难问题及价值分歧的阐释，更多体现出"制定者解释"的内部视角。本书四位作者虽曾深度参与司法解释的起草和研讨，但作为高校教师及科研工作者，其身份不同于法官，对《婚姻家庭编司法解释（二）》和《彩礼纠纷规定》理解和适用的阐释，更多地从"法学"角度出发，揭示每一条文在法学体系中的定位、法教义学层面的适用难点，以及可能存在的漏洞及其填补，甚或提出善意的批评。

希冀本书有助于学界和司法实务界以更加开放的视角，客观公正地理解和适用两部司法解释；期盼随着两部司法解释的适用，在实现定分止争功效的同时，助力推动婚姻家庭和谐稳定与社会文明进步。

薛宁兰

2025 年 7 月 15 日 北京

缩略语

简　称	全　称
一、法律法规	
1 《民法典》	《中华人民共和国民法典》（2020年5月28日第十三届全国人民代表大会第三次会议通过；自2021年1月1日起施行）
2 《民事诉讼法》	《中华人民共和国民事诉讼法》（2023年9月1日第十四届全国人民代表大会常务委员会第五次会议第五次修正）
3 《合同法》	《中华人民共和国合同法》（1999年3月15日第九届全国人民代表大会第二次会议通过；已废止）
4 《物权法》	《中华人民共和国物权法》（2007年3月16日第十届全国人民代表大会第五次会议通过；已废止）
5 《民法通则》	《中华人民共和国民法通则》（2009年8月27日第十一届全国人民代表大会常务委员会第十次会议修正；已废止）
6 《老年人权益保障法》	《中华人民共和国老年人权益保障法》（2018年12月29日第十三届全国人民代表大会常务委员会第七次会议第三次修正）
7 《婚姻法》	《中华人民共和国婚姻法》（2001年4月28日第九届全国人民代表大会常务委员会第二十一次会议修正；已废止）

续表

	简　称	全　称
8	《公司法》	《中华人民共和国公司法》（2023年12月29日第十四届全国人民代表大会常务委员会第七次会议修订）
9	《未成年人保护法》	《中华人民共和国未成年人保护法》（2024年4月26日第十四届全国人民代表大会常务委员会第九次会议第二次修正）
10	《民法总则》	《中华人民共和国民法总则》（2017年3月15日第十二届全国人民代表大会第五次会议通过；已废止）
11	《反家庭暴力法》	《中华人民共和国反家庭暴力法》（2015年12月27日第十二届全国人民代表大会常务委员会第十八次会议通过；自2016年3月1日起施行）
12	《家庭教育促进法》	《中华人民共和国家庭教育促进法》（2021年10月23日第十三届全国人民代表大会常务委员会第三十一次会议通过；自2022年1月1日起施行）
13	《立法法》	《中华人民共和国立法法》（2023年3月13日第十四届全国人民代表大会第一次会议第二次修正）
14	《人民法院组织法》	《中华人民共和国人民法院组织法》（2018年10月26日第十三届全国人民代表大会常务委员会第六次会议修订）
二、司法解释		
1	《婚姻家庭编司法解释（一）》	《最高人民法院关于适用〈中华人民共和国民法典〉婚姻家庭编的解释（一）》（法释〔2020〕22号）

续表

	简　称	全　称
2	《婚姻法司法解释（一）》	《最高人民法院关于适用〈中华人民共和国婚姻法〉若干问题的解释（一）》（法释〔2001〕30号；已废止）
3	《婚姻家庭编司法解释（二）》	《最高人民法院关于适用〈中华人民共和国民法典〉婚姻家庭编的解释（二）》（法释〔2025〕1号）
4	《婚姻家庭编司法解释（二）（征求意见稿）》	《最高人民法院关于适用〈中华人民共和国民法典〉婚姻家庭编的解释（二）（征求意见稿）》①（2024年4月7日，最高人民法院）
5	《精神损害赔偿解释》	《最高人民法院关于确定民事侵权精神损害赔偿责任若干问题的解释》（法释〔2020〕17号）
6	《婚姻法司法解释（二）》	《最高人民法院关于适用〈中华人民共和国婚姻法〉若干问题的解释（二）》（法释〔2017〕6号；已废止）
7	《合同编通则司法解释》	《最高人民法院关于适用〈中华人民共和国民法典〉合同编通则若干问题的解释》（法释〔2023〕13号）
8	《民法典时间效力规定》	《最高人民法院关于适用〈中华人民共和国民法典〉时间效力的若干规定》（法释〔2020〕15号）
9	《婚姻法司法解释（三）》	《最高人民法院关于适用〈中华人民共和国婚姻法〉若干问题的解释（三）》（法释〔2011〕18号；已废止）

---

① 《最高人民法院关于〈最高人民法院关于适用〈中华人民共和国民法典〉婚姻家庭编的解释（二）（征求意见稿）〉向社会公开征求意见的公告》，载最高人民法院网，https://www.court.gov.cn/zixun/xiangqing/429712.html，2025年4月30日访问。

续表

序号	简 称	全 称
10	《彩礼纠纷规定》	《最高人民法院关于审理涉彩礼纠纷案件适用法律若干问题的规定》（法释〔2024〕1号）
11	《彩礼纠纷规定（征求意见稿）》	《最高人民法院关于审理涉彩礼纠纷案件适用法律问题的规定（征求意见稿）》①（2023年12月11日，最高人民法院）
12	《民事诉讼法解释》	《最高人民法院关于适用〈中华人民共和国民事诉讼法〉的解释》（法释〔2022〕11号）
13	《物权编司法解释（一）》	《最高人民法院关于适用〈中华人民共和国民法典〉物权编的解释（一）》（法释〔2020〕24号）
14	《公司法解释（三）》	《最高人民法院关于适用〈中华人民共和国公司法〉若干问题的规定（三）》（法释〔2020〕18号）
15	《物权法解释（一）》	《最高人民法院关于适用〈中华人民共和国物权法〉若干问题的解释（一）》（法释〔2016〕5号；已废止）
16	《九民纪要》	《全国法院民商事审判工作会议纪要》（法〔2019〕254号）
17	《公司法解释（四）》	《最高人民法院关于适用〈中华人民共和国公司法〉若干问题的规定（四）》（法释〔2020〕18号）

---

① 《〈最高人民法院关于审理涉彩礼纠纷案件适用法律问题的规定（征求意见稿）〉向社会公开征求意见》，载最高人民法院网，https://www.court.gov.cn/zixun/xiangqing/419872.html，2025年4月30日访问。

续表

	简　称	全　称
18	《继承编司法解释（一）》	《最高人民法院关于适用〈中华人民共和国民法典〉继承编的解释（一）》（法释〔2020〕23号）
19	《办理人身安全保护令案件规定》	《最高人民法院关于办理人身安全保护令案件适用法律若干问题的规定》（法释〔2022〕17号）
20	《侵权责任编司法解释（一）》	《最高人民法院关于适用〈中华人民共和国民法典〉侵权责任编的解释（一）》（法释〔2024〕12号）
21	《办理家庭暴力犯罪案件意见》	《最高人民法院、最高人民检察院、公安部、司法部关于依法办理家庭暴力犯罪案件的意见》（法发〔2015〕4号）
22	《监护人侵害未成年人权益意见》	《最高人民法院、最高人民检察院、公安部、民政部关于依法处理监护人侵害未成年人权益行为若干问题的意见》（法发〔2014〕24号）
23	《离婚子女抚养意见》	《最高人民法院关于人民法院审理离婚案件处理子女抚养问题的若干具体意见》（法发〔1993〕30号；已废止）
24	《离婚处理财产意见》	《最高人民法院关于人民法院审理离婚案件处理财产分割问题的若干具体意见》（法发〔1993〕32号；已废止）
25	《人身损害赔偿司法解释》	《最高人民法院关于审理人身损害赔偿案件适用法律若干问题的解释》（法释〔2022〕14号）
26	《生态环境侵权责任解释》	《最高人民法院关于审理生态环境侵权责任纠纷案件适用法律若干问题的解释》（法释〔2023〕5号）

续表

简　称	全　称
27	《刑事司法解释时间效力规定》	《最高人民法院、最高人民检察院关于适用刑事司法解释时间效力问题的规定》（高检发释字〔2001〕5号）
28	《总则编司法解释》	《最高人民法院关于适用〈中华人民共和国民法典〉总则编若干问题的解释》（法释〔2022〕6号）

目 录
Contents

最高人民法院关于适用《中华人民共和国民法典》婚姻家庭编的解释（二）

第一条　【重婚效力瑕疵补正】 ………………………………… 003
- ◆ 条文要旨 ……………………………………………………… 003
- ◆ 理解与适用 …………………………………………………… 003
  - 一、重婚的认定 ……………………………………………… 004
  - 二、合法婚姻终止 …………………………………………… 007
  - 三、补正禁止 ………………………………………………… 007
- ◆ 疑点与难点 …………………………………………………… 008
  - 一、重婚当事人有效婚姻的缔结 …………………………… 008
  - 二、对重婚善意当事人的救济 ……………………………… 009
- ◆ 典型案例 ……………………………………………………… 010

第二条　【对当事人主张"假离婚"的处理】 ………………… 011
- ◆ 条文要旨 ……………………………………………………… 011
- ◆ 理解与适用 …………………………………………………… 011
- ◆ 疑点与难点 …………………………………………………… 015

"假离婚"时离婚协议的效力 …………………………………… 015
◆ 典型案例 ………………………………………………………… 020

第三条 【债权人对离婚协议中财产分割条款的撤销权】 ………… 021
◆ 条文要旨 ………………………………………………………… 021
◆ 理解与适用 ……………………………………………………… 021
一、债权人撤销权适用于离婚协议中的财产分割条款 ………… 021
二、债权人撤销权的成立要件 …………………………………… 024
◆ 疑点与难点 ……………………………………………………… 031
离婚协议中财产分割条款合理性的判断 ………………………… 031
◆ 典型案例 ………………………………………………………… 035

第四条 【同居财产的处理】 ………………………………………… 035
◆ 条文要旨 ………………………………………………………… 036
◆ 理解与适用 ……………………………………………………… 036
一、本条的适用范围 ……………………………………………… 036
二、同居的认定 …………………………………………………… 039
三、同居期间所得的财产 ………………………………………… 040
四、对共有财产的分割 …………………………………………… 042
◆ 疑点与难点 ……………………………………………………… 043
一、同居期间所得共有财产的性质 ……………………………… 043
二、证明责任分配 ………………………………………………… 044
◆ 典型案例 ………………………………………………………… 044

第五条 【基于婚姻给予房屋的处理】 ……………………………… 045
◆ 条文要旨 ………………………………………………………… 046
◆ 理解与适用 ……………………………………………………… 046
一、给予行为性质上并非赠与：排除任意撤销权 ……………… 046
二、区分婚姻维度与物权维度的归属关系 ……………………… 048
三、涵盖婚前与婚姻关系存续期间的给予行为 ………………… 050

四、补偿范围的具体参酌因素 …………………………………… 051
　◆ 疑点与难点 ……………………………………………………… 052
　　一、夫妻间给予房产约定可适用法定撤销权 …………………… 052
　　二、法定撤销之后的清算问题 …………………………………… 054
　◆ 典型案例 ………………………………………………………… 055

第六条　【夫妻一方直播打赏款项的处理】……………………… 055
　◆ 条文要旨 ………………………………………………………… 056
　◆ 理解与适用 ……………………………………………………… 056
　　一、用户实施充值、打赏的行为性质 …………………………… 056
　　二、夫妻一方以共同财产充值打赏的法律效果 ………………… 060
　◆ 疑点与难点 ……………………………………………………… 064
　　夫妻一方违法或背俗打赏的法律效果 …………………………… 064
　◆ 典型案例 ………………………………………………………… 066

第七条　【违反忠实义务处分共同财产行为的效力】…………… 068
　◆ 条文要旨 ………………………………………………………… 069
　◆ 理解与适用 ……………………………………………………… 069
　　一、违反忠实义务的目的 ………………………………………… 069
　　二、财产处分 ……………………………………………………… 070
　　三、行为无效之后果 ……………………………………………… 072
　　四、内部效果 ……………………………………………………… 073
　◆ 疑点与难点 ……………………………………………………… 073
　　一、本条规定与无权处分规则的协调 …………………………… 073
　　二、赠与和低价处分之外的其他行为 …………………………… 074
　　三、处分人能否主张无效后果 …………………………………… 075
　◆ 典型案例 ………………………………………………………… 076

第八条　【父母在子女婚后为其购房出资的认定】……………… 078
　◆ 条文要旨 ………………………………………………………… 079

- ◆ 理解与适用 ·· 079
  - 一、父母出资的行为性质与资金归属 ··· 079
  - 二、离婚时房产归属及补偿数额计算 ··· 089
- ◆ 疑点与难点 ·· 097
  - 一、婚姻关系内部房产的归属与份额 ··· 097
  - 二、房屋产权登记与婚姻内部房产归属脱钩 ································· 101
- ◆ 典型案例 ··· 109

第九条 【夫妻一方转让自己名下有限责任公司股权的效力】······· 111
- ◆ 条文要旨 ··· 111
- ◆ 理解与适用 ·· 111
  - 一、财产法维度的两种路径 ·· 111
  - 二、婚姻法维度的夫妻内部救济途径 ··· 115
- ◆ 疑点与难点 ·· 117
  - 夫妻一方处分夫妻共有股权，受让方是否可以获得股权 ················ 117
- ◆ 典型案例 ··· 121

第十条 【企业登记的持股比例不是夫妻财产约定】······················ 122
- ◆ 条文要旨 ··· 122
- ◆ 理解与适用 ·· 122
  - 一、公司法维度：股东资格的认定标准 ······································ 122
  - 二、财产法维度：持股比例与夫妻内部股权份额的区分 ················ 125
  - 三、婚姻法维度：共有股权构成夫妻共同财产的三类事由 ············ 128
- ◆ 疑点与难点 ·· 129
  - 离婚时夫妻共有股权的分割与补偿 ·· 129
- ◆ 典型案例 ··· 133

第十一条 【夫妻一方未经配偶同意放弃继承的效力】··················· 133
- ◆ 条文要旨 ··· 134
- ◆ 理解与适用 ·· 134

一、放弃继承与放弃夫妻共同财产的区别 …………………… 134
　　二、放弃继承的效力 ………………………………………… 137
　◆ 疑点与难点 …………………………………………………… 141
　　夫妻一方放弃继承的认定 …………………………………… 141

第十二条 【抢夺、藏匿未成年子女行为禁令】 …………… 143
　◆ 条文要旨 ……………………………………………………… 144
　◆ 理解与适用 …………………………………………………… 144
　　一、抢夺、藏匿未成年子女行为的认定 …………………… 144
　　二、抢夺、藏匿未成年子女行为的禁令规制 ……………… 145
　　三、抢夺、藏匿未成年子女一方对禁令的异议 …………… 147
　◆ 疑点与难点 …………………………………………………… 148
　　一、抢夺、藏匿行为的具体认定 …………………………… 148
　　二、抢夺、藏匿行为的其他法律效果 ……………………… 149
　◆ 典型案例 ……………………………………………………… 150

第十三条 【抢夺、藏匿未成年子女民事责任】 …………… 151
　◆ 条文要旨 ……………………………………………………… 151
　◆ 理解与适用 …………………………………………………… 151
　　一、夫妻分居期间暂时确定直接抚养 ……………………… 151
　　二、直接抚养权暂时归属的效果 …………………………… 153
　◆ 疑点与难点 …………………………………………………… 155
　　父母一方及近亲属抢夺、藏匿未成年子女的行为是否属
　　　于对另一方监护权的侵害 ………………………………… 155
　◆ 典型案例 ……………………………………………………… 156

第十四条 【优先由另一方直接抚养的情形】 ……………… 157
　◆ 条文要旨 ……………………………………………………… 158
　◆ 理解与适用 …………………………………………………… 158
　　一、实施家庭暴力或者虐待、遗弃家庭成员 ……………… 159

二、有赌博、吸毒等恶习 ·· 162

三、重婚、与他人同居或者其他严重违反夫妻忠实义务
情形 ·· 164

四、抢夺、藏匿未成年子女且另一方不存在本条第1项
或者第2项等严重侵害未成年子女合法权益情形 ········ 165

五、其他不利于未成年子女身心健康的情形 ···················· 167

◆ 疑点与难点 ··· 168

不利因素的参考意义 ·· 168

◆ 典型案例 ··· 169

第十五条 【父母处分以共同财产购买并登记在未成年子女
名下房屋的效力】 ·· 170

◆ 条文要旨 ··· 170

◆ 理解与适用 ··· 170

一、父母以夫妻共同财产出资并登记在未成年子女名下
房屋的归属 ·· 170

二、父母代理处分行为的效力 ·· 172

◆ 疑点与难点 ··· 173

夫妻赠与未成年子女财产的归属 ······································· 173

◆ 典型案例 ··· 174

第十六条 【不负担抚养费约定的效力】 ································ 175

◆ 条文要旨 ··· 176

◆ 理解与适用 ··· 176

一、不负担抚养费约定的性质 ·· 176

二、子女请求另一方支付抚养费的理论基础 ···················· 182

三、子女请求另一方支付抚养费的金额 ···························· 189

四、抚养关系的变更 ·· 193

◆ 疑点与难点 ··· 193

必要合理费用的认定 ··· 193

第十七条　【欠付抚养费的处理】 ································· 194
　◆ 条文要旨 ·· 194
　◆ 理解与适用 ·· 195
　　一、子女享有抚养费请求权时欠付抚养费的处理 ················· 195
　　二、子女不享有抚养费请求权时欠付抚养费的处理 ··············· 199
　◆ 疑点与难点 ·· 201
　　诉讼时效的适用 ··· 201

第十八条　【"受其抚养教育"的认定】 ··························· 203
　◆ 条文要旨 ·· 203
　◆ 理解与适用 ·· 203
　　一、《民法典》第 1072 条第 2 款的规范性质 ··················· 204
　　二、继子女受继父母抚养教育事实的司法认定 ··················· 209
　◆ 疑点与难点 ·· 215
　　共同生活型继亲是姻亲还是拟制血亲 ··························· 215
　◆ 典型案例 ·· 218

第十九条　【离婚后继父母子女关系的解除】 ····················· 219
　◆ 条文要旨 ·· 219
　◆ 理解与适用 ·· 219
　　一、解除的原则 ··· 220
　　二、解除的条件 ··· 221
　　三、继父母生活费请求权 ····································· 223
　◆ 疑点与难点 ·· 226
　　继亲拟制血亲关系可否自行终止或解除 ························· 226
　◆ 典型案例 ·· 227

第二十条　【离婚协议中给予子女财产约定的效力】 ··············· 228
　◆ 条文要旨 ·· 228

- ◆ 理解与适用 ……………………………………………………… 228
  - 一、给予子女财产约定的性质 ……………………………… 228
  - 二、子女无独立请求权时给予子女财产约定的效力 ……… 235
  - 三、子女有独立请求权时给予子女财产约定的效力 ……… 238
- ◆ 疑点与难点 ……………………………………………………… 240
  - 给予子女财产约定对债权人的效力 ………………………… 240
- ◆ 典型案例 ………………………………………………………… 241

第二十一条 【离婚经济补偿的确定】 …………………………… 242
- ◆ 条文要旨 ………………………………………………………… 242
- ◆ 理解与适用 ……………………………………………………… 242
  - 一、离婚经济补偿的适用要件 ……………………………… 242
  - 二、离婚经济补偿的具体数额 ……………………………… 245
- ◆ 疑点与难点 ……………………………………………………… 246
  - 如何正确适用离婚经济补偿规则 …………………………… 246
- ◆ 典型案例 ………………………………………………………… 248

第二十二条 【离婚经济帮助的处理】 …………………………… 249
- ◆ 条文要旨 ………………………………………………………… 249
- ◆ 理解与适用 ……………………………………………………… 249
  - 一、离婚经济帮助的性质 …………………………………… 249
  - 二、离婚经济帮助的成立要件 ……………………………… 251
  - 三、离婚经济帮助的形式 …………………………………… 255
- ◆ 疑点与难点 ……………………………………………………… 257
  - 离婚经济帮助的期限及终止 ………………………………… 257

第二十三条 【本解释的生效时间】 ……………………………… 258
- ◆ 条文要旨 ………………………………………………………… 258
- ◆ 理解与适用 ……………………………………………………… 259

- ◆ 疑点与难点 ………………………………………………… 260
  司法解释的溯及力 …………………………………………… 260
- ◆ 典型案例 …………………………………………………… 263

最高人民法院关于审理涉彩礼纠纷案件适用法律若干问题的规定

第一条　【适用范围】 ……………………………………… 267
- ◆ 条文要旨 …………………………………………………… 267
- ◆ 理解与适用 ………………………………………………… 267
  一、彩礼给付的目的性 ……………………………………… 267
  二、彩礼给付的习俗性 ……………………………………… 271
  三、彩礼返还的民法属性 …………………………………… 273
- ◆ 疑点与难点 ………………………………………………… 274
  应否对彩礼给付目的作扩张解释 …………………………… 274

第二条　【禁止借婚姻索取财物】 ………………………… 277
- ◆ 条文要旨 …………………………………………………… 277
- ◆ 理解与适用 ………………………………………………… 277
  一、本条的规范意旨 ………………………………………… 277
  二、借婚姻索取财物行为的认定 …………………………… 278
- ◆ 疑点与难点 ………………………………………………… 281
  有无必要保留"禁止借婚姻索取财物"的规定 …………… 281
- ◆ 典型案例 …………………………………………………… 285

第三条　【彩礼的认定】 …………………………………… 286
- ◆ 条文要旨 …………………………………………………… 286

- ◆ 理解与适用 ·· 287
  - 一、认定彩礼的各项因素 ·· 287
  - 二、不属于彩礼的婚前给付 ·· 289
- ◆ 疑点与难点 ·· 290
  - "见面礼""传家宝"可否被认定为彩礼 ·· 290
- ◆ 典型案例 ··· 292

第四条 【涉彩礼纠纷中的诉讼主体】 ·· 293
- ◆ 条文要旨 ··· 293
- ◆ 理解与适用 ·· 293
  - 一、涉彩礼纠纷案件类型与诉讼主体确定 ····································· 293
  - 二、父母成为婚约财产纠纷诉讼主体的适格条件 ························· 296
- ◆ 疑点与难点 ·· 297
  - 其他亲属能否作为婚约财产纠纷案件的诉讼主体 ·················· 297
- ◆ 典型案例 ··· 299

第五条 【已结婚登记并共同生活时彩礼返还的条件】 ········· 300
- ◆ 条文要旨 ··· 300
- ◆ 理解与适用 ·· 300
  - 一、无须返还彩礼的情形 ·· 300
  - 二、共同生活时间较短且彩礼数额过高的返还情形 ·············· 301
  - 三、彩礼实际使用及嫁妆情况构成返还抗辩事由 ················· 302
- ◆ 疑点与难点 ·· 304
  - 一、"高价彩礼"与彩礼的实质区分意义有限 ···················· 304
  - 二、受习俗压力并非彩礼识别标准 ···································· 305
  - 三、彩礼返还应当考虑过错事由 ······································· 306
  - 四、"已生育子女"构成彩礼不应予以返还的决定性事由 ······ 308
  - 五、"导致给付人生活绝对困难"构成彩礼应予返还的
      决定性事由 ··· 309

- ◆ 典型案例 …………………………………………………… 310
- 第六条 【未办理结婚登记但共同生活时彩礼返还的条件】 ……… 311
  - ◆ 条文要旨 …………………………………………………… 311
  - ◆ 理解与适用 ………………………………………………… 311
    - 一、未办理结婚登记但已共同生活的彩礼返还 …………… 311
    - 二、共同生活的具体认定标准 ……………………………… 312
    - 三、彩礼实际使用及嫁妆情况构成返还抗辩事由 ………… 313
  - ◆ 疑点与难点 ………………………………………………… 313
    - 影响彩礼返还的事由处理 …………………………………… 313
  - ◆ 典型案例 …………………………………………………… 313
- 第七条 【施行日期及溯及力】 ………………………………… 314
  - ◆ 条文要旨 …………………………………………………… 314
  - ◆ 理解与适用 ………………………………………………… 314
    - 一、关于司法解释的生效时间 ……………………………… 314
    - 二、关于司法解释的溯及力问题 …………………………… 315
  - ◆ 疑点与难点 ………………………………………………… 318
    - 《彩礼纠纷规定》的溯及力 ………………………………… 318

最高人民法院关于适用《中华人民共和国民法典》婚姻家庭编的解释（二）

（2024年11月25日最高人民法院审判委员会第1933次会议通过　2025年1月15日最高人民法院公告公布　自2025年2月1日起施行　法释〔2025〕1号）

第一条 【重婚效力瑕疵补正】[①]

当事人依据民法典第一千零五十一条第一项规定请求确认重婚的婚姻无效，提起诉讼时合法婚姻当事人已经离婚或者配偶已经死亡，被告以此为由抗辩后一婚姻自以上情形发生时转为有效的，人民法院不予支持。

◆ 条文要旨

本条是关于重婚效力瑕疵补正的规定。

◆ 理解与适用

本条规定属于《婚姻家庭编司法解释（一）》第10条的例外情形。《婚姻家庭编司法解释（一）》第10条规定，"当事人依据民法典第一千零五十一条规定向人民法院请求确认婚姻无效，法定的无效婚姻情形在提起诉讼时已经消失的，人民法院不予支持"。《婚姻家庭编司法解释（一）》第10条源于原《婚姻法司法解释（一）》（已失效）第8条。由于《婚姻家庭编司法解释（一）》第10条和原《婚姻法司法解释（一）》（已失效）第8条均未区分无效情形，未将重婚导致的无效婚姻排除在外，理论与实践中对此存在较大的分歧。支持重婚导致的无效婚姻不能补正的理由主要在于重婚涉及公序良俗，是绝对无效。[②] 相反意

[①] 条文主旨为作者所加，下同。
[②] 参见闫明、钟晓奇：《河南郑州金水区法院判决田某1诉田某、郭某某婚姻无效纠纷案——重婚情形已消失能否判定现存婚姻有效》，载《人民法院报》2014年9月18日，第6版；胡某某诉徐某婚姻无效案，重庆市第一中级人民法院（2016）渝01民再44号民事判决书；林某某与李某某婚姻无效纠纷案，四川省芦山县人民法院（2024）川1826民初891号民事判决书；朱某3等因与尹某、朱某1、第三人四川省某工贸有限公司法定继承纠纷案，四川省眉山市中级人民法院（2020）川14民终565号民事判决书。本书参考的裁判文书，除另有说明外，均来源于中国裁判文书网，最后访问于2025年4月21日。其中适用的法律法规等条文均为案件裁判当时有效，下文不再对此进行提示。

见则认为,重婚亦应适用《婚姻家庭编司法解释(一)》第 10 条[原《婚姻法司法解释(一)》(已失效)第 8 条]。① 主要理由在于重婚的危害性并不一定比其他无效情形高,不允许补正也不能达到保护一夫一妻制的目的,还会造成行政资源和社会资源的浪费。② 最高人民法院民一庭倾向性意见曾赞同后一种观点,理由在于"婚姻的无效是以婚姻的违法性为条件,如果违法性已经不复存在,即婚姻无效的原因已经消失",此时不应再确认婚姻无效。③ 不过,考虑到重婚的严重社会危害性,最高人民法院民一庭的观点发生了变化,采纳了前一种观点。④《婚姻家庭编司法解释(二)》从弘扬社会主义核心价值观的角度,明确规定重婚行为不适用效力补正。⑤

一、重婚的认定

重婚是指自然人同时存在两段婚姻。重婚的典型情形是自然人在前婚尚未终止(离婚或者配偶死亡)时又与他人登记结婚。需要考虑的是,如果自然人的前婚属于法律认可的事实婚,又与他人登记结婚是否构成重婚。根据《婚姻家庭编司法解释(一)》第 7 条的规定,1994 年

---

① 参见畅某诉李某婚姻无效纠纷案,北京市丰台区人民法院(2020)京 0106 民初 22623 号民事判决书;董某诉邓某 1 婚姻无效纠纷案,广西壮族自治区贺州市八步区人民法院(2023)桂 1102 民初 728 号民事判决书;韩某诉苗某婚姻无效纠纷案,河南省宜阳县人民法院(2021)豫 0327 民初 1851 号民事判决书;马某成诉张某秀婚姻无效纠纷案,河北省宽城满族自治县人民法院(2023)冀 0827 民初 2235 号民事判决书;王某诉陈某婚姻无效纠纷案,山东省莱州市人民法院(2021)鲁 0683 民初 4033 号民事判决书;杨某兰诉黄某萍婚姻无效纠纷案,广东省佛山市南海区人民法院(2023)粤 0605 民初 31181 号民事判决书;张某诉陈某婚姻无效纠纷再审案,北京市高级人民法院(2023)京民申 2779 号民事裁定书;周某诉吴某婚姻无效纠纷案,广东省开平市人民法院(2021)粤 0783 民初 1883 号民事判决书。
② 参见王礼仁:《从重婚无效是否可以阻却看人治与法治思维——〈婚姻法〉解释一第 8 条的价值判断与选择》,载《湖北警官学院学报》2014 年第 12 期;王利明主编:《中国民法典学者建议稿及立法理由·人格权编、婚姻家庭、继承编》,法律出版社 2005 年版,第 232 页。
③ 最高人民法院案例指导与参考丛书编写组:《最高人民法院婚姻家庭、继承案例指导与参考》,人民法院出版社 2018 年版,第 124 页。
④ 参见最高人民法院民事审判第一庭编著:《最高人民法院民法典婚姻家庭编司法解释(一)理解与适用》,人民法院出版社 2021 年版,第 106 页。
⑤ 参见陈宜芳、王丹:《民法典婚姻家庭编法律适用中的价值理念和思维方法——以〈民法典婚姻家庭编解释(二)〉为视角》,载《法律适用》2025 年第 1 期。

2月1日民政部《婚姻登记管理条例》（已失效）公布实施以前，男女双方已经符合结婚实质要件的，按事实婚姻处理；1994年2月1日民政部《婚姻登记管理条例》（已失效）公布实施以后，男女双方符合结婚实质要件的，人民法院应当告知其补办结婚登记。未补办结婚登记的，按照同居关系处理。从这一规定中不难看出，1994年2月1日以后未办理结婚登记而以夫妻名义共同生活的，在民法上不被认可。1994年2月1日之前的事实婚姻则受法律保护。按照原《最高人民法院关于人民法院审理未办结婚登记而以夫妻名义同居生活案件的若干意见》（已失效）第5条的规定，已登记结婚的一方又与第三人形成事实婚姻关系，或事实婚姻关系的一方又与第三人登记结婚，或事实婚姻关系的一方又与第三人形成新的事实婚姻关系，凡前一个婚姻关系的一方要求追究重婚罪的，无论其行为是否构成重婚罪，均应解除后一个婚姻关系。前一个婚姻关系的一方如要求处理离婚问题，应根据其婚姻关系的具体情况进行调解或者作出判决。这一规定实际上认为凡是受法律保护的婚姻，无论是事实婚姻还是登记婚姻均构成重婚。司法实践也多持此种观点。[1]

对于受法律保护的事实婚姻应如何解除，司法实践存在一定的分歧。有法院认为，仅婚姻登记机关的离婚登记以及法院作出的离婚判决书等才能作为双方离婚的依据，在村民委员会主持下达成的离婚协议不能产生离婚的效果，后一登记婚姻构成离婚。[2] 亦有法院采宽松解释，认定存在事实婚姻的双方在当地法律服务所主持下达成的离婚调解协议具有

---

[1] 参见温某诉黄某、廖某婚姻无效纠纷案，四川省金堂县人民法院（2023）川0121民初1862号民事判决书；向某诉黄某婚姻无效纠纷案，重庆市奉节县人民法院（2017）渝0236民初478号民事判决书；江苏省如皋市人民法院（2016）苏0682民初8236号民事判决书；河南省沈丘县人民法院（2016）豫1624民申4号民事裁定书；湖南省邵阳市双清区人民法院（2016）湘0502民初215号民事判决书；冯某诉陈某婚姻无效纠纷案，广东省湛江市麻章区人民法院（2016）粤0811民初387号民事判决书。

[2] 参见黄某诉梁某婚姻无效纠纷案，贵州省安顺市中级人民法院（2019）黔04民申36号民事裁定书；王某某诉郭某某、杨某某婚姻无效纠纷案，山西省临汾市尧都区人民法院（2017）晋1002民初1476号民事判决书。

解除事实婚姻的效力,后一登记婚姻不构成重婚。① 由于受保护的事实婚姻以夫妻共同生活外观为前提,具有一定的公示性,不应承认当事人自行达成或者法院以外其他机构主持下达成的离婚协议具有离婚的效果,当事人自行达成的协议欠缺公示性,不利于维护身份关系的稳定性。如果存在事实婚姻关系的双方未补办结婚登记,事实婚姻关系无法通过婚姻登记机关解除,参照原《最高人民法院关于人民法院审理未办结婚登记而以夫妻名义同居生活案件的若干意见》(已失效)第 6 条,只能由法院判决解除或者主持达成离婚调解协议。

另外一项问题是,1994 年 2 月 1 日民政部《婚姻登记管理条例》(已失效)公布实施以后,有配偶的自然人与他人以夫妻名义同居是否构成重婚。在刑法上,原《最高人民法院关于〈婚姻登记管理条例〉施行后发生的以夫妻名义非法同居的重婚案件是否以重婚罪定罪处罚的批复》(已失效)规定,《婚姻登记管理条例》(1994 年 1 月 12 日国务院批准,1994 年 2 月 1 日民政部发布)发布施行后,有配偶的人与他人以夫妻名义同居生活的,或者明知他人有配偶而与之以夫妻名义同居生活的,仍应按重婚罪定罪处罚。② 这种认定属于一种实质解释,而民法上对结婚的认定应采形式解释。③ 在民法上的重婚的认定仅限于法律重婚,自然人已经存在受法律保护的婚姻又与他人以夫妻名义共同生活时,可能构成刑法上的重婚,但是不构成民法上的重婚,而是属于"有配偶者与他人同居"。④

---

① 参见殷某某诉陶某、马某婚姻无效纠纷案,辽宁省阜新市海州区人民法院(2017)辽 0902 民初 1019 号民事判决书。
② 有观点甚至认为在刑法上,两段不受法律保护的事实婚仍然可构成重婚罪。参见张明楷:《刑法学》(第六版),法律出版社 2021 年版,第 1208 页。不同观点参见:薛淑兰:《方伍峰重婚案——"事实婚姻"能否成为重婚罪的构成要件》,载最高人民法院原刑事审判第一庭编:《刑事审判参考·1999 年卷》,法律出版社 2000 年版,第 111 页;贾银生:《刑民法域竞合问题之处理:正向逻辑与逆向审查》,载《法律适用》2024 年第 2 期。
③ 参见陈兴良:《形式解释论与实质解释论:事实与理念之展开》,载《法制与社会发展》2011 年第 2 期。
④ 参见最高人民法院民法典贯彻实施工作领导小组主编:《中华人民共和国民法典婚姻家庭编继承编理解与适用》,人民法院出版社 2020 年版,第 82 页。

二、合法婚姻终止

本条规定了合法婚姻当事人已经离婚或者配偶已经死亡两种婚姻终止情形。死亡包括宣告死亡和自然死亡两种情形。无论死亡宣告是否被撤销,合法婚姻关系是否恢复,均不影响本条规范适用。值得讨论的是,如果前婚被撤销或者本身被确认无效,是否应参照本条规范。对于可撤销婚姻和无效婚姻而言,其在被撤销或者被确认无效之前属于有效婚姻,仍然可能出现重婚,但是婚姻一旦被撤销或者被确认无效,依据《民法典》第1054条的规定,婚姻自始无效。易言之,婚姻关系自始不受法律保护。[①] 既然这种婚姻关系自始不受法律保护,在被撤销或者被确认无效后,重婚状态自然自始不存在,后婚本身就是合法婚姻。例如,甲男收买被拐卖的乙女,并胁迫乙女结婚。乙女逃出后与丙男结婚并请求法院撤销与甲男的婚姻,法院判决支持乙女的请求。此时,其与甲男的婚姻自始不受法律保护,自然也不存在重婚的状态。

三、补正禁止

重婚的补正禁止不仅体现在对重婚当事人抗辩的否认上,即使重婚当事人未提出抗辩,亦应认定后一婚姻因重婚而无效。易言之,合法婚姻是否终止不影响对后一婚姻效力的认定。对比《婚姻家庭编司法解释(二)(征求意见稿)》第1条,正式颁布的解释删除了但书条款"但另一方有理由相信重婚一方的合法婚姻已经解除或者不存在婚姻的除外"。依历史解释,重婚当事人是否善意均不影响重婚的补正禁止。补正禁止亦不受任何期间的限制,即使合法婚姻当事人离婚或者一方死亡已经数十年,婚姻当事人及利害关系人在提起确认后婚无效诉讼后,法院仍应确认后婚无效。

依据《婚姻家庭编司法解释(一)》第9条,有权依据《民法典》第1051条规定向人民法院就已办理结婚登记的婚姻请求确认婚姻无效的

[①] 参见黄薇主编:《中华人民共和国民法典释义》,法律出版社2020年版,第1972页。

主体，包括婚姻当事人及利害关系人。以重婚为由的，为当事人的近亲属及基层组织。确认后婚无效并不影响合法婚姻终止的效果。在合法婚姻当事人离婚的情况下，离婚的一方虽然在起诉时已经不属于重婚当事人的近亲属，但基于遏制重婚的规范目的，应将"当事人的近亲属"解释为"重婚期间的近亲属"，将前妻或者前夫纳入其中。虽然前夫或者前妻有权请求确认后婚无效，但是这并不影响离婚的效力，前妻或者前夫在离婚后不具有夫妻身份，不享有夫妻权利，并非适格继承人。

◆ 疑点与难点

一、重婚当事人有效婚姻的缔结

由于重婚法律禁止补正，重婚的当事人通过何种方式能缔结有效婚姻不无疑问。既然重婚无法自动补正，需要重婚当事人在合法婚姻当事人离婚或者配偶死亡的情况下，另行缔结婚姻。在实践中，婚姻登记信息全国联网已经实现，除涉外婚姻等特殊情形外，重婚当事人在婚姻登记系统中已经存在婚姻登记。由于婚姻登记机关没有权力确认婚姻无效，重婚当事人只能向法院起诉，请求确认婚姻无效。根据《婚姻家庭编司法解释（一）》第21条，人民法院根据当事人的请求，依法确认婚姻无效或者撤销婚姻的，应当收缴双方的结婚证书并将生效的判决书寄送当地婚姻登记管理机关。婚姻登记机关收到法院判决书后应当撤销结婚登记。但在实践中，重婚当事人因担心承担刑事责任，通常并不会主动向法院起诉确认婚姻无效。在本条司法解释生效后，重婚当事人更可能选择到婚姻登记机关申请离婚后再结婚。此时，重婚当事人已经不存在结婚障碍，重新缔结的婚姻合法有效。由于双方在系统中存在离婚状态，重新申请结婚无法进行补办登记，自然不能适用《婚姻家庭编司法解释（一）》第6条的规定，将婚姻关系的效力溯及至双方均符合《民法典》所规定的结婚的实质要件时。

二、对重婚善意当事人的救济

如上所述，对比《婚姻家庭编司法解释（二）（征求意见稿）》第1条，正式颁布的解释删除了但书条款。草案采用的是通过"拟制婚姻"的方式来保护善意重婚当事人。① 因征求意见过程中争议较大，最终删除，但并不代表善意当事人不值得保护。"对于重婚中善意的一方，可以根据《民法典》第1054条规定，请求有过错的一方损害赔偿。"② 此处的善意是指非重婚方非因过失而不知。如果非重婚方有理由相信重婚一方的合法婚姻已经解除或者不存在婚姻，那么其属于无过错方，有权请求损害赔偿。对于1994年2月1日之前在异地形成的受法律保护的事实婚姻以及在国外缔结的婚姻，往往不易被查证，如无其他证据证明非重婚方应当知道前婚的存在，应推定其无过错。过错判断的时间点是缔结婚姻时，非重婚一方在事后知道前婚事实，不影响过错的判定，但会影响损害赔偿范围的确定。此处的损害赔偿不仅包含物质损害，亦包含精神损害。就前者而言，首先包含为缔结婚姻而支付的各项费用，如举办婚礼的费用，其他基于婚姻的履行利益（如扶养费给付、基于夫妻法定财产制所形成的共有、基于夫妻财产约定所应获得的利益）亦可纳入损害赔偿范围。③ 非重婚一方在知道重婚事实后的可得利益不应纳入损害赔偿范围。就后者而言，重婚的一方隐瞒婚姻信息构成对另外一方婚姻自主权的侵害，在精神损害赔偿数额的确定上应适用《民法典》第998条以及《精神损害赔偿解释》第5条的规定，综合考量重婚当事人的过错程度，重婚当事人隐瞒已婚事实的目的、方式、场合，隐瞒行为给另外一方造成的后果等因素。

---

① 参见徐国栋：《〈民法典〉婚姻家庭编司法解释（二）第1条读解暨修改建议》，载《岭南学刊》2025年第1期。
② 陈宜芳、吴景丽、王丹：《〈关于适用民法典婚姻家庭编的解释（二）〉的理解与适用》，载《人民司法》2025年第3期。
③ 参见刘征峰：《结婚中的缔约过失责任》，载《政法论坛》2021年第3期。

◆ 典型案例

田某1诉田某、郭某某婚姻无效纠纷案[①]

裁判要旨：田某与黄某某于1983年5月16日结婚，婚后生育两子田某1、田某2。田某与郭某某于1991年9月19日在河南省郑州市金水区民政局登记结婚，婚后生育两女田某3、田某4。1996年1月3日，田某与黄某某经湖北省天门市人民法院调解离婚。

2011年4月12日，田某1诉至河南省郑州市金水区人民法院，要求宣告郭某某与田某的婚姻无效。该院于2011年10月19日作出（2011）金民一初字第1973号民事判决，宣告田某与郭某某之间的婚姻关系无效。该判决生效后，郭某某不服，向金水区法院申诉，经该院审判委员会讨论决定，于2012年10月8日作出（2012）金民监字第12号民事裁定，该案进入再审。

金水区法院再审认为，田某在与郭某某登记结婚时并未与黄某某离婚，即田某一人同时存在两个婚姻关系，其行为违反婚姻法规定的一夫一妻制，已构成重婚。田某1申请宣告田某与郭某某之间的婚姻无效，符合《婚姻法》规定的认定无效婚姻情形，应予以支持。遂于2014年1月9日作出再审判决：维持（2011）金民一初字第1973号民事判决，宣告田某与郭某某的婚姻无效。该判决已发生法律效力。

（本条由刘征峰撰写）

[①] 参见河南省郑州市金水区人民法院（2011）金民一初字第1973号、（2012）金民再初字第13号民事判决书。

第二条 【对当事人主张"假离婚"的处理】

夫妻登记离婚后，一方以双方意思表示虚假为由请求确认离婚无效的，人民法院不予支持。

◆ **条文要旨**

本条是关于"假离婚"法律后果的规定。

◆ **理解与适用**

所谓"假离婚"，是指夫妻双方并无终止婚姻关系的真实意图，但是为了达到特定目的，如规避房屋限购政策以取得购房资格、购买机动车、获得征收补偿利益、逃避债务等，而在民政机关登记离婚的情形。一般来说，在办理登记离婚前，办理"假离婚"的夫妻双方通常会约定达到目的后再恢复婚姻关系；在办理登记离婚后，办理"假离婚"的夫妻双方可能仍然共同生活，即"离婚不离家"。长期以来，我国学界围绕"假离婚"的效力存在分歧。分歧产生的原因在于，学界将登记离婚理解为民事法律行为，但对登记离婚之意思表示的内容存在不同认识。具体来说，关于登记离婚的意思表示需要具备何种效果意思，学界存在实质意思说和形式意思说两种立场。[①] 按照实质意思说，办理离婚登记的夫妻双方须有消灭婚姻关系之效果意思；按照形式意思说，夫妻双方只要具有履行离婚形式要件之意思，即具有离婚之意思。准此，依据实质意思说，夫妻双方内心并无消灭婚姻关系之意思，仅为了达到特定目的而办理离婚登记的，离婚法律行为无效；依据形式意思说，即使夫妻双方没有消灭婚姻关系之意思，只要夫妻双方办理了离婚登记，在满足

[①] 田韶华：《民法典编纂中身份行为的体系化建构》，载《法学》2018年第5期。

其他离婚要件的前提下，离婚法律行为仍属有效。

　　基于对离婚意思表示的不同认识，我国学界就"假离婚"的效力形成了以下三种学说：第一，无效说。① 依据无效说，"假离婚"属于无效民事法律行为，不发生婚姻关系消灭的效力。无效说的理由主要有二：其一，离婚作为民事法律行为，离婚意思表示的认定应采实质意思说，或者说对离婚法律行为的解释应当采取意思主义，从而离婚法律行为以夫妻双方具有离婚合意为前提，离婚登记不足以弥补离婚合意的瑕疵；其二，离婚作为民事法律行为，有适用《民法典》总则编民事法律行为规则的余地。进而，"假离婚"的双方当事人不具有消灭婚姻关系的真实意思，"假离婚"构成通谋虚伪行为，从而应当依据《民法典》第146条被认定为无效。

　　第二，有效说。② 依据有效说，只要夫妻双方具有办理离婚登记的真实意思，不论夫妻双方是否具有消灭婚姻关系的意思，夫妻双方都构成"真离婚"。有效说的理由包括以下三点。其一，《民法典》总则编民事法律行为因通谋虚伪而无效的规则主要适用于财产行为，不能适用于作为身份行为的登记离婚行为，故"假离婚"不因构成通谋虚伪行为而

---

① 参见韩世远：《虚假表示与恶意串通问题研究》，载《法律适用》2017年第17期；杨立新：《〈民法总则〉规定的虚假民事法律行为的法律适用》，载《法律科学（西北政法大学学报）》2018年第1期；贺剑：《婚姻法"特殊性"三题》，载《妇女研究论丛》2024年第3期；贺剑：《意思自治在假结婚、假离婚中能走多远？——一个公私法交叉研究》，载《华东政法大学学报》2022年第5期。

② 参见蔡立东、刘国栋：《司法逻辑下的"假离婚"》，载《国家检察官学院学报》2017年第5期；冉克平：《论意思自治在亲属身份行为中的表达及其维度》，载《比较法研究》2020年第6期；龙俊：《〈民法典〉中婚姻效力瑕疵的封闭性》，载《社会科学辑刊》2022年第4期；瞿远见：《论通谋虚伪行为的法律效力》，载《环球法律评论》2023年第5期；田韶华：《民法典编纂中身份行为的体系化建构》，载《法学》2018年第5期；田韶华：《论通谋虚伪行为规则的司法适用》，载《北方法学》2019年第4期；刘征峰：《民法典中身份关系法律适用的原则与例外》，载《中国法律评论》2022年第4期；刘征峰：《法律行为规范对身份行为的有限适用》，载《现代法学》2024年第1期；刘耀东：《虚假离婚若干法律问题研究》，载《云南大学学报（法学版）》2011年第2期；罗师：《论虚假婚姻的法律效力》，载《荆楚法学》2023年第2期。另参见房绍坤、范李瑛、张洪波：《婚姻家庭继承法》，中国人民大学出版社2021年版，第80页。

无效。其二，为了维护离婚登记的公信力，维持身份关系的稳定性，保护因信赖离婚登记而与"假离婚"当事人缔结婚姻关系的善意第三人，应当承认"假离婚"在效力上与"真离婚"无异。其三，承认"假离婚"无效，会导致"假离婚"的当事人无须承担"假离婚"的风险，有过度保护"假离婚"的当事人之嫌，甚至可能会鼓励当事人"假离婚"。因此，为了遏制"假离婚"行为，让"假离婚"的当事人自行承担由此产生的法律风险，应当承认"假离婚"有效。

第三，折中说。[1] 该说认为，"假离婚"原则上无效，但不得对抗善意第三人。具体来说，"假离婚"的当事人均未与第三人结婚的，"假离婚"无效；"假离婚"的当事人双方或一方与第三人结婚的，为保护第三人的合法婚姻，"假离婚"有效。

对此，在我国司法实践中，大多数法院认为，由于离婚登记制度的存在，离婚以婚姻登记机关的登记为准，婚姻登记具有公示效力，故法律上并不存在所谓的"假离婚"。也就是说，不论男女双方出于何种目的，只要男女双方自愿履行了法定的离婚登记程序，即在婚姻登记机关完成了离婚登记，双方的婚姻关系即告解除。[2] 这一立场也得到了最高人民法院、民政部的支持。[3]

比如，在"汪某、成某房屋买卖合同纠纷案"中，四川省高级人民法院在裁定书中强调："汪某与成某系成年人，对于自己的行为后果有判断能力，无论双方是不是假离婚，在婚姻登记机关办理离婚登记后，

---

[1] 参见余延满：《亲属法原论》，法律出版社2007年版，第319、322页；马忆南：《婚姻家庭继承法学》，北京大学出版社2023年版，第124页。
[2] 如广东省广州市中级人民法院（2021）粤01民终6494号民事判决书，北京市房山区人民法院（2019）京0111民初5754号民事判决书，上海市闵行区人民法院（2020）沪0112民初30394号、（2022）沪0112民初11483号民事判决书。
[3] 参见《最高人民法院关于陈建英诉张海平"假离婚"案的请示报告的复函》，《民政部办公厅关于能否撤销李某与张某离婚登记问题的复函》（民办函〔2003〕71号）。

即产生夫妻关系解除的法律效力并受相应的法律约束。"① 又如，在"高某与马某离婚后财产纠纷案"中，北京市第二中级人民法院在判决书中指出："本案中，高某与马某作为完全民事行为能力人选择通过行政程序解除双方婚姻关系，在婚姻登记机关作出自愿离婚的意思表示，并通过提交《离婚协议书》的方式表示就财产分割及子女抚养问题已经达成一致意见，婚姻登记机关据此为双方办理离婚登记并不存在过错。因高某与马某二人的婚姻关系已由婚姻登记机关依照法定程序予以解除，鉴于婚姻登记之公示公信效力，虽然双方在办理离婚登记时真实意思为通谋虚假离婚，但并不因此导致离婚登记无效。故，从民政部门对高某、马某离婚予以登记时起，双方之婚姻关系已然解除。"② 无独有偶，北京市第二中级人民法院在"席某1与黄某离婚后财产纠纷案"判决书中重申："本院认为，并不存在所谓的'假离婚'一说，在客观上，不论双方出于何种目的，只要男女双方在婚姻登记机关办理离婚手续，双方即实际解除了婚姻关系，自解除婚姻关系之日，该离婚协议即已生效，双方均应按照离婚协议履行。双方离婚后是否在一起生活、是否还有微信沟通等，均不影响离婚事实以及离婚协议的效力。"③

本条确认了司法实践的立场，明确"假离婚"不会导致离婚登记行为无效。依据本条规定，具有完全民事行为能力的夫妻双方明知办理离婚登记手续的法律后果，自愿办理离婚登记的，一方嗣后仅以双方的离婚意思表示虚假为由主张离婚无效的，人民法院不予支持。也就是说，虽然登记离婚属于民事法律行为、身份行为，但为了确保身份关系的稳定性、维护婚姻登记制度的严肃性、保护善意第三人的利益，夫妻双方是否具有消灭婚姻关系的意思，以夫妻双方在婚姻登记机关对婚姻登记

---

① 四川省高级人民法院（2019）川民申852号民事裁定书。同旨参见四川省高级人民法院（2018）川民申4957号民事裁定书。
② 北京市第二中级人民法院（2019）京02民终10856号民事判决书。
③ 北京市第二中级人民法院（2023）京02民终2322号民事判决书。

员表达的意思为准，不取决于双方的内心真实意思，亦无须考虑双方登记离婚的动机。

◆ 疑点与难点

"假离婚"时离婚协议的效力

虽然司法实践不承认"假离婚"，但是，男女双方订立的离婚协议可能因为欺诈、胁迫而存在效力瑕疵。比如，依据《婚姻家庭编司法解释（一）》第 70 条第 2 款，离婚协议中的财产分割协议可因欺诈、胁迫而被撤销。此外，离婚协议中的抚养费协议也可以因欺诈、胁迫而被撤销。[1]

不仅如此，男女双方订立的离婚协议可能因构成通谋虚伪行为而无效。[2] 比如，在"欧某等与骆某合同纠纷案"中，北京市高级人民法院就指出："根据另案生效判决的认定，涉案房屋系限价商品房，欧某、段某于 2018 年 5 月 9 日签订《离婚协议书》系通过结婚、离婚的方式使欧某获得该房屋登记产权，但该过户实质系段某向张某借款之担保，欧某与段某并无分割夫妻共同财产之真实意思表示，故签订《离婚协议书》是欧某、段某基于双方通谋虚假的意思表示而作出的行为，该行为应予否定性评价。一、二审法院判定《离婚协议书》第三条涉案房屋归欧某所有的约定无效，具有事实和法律依据。"[3]

也就是说，对于"假离婚"的法律后果，司法实践就身份关系和财产关系采取了两分法：对于离婚行为而言，司法实践认为不存在通谋虚伪行为；对于离婚协议中的财产内容而言，司法实践认为可以构成通谋

---

[1] 参见夏江皓：《〈民法典〉第 1067 条第 1 款（子女对父母的抚养费给付请求权）评注》，载《南京大学学报（哲学·人文科学·社会科学）》2022 年第 4 期。
[2] 如浙江省丽水市中级人民法院（2020）浙 11 民终 1212 号民事裁定书，吉林省白城市中级人民法院（2021）吉 08 民终 21 号民事判决书，广东省深圳市南山区人民法院（2020）粤 0305 民初 31354 号民事判决书。
[3] 北京市高级人民法院（2021）京民申 5633 号民事裁定书。

虚伪行为。① 当然，在不承认"假离婚"的背景下，夫妻双方的离婚协议很难被认定为无效。一般来说，夫妻双方自愿办理离婚登记的，离婚登记行为有效，不存在所谓的"假离婚"。进而，夫妻双方提交给婚姻登记机关的离婚协议也有效，除非一方当事人能够证明订立离婚协议时存在欺诈、胁迫等情形。② 换言之，主张离婚协议存在意思表示瑕疵的一方，对此负举证责任。③ 一方主张离婚协议存在意思表示瑕疵等情形，但是无法证明的，如果离婚协议不存在无效事由，法院就会认定离婚协议有效。④ 这也是原《婚姻法司法解释（二）》（已失效）第8条采纳的立场。不过，男女双方在离婚后共同居住、共同生活的事实，能否证明男女双方离婚协议系通谋虚伪行为，司法实践存在肯定说、⑤ 否定说两种立场。⑥

主张"假离婚"有效说的学者也支持司法实践的立场，主张区分作为身份行为的离婚行为和作为财产行为的离婚财产协议，认为离婚协议应当适用民事法律行为效力规则，从而可能因构成通谋虚伪行为而无效。⑦

---

① 如北京市第二中级人民法院（2019）京02民终10856号民事判决书，上海市浦东新区人民法院（2018）沪0115民初61409号民事判决书，上海市闵行区人民法院（2022）沪0112民初11483号民事判决书。学界对司法实践立场的总结，参见蔡立东、刘国栋：《司法逻辑下的"假离婚"》，载《国家检察官学院学报》2017年第5期。
② 如河北省高级人民法院（2019）冀民申8567号民事裁定书，四川省高级人民法院（2018）川民申4957号民事裁定书，北京市第二中级人民法院（2023）京02民终2322号民事判决书，上海市浦东新区人民法院（2020）沪0112民初30394号民事判决书。
③ 参见云南省昆明市中级人民法院（2024）云01民终10335号民事判决书。
④ 参见北京市高级人民法院（2021）京民申3165号民事裁定书，北京市第二中级人民法院（2020）京02民终9627号民事判决书，云南省昆明市中级人民法院（2024）云01民终10913号民事判决书。
⑤ 参见吉林省白城市中级人民法院（2021）吉08民终21号民事判决书，北京市大兴区人民法院（2021）京0115民初16700号民事判决书，上海市浦东新区人民法院（2022）沪0115民初77989号民事判决书。
⑥ 参见北京市第一中级人民法院（2021）京01民终5265号民事裁定书。
⑦ 参见蔡立东、刘国栋：《司法逻辑下的"假离婚"》，载《国家检察官学院学报》2017年第5期；许莉：《"虚假离婚"协议的法律效力》，载《检察风云》2024年第23期；冉克平：《论意思自治在亲属身份行为中的表达及其维度》，载《比较法研究》2020年第6期；冉克平：《"身份关系协议"准用〈民法典〉合同编的体系化释论》，载《法制与社会发展》2021年第4期；龙俊：《〈民法典〉中婚姻效力瑕疵的封闭性》，载《社会科学辑刊》2022年第4期；刘征峰：《法律行为规范对身份行为的有限适用》，载《现代法学》2024年第1期。

有学者还进一步指出，子女抚养协议亦有通谋虚伪行为规则适用的余地。①

当男女双方虽无消灭婚姻关系的内心真实意思但已经办理离婚登记时，一方当事人可能拒绝复婚，导致双方无法恢复夫妻关系。然而，男女双方可能为了快速办理离婚登记，没有就婚姻财产分割作出合理的安排，导致夫妻财产分割的结果对一方当事人并不公平。此时，只能从财产分割的角度来救济一方当事人。对此，《婚姻家庭编司法解释（二）（征求意见稿）》第2条第1款第2句曾经明确规定："一方有证据证明双方意思表示虚假，请求确认离婚协议中有关财产及债务处理条款无效，并主张重新分割夫妻共同财产的，人民法院应依法予以支持。"按照这一规定，离婚行为作为身份行为不适用通谋虚假行为规定，但是离婚协议中的财产及债务处理条款作为财产行为可以适用通谋虚伪行为规定。

不过，最高人民法院在正式颁布《婚姻家庭编司法解释（二）》时，删除了这一规定。这可能引起实践上的困扰。比如，人民法院案例库参考案例"俞某诉杨某同居关系纠纷案"（入库编号：2024-07-2-020-001）就指出："'假离婚'本身并非法律概念，其与所谓的'真离婚'法律意义并无不同，故原、被告双方在婚姻机关登记离婚起，双方身份关系即已解除，原、被告在登记机关签字留存之离婚协议亦不因所谓'假离婚'而失去法律效力。原、被告双方作为完全民事行为能力人在作出上述法律行为时，应充分考虑行为所产生的后果，并承担由此产生的风险，如果允许一方在登记后以'假离婚'为名随意变更民政部门留存的离婚协议，将有损于婚姻登记所保护的法律秩序，故上述离婚协议之效力及于双方当事人，因此产生的风险亦由双方当事人自行承担。"

---

① 参见冉克平：《"身份关系协议"准用〈民法典〉合同编的体系化释论》，载《法制与社会发展》2021年第4期。

本书认为，参考案例只是强调，夫妻一方在办理离婚登记之后不得以"假离婚"为由随意否认离婚协议的效力。换言之，"假离婚"并不当然影响离婚协议的效力，离婚协议的效力仍然取决于民事法律行为效力规定。实际上，最高人民法院删除离婚协议中有关财产及债务处理条款因通谋虚伪而无效的规定，并不意味着其认为离婚协议中财产及债务处理条款无通谋虚伪行为规则的适用空间。不再明确规定离婚协议中财产条款适用通谋虚伪行为规则，是因为《民法典》第146条第1款已经规定了通谋虚伪行为无效。此外，《婚姻家庭编司法解释（一）》第70条也规定，离婚协议中财产分割条款可能因夫妻一方被欺诈、胁迫而被撤销。通谋虚伪行为规则与欺诈、胁迫规则均属于意思表示瑕疵规则，既然离婚协议中财产分割条款适用欺诈、胁迫规则，那么离婚协议中财产分割条款也可以适用通谋虚伪行为规则。进而，即使《婚姻家庭编司法解释（二）》没有明确规定，人民法院也可以依据《民法典》第146条认定离婚协议中部分财产及债务处理条款属于通谋虚伪行为，从而这些条款无效。因此，通过适用民事法律行为效力规则来变动离婚协议中的财产内容，能够在双方当事人解除婚姻关系的背景下，实现双方当事人在财产分配上的公平。准此，以婚姻登记机关备案的离婚协议中财产内容构成通谋虚伪行为为由，否认有关财产及债务处理条款的效力，旨在保护财产分割中受到不利的一方，从而具有浓厚的法政策因素。

严格来说，通谋虚伪行为和欺诈适用的场景并不相同：如果夫妻一方在订立离婚协议时内心就没有与配偶复婚的打算，但仍以将来会复婚为由欺骗配偶随意签下离婚协议，构成欺诈；如果夫妻双方在订立离婚协议时都有复婚的打算，只是夫妻一方在离婚后心态发生变化不愿复婚，构成通谋虚伪行为。然而，从举证责任的难度来看，配偶证明夫妻一方在订立离婚协议时构成欺诈极为困难，因为配偶很难证明夫妻一方在订立离婚协议时内心就没有复婚的打算。此外，配偶基于欺诈请求撤销离婚协议的权利受制于除斥期间。男女双方在离婚后可能围绕离婚协议发生纠纷，并在沟通和争执的过程中超过除斥期间。[①] 与此相对，配偶证明离婚协议构成通谋虚伪行为的难度更低。只要配偶能够证明双方在签订离婚协议时，没有将离婚协议当真、不希望按照离婚协议确定双方的权利义务关系即可。不仅如此，债权人如果能够证明债务人及其配偶的离婚协议系虚假意思表示的，也可以主张该离婚协议无效，从而确保责任财产不会流失。[②] 因此，在实践中，人民法院很少依据《婚姻家庭编司法解释（一）》第70条基于欺诈来撤销离婚协议，而是更愿意依据通谋虚伪行为规则认定离婚协议无效。

需要注意的是，离婚协议效力系夫妻双方内部约定，原则上仅对夫妻双方具有约束力。[③] 比如，夫妻双方关于夫妻共同债务分担的约定，仅仅涉及夫妻双方内部的债务承担关系，不影响债权人在夫妻双方离婚后请求双方承担连带责任。又如，夫妻双方关于抚养费给付的约定，涉及作为抚养债务的债务人内部如何分担抚养债务，不影响子女作为抚养债务的债权人向夫妻双方提出抚养费请求。既然离婚协议仅仅影响夫妻双方的内部关系，那么，离婚协议的效力和解释取决于夫妻双方的意思表示。

如果男女一方能够证明双方将办理离婚登记作为达成特定目的的手段，男女双方为了满足登记离婚的要求而订立的离婚协议并非双方真实意思，从而该协议对夫妻双方不具有约束力。于是，男女双方并无财产处理和债务承担的真实意思。离婚协议中关于财产处理和债务承担的约定，能够适用《民法典》第146条而无效。这也体现在《婚姻家庭编司法解释（一）》第70条。据此，财产分割协议的效力取决于当事人的

[①] 如四川省高级人民法院（2020）川民申6543号民事裁定书。
[②] 参见冉克平、陈丹怡：《债权人保护视角下的离婚财产协议》，载《学习与实践》2024年第10期。
[③] 参见最高人民法院（2019）最高法民申3379号民事裁定书。另参见李洪祥：《离婚财产分割协议的类型、性质及效力》，载《当代法学》2010年第4期。

真实意思：离婚协议中财产内容体现的不是当事人的真实意思的，根据个案的具体情况，当事人得依据通谋虚伪行为主张相关内容无效，或者依据欺诈、胁迫请求人民法院撤销相关内容。[1]

◆ **典型案例**

俞某诉杨某同居关系纠纷案[2]

——一方以"假离婚"为由，请求分割离婚后另一方自行购买的房屋，人民法院不予支持

裁判要旨：1. 当事人应当自觉遵守、维护我国法律规定的婚姻登记秩序，在办理结婚、离婚登记时充分考虑相应法律后果。当事人在婚姻登记机关办理离婚登记起，双方身份关系即已解除，除法定情形外，双方在登记机关签字留存的离婚协议亦不因所谓"假离婚"而失去法律效力。

2. 婚姻法对于夫妻关系存续期间共同财产制的规定是基于双方存在法定身份关系而进行的保护，夫妻关系解除后共同生活期间，双方财产不能比照婚姻法当然认定为共同共有。在同居生活期间登记在一方名下的财产的归属，人民法院应在审查出资、财产混同等情况后进行认定。家庭生活开销、共同子女抚养费等费用的共同承担不能当然导致同居期间各自名下存款的混同。

（本条由缪宇撰写）

---

[1] 参见河北省高级人民法院（2020）冀民申3360号民事裁定书。
[2] 参见人民法院案例库参考案例（入库编号：2024-07-2-020-001）。

> **第三条　【债权人对离婚协议中财产分割条款的撤销权】**
> 　　夫妻一方的债权人有证据证明离婚协议中财产分割条款影响其债权实现，请求参照适用民法典第五百三十八条或者第五百三十九条规定撤销相关条款的，人民法院应当综合考虑夫妻共同财产整体分割及履行情况、子女抚养费负担、离婚过错等因素，依法予以支持。

◆ 条文要旨

本条是关于离婚协议中财产分割条款在损害夫妻一方个人债务的债权人时，债权人可以行使撤销权，撤销财产分割条款的规定。

◆ 理解与适用

一、债权人撤销权适用于离婚协议中的财产分割条款

在我国司法实践中，就夫妻一方的债权人能否在夫妻一方分得较少夫妻共同财产时撤销离婚协议中财产分割条款，各地法院过去一直存在分歧。

少数法院持否定说，认为夫妻一方的债权人不能撤销离婚协议中的财产分割条款。这一立场的理由在于，离婚协议系基于身份关系产生的协议，不同于其他民事法律关系中财产的交易和转让行为，不属于原《合同法》第 2 条、现《民法典》第 464 条意义上的合同，因而一方当事人的债权人不得就债务人离婚协议中的内容行使债权人撤销权。[①]

与此相对，大多数法院持肯定说，认为债权人可以就债务人离婚协

[①] 如福建省高级人民法院（2015）闽民申字第 1174 号民事裁定书，浙江省杭州市中级人民法院（2017）浙 01 民终 7279 号民事判决书，北京市昌平区人民法院（2018）京 0114 民初 14840 号民事判决书。

议中的财产分割条款行使撤销权。这一立场的理由在于，离婚协议的内容具有多样性，包括具有财产内容的条款和不具有财产内容的条款。其中，有些条款如子女由哪一方直接抚养，既不改变子女与父母之间的身份关系，也不具有财产内容，从而无法撤销。然而，有些条款如夫妻共同财产的分割，仅仅涉及夫妻之间的财产关系。在性质上，这些涉及财产分割的条款系"设立、变更、终止民事法律关系的协议"，属于《民法典》第464条意义上的合同，能够适用《民法典》合同编的规则，进而能够被债权人撤销。① 因此许多法院认为，离婚协议系包含身份关系、财产关系的复合型协议或混合合同，有关财产分割的内容属于平等民事主体之间变更民事财产权利义务关系的协议，能够适用合同法规则。②

比如，在"禹某某、张某某等债权人撤销权纠纷案"中，四川省高级人民法院指出："离婚协议一般包含自愿离婚、子女抚养、财产及债务处理三项内容，其中当事人自愿离婚的意思表示及子女抚养协议属于夫妻和父母子女有关身份关系的协议，不能适用合同法，债权人不能行使撤销权。但是，有关财产及债务处理的离婚财产分割协议是财产处分行为，属于平等主体之间有关财产关系的协议，应当受合同法的调整，不能因离婚财产分割协议主体之间涉及身份关系，就以此认定离婚财产分割行为是身份法律行为，不能适用合同法。债权人撤销权制度的规范目的在于维持债务人的责任财产，以保障债权人的债权得以清偿。因此，当债务人通过协议离婚分割夫妻共同财产，导致自身责任财产减少，对债权人的债权实现造成损害的，应适用债权人撤销权，否则有违该制度的规范目的。"③ 此外，最高人民法院通过案例库参考案例的方式支持了

---

① 如北京市高级人民法院（2021）京民申3548号、（2020）京民申2279号民事裁定书，广东省高级人民法院（2020）粤民申547号民事裁定书。
② 如湖北省高级人民法院（2018）鄂民再210号民事裁定书，上海市第一中级人民法院（2022）沪01民终12770号民事判决书，广东省深圳市中级人民法院（2021）粤03民终23751号民事判决书。
③ 四川省高级人民法院（2021）川民申7573号民事裁定书。

肯定说。①

本条确认了司法实践中的主流观点，肯定了夫妻一方的债权人可以就夫妻一方离婚协议中的财产分割条款行使债权人撤销权，但是财产分割条款是否构成无偿处分或者不合理价格转让财产，应当综合考虑夫妻共同财产整体分割及履行情况、子女抚养费负担、离婚过错等因素。

值得注意的是，依据本条规定，债权人撤销权规定并非直接适用于离婚协议中的财产分割条款，而是参照适用。参照适用不同于直接适用。在考虑参照适用时，待决案件能否适用被参引的规定，须先判断法定案型和待决案件是否具有类似性，只有在不违背待决案型性质时被参引的规定才能适用。② 换言之，被参引的规定"性质上可用之部分则用，不可用之部分则不用"。③ 本条强调参照适用而非直接适用的原因在于，离婚协议中财产分割条款不同于以交易为模型的赠与合同、买卖合同等合同，夫妻之间分割夫妻共同财产的行为并非纯粹的交易行为。④

对此，司法解释的起草者指出，对于离婚协议中的财产分割条款是"无偿"还是"不合理价格"的判断，应考虑离婚协议的特殊性。⑤ 离婚协议系包含了身份关系终止、子女抚养、财产分割、债务清偿、离婚经济帮助、家务劳动补偿、离婚损害赔偿等内容的一揽子协议，财产分割条款与其他条款之间相互联系，⑥ 因此，夫妻双方各自取得的夫妻共同财产价值通常是不同的。也就是说，夫妻双方很少在离婚协议中平均分割

---

① 债务人在明知负有债务的情况下，通过离婚协议将财产转移至夫妻另一方及子女名下，债权人有权主张撤销转移财产的相关条款。参见"上海某食品公司诉李某、何某某、李某某债权人撤销权纠纷案"，上海市第一中级人民法院（2018）沪01民终13292号民事判决书。
② 参见王利明：《法学方法论》（第二版），中国人民法学出版社2021年版，第175页。
③ 易军：《买卖合同之规定准用于其他有偿合同》，载《法学研究》2016年第1期。
④ 参见陈宜芳、王丹：《民法典婚姻家庭编法律适用中的价值理念和思维方法——以〈民法典婚姻家庭编解释（二）〉为视角》，载《法律适用》2025年第1期。
⑤ 参见陈宜芳、吴景丽、王丹：《〈关于适用民法典婚姻家庭编的解释（二）〉的理解与适用》，载《人民司法》2025年第3期。
⑥ 参见北京市高级人民法院（2022）京民申2109号民事裁定书。

夫妻共同财产。进而，即使夫妻一方取得的夫妻共同财产不足全部夫妻共同财产的一半，也不能直接以此为由认为夫妻一方构成无偿转让夫妻共同财产。同时，夫妻双方约定将主要的夫妻共同财产留给一方，且给予另一方的补偿不足该夫妻共同财产价值的50%的，也不宜依据《合同编通则司法解释》第42条将财产分割条款认定为不合理低价转让夫妻共同财产。① 总之，夫妻一方经由夫妻共同财产分割仅取得少量夫妻共同财产的，考虑到夫妻共同财产整体分割及履行情况、子女抚养费负担、离婚过错等因素，夫妻一方未必构成无偿或以不合理低价转让夫妻共同财产。② 进而，在考虑债权人撤销权规则的适用时，应当严格认定无偿处分和不合理价格要件，债务人及其配偶的财产分配必须达到不合理的程度。

二、债权人撤销权的成立要件

债权人就离婚协议的财产分割条款行使撤销权的，应当满足以下要件。

第一，在夫妻一方订立的离婚协议生效之前，夫妻一方个人债务的债权人对其享有合法债权。

首先，债权人为夫妻一方个人债务的债权人。③ 夫妻一方在婚姻关系存续期间负担的债务，或者是个人债务，或者是夫妻共同债务。在我国，夫妻共同债务原则上属于夫妻连带债务，由夫妻双方以全部夫妻共同财产、双方的个人财产负责。夫妻双方离婚的，仍然作为连带债务人对债权人负责。进而，夫妻双方内部如何分割夫妻共同财产，不影响夫妻共同债务的债权人就全部夫妻共同财产受偿，故债权人没有必要针对离婚协议中的财产分割条款行使债权人撤销权。④ 因此，依据《婚姻家

---

① 陈宜芳、王丹：《民法典婚姻家庭编法律适用中的价值理念和思维方法——以〈民法典婚姻家庭编解释（二）〉为视角》，载《法律适用》2025年第1期。
② 参见陈宜芳、吴景丽、王丹：《〈关于适用民法典婚姻家庭编的解释（二）〉的理解与适用》，载《人民司法》2025年第3期。
③ 参见陈宜芳、吴景丽、王丹：《〈关于适用民法典婚姻家庭编的解释（二）〉的理解与适用》，载《人民司法》2025年第3期。
④ 参见黑龙江省哈尔滨市中级人民法院（2022）黑01民终3067号民事判决书。

庭编司法解释（一）》第 35 条第 1 款，男女双方的离婚协议已经对夫妻财产分割问题作出处理的，夫妻共同债务的债权人仍有权请求男女双方清偿债务。与此相对，就个人债务的清偿而言，依据《最高人民法院关于人民法院民事执行中查封、扣押、冻结财产的规定》第 12 条，夫妻共同财产也属于夫妻一方个人债务的责任财产范围。依据《民法典》第 1153 条第 1 款，夫妻双方原则上对夫妻共同财产各自享有一半份额，故夫妻一方以个人财产和一半夫妻共同财产对个人债务负责，[1] 且债权人应当先以夫妻一方个人财产受偿，在个人财产不足时以夫妻共同财产的一半受偿。[2] 因此，夫妻双方在离婚协议中如何分割夫妻共同财产，不影响夫妻共同债务的债权人，而是影响夫妻双方各自个人债务的债权人：夫妻一方将 50%以上的夫妻共同财产留给另一方的，夫妻一方个人债务的债权人能够受偿的责任财产减少，另一方个人债务的债权人能够受偿的责任财产增加。在这种情形下，夫妻一方个人债务的债权人才需要行使债权人撤销权来撤销离婚协议中的财产分割条款。

其次，债权人的债权在夫妻一方订立的离婚协议生效之前须已经成立，即在夫妻一方登记离婚之前已经存在。[3] 如果债权人在债务人离婚之后取得对债务人的债权，债权人自担风险，不能行使撤销权。[4] 在实践中，债权人行使撤销权的，通常在夫妻一方订立离婚协议之前就已经取得了对夫妻一方的债权。在夫妻一方订立离婚协议之后、办理离婚登记之前，债权人对夫妻一方取得债权的，仍然可以在夫妻一方离婚后行使撤销权。这一立场的理由有二。其一，符合撤销权的构成要件。撤销

---

[1] 参见汪洋：《夫妻债务的基本类型、责任基础与责任财产》，载《当代法学》2019 年第 3 期；朱虎：《夫妻债务的具体类型和责任承担》，载《法学评论》2019 年第 5 期。

[2] 参见叶名怡：《夫妻债务的清偿顺序》，载《法学研究》2023 年第 4 期。

[3] 参见陈宜芳、吴景丽、王丹：《〈关于适用民法典婚姻家庭编的解释（二）〉的理解与适用》，载《人民司法》2025 年第 3 期；冉克平、陈丹怡：《债权人保护视角下的离婚财产协议》，载《学习与实践》2024 年第 10 期。另参见北京市高级人民法院（2021）京民申 3548 号民事裁定书。

[4] 如北京市第一中级人民法院（2022）京 01 民终 5254 号民事判决书。

权着眼于债务人责任财产的保持，以债务人通过诈害行为积极减少责任财产为前提。债务人以法律行为方式实施诈害行为的，在诈害行为生效之前，责任财产减损的法律效果并未发生，从而债权人无须行使撤销权。其二，保护债权人。如果要求债权在离婚协议成立之前已经存在，那么，夫妻一方可以先订立离婚协议、与配偶约定由配偶取得全部夫妻共同财产后再向债权人举债，随后与配偶登记离婚。这仍然构成对债权人的诈害，但债权人却无法行使撤销权。更有甚者，要求债权在离婚协议订立之前已经存在，可能会诱发夫妻双方"倒签"离婚协议的风险，导致债权在离婚协议订立后才存在。准此，债权应当在离婚协议生效前存在即可，无须在离婚协议成立之前已经存在。

在司法实践中，有些法院认为，债权人撤销权的成立以债权已经经过人民法院生效判决确认为前提，因此，人民法院在债务人离婚后才确认债权的，债权人不得针对离婚协议中财产分割条款行使撤销权。[1] 这一要求对于债权人而言过于苛刻。采纳这一立场，债务人可以先拖住债权人、延缓债权人起诉，并在债权人起诉之前订立离婚协议以转移财产，从而逃避债务。因此，不能以债权已经为生效判决确认作为债权人行使债权人撤销权的前提，债权人是否已经起诉、是否获得生效判决、是否已经申请强制执行，均不影响债权人行使撤销权。[2]

第二，夫妻一方订立离婚协议中的财产内容导致责任财产减少。如前所述，离婚协议中的财产分割条款与一般的市场交易行为不同，财产分割条款是否构成无偿转让财产或者以不合理价格转让财产，需要结合离婚协议中其他条款综合认定是否达到了不合理的程度。一般来说，这要求夫妻一方取得的夫妻共同财产，不仅不足夫妻共同财产总价值的一半，而且在综合考虑子女抚养、离婚经济帮助、家务劳动补偿、离婚损

---

[1] 如青海省西宁市中级人民法院（2024）青01民终210号民事判决书。
[2] 参见冉克平、陈丹怡：《债权人保护视角下的离婚财产协议》，载《学习与实践》2024年第10期。

害赔偿等各种因素之后，远远不及夫妻一方本应当分得的夫妻共同财产份额。进而，配偶取得的夫妻共同财产，远远超过了其应当分得的夫妻共同财产份额。

夫妻一方积极减少自己责任财产的行为包括放弃取得夫妻共同财产、将个人财产转让给配偶两种。在实践中，夫妻一方放弃取得夫妻共同财产的行为主要表现为两种形态：其一，夫妻一方可能完全放弃分得夫妻共同财产，从而由配偶取得全部夫妻共同财产，① 甚至在离婚协议中约定全部夫妻共同财产由配偶取得、自己承担全部夫妻共同债务；② 其二，夫妻一方取得的夫妻共同财产与配偶取得的夫妻共同财产明显不成比例，导致配偶取得绝大部分夫妻共同财产、配偶取得的夫妻共同财产远远大于负担的夫妻共同债务，③ 或者配偶取得如房屋等主要夫妻共同财产，夫妻一方承担如房贷等主要夫妻共同债务。④ 在上述第一种情形下，如果夫妻双方对离婚均没有过错且没有子女需要抚养，一方放弃全部夫妻共同财产并负担全部夫妻共同债务，就属于典型的无偿转让财产。此外，夫妻一方还可能将个人财产（如婚前购置的房屋）无偿转让给配偶，从而减少个人债务的责任财产。⑤

第三，离婚协议的履行须影响债权人的债权实现。债务人的责任财产因离婚协议生效和履行而减少，从而导致债务人陷入无资力状态，缺乏清偿债务的能力。债务人对他人享有的债权存在争议、尚无法确定的，

---

① 如湖南省长沙市中级人民法院（2022）湘01民终1880号民事判决书。
② 如北京市高级人民法院（2021）京民申3548号民事裁定书，四川省高级人民法院（2021）川民申7573号民事裁定书，湖北省高级人民法院（2018）鄂民再210号民事裁定书，北京市第二中级人民法院（2022）京02民终8731号民事判决书。
③ 如湖南省高级人民法院（2020）湘民申3061号民事裁定书，北京市第二中级人民法院（2023）京02民终6902号民事判决书，广东省深圳市中级人民法院（2021）粤03民终14825号民事判决书。
④ 参见浙江省温州市中级人民法院（2024）浙03民终1237号民事判决书。
⑤ 如江苏省南京市中级人民法院（2017）苏01民申525号民事裁定书，江苏省南京市中级人民法院（2019）苏01民终8055号民事判决书，湖南省怀化市中级人民法院（2021）湘12民终219号民事判决书。

如果债务人依据离婚协议分得的财产不足以清偿债务，法院仍然会支持债权人行使撤销权。① 如果无法确定离婚协议生效会导致债务人陷入无资力状态，或者无法证明债务人在离婚时丧失清偿能力，债权人撤销权即无法成立。② 因此，如果债务人因离婚协议分得的财产足以清偿债务的，债权人就无法撤销离婚协议中的财产分割约定。③ 比如，虽然债务人因生效的离婚协议而没有取得夫妻共同财产，但配偶给予了相应补偿且补偿金额高于债务人所举债务，离婚协议的生效并未导致债务人陷入无资力状态，从而未损害债权。④

离婚协议中财产分割条款是否影响债权人债权的实现，也适用双重时间标准。⑤ 具体来说，在离婚协议履行时，夫妻一方的责任财产已经不足以实现债权人的债权，且在债权人行使撤销权时夫妻一方的无资力状态仍然持续。据此，债务人在离婚时分得的夫妻共同财产足以清偿债务的，债权人不得针对离婚协议中的财产分割条款行使撤销权；⑥ 债务人在离婚时分得的夫妻共同财产不足以清偿债务，但债务人分得的财产随着市场行情的变化而升值，从而足以清偿债务的，债权人也不能行使撤销权。

由于诈害行为既可能出现在债权行为环节，也可能出现在物权行为

---

① 参见浙江省衢州市中级人民法院（2020）浙08民终1360号民事判决书。在实践中，亦有法院认为，债务人对第三人享有的债权能否实现尚不确定，从而支持债权人行使撤销权的主张。参见福建省泉州市中级人民法院（2020）闽05民终4163号民事判决书。
② 参见广东省深圳市中级人民法院（2021）粤03民终36497号民事判决书，辽宁省沈阳市中级人民法院（2024）辽01民再14号民事判决书，重庆市渝北区人民法院（2020）渝0112民初30766号民事判决书。
③ 参见湖北省随州市中级人民法院（2024）鄂13民终236号民事判决书，辽宁省鞍山市中级人民法院（2022）辽03民终317号民事判决书。
④ 参见四川省成都市中级人民法院（2021）川01民终12168号民事判决书，辽宁省沈阳市中级人民法院（2019）辽01民终5505号民事判决书。
⑤ 参见湖南省张家界市中级人民法院（2024）湘08民终574号民事判决书，山东省日照市中级人民法院（2024）鲁11民终2048号民事判决书，北京市丰台区人民法院（2022）京0106民初12409号民事判决书。
⑥ 参见湖北省武汉市中级人民法院（2024）鄂01民终2446号民事判决书，江西省九江经济技术开发区人民法院（2023）赣0491民初295号民事判决书。

环节，①离婚协议中财产分割条款影响债权人债权的实现，也据此判断。②比如，按照离婚协议的约定，不直接抚养子女的夫妻一方须向子女支付巨额抚养费，且约定子女对该方享有履行请求权，那么，夫妻一方尚未支付抚养费之前，债权人就可以通过针对抚养费条款行使撤销权保全夫妻一方的责任财产。反之，按照离婚协议的约定，夫妻一方虽然对离婚没有过错但选择"净身出户"，应将个人所有的房屋转移给配偶，如果夫妻双方已经完成房屋的过户登记，那么，债权人撤销权的对象不仅是离婚协议中的房产给予约定，还包括转移房屋所有权的物权行为。

第四，夫妻一方通过离婚协议以有偿方式实施诈害行为的，配偶须具有恶意。

如果离婚协议中财产分割约定构成无偿转让财产，那么，债权人撤销权的成立无须考虑债务人的配偶是否具有恶意。③在司法实践中，如果离婚协议中财产分割约定不构成无偿转让财产，法院大多会考虑财产分割条款对于夫妻双方是否合理。也就是说，离婚财产分割通常会考虑多种因素，从而具有一定的弹性。只要离婚财产分割对一方的优待未超过合理范围，就不应当允许债权人撤销。债权人仅能撤销超出合理范围的财产分割。④据此，倘若财产分割条款合理，那么，撤销权就不成立，法院无须再考虑配偶的恶意。

反之，如果法院认定财产分割条款不合理、债务人构成以不合理的低价转让财产，那么，配偶很难构成善意。在实践中，有法院认为，如果配偶对夫妻一方的负债确实不知情，该债务并未用于夫妻共同生活、

---

① 参见宋史超：《论债权人撤销权判决的实现路径》，载《政治与法律》2021年第1期。
② 参见王中昊、叶名怡：《离婚协议约定给予子女财产条款的效力》，载《妇女研究论丛》2025年第1期。
③ 参见广东省韶关市中级人民法院（2021）粤02民终1769号民事判决书。另参见单海涛：《债务人离婚时放弃房屋所有权致债权人权益受损 法院：损害债权人合法权益的无偿处分行为应予撤销》，载《人民法院报》2025年1月8日，第3版。
④ 参见冉克平、陈丹怡：《债权人保护视角下的离婚财产协议》，载《学习与实践》2024年第10期。

不属于夫妻共同债务，那么，夫妻一方的债权人就不得撤销前者订立的离婚协议。① 实际上，债权人撤销权要求的相对人恶意，并不要求相对人知道或应当知道特定债权可能受到损害。② 因此，配偶的恶意仅是指知道或者应当知道夫妻一方可能无法清偿债务，不要求配偶知道特定债权受到损害，从而无须配偶明知特定债权存在。也就是说，基于夫妻关系，债务人的配偶通常知道或者应当知道债务人对外负有债务，进而知道或者应当知道不合理的财产分割降低了夫妻一方的清偿能力、可能损害债权的实现，③ 甚至可能构成故意妨碍债权的实现。④ 由此可见，这一恶意不同于恶意串通中的恶意，⑤ 仅要求配偶知道离婚协议中的财产分割条款不合理、会导致债务人偿债能力降低即可。如果债务人及其配偶恶意串通，通过离婚协议财产分割条款逃避债务，债权人可以直接请求人民法院确认财产分割条款无效。不过，恶意串通的证明要求较高，故债权人选择撤销权之诉可能对自己更为有利。⑥

针对债务人离婚协议中不合理的财产分割条款，债权人须在知道或者应当知道财产分割条款妨碍债权实现的一年内行使撤销权。⑦ 具体来说，除斥期间从债权人知道或者应当知道撤销权成立要件齐备时起算。

---

① 参见北京市第二中级人民法院（2021）京02民终8560号民事判决书。
② 参见朱广新、谢鸿飞主编：《民法典评注：合同编通则（2）》，中国法制出版社2020年版，第51—52页。
③ 参见四川省成都市中级人民法院（2021）川01民终22040号民事判决书，北京市第二中级人民法院（2023）京02民终3178号民事判决书，广东省中山市第一人民法院（2024）粤2071民初12828号民事判决书。有些法院要求债权人举证证明配偶须具备恶意。如福建省泉州市中级人民法院（2020）闽05民终4163号民事判决书。
④ 参见重庆市第二中级人民法院（2019）渝02民终1770号民事判决书。
⑤ 混淆恶意串通与债权人撤销权的判决，如湖北省襄阳（樊）市中级人民法院（2024）鄂06民终1348号民事判决书。
⑥ 参见陈宜芳、吴景丽、王丹：《〈关于适用民法典婚姻家庭编的解释（二）〉的理解与适用》，载《人民司法》2025年第3期。
⑦ 亦有观点认为，应当以实际履行财产约定之日作为诈害行为发生之日，故除斥期间自约定义务获得履行完毕时起算。因此，夫妻双方约定夫妻共有房屋归属给配偶一方的，只有夫妻共有房屋发生物权变动时，除斥期间开始起算。参见冉克平、陈丹怡：《债权人保护视角下的离婚财产协议》，载《学习与实践》2024年第10期。

因此，夫妻一方构成无偿转移财产的，除斥期间自债权人知道或者应当知道债权不能实现时起算；夫妻一方构成不合理价格转移财产的，除斥期间自债权人知道或者应当知道配偶具有恶意时起算。一旦财产分割条款被人民法院撤销，财产分割条款涉及的财产视为未分割，由债务人及其配偶重新协商分割。

债权人行使撤销权的范围，以保全自己的债权为限。不仅如此，依据《合同编通则司法解释》第45条，如果被撤销行为的标的可分，债权人在受影响的债权范围内撤销债务人的行为；被撤销行为的标的不可分，债权人可以将债务人的行为全部撤销。因此，在保全个人债权的范围内，债权人可以针对财产分割条款中具体财产的分割行使撤销权，如房产归属约定。

◆ 疑点与难点

离婚协议中财产分割条款合理性的判断

离婚财产分割条款是双方出于解除婚姻关系的目的而对财产等事宜作出的约定，且涉及离婚原因、婚姻终止的过错、婚姻财产的出资情况、子女抚养情况、双方对家庭的付出情况、债务承担等事项，[1] 属于整体性协议安排，依附于婚姻双方当事人身份关系之解除，[2] 存在一定程度的利益平衡甚至妥协让步。[3] 进而，离婚财产分割不同于一般的财产转让行为。[4] 夫妻一方放弃取得夫妻共同财产、转让个人财产的行为，是否构成无偿处分、以明显不合理低价转让财产，不宜简单地以分配财产的多寡为标准，而应当在个案中综合判断。

一般来说，"在离婚财产分割中放弃财产份额的行为是否属于无偿

---

[1] 参见上海市第一中级人民法院（2022）沪01民终12770号民事判决书，北京市第一中级人民法院（2021）京01民终153号民事判决书，广东省深圳市中级人民法院（2021）粤03民终5181号民事判决书。
[2] 参见浙江省杭州市中级人民法院（2019）浙01民终6567号民事判决书。
[3] 参见上海市第一中级人民法院（2022）沪01民终12770号民事判决书。
[4] 参见四川省高级人民法院（2021）川民申7573号民事裁定书，湖北省鄂州市中级人民法院（2020）鄂07民终560号民事判决书。

转让财产，不能仅以财产性对价为标准，应结合子女抚养等情形综合考量，当债务人的离婚财产分割行为不具备任何形式的对价时，一般应认定为无偿转让财产"。① 因此，在认定夫妻一方离婚协议中财产分割条款是否合理时，需要考虑以下因素。

(一) 夫妻共同财产分割的整体情况

如果一方依据离婚协议获得特定财产且给予了另一方补偿，比如为取得房屋所有权而承担房屋贷款，② 或者为取得特定财产而放弃其他夫妻共同财产，③ 那么，一方就不构成无偿取得财产。

此外，在分割夫妻共同财产时，如果夫妻一方虽然分得的夫妻共同财产较少，但相比于配偶分得的夫妻共同财产，一方分得的财产具有更强的变现能力，那么，也不宜轻易认定财产分割条款对于一方而言不合理。

(二) 子女抚养的情况

离婚协议中财产分割条款合理与否，还要考虑子女抚养的情况。配偶依据离婚协议获得特定财产并负担子女抚养，④ 仍然构成因支付对价而取得夫妻共同财产，即"付出了无法以市场化价值量化的相应对价"。⑤ 此时，不能直接认定夫妻一方构成无偿转让财产或以明显不合理低价转让财产。也就是说，夫妻双方在离婚协议中约定由女方直接抚养子女的，女方取得作为夫妻共同财产的房屋所有权，通常不构成无偿取得财产或以明显不合理低价取得财产。尤其是考虑到离婚财产分割须遵循照顾子女、女方和无过错方权益的基本原则，在女方承担子女抚养的情形下，

---

① 参见四川省高级人民法院（2021）川民申 7573 号民事裁定书。
② 参见福建省高级人民法院（2021）闽民申 2601 号民事裁定书，湖北省鄂州市中级人民法院（2020）鄂 07 民终 560 号民事判决书，浙江省绍兴市中级人民法院（2021）浙 06 民终 3954 号民事判决书。
③ 参见福建省高级人民法院（2021）闽民申 2630 号民事裁定书。
④ 参见福建省高级人民法院（2020）闽民申 1967 号、（2023）闽民申 1746 号民事裁定书，广东省深圳市中级人民法院（2021）粤 03 民终 5181 号民事判决书。
⑤ 参见浙江省杭州市中级人民法院（2019）浙 01 民终 6567 号民事判决书。

即使女方分得的财产多于男方，只要男女双方分得财产的差距尚在合理范围内，就不能认定男方构成无偿转让财产或以明显不合理低价转让财产。①

不过，如果男女双方在离婚协议中约定的抚养费远远超过一般合理范围，且双方将婚内购买的房屋约定为归女方所有，债权人不仅可以撤销房屋分割约定，还可以撤销抚养费约定。② 比如，夫妻双方在离婚协议中将房屋及车辆的所有权均约定归女方所有，房屋、车辆贷款以及所有债务均由男方偿还，且在离婚协议中未见女方对男方另有其他补偿，同时离婚协议中约定婚生女由女方直接抚养、男方每月须支付抚养费10万元。③ 如果夫妻双方婚内未生育子女，离婚协议中的财产分割条款是否合理，就无须考虑子女抚养情况。进而，如果一方将婚内购置的房产留给另一方且自身没有责任财产，就可能构成无偿处分财产，故债权人可以撤销该财产分割条款。

离婚协议中约定不直接抚养子女的一方须一次性支付子女抚养费的，即使抚养费总额较高但未超过合理范围，原则上也不能肯定债权人得行使债权人撤销权。④ 司法实践的理由在于，在抚养费总额未超过合理范围时，未成年子女的利益优先于普通债权人的利益得到保护。实际上，抚养费约定仅仅约束夫妻双方，不影响子女对夫妻双方享有的法定抚养债权。因此，真正影响债权人利益的，是伴随着抚养费约定的财产分割条款。也就是说，不直接抚养子女的父母一方不仅少分割夫妻共同财产，还承担巨额抚养费，从而不直接抚养子女的一方承担了过高的抚养成本，即夫妻双方在抚养成本的分担上失衡。对此，有法院就认为，离婚协议

---

① 参见重庆市第四中级人民法院（2020）渝04民终1061号民事判决书，上海市第二中级人民法院（2022）沪02民终1473号民事判决书。
② 参见北京市第二中级人民法院（2024）京02民终10899号民事判决书。
③ 参见湖北省武汉市中级人民法院（2024）鄂01民终19324号民事判决书。
④ 参见冉克平、陈丹怡：《债权人保护视角下的离婚财产协议》，载《学习与实践》2024年第10期。

约定不直接抚养子女的男方一次性支付子女17年抚养费（80万元）的，"并未违反法律规定，且一审法院依据本地区的生活水平以及子女将来的生活、教育情况，认定该抚养费未超出合理范围并无不当"，但约定男方对女方承担20万元精神损害赔偿且放弃夫妻共有房产的，应由债权人予以撤销。① 也就是说，抚养费约定能否撤销，不涉及子女利益和不直接抚养子女一方的债权人利益孰优孰劣，而关乎直接抚养子女一方和不直接抚养子女一方的债权人之间的利益关系。债权人行使撤销权的原因，不在于不直接抚养子女的一方对子女履行法定抚养义务，而在于其与直接抚养子女一方之间不合理地分担了抚养成本。

（三）离婚过错

离婚协议中财产分割条款合理与否，须考虑债务人对婚姻关系终止的过错。一般来说，债务人对婚姻关系终止具有过错的，出于愧疚和抚慰的心理，往往愿意少分夫妻共同财产，从而给予配偶一定的补偿。据此，债务人因为离婚过错而少分夫妻共同财产的，不意味着财产分割条款不合理。只有在债务人不分或者少分夫妻共同财产的范围超过了离婚过错的程度时，债权人才能行使撤销权。

实践中，如果男方对离婚存在过错，加上未成年子女由女方直接抚养且男方应当承担一定抚养费，男方在财产处理方面做出一定程度的妥协和让步具有合理性，不构成无偿或以明显不合理低价转让财产的行为。② 反之，如果没有证据证明男方对婚姻关系的终止具有过错，且离婚协议中已经约定男方承担合理的子女抚养费，男方再将作为夫妻共同财产的房屋分配给女方的，"明显超过了过错补偿和折抵抚养费的合理范畴"，从而构成无偿处分财产。③ 对此，男方的债权人可以行使债权人

---

① 参见云南省昆明市中级人民法院（2019）云01民终4484号民事判决书。
② 参见重庆市第五中级人民法院（2021）渝05民终300号民事判决书，重庆市第一中级人民法院（2024）渝01民终3382号民事判决书，广东省广州市中级人民法院（2019）粤01民终22167号民事判决书。
③ 参见浙江省绍兴市中级人民法院（2023）浙06民终1177号民事判决书。

撤销权，撤销上述财产分割条款。此外，男方已经承担合理的子女抚养费后，以支付离婚损害赔偿为由向女方支付高额精神损害赔偿的，构成向女方无偿赠与财产，男方的债权人可以行使撤销权。[1]

◆ **典型案例**

上海某食品公司诉李某、何某某、李某某债权人撤销权纠纷案[2]

——债务人通过离婚协议转移财产损害债权人利益的，债权人有权主张撤销转移财产的相关条款

裁判要旨：1. 债务人在明知负有债务的情况下，通过离婚协议将财产转移至夫妻另一方及子女名下，债权人主张撤销该条款的，人民法院应当对债权人是否存在有效债权、离婚协议财产分割是否存在明显失衡、债务人是否无可供执行的其他财产致债权无法实现等情况进行综合认定。

2. 撤销权行使期限自债权人知道或应当知道撤销事由之日起计算。其中，债务人通过离婚处分财产的，债权人知道撤销事由之日，应以债权人知道债务人离婚协议关于财产分割条款具体内容的时间作为起算点；债权人仅知晓债务人离婚事宜但并不清楚财产分割条款具体内容，也无法通过其他途径知晓的，不能认定其应当知道存在撤销的事由。

（本条由缪宇撰写）

第四条　【同居财产的处理】

双方均无配偶的同居关系析产纠纷案件中，对同居期间所得的财产，有约定的，按照约定处理；没有约定且协商不成的，人民法院按照以下情形分别处理：

---

[1] 参见云南省昆明市中级人民法院（2019）云01民终4484号民事判决书。
[2] 参见人民法院案例库参考案例（入库编号：2024-07-2-078-001）。

> （一）各自所得的工资、奖金、劳务报酬、知识产权收益，各自继承或者受赠的财产以及单独生产、经营、投资的收益等，归各自所有；
>
> （二）共同出资购置的财产或者共同生产、经营、投资的收益以及其他无法区分的财产，以各自出资比例为基础，综合考虑共同生活情况、有无共同子女、对财产的贡献大小等因素进行分割。

◆ 条文要旨

本条是关于同居财产处理的规定。

◆ 理解与适用

一、本条的适用范围

非婚同居不属于法定的两性共同生活类型，《民法典》对此并未进行规定。根据《婚姻家庭编司法解释（一）》第7条的规定，1994年2月1日民政部《婚姻登记管理条例》（已失效）公布实施以前，男女双方已经符合结婚实质要件的，按事实婚姻处理；1994年2月1日民政部《婚姻登记管理条例》（已失效）公布实施以后，男女双方符合结婚实质要件的，人民法院应当告知其补办结婚登记。未补办结婚登记的，按照同居关系处理。因此，本条不适用于1994年2月1日前已经形成的事实婚姻。1994年2月1日前已经形成的事实婚姻作为婚姻受法律保护，应适用有关婚姻的规定，当事人享有夫妻权利义务。但是本条可适用于1994年2月1日前开始同居并延续至今，但不构成事实婚姻的情形。例如，双方不符合当时规定的结婚实质要件或者未以夫妻名义共同生活。

本条规定不适用于婚姻被确认无效或者被撤销而形成的同居。婚姻被确认无效或者被撤销形成的同居应适用《民法典》第1054条以及《婚姻家庭编司法解释（一）》第22条的规定，与一般同居情形的利益格局存在一定的差异。在财产归属的判定上，当事人同居期间所得的财产，除有证据证明为当事人一方所有的以外，按共同共有处理。易言之，在无法界定财产性质时，应推定为共同共有。典型情形如双方共同修建房屋，无法查明具体出资和贡献。司法实践中，有法院在《婚姻家庭编司法解释（二）》颁布前，通过参照适用《婚姻家庭编司法解释（一）》第22条的方式处理不涉及婚姻被确认无效或者被撤销情形下的同居，[1]实属不当。[2] 对于这部分共同共有的财产的分割，如果双方当事人无法达成协议，应适用《民法典》第1054条第1款确定分割规则，即照顾无过错方且不侵害合法婚姻当事人的财产权益。在此基础上，可以适用共同共有财产分割的一般性规则。例如，根据《民法典》第304条的规定，共有人可以协商确定分割方式。达不成协议，共有的不动产或者动产可以分割且不会因分割减损价值的，应当对实物予以分割；难以分割或者因分割会减损价值的，应当对折价或者拍卖、变卖取得的价款予以分割。共有人分割所得的不动产或者动产有瑕疵的，其他共有人应当分担损失。该条规定即可适用于婚姻被确认无效或者被撤销而形成的共有。

本条规定不适用于一方有配偶的同居关系析产纠纷。有配偶者与他人同居，不管是否以夫妻名义，均违反了《民法典》的规定。根据《婚姻家庭编司法解释（一）》第2条的规定，"民法典第一千零四十二条、第一千零七十九条、第一千零九十一条规定的'与他人同居'的情形，

---

[1] 参见冉某某诉陆某某同居关系析产纠纷案，重庆市第四中级人民法院（2024）渝04民终429号民事判决书。

[2] 参见最高人民法院民事审判第一庭编著：《最高人民法院民法典婚姻家庭编司法解释（一）理解与适用》，人民法院出版社2021年版，第209页。

是指有配偶者与婚外异性，不以夫妻名义，持续、稳定地共同居住"。有配偶者与他人以夫妻名义共同居住属于更为严重的违法行为，可能构成《刑法》第258条规定的重婚罪。无论是否以夫妻名义同居，均不能适用本条规定。同样，无论与有配偶者同居的一方是否善意，均不能适用本条规定。善意的一方如有其他损害，可另行主张损害赔偿。例如，一方隐瞒自己已婚事实与另外一方同居，可能构成对另外一方一般人格权的侵害。①

需要注意的是，本条不能适用于《民法典》实施之前已经终止的同居关系。《民法典时间效力规定》第1条规定："民法典施行后的法律事实引起的民事纠纷案件，适用民法典的规定。民法典施行前的法律事实引起的民事纠纷案件，适用当时的法律、司法解释的规定，但是法律、司法解释另有规定的除外。民法典施行前的法律事实持续至民法典施行后，该法律事实引起的民事纠纷案件，适用民法典的规定，但是法律、司法解释另有规定的除外。"根据《最高人民法院关于废止部分司法解释及相关规范性文件的决定》（法释〔2020〕16号），《关于人民法院审理未办结婚登记而以夫妻名义同居生活案件的若干意见》从2021年1月1日起被废止。因此，在该规定被废止前终止的同居关系析产纠纷应适用该规定。在该规定被废止前形成关系并持续到该规定废止后的，不应适用该规定。在该规定被废止后，一直到《婚姻家庭编司法解释（二）》施行，这期间并无调整同居财产归属的规定。参照《民法典时间效力规定》第3条："民法典施行前的法律事实引起的民事纠纷案件，当时的法律、司法解释没有规定而民法典有规定的，可以适用民法典的规定，但是明显减损当事人合法权益、增加当事人法定义务或者背离当事人合理预期的除外。"如果同居关系持续至这一期间，且诉争案件尚

---

① 相关争议参见温世扬：《民法典视域下的"人身自由"》，载《法制与社会发展》2022年第3期；张红：《性侵之民事责任》，载《武汉大学学报（哲学社会科学版）》2019年第1期；方新军：《权利保护的形式主义解释方法及其意义》，载《中国法律评论》2020年第3期。

未审结，可适用本条规定。

二、同居的认定

虽然同居关系并不是法定的家庭关系种类，但要对其进行调整就必须对同居关系进行界定。即要赋予本条规定的法律效果就必须理解作为调整对象的同居关系。一种可能的界定方式是将其理解为"由一男一女组成的一种具有排他性的持久的生活共同体"，[1] 这种共同体不能仅仅是简单的经济或者居住共同体。[2] 例如，男女双方合伙经营店铺或者男女双方共同租住一套房屋并不构成同居。较之简单的经济或者居住共同体，同居关系往往包含亲密的情感联系或者性关系。但后两者并不能当然指向同居关系，处于恋爱关系中的双方可能具有亲密的情感联系，却不一定构成同居关系。同样，有性关系的二人也并不一定构成同居关系。要认定同居关系，至少应该包含稳定的共同生活以及彼此相互付出的亲密情感联系两项要素。不稳定的共同生活，如度假、旅游不构成同居。是否以夫妻名义同居在所不问，即使不以夫妻名义而以男女朋友名义同居，仍然适用本条规定。一方面，在当今社会，邻里关系发生了变化，证明群众认为双方是夫妻存在较大难度。另一方面，目前主要的同居形态并不是夫妻名义的同居，而是非夫妻名义的同居，将非夫妻名义的同居排除在外会极大限缩本条的适用。更为重要的是，本条调整的是同居双方内部关系，外部是否认为双方是夫妻与调整双方共同生活事实所形成的财产纠纷并无关系。

此外，实践中有观点认为，同居关系应符合婚姻的实质要件。[3] 如上所述，同居并不是与婚姻并列的家庭关系类型，法律也没有为其设置类似于婚姻的要件。本条调整的对象只是已经发生的同居事实。从《婚

---

[1] BVerfG NJW 1993, 643.
[2] Vgl. MüKoBGB/Wellenhofer, 9. Aufl. 2022, BGB Anh. § 1302 Rn. 1-3.
[3] 参见游某与任某同居关系纠纷案，北京市大兴区人民法院（2015）大民初字第15325号民事判决书。

姻家庭编司法解释（一）》第3条第1款关于同居不可主张解除的规定亦可印证此点。

三、同居期间所得的财产

所谓同居期间，是指从双方同居开始到分居这一事实状态的持续期间。同居开始的计算时间并不等同于双方确立恋爱关系，而是以双方开始基于亲密关系共同生活为起算点。不管双方是否因为感情破裂而分居，只要双方结束共同生活，即为分居。对于实践中双方离婚后仍然以夫妻名义共同生活的情形，同居期间的起算点应该为双方离婚时。如果双方在同居后缔结了婚姻关系，则同居期间应以双方结婚为终点。

本条所称"同居期间所得的财产"不仅指以一方名义所取得的财产，还包括以双方名义所取得的财产。就财产的法律形态而言，不仅包括物权，而且包括债权、股权、知识产权等形态。依其来源，典型形态如工资、奖金、劳务报酬、知识产权收益、继承或者受赠的财产、生产经营、投资的收益等。尚未实际取得的财产不属于此处所称财产，如尚未取得的知识产权收益。

依据本条文义，同居期间所得的财产归属，有约定的，从其约定。这体现了对当事人意思自治的尊重。只要当事人对于财产归属的约定不存在效力瑕疵情形，则从其约定。例如，当事人约定一方永久不得与他人结婚，由其获得双方在同居期间的经营收益作为补偿，这种约定不当限制一方婚姻自由，违背公序良俗，因而无效。需要注意的是，同居双方对于财产归属的约定必须针对具体财产，而不能按照夫妻约定财产制那样，对将有财产进行概括约定。易言之，同居双方不能约定双方此后取得的所有财产均属于双方共同财产，归双方共同所有。进行这样概括性约定的权利仅限于缔结了婚姻的双方。

如果双方就财产的归属无事前约定，或者在同居终止时无法协商，则应对同居期间所得的财产按照本条确定的规则进行分类。本条第1项确定了同居期间所得财产原则上归当事人各自所有的原则，条文只是列举典型财产形态,并不是封闭性规定。本条规定之所以列举这些典型财产形态,一方面是因为这些形态是普通人取得财产的主要形态;另一方面也是与《民法典》第 1062 条相呼应,旨在强调与夫妻财产性质划分的不同规则。

依据本条第 2 项,只有三种情形财产才非个人所有,从而可以纳入清算分割范围。其一,同居双方共同出资购置的财产。共同出资购置所得财产不一定是以双方名义共同购置的财产,也不一定是双方共同占有或者登记在双方名下的财产。例如,同居双方共同出资购买的房屋可能只登记在其中一方名下,这种登记并不等同于双方约定该财产归其中一方所有。共同出资购置应作宽泛解释,不仅局限于以现金方式出资,亦包括以其他方式取得。例如,同居的甲乙双方对丙享有债权,丙以某房屋抵债,甲乙取得该房屋所有权。双方原始取得的财产应参照购置取得规则,明确其共有属性。例如,双方出资建造某房屋。可能存在争议的问题是,如果其中一方并未出资,而是在建造房屋过程中提供了劳务,是否应类推适用本项规定不无疑问。对此,实践中有两种不同观点。一种观点肯定劳务的价值,认定所建造房屋属于共有。[1] 另一种观点认为,一方出力并不等于出资,不能据此认定房屋属于共有。[2] 对于一方在房屋建造过程中所提供的劳务虽然不属于"出资",但是同样包含财产价值,应与狭义的财产出资作同等评价。但需要强调的是,这里的提供劳务仅针对于为所建造的房屋提供劳务,而非指向双方共同生活。例如,一方对于房屋建造并未提供劳务,只是在此期间料理了家务,不能类推适用本项规定。

其二,就共同生产、经营、投资的收益而言,需要双方直接参与生

---

[1] 参见刘某某等诉王某某同居关系析产纠纷及共有物分割纠纷案,陕西省商洛市中级人民法院(2015)商中民一终字第 00037 号民事判决书。
[2] 参见赵某诉杨某同居关系析产纠纷案,山西省运城市中级人民法院(2019)晋 08 民终 538 号民事判决书。

产、经营、投资活动。双方具体采用哪种组织形式进行生产经营活动在所不问。无论双方采用公司、合伙企业、个人独资企业还是个体工商户、农村承包经营户形式，均不影响本项规则适用。共同生产、经营、投资不仅指双方作为股东、合伙人直接投资参与生产、经营、投资活动，也包含其他参与形式。如一方在另外一方出资作为股东的公司担任董事、监事或者高级管理人员。如果一方在另外一方出资企业任职，但领取了正常水平的工资薪酬，一般不宜认定为共同生产、经营、投资。生产、经营、投资的收益形式并不局限于分红，只要从生产、经营、投资中获益即可。

其三，其他无法区分的财产是指双方均无法证明其来源，进而无法区分其性质的财产。例如，一方名下银行账户双方均有资金进出，用于共同生活开销，在同居终止时已无法区分所剩资金的性质。如果同居期间较长，双方极其容易发生财产的混同，部分财产难以区分其来源。如果能够证明财产源于一方的工资、奖金、劳务报酬、知识产权收益、继承或者受赠的财产、生产经营、投资的收益，则适用本条第 1 项规定，认定为个人财产。

四、对共有财产的分割

在确定同居期间所得财产属于共同出资购置的财产或者共同生产、经营、投资的收益以及其他无法区分的财产之后，则可适用本条第 2 项确定的特殊分配规则。本条第 2 项确定的特殊分配规则不同于财产法上按份共有的分割。根据《民法典》第 309 条的规定，按份共有人对共有的不动产或者动产享有的份额，没有约定或者约定不明确的，按照出资额确定；不能确定出资额的，视为等额享有。对于同居期间所得的上述三类财产，并不是完全按照出资额确定，而是需要考虑同居的特殊性，即双方在同居这种亲密关系中的无偿付出。

双方的出资比例属于基础性评价要素。对于无法区分双方出资比例的财产，应推定双方均等出资。其他需要考量的因素包括但不限于共同生活情况、有无共同子女、对财产的贡献大小等。这里的典型因素列举并不是封闭的，其他涉及同居特殊性，与共同生活情况、有无共同子女等类似的要素也可纳入评价范畴，以实现利益平衡。所谓共同生活情况是指双方共同生活的时间长短、双方在共同生活中的付出、同居终止的原因等情况。如果一方在同居期间付出较多，尤其是无偿协助另外一方工作，或者承担家务，在确定财产分割比例时应当予以适当考虑。如果一方实施家庭暴力导致同居关系终止，应作为考量因素。[1]

有无共同子女亦会影响财产分割比例。孕育子女的一方通常付出较多，在分割财产时应予以考虑。双方同居终止后负责直接抚养子女的一方通常也付出较多，同样应予考虑。有学者将同居区分为迈向婚姻关系的同居和爱而不婚的同居，[2] 当事人的婚姻意愿并不属于影响财产分割比例的要素。

对财产的贡献大小不仅指财产性出资的贡献，亦包含劳务贡献。但如前所述，此处所考虑的劳务贡献仅限于对诉争财产的劳务贡献。非涉及诉争财产的劳务贡献只能纳入"共同生活情况"进行评价。

◆ 疑点与难点

一、同居期间所得共有财产的性质

就双方同居期间共同出资购置的财产或者共同生产、经营、投资的收益以及其他无法区分的财产的共有性质，本条规定未予明确。这种共有宜解释为按份共有，只不过本条规定为其确定了特殊的分割规则。因此，其他关于按份共有的规则原则上可适用于这三类共有情形。这明显不同于前述婚姻被确认无效或者被撤销后的同居。后者所形成的共有被

---

[1] 参见陈宜芳、吴景丽、王丹：《〈关于适用民法典婚姻家庭编的解释（二）〉的理解与适用》，载《人民司法》2025年第3期。
[2] 参见于志强：《"我的钱"还是"我们的钱"？——转型期中国城市青年同居的经济实践分析》，载《中国青年研究》2021年第1期。

推定为共同共有，而非按份共有。

需要强调的是，如果双方形成了财产法上的共同共有关系，例如双方签订了民事合伙合同或者双方共同出资设立合伙企业，则在分割时应优先适用财产法上的规则。民事合伙合同或者合伙企业章程可以视为本条所称"约定"，相应规则应优先适用。

二、证明责任分配

"证明责任是一种法定的风险分配形式。"[1] 从本条第 2 项"其他无法证明其来源"这一表述来看，司法解释的起草者实际上将真伪不明的风险分配给了主张财产为个人财产的一方。如果该方无法证明同居期间所得财产的具体来源，则推定为共有。主张出资额较多的一方应承担证明责任，否则应承担出资额不明而推定双方均等出资的风险。主张双方就财产归属存在特殊约定的一方应承担存在这种约定的证明责任，否则承担按照本条所含法定规则处理的风险。

◆ 典型案例

徐某某与陈某某所有权确认纠纷案[2]

裁判要旨：徐某某与陈某某自 2006 年发生同居关系，后双方虽于 2008 年达成调解协议对其子徐某甲的抚养权和双方名下房产的归属作出约定，但双方并未因此实际解除同居关系。达成调解协议后，徐某某与陈某某继续保持同居关系至今。故本案中，陈某某于 2013 年购买的位于南京市××区××大道××单元××室房屋属于其与徐某某同居期间共同购置的房产。

本案一、二审过程中，陈某某均承认涉案房屋的首付款系徐某某支付，但辩称该房屋的贷款及装修款并非徐某某支付。对此，徐某某在一、

---

[1] [德] 普维庭：《现代证明责任问题》，吴越译，法律出版社 2006 年版，第 29 页。
[2] 参见江苏省南京市中级人民法院（2017）苏 01 民终 1498 号民事判决书。

二审过程中，均未能提交充分证据证明以上款项系由其支付。根据"谁主张、谁举证"的原则，现徐某某不能举证证明以上款项系其支付，依法应承担举证不能的法律后果。故法院根据当事人陈述和现有证据仅能认定涉案房屋的首付款为徐某某支付。

现徐某某请求确认涉案房产系其所有，对此，法院在综合考虑双方对涉案房产的出资份额；双方同居已逾十年，且双方之子徐某甲一直由陈某某抚养的事实；陈某某目前的经济状况和居住条件及双方之子徐某甲尚在就读等因素的基础上，依据公平合理的原则，认定涉案位于南京市××区××大道××单元××室房屋为徐某某、陈某某二人按份共有，其中徐某某占60%的份额，陈某某占40%份额。

（本条由刘征峰撰写）

第五条　【基于婚姻给予房屋的处理】

婚前或者婚姻关系存续期间，当事人约定将一方所有的房屋转移登记至另一方或者双方名下，离婚诉讼时房屋所有权尚未转移登记，双方对房屋归属或者分割有争议且协商不成的，人民法院可以根据当事人诉讼请求，结合给予目的，综合考虑婚姻关系存续时间、共同生活及孕育共同子女情况、离婚过错、对家庭的贡献大小以及离婚时房屋市场价格等因素，判决房屋归其中一方所有，并确定是否由获得房屋一方对另一方予以补偿以及补偿的具体数额。

婚前或者婚姻关系存续期间，一方将其所有的房屋转移登记至另一方或者双方名下，离婚诉讼中，双方对房屋归属或者分割有争议且协商不成的，如果婚姻关系存续时间较短且给予方无重大过错，人民法院可以根据当事人诉讼请求，

> 判决该房屋归给予方所有，并结合给予目的，综合考虑共同生活及孕育共同子女情况、离婚过错、对家庭的贡献大小以及离婚时房屋市场价格等因素，确定是否由获得房屋一方对另一方予以补偿以及补偿的具体数额。
>
> 给予方有证据证明另一方存在欺诈、胁迫、严重侵害给予方或者其近亲属合法权益、对给予方有扶养义务而不履行等情形，请求撤销前两款规定的民事法律行为的，人民法院依法予以支持。

◆ 条文要旨

本条是关于离婚时夫妻一方基于婚姻给予另一方房屋的处理规定。

◆ 理解与适用

一、给予行为性质上并非赠与：排除任意撤销权

《婚姻家庭编司法解释（一）》第32条在原《婚姻法司法解释（三）》（已失效）第6条夫妻房产赠与即"换名"基础上，增加了赠与部分房产份额即"加名"，[①] 实践中还存在将夫妻共同所有的房屋约定为一方单独所有即"除名"的情况。实践中该条规定在两种情况下会导致当事人双方利益的失衡，一是夫妻双方长期共同生活，基于对婚姻的信赖，未按照约定将房产转移登记，在双方感情破裂时，一方以享有任意撤销权为依据请求撤销赠与。根据《民法典》第658条的规定，除非夫妻间的赠与经过公证或具有道德义务性质，否则在赠与房屋的所有权转移之前，

[①] 《婚姻家庭编司法解释（一）》第32条规定："婚前或者婚姻关系存续期间，当事人约定将一方所有的房产赠与另一方或者共有，赠与方在赠与房产变更登记之前撤销赠与，另一方请求判令继续履行的，人民法院可以按照民法典第六百五十八条的规定处理。"

赠与人均可以撤销赠与，而不考虑当事人结婚时间的长短以及受赠人对家庭的付出情况、离婚过错等，这对接受房产一方并不公平。二是在房产转移登记或者加名登记后不久，接受方提出离婚，使给予方对婚姻的期望落空，但是给予方很难适用法定撤销权支持其返还的诉讼请求，在婚龄较短的情况下造成另一种不公平。[1]

这种夫妻间以婚姻关系为基础的给予，给予方通常希望该房产仍为夫妻共同财产而非配偶的个人财产，这种家庭内部报偿性质的给予行为，当事人的真实意思表示明显有别于普通赠与，夫妻间给予房产的约定主要是为了维持婚姻和谐稳定，具体包括弥补亏欠、补偿对方贡献、表情达意或一方违反夫妻忠实义务后"悔过"的诚意等，给予人的目的是在将来的共同生活中共享房产利益，是以双方命运共同体为考虑基础的，而非简单地全部让渡财产权。[2] 只不过该目的或条件是默示的，但接受方对此一般是明知的。因而区别于赠与，该给予行为不存在主观上的无偿性，而是将另一方在家庭中的给付行为视为此种给予的对价。[3]

依据内外归属方案，夫妻间对于房产加名、换名或者除名的合意可以视为《民法典》第1065条第1款涵盖的一般财产约定，[4] 并根据该条第2款认定该约定对双方具有法律约束力，婚姻维度直接发生效力，加名情形下房产性质已经转变为夫妻共同财产，不存在适用赠与人任意撤销权的空间，[5] 因此笔者不赞同《婚姻家庭编司法解释（一）》第32条的处理方案，认为产生婚姻维度的归属效力后，接受方有权请求给予方在物权维度协助完成加名或换名登记。

---

[1] 参见王丹：《夫妻间给予房产问题研究》，载《法律适用》2024年第11期。
[2] 参见王丹：《夫妻间给予房产问题研究》，载《法律适用》2024年第11期。
[3] 参见[德]迪特尔·施瓦布：《德国家庭法》，王葆莳译，法律出版社2010年版，第111页。
[4] 参见乔某与苑某分家析产纠纷案，北京市第一中级人民法院（2022）京01民终877号民事判决书；王某1与王某2夫妻财产约定纠纷案，北京市朝阳区人民法院（2017）京0105民初60943号民事判决书。
[5] 参见谢某1与谢某2离婚后财产纠纷案，广东省广州市中级人民法院（2019）粤01民终3828号民事判决书。

《婚姻家庭编司法解释（二）（征求意见稿）》第 4 条第 1 款的表述是，"……人民法院应当根据当事人请求，结合赠与房产目的，综合考虑婚姻关系存续时间、离婚过错、双方经济情况等事实，判决该房屋归一方所有……"而本条则将"赠与房产目的"修改为"给予目的"，完全删除了"赠与"的表述，从而无须陷入是否适用包括赠与人任意撤销权在内的赠与合同相关规范的争议。

二、区分婚姻维度与物权维度的归属关系

夫妻共同所有完全不同于物权法上的共同共有。依据"资产分割"（asset partitioning）理论，① 作为"概括财产"的个人财产会在社会交往中发生多次资产分割而形成"特别财产"，例如未婚者的概括财产因结婚而形成个人财产以及夫妻共同财产两类特别财产，相互之间形成区隔。② 与法人不同，除"两户"外，夫妻共同体即家庭并非民事主体，因此夫妻共同财产无法归属于不具有民事主体资格的家庭，在法技术上只能归属于夫妻共同所有。夫妻共同所有的对象并非特定财物，而是共同财产整体。夫或妻对共同财产整体价值享有的抽象份额在婚姻存续期间隐而不现，仅在婚内析产或离婚财产分割时才正式登场。③

物权法上的共同共有也以共同关系存续为前提，且采取类型法定，原则上当事人不得随意创设共同关系而成为共同共有人，④ 得到法律承

---

① See Henry Hansmann, Reinier Kraakman, Organizational Law as Asset Partitioning, European Economic Review, Vol. 44, pp. 807-817 (2000).
② 这种区隔具备重要实益，例如夫妻连带债务的责任财产范围包括夫妻个人财产与夫妻共同财产，而夫妻共同债务的责任财产范围仅包括负债方的个人财产与夫妻共同财产。参见汪洋：《夫妻债务的基本类型、责任基础与责任财产——最高人民法院〈夫妻债务解释〉实体法评析》，载《当代法学》2019 年第 3 期。
③ 参见薛军：《〈物权法〉关于共同共有的规定在适用中的若干问题》，载《华东政法大学学报》2007 年第 6 期；戴永盛：《共有释论》，载《法学》2013 年第 12 期；裴桦：《关于共同共有两个基本问题的思考——兼评我国〈物权法〉相关条款》，载《甘肃政法学院学报》2008 年第 4 期。
④ 参见戴孟勇：《物权法共有制度的反思与重构——关于我国〈物权法〉"共有"章的修改建议》，载《政治与法律》2017 年第 4 期。

认的共同关系仅指夫妻、家庭、合伙以及共同继承人团体。① 如此说来似乎共同共有与共同所有共享共同关系这一社会基础，但是两者的重要区别是，共同共有的客体并非共同财产的整体价值，而是共同财产中的特定财物。因为客体不同，夫妻共同所有不会也不可能自动转化为物权维度的共同共有。原《物权法》（已失效）第 93 条（《民法典》第 297 条）将原《民法通则》（已失效）第 78 条的"财产可以……共有"修改为"不动产或者动产可以由两个以上单位、个人共有"，便是对于共同共有客体是"不动产或者动产"等特定财物的明确表述。不存在共同关系时，多个权利主体只能在特定财物上成立按份共有，而存在共同关系时，其内部成员也可以通过约定在例如夫妻共同所有范围内的特定财物上成立共同共有、按份共有甚至单独所有权，并通过登记等公示手段发生物权维度的效力。因此，夫妻共同所有是婚姻维度针对夫妻共同财产整体的归属概念，而共同共有是共同关系内部成员在物权维度针对特定财物的归属概念。

价值判断层面，首先，内外归属方案很大程度上隔绝了婚姻维度归属对交易相对人或者第三人的干扰和影响，有力保护了交易安全。其次，内外归属方案使得夫妻之间各项财产归属安排直接发生婚姻维度的归属效力而不仅仅停留在债之关系上，换言之，夫妻间的财产归属安排不取决于物权维度的公示系统，由此进一步拓展了婚姻关系内部意思自治的范围和效力。最后，处理夫妻之间的财产关系以及离婚利益矫正时，以婚姻维度的归属而非物权维度的归属为基准，相当于系统性引入婚姻法中保护婚姻存续期间以及离婚时的各项利益平衡机制，有利于婚姻关系中弱势一方的保护。

处理夫妻内部关系时以婚姻维度的归属为准据，在夫妻间给予房产场合，婚姻维度的归属效力导致给予方不再享有任意撤销权；② 婚姻维

---

① 参见黄薇主编：《中华人民共和国民法典物权编解读》，中国法制出版社 2020 年版，第 315 页。
② 参见吴某、阎某夫妻财产约定纠纷案，广东省广州市中级人民法院（2020）粤 01 民终 3877 号民事判决书。

度的归属决定了夫妻一方是否有权请求另一方在物权维度配合完成转移或变更登记，且无须受限于债权请求权的诉讼时效。本条第1款与第2款在确定房产归属时，都不再将房产登记情况作为考量因素，① 彻底隔绝了物权维度的登记对婚姻维度房产归属的影响。

三、涵盖婚前与婚姻关系存续期间的给予行为

本条第1款和第2款开头都表述为"婚前或者婚姻关系存续期间"，涵盖了"婚前"一方给予另一方房产的情形。夫妻关系不同于"一时性"债之关系的交易行为，结婚这一法律行为生效，仅仅意味着一段可能漫长的婚姻存续关系的开始。各方行为都围绕于服务婚姻生活这一"继续性"关系而展开，结婚的具体时点反而不具备重要性和敏感性。房产给付行为在这一时点之前或之后具有偶然性，也完全不影响给付目的实现。同理，房产登记时间以及登记方也具有偶然性，例如实践中常见因开发商的原因导致购房人未能于婚前取得房屋产权证书的情况。②

在我国很多地区，婚前由男方给予女方及其父母房产或房产份额性质上被视为一种彩礼类型，由此涉及本条与《彩礼纠纷规定》第5条彩礼返还规则的内容协调。依后者，若满足"已结婚登记"与两年左右的"长期共同生活"要件，意味着"以婚姻为目的"的实现，原则上不应支持彩礼返还请求。③《彩礼纠纷规定》第5条同时也规定了"孕育情况""双方过错"等影响彩礼返还的酌定事由，在价值层面与本条是融贯的。当然，彩礼中的给付目的不等同于基于婚姻关系给予房屋的目的，若给予的房产性质上被认定为彩礼，则优先适用《彩礼纠纷规定》第5条的返还规则。

---

① 参见沈某、茅某夫妻财产约定纠纷案，浙江省杭州市中级人民法院（2020）浙01民终3723号民事判决书。
② 《准确适用婚姻法维护婚姻当事人的合法权益——最高人民法院民一庭庭长杜万华就〈最高人民法院关于适用中华人民共和国婚姻法若干问题的解释（三）〉答记者问》，载最高人民法院民事审判第一庭编著：《最高人民法院婚姻法司法解释（三）理解与适用》，人民法院出版社2011年版，第12—13页。
③ 参见汪洋：《彩礼范围与返还事由的体系再造》，载《妇女研究论丛》2024年第2期。

四、补偿范围的具体参酌因素

依据本条第 1 款和第 2 款规定，法院需要综合考量婚姻关系存续时间、离婚过错、对家庭的贡献大小以及离婚时房屋市场价格等因素。婚姻关系存续时间所占权重应最大，并且应当被作为基础要素优先考虑。离婚过错处于次要地位，是辅助考量要素。合理性在于，给予房产的基础是长期而稳定的婚姻生活，若短期内因接受方重大过错而离婚或者接受方主动提出离婚，相当于给予房产的基础发生情势变更，应当判决房产归给予方所有。婚姻关系存续时间越短，补偿比例通常应该更大。反之，若因给予方的重大过错而导致离婚，则基于离婚财产分割时保护无过错方原则，对于房产的处理无须考虑给予行为这一因素。此处的过错并不指向给予财产，而指向作为给予目的的婚姻，聚焦谁的过错导致婚姻关系存续时间较短。如果婚姻关系存续时间较长，离婚过错要素的意义微弱，原则上应排除给予人的补偿请求权。如果给予人存在《民法典》第 1079 条第 3 款前 3 项规定的重大过错而受让人无过错，给予人的重大过错行为导致婚姻关系存续时间较短，原则上受让人无须补偿给予人。如果给予人只存在一般过错而受让人无过错，至多影响补偿数额，不应完全排除其补偿请求权。如果是受让人存在重大过错而给予人无过错，受让人的重大过错行为导致双方离婚，原则上全额补偿。全额补偿仍以现存价值为限，给予人无权要求补偿受让人在婚姻关系存续期间对给予财产的使用。如果双方均存在过错，则应综合考虑彼此离婚过错大小。[1]《婚姻家庭编司法解释（二）（征求意见稿）》还规定了"双方经济情况"这一酌定因素，在本条适用情形中不具备正当性，因而本条予以删除。

《婚姻家庭编司法解释（二）（征求意见稿）》还规定"判决该房屋归一方所有，并参考房屋市场价格由获得房屋一方对另一方予以适当

---

[1] 参见刘征峰：《婚内赠与的类型区分与清算规则》，载《法律适用》2024 年第 6 期。

补偿","适当补偿"的前提基础是该房产已经成为夫妻共同财产，根据《婚姻家庭编司法解释（一）》第78条，法院判决房产归属一方之后，该方需要对另一方价值补偿。但是并非任何情形皆要适当补偿，如果给予房产后短期内因接受方重大过错而离婚或者接受方主动提出离婚，则房产归给予方所有，法律效果上等同于给予房产行为被撤销或者解除，无须对另一方适当补偿。本条将表述修改为"确定是否由获得房屋一方对另一方予以补偿以及补偿的具体数额"，意味着并非任何情况下都需要予以补偿，更具有合理性。

本条在列举考量因素时使用了"等因素"这样的表述。考虑到补偿请求权的衡平属性，必然有其他考量因素，故而应作"等外等"的理解。例如，双方对于给予的房产在婚姻关系存续期间的使用获利情况亦具有考量价值。但是，如果法官将前述典型列举要素之外的其他要素纳入考量时，需要承担较重的论证负担。需要结合该条之规范目的，阐述欲评价要素在此种情形中的特殊衡平价值。[1]

◆ 疑点与难点

一、夫妻间给予房产约定可适用法定撤销权

《民法典》第663条规定了法定撤销权的适用情形，主要针对财产权利已经转移的情况。在受赠人存在严重侵害赠与人或者赠与人近亲属合法权益、对赠与人有扶养义务而不履行或者不履行赠与合同约定义务的情形下，即使财产权利已经转移，赠与人仍可以撤销赠与。虽然夫妻间给予房产属于夫妻间关于财产的约定，不适用赠与合同规则，但是本着举轻以明重的原则，在赠与系完全无偿的情况下，尚需要受赠人满足一定的条件才有权保有受赠的财产，如果受赠人存在严重背义的行为，即便财产权利已经转移，赠与人仍有权单方撤销赠与。在夫妻间给予财

---

[1] 参见刘征峰：《婚内赠与的类型区分与清算规则》，载《法律适用》2024年第6期。

物的情况下，接受一方实际上需要负担维护婚姻家庭和谐稳定的对价，并非完全无偿获得该财物，此时如果其严重损害给予人利益，给予财物一方更应可以撤销该给予。由于法定撤销权的规定系建立在赠与的道德性和互惠性的基础上，故对夫妻间赠与也同样适用。因婚姻家庭关系等产生的人身权利应当包括《民法典》第1059条规定的夫妻间相互扶养的权利义务以及第1091条第1项和第2项规定的重大过错情形下的无过错方享有的权利。例如，接受财物一方因重婚、与他人同居等严重违反夫妻忠实义务，应当认定为严重侵害赠与人合法权益的行为，即使财产权利已经转移，给予财物一方也应当享有撤销权。[1]

虽然构成离婚事由的家庭暴力、虐待、遗弃等行为可能严重侵害给予人的合法权益，但不能将离婚当然解释为"严重侵害给予方或者其近亲属的合法权益的行为"，从而适用《民法典》第663条的规定。[2] "严重"这一不确定性概念为动态系统论方法的采用创造了基础。主观恶意强而客观后果弱、主观恶意弱而客观后果严重两种情形均可能被认定为"严重侵害给予方或者其近亲属的合法权益"。法律将"严重侵害给予方或者其近亲属的合法权益"列为法定撤销情形，重心在于规制受让方的忘恩负义行为，给予方的权利保护并非其出发点。[3]

《婚姻家庭编司法解释（二）（征求意见稿）》将可撤销情形局限在欺诈、胁迫两种情形，[4] 例如妻子隐瞒了所养育的子女并非丈夫亲生的事实。《婚姻家庭编司法解释（一）》第70条第2款虽然也只列举了欺诈、胁迫两种情形，但通过使用了"等"这一表述，保留了处理例外情形的空间。婚内给予行为不含对待给付关系，不存在显失公平的问题。

---

[1] 参见［德］迪特尔·施瓦布：《德国家庭法》，王葆莳译，法律出版社2010年版，第111页。
[2] 参见刘征峰：《婚内赠与的类型区分与清算规则》，载《法律适用》2024年第6期。
[3] 参见［德］迪特尔·梅迪库斯：《德国债法分论》，杜景林、卢谌译，法律出版社2007年版，第149页。
[4] 参见丁某1、杜某离婚后财产纠纷案，广东省广州市中级人民法院（2023）粤01民终22960号民事判决书。

对房屋的给予通常不存在表示错误和内容错误问题，难以形成重大误解；动机错误不构成重大误解，当事人不能将婚姻共同生活的维持这一给予动机作为确定错误的基础。①

《婚姻家庭编司法解释（二）（征求意见稿）》第4条第2款规定："……赠与人有证据证明受赠人存在欺诈、胁迫或者民法典第六百六十三条规定等情形，请求撤销该约定的，人民法院应依法予以支持。"鉴于本条前两款已经不再采用赠与的相关表述，本条若继续援引《民法典》赠与合同章法定撤销权的条文，会产生究竟婚内给予房产行为是否是赠与行为的争议，因此本条最终不再出现适用《民法典》第663条的表述，而是吸纳了《民法典》第663条的实质内容，第3款修改表述为："给予方有证据证明另一方存在欺诈、胁迫、严重侵害给予方或者其近亲属合法权益、对给予方有扶养义务而不履行等情形，请求撤销前两款规定的民事法律行为的，人民法院依法予以支持。"

二、法定撤销之后的清算问题

给予人行使撤销权后，如财产已经发生权利移转，应当进行返还清算。需要考虑的问题是，给予行为法定撤销下的清算返还是适用《民法典》第157条还是第985条以下不当得利返还的相关规定。其中关键区别在于受让人是否有权依据《民法典》第986条的规定，主张得利丧失抗辩。通常情况下，受让人在实施忘恩行为时，应知自己所受给予可能会被给予人撤销，因而属于恶意，应适用《民法典》第987条的规定，排除得利丧失抗辩。当然，在第三人实施胁迫行为时，受让人所享有的撤销权不以受让人知道第三人胁迫行为为要件，此时可能出现受让人不知其取得利益没有法律依据的情形。② 不过对于本条规定的房产这一客体而言，在给予方主张法定撤销权的场合，较少出现得利丧失的情况。

---

① 参见刘征峰：《婚内赠与的类型区分与清算规则》，载《法律适用》2024年第6期。
② 参见刘征峰：《婚内赠与的类型区分与清算规则》，载《法律适用》2024年第6期。

第六条 【夫妻一方直播打赏款项的处理】　055

◆ **典型案例**

崔某某与陈某某离婚纠纷案[1]

——一方在结婚后将其婚前房产为另一方"加名",离婚分割夫妻共同财产时,人民法院可以判决房屋归给予方所有,并综合考虑共同生活情况等因素合理补偿对方

裁判要旨:审理法院认为,崔某某与陈某某因生活琐事及与对方家人矛盾较深,以致感情破裂,双方一致同意解除婚姻关系,与法不悖,予以准许。涉案房屋系陈某某婚前财产,陈某某于婚后为崔某某"加名"系对个人财产的处分,该房屋现登记为共同共有,应作为夫妻共同财产予以分割。至于双方争议的房屋分割比例,该房屋原为陈某某婚前个人财产,崔某某对房屋产权的取得无贡献,但考虑到双方婚姻已存续十余年,结合双方对家庭的贡献以及双方之间的资金往来情况,酌定崔某某可分得房屋折价款 120 万元。该判决作出后,双方均未提出上诉,判决已发生法律效力。

（本条由汪洋撰写）

第六条 【夫妻一方直播打赏款项的处理】

夫妻一方未经另一方同意,在网络直播平台用夫妻共同财产打赏,数额明显超出其家庭一般消费水平,严重损害夫妻共同财产利益的,可以认定为民法典第一千零六十六条和第一千零九十二条规定的"挥霍"。另一方请求在婚姻关系存续期间分割夫妻共同财产,或者在离婚分割夫妻共同财产时请求对打赏一方少分或者不分的,人民法院应予支持。

---

[1] 参见《涉婚姻家庭纠纷典型案例》,载最高人民法院网,https://www.court.gov.cn/zixun/xiangqing/452761.html,2025 年 4 月 23 日访问。

◆ 条文要旨

本条是关于夫妻一方实施较大数额网络打赏时另一方如何在婚姻法维度得到救济的规定。

◆ 理解与适用

一、用户实施充值、打赏的行为性质

（一）打赏行为的性质

基于网络直播的行业习惯，用户自进入直播间时起即与主播成立网络服务合同关系。用户取得了观看主播直播以及与主播、其他用户互动的机会和权利，同时负有遵守直播间规则、不影响直播正常运行的义务；主播则负有展现满足用户需求的直播内容、遵守直播规则、保证直播内容健康合法、维护直播间秩序等义务。用户对主播的打赏行为系其通过熟悉直播间内的产品流程后自行完成，双方不会在打赏过程中另行签订书面协议，由此引发打赏行为对象以及性质的争论。

多数裁判观点将打赏行为定性为网络服务消费，或认为该行为发生在用户和平台之间，而用户和主播之间不存在法律关系；[①] 或认为该行为发生在用户和主播之间，二者形成网络消费合同关系。[②] 少数裁判观点将打赏行为定性为单务、无偿的赠与，[③] 或者当用户和主播存在特定

[①] 参见上海市第二中级人民法院（2020）沪02民终9826号民事判决书，浙江省义乌市人民法院（2023）浙0782民初13404号民事判决书，广东省中山市第一人民法院（2023）粤2071民初18712号民事判决书。

[②] 参见山东省潍坊高新技术产业开发区人民法院（2024）鲁0791民初752号民事判决书，北京互联网法院（2024）京0491民初11472号民事判决书，北京市海淀区人民法院（2023）京0108民初22812号民事判决书。

[③] 参见重庆市第五中级人民法院（2023）渝05民终7776号民事判决书，重庆市第一中级人民法院（2020）渝01民终3046号民事判决书，四川省成都市新都区人民法院（2020）川0114民初1049号民事判决书，浙江省温州市洞头区人民法院（2020）浙0305民初188号民事判决书。

关系并通过打赏之名行赠与之实时，认定其构成赠与。① 主张打赏行为发生在用户与平台之间的观点，多认为打赏的虚拟礼物不属于财产性权益，主播无法从打赏行为中直接获取金钱，且由平台而非主播在用户打赏后提供虚拟礼物特效体验；或者依据《婚姻家庭编司法解释（二）（征求意见稿）》第5条第3款的立场，② 把主播视为平台的履行辅助人，当主播存在不当行为时，应由平台承担返还责任。

笔者认为，打赏行为属于用户与主播之间直接发生的财产性法律关系。打赏的虚拟礼物道具虽不直接等价于打赏金钱，但平台礼物在用户、平台与主播之间存有一致的衡量方式，主播可定期自平台处收到礼物打赏簿记结算后的收益。因此，在用户与主播的网络服务合同中，平台在用户打赏过程中仅充当打赏簿记与绩效结算的"中介桥梁"，起到提供数据变更、礼物打赏特效与数据记录的服务作用，且这一中介桥梁功能也约定在平台与用户及主播分别订立的网络服务合同中。鉴于此，本条删除了《婚姻家庭编司法解释（二）（征求意见稿）》第5条第3款内容。

从直播行业的实际现状观察，大部分主播皆希望通过提供表演、游戏、知识分享、情感互动等直播服务从用户侧获取收益，这在价值判断上也意味着对主播职业群体尊严以及直播作为一种有价值劳动的肯定。用户在打赏过程中，除了获得主播的直播服务，还通过打赏行为在用户榜单上展示、直播间氛围烘托等方式被其他用户关注、赞扬，获取情感满足等情绪价值，用户账号价值得以提升，同时还可能获得平台基于其打赏行为提供的荣誉道具、稀缺礼物等虚拟权益以及更为便捷的客服服

---

① 参见四川省成都市中级人民法院（2023）川01民终36329号民事判决书，江西省高级人民法院（2023）赣民终232号民事判决书，浙江省义乌市人民法院（2023）浙0782民初13404号民事判决书，上海市金山区人民法院（2023）沪0116民初19588号民事判决书，上海市浦东新区人民法院（2021）沪0115民初90008号民事判决书，广东省中山市第一人民法院（2023）粤2071民初18712号民事判决书。

② 参见《婚姻家庭编司法解释（二）（征求意见稿）》第5条第3款："夫妻一方通过网络直播平台实施打赏行为，有证据证明直播内容含有淫秽、色情等低俗信息引诱用户打赏，另一方主张该民事法律行为无效，请求网络直播平台返还已打赏款项的，人民法院应依法予以支持。"

务。据此，很难认定打赏行为完全系属无偿。因此，笔者认为打赏行为具备有偿性质，但主播的直播内容与用户的打赏价额之间能否构成对价仍应就具体打赏价额进行个案判断。对巨额打赏中不具有对价性的部分，法技术上存在认定为赠与并适用相应规范的可能性。

（二）充值行为与打赏行为的关系

充值行为构成用户实施打赏行为的必要前提，而用户须以其本人身份信息注册直播平台账户后方可充值。"充值"指用户购买直播平台提供的用于平台内消费的钻石、快币等虚拟工具，并可用于直播打赏、付费内容解锁、会员订阅等消费行为。对于充值换取的对价物如"钻石"或者积分，有的平台否认其虚拟货币的性质；有的平台明确其虚拟货币的消费性质；还有的平台认为虚拟货币是"在平台进行相关消费的在线交付的充值类商品"，其用途是"消费平台的虚拟礼物等各项商品或服务"。实践判决亦存在较大分歧，认为其属于虚拟债权凭证、非财产性权益或虚拟标的物等的观点皆曾出现。[1] 多数裁判观点将充值行为定性为"网络消费行为"，[2] 但是"网络消费"并非法律概念；部分裁判观点从一方给付金钱进行充值换取另一方的虚拟货币这一双务有偿交换的给付内容角度，认为充值行为更接近于买卖合同，[3] 可以类推适用买卖

---

[1] 认为充值所获系虚拟债权凭证的，参见上海市普陀区人民法院（2019）沪0107民初6417号民事判决书；认为不属于一般财产性权益的，参见上海市第二中级人民法院（2020）沪02民终9826号民事判决书；认为打赏道具与打赏金钱无异的，参见广东省广州市番禺区人民法院（2020）粤0113民初2844号民事判决书；未明确虚拟货币性质，但认为所兑换的打赏道具系"计分符号"的，参见山东省滕州市人民法院（2021）鲁0481民初701号民事判决书，北京互联网法院（2024）京0491民初11472号民事判决书。

[2] 参见上海市第二中级人民法院（2020）沪02民终9826号民事判决书，广东省珠海市斗门区人民法院（2021）粤0403民初925号民事判决书，安徽省蚌埠市中级人民法院（2022）皖03民终2985号民事判决书，北京市第一中级人民法院（2024）京01民申196号民事裁定书与湖南省永州市中级人民法院（2021）湘11民终1840号民事判决书。

[3] 江苏省常州市中级人民法院（2019）苏04民终550号民事判决书中明确提及"吴某1在K公司的App软件专用平台注册并购买虚拟货币K币，吴某1购买快币系直接从K公司开发并运营的App软件内直接购买，吴某1购买K币的合同相对人应认定K公司，双方系网络购物合同关系"。另参见安徽省临泉县人民法院（2020）皖1221民初5016号民事判决书，湖南省衡阳市中级人民法院（2022）湘04民终2319号民事判决书。

合同的相关规范。事实上，鉴于物债二分的核心区别是物权通过公示获得对抗力，充值获得的虚拟道具对抗的仅是平台，并不存在需要对抗的第三人，因账号被盗导致的虚拟道具损失则可以通过侵权法解决。因此，无须将"钻石"等虚拟道具定性为物权，用户的充值行为也就不必要采取买卖合同的架构。更何况将网络消费引向买卖之定义仅旨在表明用户"享有"虚拟道具之使用权限，而买卖合同相关规范所处理的风险负担、瑕疵担保、质量检验、价款支付等预设场景则在用户充值行为中都不存在，故类推适用买卖合同规范并无较大实益。

不仅如此，网络服务合同作为一种未被《民法典》"有名化"的继续性服务合同类型，其内容当然可以囊括用户充值在内的所有平台服务行为，用户实施充值行为获得平台虚拟道具后，仍需借助平台相应直播技术服务才能完成后续打赏行为、兑换账户特权等额外付费服务。就此而言，网络服务合同作为继续性合同具备"合同内容的不确定性"，其在用户未欲实施充值行为或打赏行为之前，相关合同内容就不会被确定在整体服务合同之中。易言之，《充值协议》若理解为用户与平台之间网络服务合同内容的补充条款，亦符合其作为继续性合同具备不完全性的规范原理。不仅理论上存在一体理解《用户协议》与《充值协议》的正当性基础，实践亦为此提供依据。[①] 司法实务中因单纯的充值行为引发的纠纷极为罕见，故认定用户与平台之间仅存在一份网络服务合同，而充值行为仅构成网络服务合同中的部分内容并无不妥。

用户充值成功之后，若平台提供退款或者逆向兑换服务，则讨论充值行为本身的效力并无意义。但是我国主流直播平台的充值协议，为了符合反洗钱等金融合规的需要，以及避免预付卡定性，除非涉及未成年人保护或者赃款，原则上都不支持退款以及逆向兑换。当打赏行为被认定无效时，打赏方配偶或者打赏用户若希望获得返还的是充值的金钱而

[①] 参见安徽省芜湖市中级人民法院（2020）皖02民终2598号民事判决书。

非"钻石"等平台虚拟道具，则需要认定充值行为也无效。

问题在于，用户充值获得平台虚拟道具后，并非仅能用于打赏主播，还可用于实施换取账户特权、参与平台抽奖活动或投放广告等其他行为。充值获得的平台虚拟道具也并不限于只能向特定或若干主播实施打赏行为，用户在一次性充值后可向任意主播实施不限次数的打赏行为，充值与打赏之间可能存在明显的时间间隔。基于上述理由，原则上充值行为与打赏行为属于相互独立的、分别针对平台以及主播的两项行为。只要平台未以提供违法信息为主要收入模式，若打赏行为因违法或背俗无效，充值行为的效力仍然不会受到影响。

在有充足证据能够证明用户实施充值行为后仅为维系不正当关系而实施打赏时，裁判观点通常也会同时否定充值行为与打赏行为的效力。当然，从平台角度看，并不会在系统层面特意将某次充值与特定打赏建立关联，用户的该充值仍然是一种高度标准化、非指向性的行为，与其他充值无异。因此，应当严格控制例外特殊情形的适用范围，不能仅凭用户单方的意思，就把给特定主播打赏当作充值的目的，从而将两个法律行为的效力进行绑定。

二、夫妻一方以共同财产充值打赏的法律效果

（一）婚姻法维度的法律效果

依据《民法典》第1062条确立的婚后法定共同财产制，夫妻在婚姻关系存续期间所得的工资、奖金、劳务报酬、生产或经营收益等归属于夫妻共同所有。用户实施的充值打赏行为，可能构成挥霍或者转移夫妻共同财产的行为。依据本条或者《婚姻家庭编司法解释（二）》第7条第2款，另一方配偶皆可依据《民法典》第1066条，诉请在婚姻存续期间分割夫妻共同财产；或者依据第1092条，在离婚分割夫妻共同财产时请求对打赏方少分或者不分。配偶因打赏所受损失，离婚时还可以类推《婚姻家庭编司法解释（一）》第28条第2款，请求另一方损害

赔偿。① 夫妻一方借助打赏主播转移夫妻共同财产时，用户与主播还构成通谋虚伪表示，导致作为表面行为的打赏行为无效。实践中的难点在于，充值打赏行为达到何种程度，构成挥霍夫妻共同财产？

本条标准是打赏"数额明显超出其家庭一般消费水平，严重损害夫妻共同财产利益"，并未要求打赏总额达到共同财产半数份额这一更为严苛和僵化的临界点，值得肯定。当总额明显超出家庭一般消费水平，对于家庭生活产生明显影响时，即可认定为"严重损害夫妻共同财产利益"，构成挥霍夫妻共同财产。因此裁判实践中，应结合家庭收入、支出与负债情况，打赏总额占家庭资产的比例，打赏总额占打赏一方收入的比例、夫妻感情因素以及配偶对打赏人打赏是否知情同意等多项考量因素进行个案衡量，不宜借助规定而对裁判造成限制。

若配偶以打赏方的充值、打赏行为构成挥霍、转移夫妻共同财产为由诉请离婚，有裁判观点认为，须结合其他因素认定是否构成《民法典》第1079条第3款第5项"其他导致夫妻感情破裂的情形"，决定是否支持配偶的离婚请求。② 若夫妻一方实施打赏行为并未构成挥霍、转移共同财产，则仍须存在其他确定夫妻感情破裂的事由，方可支持离婚诉请。

（二）财产法维度的法律效果

裁判观点多认为，用户在长时间内用夫妻共同财产多次实施的小额充值、打赏行为系有权处分。其多采纳日常家事代理进路，认为打赏行为系用户为满足日常精神需求而作出，属于家庭日常生活需要的范畴。③

---

① 参见上海市长宁区人民法院（2018）沪0105民初19369号民事判决书。
② 参见北京市第二中级人民法院（2021）京02民再181号民事判决书，上海市松江区人民法院（2022）沪0117民初17825号民事判决书。
③ 参见广东省珠海市斗门区人民法院（2021）粤0403民初925号民事判决书，甘肃省庆阳市中级人民法院（2021）甘10民终152号民事判决书，安徽省芜湖市中级人民法院（2020）皖02民终2598号民事判决书，上海市第二中级人民法院（2020）沪02民终9826号民事判决书，江苏省宿迁市中级人民法院（2022）苏13民终3445号民事判决书，四川省乐山市金口河区人民法院（2021）川1113民初297号民事判决书，四川省成都市新都区人民法院（2020）川0114民初1049号民事判决书。

但日常家事代理路径意义有限。一方通过收看平台直播满足自身的精神需求是否属于家庭日常需要已不无疑问，若在观看免费直播业已达到舒缓生活压力的前提下仍主动实施打赏行为，与日常家事代理的规范目的不相吻合。①

亦有采纳善意取得进路的裁判观点，认为夫妻一方多以其本人身份信息所注册账户、所持有银行账户实施充值和打赏，客观存在用户持有数字货币或银行簿记债权的权利外观，对于平台而言，每日充值、打赏行为不可计数，平台无义务、无能力也无资质对用户每一笔充值资金进行来源审查，②何况银行账户资金的归属状态以及合法性来源属银行内部数据，直播平台无权知晓。③对于主播而言，只能借助平台对其依照虚拟礼物打赏的簿记绩效结算获得收益，主播并未与用户直接发生金钱联系，更无从得知用户资金的归属状态。因此，平台与主播皆为善意相对人，平台可就充值行为所取得的数字货币与簿记债权、主播可就打赏虚拟道具对应的收益构成善意取得。④然而，善意取得进路也会面临数字人民币形式的金钱与债权可否善意取得、是否承认金钱"占有即所有"立场、是否需要区分个人账户与家庭账户不同权利外观等诘难。

笔者认为，婚姻财产的内外归属方案，区分婚姻法维度与财产法维度的归属。夫妻间的财产归属安排不取决于财产法维度的公示系统，处理夫妻之间的财产关系以及离婚利益矫正时，以婚姻法维度的归属为基准。财产法维度，仅当夫妻一方擅自处分公示在另一方名下或者双方名

---

① 参见北京互联网法院（2021）京0491民初23901号民事判决书。
② 参见上海市第二中级人民法院（2020）沪02民终9826号民事判决书，浙江省瑞安市人民法院（2021）浙0381民初13860号民事判决书，广东省广州市番禺区人民法院（2020）粤0113民初2844号民事判决书，福建省厦门市湖里区人民法院（2021）闽0206民初2847号民事判决书，辽宁省沈阳市苏家屯区人民法院（2022）辽0111民初658号民事判决书，江西省高级人民法院（2023）赣民终232号民事判决书。
③ 参见安徽省芜湖市中级人民法院（2020）皖02民终2598号民事判决书。
④ 参见张旭良、吴翠丹：《网络平台打赏行为的性质》，载《人民司法》2021年第32期。

下的特定财物时才构成无权处分，无须虑及夫妻财产制的影响。① 因此，夫妻一方以个人账户中的夫妻共同财产实施的充值和打赏行为，虽然在婚姻法维度属于对夫妻共同财产的无权处分，但是鉴于个人银行账户不具备将其夫妻共同财产的归属性质公示于外的可能性，财产法维度属于有权处分。

财产法维度的有权处分是否会侵害配偶的财产权益，取决于该处分属于有偿交易还是无偿或低价处分。在前者，夫妻共同财产仅发生形态上的变化，整体并未受损，配偶利益无须财产法上的特别救济。② 而在后者，夫妻共同财产整体受损，如果按前文所述婚姻法维度的系列措施仍无法实现救济目的，有观点认为，相较于无偿或低价获得夫妻共同财产的受让方，价值排序上应当优先保护配偶一方。③ 具体到充值、打赏行为，在天价打赏等情境下，打赏与直播内容之间是否完全构成对价关系存在争议；另外，用户因打赏行为满足了自身的主观情绪价值，但是从财产利益层面而言，并未因打赏行为使得夫妻共同财产获得增益。因此，对于夫妻共同财产的整体价值而言，夫妻一方擅自实施的打赏行为属于上文中对夫妻共同财产的无偿或低价处分行为，在天价打赏中优先保护配偶而非主播利益具有正当性。

救济路径上，《婚姻家庭编司法解释（二）》第6条并未规定主播作为打赏相对人的返还责任，或可借鉴债权人撤销权制度。当天价打赏方因造成配偶利益受损而对其负有赔偿义务时，配偶作为该赔偿义务的债权人，有权撤销打赏行为中构成诈害债权的部分行为。

---

① 详细论述参见汪洋：《泾渭分明：婚姻财产的内外归属模式与内外效应》，载《中国法律评论》2024年第1期。
② 参见贺剑：《夫妻财产法的精神——民法典夫妻共同债务和财产规则释论》，载《法学》2020年第7期。
③ 参见汪洋：《泾渭分明：婚姻财产的内外归属模式与内外效应》，载《中国法律评论》2024年第1期。

◆ **疑点与难点**

夫妻一方违法或背俗打赏的法律效果

（一）直播内容违法导致打赏行为无效

裁判观点多认可，监管部门颁发网络服务许可证即代表着直播业务本身不违反强制性规定且符合公序良俗。[①] 主播只要遵守平台监管规则，直播内容不涉及违法内容，就属于提供正常直播服务，用户对其实施的打赏行为即为有效。为了规制部分平台以女主播陪聊为主要模式诱导男性用户进行打赏，或者主播以打赏换取擦边写真集及擦边表演等涉嫌软色情的模糊情形，[②]《婚姻家庭编司法解释（二）（征求意见稿）》第5条第3款曾规定："夫妻一方通过网络直播平台实施打赏行为，有证据证明直播内容含有淫秽、色情等低俗信息引诱用户打赏，另一方主张该民事法律行为无效，请求网络直播平台返还已打赏款项的，人民法院应依法予以支持。"

《婚姻家庭编司法解释（二）（征求意见稿）》发布之后，反馈意见认为，"低俗信息"并非严格的法律概念，实践中很难被界定并且有扩大适用的风险，不利于直播打赏这一新业态中各方利益的平衡保护。考虑到直播内容的即时性、观众的不特定性等，各主体之间的权利义务关系以及平台与主播之间的责任划分需要进一步明晰。如果直播内容涉及淫秽、色情等违法信息，还需要通盘考虑民事、行政、刑事责任的有机衔接。[③]

[①] 参见安徽省芜湖市中级人民法院（2020）皖02民终2598号民事判决书，苏州市吴江区人民法院（2021）苏0509民初8141号民事判决书，上海市普陀区人民法院（2019）沪0107民初6417号民事判决书，北京互联网法院（2021）京0491民初23901号民事判决书，山东省滕州市人民法院（2021）鲁0481民初701号民事判决书，山东省菏泽经济开发区人民法院（2021）鲁1791民初3722号民事判决书。

[②] 参见杭州市钱塘区人民法院（2023）浙0114民初7144号民事判决书。本案中主播系提供淫秽视频，性质上擦边写真集或短视频与此无根本差别。另可见浙江省瑞安市人民法院（2021）浙0381民初13860号民事判决书，本案中所涉直播平台即已被认定为涉嫌以直播诱导打赏的诈骗软件。

[③] 参见陈宜芳、吴景丽、王丹：《关于适用〈民法典婚姻家庭编的解释（二）〉的理解与适用》，载《人民司法》2025年第3期。

最终《婚姻家庭编司法解释（二）》第 7 条删除该款内容，但是不妨碍在司法裁判中，只要认定平台存在淫秽、色情或赌博等违法的直播内容，则打赏行为无效。

进一步而言，鉴于多数平台提供直播技术服务时，负有全过程监管责任，若平台未及时快速封禁淫秽色情或赌博等违法直播内容，则视为平台在主播管理上存在明显放纵和疏于管理等过错事由，同时也构成平台对用户网络服务合同的履行瑕疵。基于平台违反合同义务，其应当向用户全额返还以打赏分成收益名义收取的平台虚拟货币；其向用户承担责任后可向主播要求返还基于打赏绩效所结算的收益。

（二）主播与用户存在背俗关系导致打赏行为无效

部分用户在实施长期打赏或大额打赏的同时，与特定主播在平台之外产生婚外情、性交易等不正当关系，越过了用户单方追求主播、线上语言暧昧或实际交往仅限于聚餐等日常行为的边界。[①] 少数裁判观点机械地将基于不正当关系的线下赠与同平台打赏割裂对待，未虑及用户行为目的的变化。[②] 而多数裁判观点认为，基于不正当关系所实施的大额打赏，实际已转化为旨在维系不正当关系的赠与，[③] 或者沦为性交易的对价，[④] 因违背公序良俗而无效。

《婚姻家庭编司法解释（二）（征求意见稿）》第 6 条曾规定："夫妻一方因重婚、与他人同居等违背公序良俗情形，将夫妻共同财产赠与或者以明显不合理低价转让他人，另一方主张合同无效请求返还的，人

[①] 参见浙江省瑞安市人民法院（2021）浙 0381 民初 13860 号民事判决书。但亦有法院认可未发生现实关系的网络语言暧昧构成不正当关系，参见山东省菏泽市牡丹区人民法院（2023）鲁 1702 民初 2599 号民事判决书。
[②] 参见北京互联网法院（2024）京 0491 民初 11472 号民事判决书。
[③] 参见重庆市奉节县人民法院（2019）渝 0236 民初 5472 号民事判决书，湖南省浏阳市人民法院（2021）湘 0181 民初 6059 号民事判决书，浙江省义乌市人民法院（2023）浙 0782 民初 13404 号民事判决书，浙江省义乌市人民法院（2023）浙 0782 民初 13404 号民事判决书，江西省高级人民法院（2023）赣民终 232 号民事判决书。
[④] 参见浙江省苍南县人民法院（2023）浙 0327 民初 3911 号民事判决书。

民法院应依法予以支持。"《婚姻家庭编司法解释（二）》第7条第1款将表述修改为："夫妻一方为重婚、与他人同居以及其他违反夫妻忠实义务等目的，将夫妻共同财产赠与他人或者以明显不合理的价格处分夫妻共同财产，另一方主张该民事法律行为违背公序良俗无效的，人民法院应予支持并依照民法典第一百五十七条规定处理。"

无论是"违背公序良俗情形"还是"违反夫妻忠实义务等目的"，在文义上都可以涵盖用户与特定主播在平台之外产生婚外情、性交易等不正当关系，基于上述不正当关系而实施的高额直播打赏行为，因违背公序良俗而无效，主播基于打赏绩效所得收益即失去保有基础，平台可向主播主张返还其所获收益。虽然在社会生活层面，存在不正当关系的用户与主播之间在线下可以直接完成背俗赠与，没有必要通过直播打赏的方式让平台分得比例不菲的分成收益。但实践中也确实存在主播为了完成直播任务，基于不正当关系要求用户线上打赏帮助完成"考核"的情况。[1] 在名为打赏，实为背俗赠与的情形下，并不存在真正意义上的打赏行为，平台此时基于其业已向双方提供的网络平台服务可以获得相应收益，收益的正当性基础并非源于打赏行为，而是源于其提供的网络服务。

◆ **典型案例**

干某某与沈某某等赠与合同纠纷上诉案[2]

裁判要旨：1. 干某某上诉认为沈某某的该行为系赠与行为，法院对此认为，赠与合同是赠与人将自己的财产无偿给予受赠人的合同。赠与合同是单务、无偿的合同。综观本案，沈某某注册成为D平台的用户，继而使用真实货币在D平台进行充值兑换成虚拟道具，从而能够进入D

---

[1] 参见浙江省义乌市人民法院（2023）浙0782民初13404号民事判决书。
[2] 参见上海市第二中级人民法院（2020）沪02民终9826号民事判决书。

第六条 【夫妻一方直播打赏款项的处理】 067

平台提供的直播间观看直播并向主播发送虚拟道具。沈某某向林某打赏的为虚拟道具，虚拟道具系产生并储存于 D 公司网络数据库中的数据信息等衍生物。故不能抛开沈某某在 D 平台的充值行为而仅就打赏行为作出单一的评价。并且，沈某某在观看直播时，使用虚拟道具享受了增值服务，获得了与网络游戏体验相似的精神上的满足感。简单而言，沈某某充值取得虚拟道具对林某进行打赏，并非无所得，显然其行为不具备单务性、无偿性。因此，沈某某的充值、打赏行为均不构成赠与。干某某以赠与合同纠纷为由，提起本案诉讼主张林某、D 公司返还钱款，法院不予支持。

2. 关于干某某上诉主张沈某某的行为侵犯了其对夫妻共同财产的处分权，属无效行为一节，法院认为，沈某某系具有完全民事行为能力的成年人，网络服务提供者在接受服务购买人支付的充值款时并无义务对购买者的婚姻状况进行审查及取得其配偶同意，且沈某某系持续在三年时间内进行充值、打赏行为，充值的数额多以百元、千元为主，网络服务提供者也无从推断沈某某有侵害他人财产处分权的可能。相反，干某某主张沈某某单方将家庭近十五年的全部积蓄用于打赏，但干某某与沈某某系共同生活的夫妻，对双方的共同积蓄情况能够进行了解、控制，对家庭财产的流失及沈某某的花费情况均能够察觉。然而，在持续三年的时间内，干某某既未察觉家庭财产的减少，也未感受到任何其所称家庭全部积蓄减少对家庭生活造成的影响，故干某某上诉所称沈某某的行为超出夫妻家庭财产的基本安全保障的临界点和限度，也远超出一般人可以忍受的范围，该行为明显侵犯了干某某对夫妻财产的处分权等，不能成立。干某某上诉请求本案应侧重保护夫妻家庭财产的基本安全，但夫妻家庭财产由夫妻双方共同管理、使用，干某某理应正确行使对家庭财产进行管理的权利，亦应尽到对家庭财产的管理责任。干某某自身对沈某某任意使用夫妻家庭财产的行为采取放任、默许的态度，又何谈在本案中请求于法律范畴内对其夫妻家庭内部事务进行干涉、对其夫妻家庭财产进行侧重保护?

3. 关于干某某上诉认为林某知道或应当知道沈某某的主观目的或动机,通过暧昧聊天等语言、行为暗示沈某某可以交往,有违公序良俗一节,法院认为,林某作为主播在直播间展示才艺、与用户进行互动,现并无证据证明林某的直播内容有违公序良俗,亦无林某明知沈某某已婚仍与沈某某发生婚外不正当关系的确凿证据,更不能从沈某某的主观目的或动机来推断林某的行为性质。本院认为未有证据和事实表明林某存有违背公序良俗的行为。综上所述,干某某的上诉请求不能成立,应予驳回;一审判决认定事实清楚,适用法律正确,应予维持。依照《民事诉讼法》第170条第1款第1项之规定,上海市第二中级人民法院判决如下:驳回上诉,维持原判。

(本条由汪洋撰写)

第七条　【违反忠实义务处分共同财产行为的效力】

夫妻一方为重婚、与他人同居以及其他违反夫妻忠实义务等目的,将夫妻共同财产赠与他人或者以明显不合理的价格处分夫妻共同财产,另一方主张该民事法律行为违背公序良俗无效的,人民法院应予支持并依照民法典第一百五十七条规定处理。

夫妻一方存在前款规定情形,另一方以该方存在转移、变卖夫妻共同财产行为,严重损害夫妻共同财产利益为由,依据民法典第一千零六十六条规定请求在婚姻关系存续期间分割夫妻共同财产,或者依据民法典第一千零九十二条规定请求在离婚分割夫妻共同财产时对该方少分或者不分的,人民法院应予支持。

◆ 条文要旨

本条是关于夫妻一方违反忠实义务处分夫妻共同财产行为效力的规定。

◆ 理解与适用

一、违反忠实义务的目的

本条第1款列举了两种违反忠实义务目的的典型情形，即夫妻一方将夫妻共同财产赠与或者以低价处分给与其重婚的第三人、与其非法同居的第三人。其他违反忠实义务目的的情形还包括将夫妻共同财产赠与或者以低价处分给与其存在不正当两性关系的第三人。即使事实处分的一方与第三人不存在重婚或者同居关系，亦可构成对忠实义务的违反。此处所强调的并不是负担行为的内容，而是其动机，即以何种原因将财产赠与或者以低价处分给第三人。典型动机如为与第三人建立不正当关系或者维持不正当关系，具有明显的社会不妥当性。[1] 值得讨论的是，如果夫妻一方处分财产的目的是终止不当关系，是否同样存在违背公序良俗的问题。有观点认为，即使赠与的目的是分手补偿，亦违背公序良俗。[2] 这种认定存在合理性，因为终止同居关系的补偿本身虽然没有直接违反忠实义务，但是针对的是过去违反忠实义务的行为，是对不当关系的补偿。如果补偿并不是针对同居关系的终止，而是针对第三人在同居期间终止妊娠对其身体造成的损害，这种补偿并没有违背公序良俗。[3]

另外一种值得讨论的情形是，夫妻一方为了追求第三人，与第三人建立感情关系而为处分，但双方尚未实际建立不当关系，这种处分是否

---

[1] 参见李岩：《公序良俗原则的司法乱象与本相——兼论公序良俗原则适用的类型化》，载《法学》2015年第11期。
[2] 参见田某某与T某某同居关系纠纷案，天津市滨海新区人民法院（2016）津0116民初355号民事判决书。
[3] 参见王某与孙某某返还原物纠纷案，广东省深圳市福田区人民法院（2015）深福法民一初字第1993号民事判决书。

同样违背公序良俗。有法院认为，夫妻一方以感情追求为目的实施的赠与行为有违夫妻情感相互忠诚的法定义务，个体利益上损害其配偶的合法权益，公共利益上有损社会公共秩序和善良风俗，不论其与第三人是否实际进行感情交往，在社会评价和公共利益上第三人的行为仍然有违公序良俗，不影响赠与合同的效力认定。① 这种观点的合理性在于法律规制的是处分人的动机，而不是处分人与第三人的关系。只要处分的动机背离夫妻忠实义务即可。同样，第三人是否善意也不影响不当动机的判断。在此，法律并不要求双方存在共同的动机，而仅针对处分人。正是由于本条规定仅针对于处分人，因此其对于行为是否违背公序良俗的主观认识并不重要。② 例如，夫妻一方以为其配偶早已因为意外事件死亡婚姻关系自动终止，在其配偶尚未被宣告死亡的情况下，又与第三人同居，并向其赠与财产。此种情形仍构成对公序良俗的违背。

不能认为夫妻一方与同其存在不正当关系的第三人的赠与或者低价处分行为均违背公序良俗，但要作这种区分存在极大的困难。③ 基于证明责任的风险分配功能，应将证明不能的风险分配给第三人。如果其无法证明其他合法动机，则推定其存在不当动机。

二、财产处分

本条第1款规定了两种形式的财产处分即赠与和低价处分。所规制的财产处分指向作为负担行为的赠与合同和其他合同，并不指向处分行为。④ 不以财产移转为标的的合同不属于此处所称处分。例如，夫妻一方以夫妻共同财产为第三人设定抵押虽然在性质上属于处分但是不存在明显不合理价格的问题，明显无法纳入本条所称"处分"。夫妻一方在

---

① 参见朱某某与王某某赠与合同纠纷案，江西省铜鼓县人民法院（2023）赣0926民初756号民事判决书。
② 参见［德］维尔纳·弗卢梅：《法律行为论》，迟颖译，法律出版社2013年版，第443页。
③ 参见孙维飞：《遗赠、婚外同居与公序良俗》，载《交大法学》2024年第1期。
④ 处分行为是否存在违背公序良俗的不同观点参见朱庆育：《民法总论》（第二版），北京大学出版社2016年版，第304页；杨代雄：《法律行为论》，北京大学出版社2021年版，第421—422页。

与他人共同生活期间的生活消费不属于本条所称"财产处分"。①

依据《民法典》第 657 条的规定，赠与合同是赠与人将自己的财产无偿给予受赠人，受赠人表示接受赠与的合同。另外一方虽有得利，但如果不存在财产给予，则不构成赠与。例如，夫妻一方未经另外一方同意将财产无偿借用给另外一方使用，虽系无偿，但不存在财产权利的移转，不属于赠与。借用不属于赠与的原因在于并不发生既有财产的移转，最多代表放弃可能的财产收入。② 以明显不合理的价格处分所涉负担行为指向的是以财产权利转移为标的的有偿合同，例如买卖合同、股权转让合同、商标转让合同、专利转让合同。

价格是否合理，可以参照《合同编通则司法解释》第 42 条的规定，即转让价格未达到交易时交易地的市场交易价或者指导价百分之七十的，一般可以认定为"明显不合理的低价"。计算标准应按照交易当地一般经营者的判断，并参考交易时交易地的市场交易价或者物价部门指导价。

实际上，法律行为是否无偿或者对价不合理与该行为是否违背公序良俗并无必然联系。如果只是给付与对待给付不成比例，如果欠缺主观要件，不能认定为违背公序良俗。因此，即使是夫妻一方与第三人的交易价格合理，达到交易时交易地的市场交易价或者指导价百分之七十，如果夫妻一方在实施该行为时包含了前述违反夫妻忠实义务的目的，仍可认定该行为无效。是否无偿或者是否低价的意义在于影响证明责任的分配。在类暴利行为中，"若给付与对待给付之间存在特别严重的不成比例关系，应可推定值得谴责的主观想法的存在"。③ 在此处，同样存在

---

① 参见邓某某诉黎某、董某不当得利纠纷案，江苏省常州市中级人民法院（2020）苏 04 民终 3503 号民事判决书；刘某诉何某某、洪某某不当得利纠纷案，安徽省安庆市中级人民法院（2022）皖 08 民终 619 号民事判决书；董某某诉李某某、吉某某赠与合同纠纷案，吉林省松原市宁江区人民法院（2022）吉 0702 民初 6107 号民事判决书。

② Vgl. Karl Larenz, Lehrbuch Des Schuldrechts, Ⅱ. Band: Besonderer Teil, 1. Halbband, C. H. Beck 1986, S. 197.

③ [德] 赫尔穆特·科勒:《德国民法总论》（第四十四版），刘洋译，北京大学出版社 2022 年版，第 337 页。

类似的推定。如果行为完全系无偿，可以推定夫妻一方在该行为中存在不当目的。如果处分系有偿，则可以从低价处分中推定夫妻一方在该行为中存在不当目的。这种推定是可以反驳的，第三人可以证明行为人在实施该行为时不存在违背公序良俗的目的。

三、行为无效之后果

依据本条第1款，如果诉争行为因违背公序良俗而无效，夫妻另外一方可依据《民法典》第157条主张权利。《民法典》第157条分别规定了行为人的返还、折价补偿以及损害赔偿请求权。就返还而言，其性质为原物返还请求权或者其他绝对权之上的请求权。返还请求权并非独立的请求权，而是依赖于其他权利，并且为其他权利的实现服务。[①] 依据我国主流观点，如果作为负担行为的法律行为无效，物权以及其他绝对权不发生移转。此时夫妻另外一方可以基于其共有或者准共有人身份主张返还。以所有权为例，负担行为无效，第三人系无权占有，夫妻另外一方可依据《民法典》第235条的规定请求返还原物。

在不能返还或者没有必要返还时，第三人应当折价补偿。所谓不能返还是指在法律上或者事实上不能返还，前者如财产已经被第三人善意取得，后者如财产已经灭失。确定此处折价补偿范围的关键在于是否适用《民法典》第986条所规定的得利丧失抗辩。有观点认为，在合同无效清算场合，折价补偿并非不当得利，不适用得利丧失抗辩。[②] 本书认为，至少在赠与场合，可适用得利丧失抗辩。亦即，善意第三人取得的利益已经不存在的，不承担返还该利益的义务。此处的善意是指第三人非因重大过失而不知处分人已婚状态。"在善意受领的阶段，不当得利返还请求权之债权人负该利益之丧失的危险。"[③] 对于非无偿情形，则不能适用得利丧失抗辩。

就损害赔偿而言，本条所涉情形中的损害赔偿，其性质为缔约过失

[①] 参见［德］卡尔·拉伦茨：《德国民法通论》，王晓晔等译，法律出版社2004年版，第325页。
[②] 参见叶名怡：《折价补偿与不当得利》，载《清华法学》2022年第3期。
[③] 参见黄茂荣：《债法通则之四：无因管理与不当得利》，厦门大学出版社2014年版，第174页。

责任。过错表现为对于赠与或者低价处分的无效系明知或者应知，在双方都有过错时，可适用过失相抵规则。① 此处所称损害指向当事人的信赖利益。例如，第三人因信赖处分有效进行房产过户支付的税费。由于夫妻另外一方并非合同当事人，无权向第三人主张缔约过失责任，第三人亦无权要求其承担缔约过失责任。

四、内部效果

依本条第 2 款，夫妻一方的背俗赠与或者低价处分行为属于转移、变卖夫妻共同财产的行为，对内产生两方面的效果：其一，另外一方有权在婚姻关系存续期间以此为由要求分割夫妻共同财产；其二，另外一方在离婚分割夫妻共同财产时有权以此为由要求处分方少分或者不分。无论是单方分割请求权还是多分请求权均不局限于处分财产。易言之，另外一方可以在婚姻关系存续期间要求对整个夫妻共同财产进行分割，或者在离婚分割夫妻共同财产时就整个夫妻共同财产要求多分。不过，本条第 1 款所涉财产价值会影响法院确定具体分割比例。如果所涉财产价值较小，对于另外一方利益的损害并不大，那么这种转移、变卖行为对分割比例的影响较小。

需要注意的是财产处分本身并不构成忠实义务的违反，也没有损害家庭成员的人身利益，不属于《民法典》第 1081 条、第 1087 条第 1 款、第 1091 条所称过错。是否构成过错或者重大过错，应当根据其他行为来判断。即使财产处分所涉价值较大，亦不能认定为重大过错。

◆ 疑点与难点

一、本条规定与无权处分规则的协调

在夫妻一方将夫妻共同财产赠与他人或者以明显不合理的价格处分

---

① 参见叶名怡：《〈民法典〉第 157 条（法律行为无效之法律后果）评注》，载《法学家》2022 年第 1 期。

夫妻共同财产时，另外一方除依据本条第1款规定主张权利外，尚可以无权处分规则追回。根据《民法典》第1062条的规定，夫妻在婚姻关系存续期间所得的下列财产，为夫妻的共同财产，归夫妻共同所有……夫妻对共同财产，有平等的处理权。又根据《民法典》第1060条的规定，在家庭日常生活需要范围内的处分对双方发生效力，不需要经过另外一方的同意。超出家庭日常生活需要的处分，则需要适用《民法典》第301条的规定，由双方同意。夫妻一方未经另外一方同意，且不属于家事代理范围内的处分属于无权处分。第三人如不符合《民法典》第311条的规定，不构成善意取得，另外一方有权追回。如符合善意取得要件，另外一方只能要求处分的一方赔偿。实践中，亦有大量案件法院确认这种处分系无权处分。[1]

与本条规定不同，非处分方依其共有人身份主张返还并不以负担行为无效为前提，即使赠与合同或者低价处分的合同有效，只要不符合善意要件，其就有权要求第三人返还。易言之，不管赠与合同或者低价处分合同是否有效均不影响非处分方的基于物权的返还请求权。依《物权编司法解释（一）》第14条，此处善意的判断采非因重大过失而不知标准，由非处分方承担证明责任。这与本条规定关注处分方的动机存在明显的不同。

二、赠与和低价处分之外的其他行为

本条只规定了赠与和低价处分行为，除这两类行为之外的其他行为仍可能因违背公序良俗而无效。例如，对于不涉及财产处分的行为，仍然可能涉及因违背公序良俗而无效的问题。例如，夫妻一方将作为夫妻共同财产的房屋无偿借用或者低价出租给与其存在不正当两性关系的第

---

[1] 参见林某诉王某、郑某不当得利纠纷案，福建省大田县人民法院（2021）闽0425民初428号民事判决书；钟某诉孙某、任某赠与合同纠纷案，黑龙江省大庆市中级人民法院（2024）黑06民终1398号民事判决书；戴某诉孙某、吕某赠与合同纠纷案，上海市闵行区人民法院（2024）沪0112民初2083号民事判决书。

三人，虽不属于财产处分，同样可以推定其存在不当目的，该行为因违背公序良俗而无效。

需要注意的是，法律在此规制的是处分人和相对人的关系，而不调整处分人与相对人之外第三人的关系。例如，夫妻一方为维持与他人的不正当关系，为担保他人对第三人的债务以名下夫妻共同财产设定担保。此时难以认定担保认定行为违背公序良俗。如果他人存在不当得利，只能通过不当得利法上的救济进行矫正。但是如果此时第三人不符合善意取得的要件，不享有担保物权，非处分方可以要求返还担保权人占有的财产或者协助涂销担保登记。

三、处分人能否主张无效后果

本条规定了非处分方主张行为无效的处理规则，未涉及处分方。实践中，法院对于此类案件的处理存在分歧，在两起相似案件中，二审法院均撤销了支持赠与方返还请求的一审判决，但理由上有所不同。在其中一个案件中，法院认为赠与人明知违背公序良俗而进行赠与，无权以此为由主张赠与行为无效。[1] 在另外一个案件中，法院则认为赠与人属于不法原因给付，不得主张自己之不法而有所请求。[2] 就前者而言，法院用诚信原则来修正合同无效规则的基础在于禁止权利滥用。[3] 在此特殊情形中，必须通过利益权衡证明"实现原则的利益要大于适用规则的利益与法的安定性之和，此时法的安定性即使受有损失也是正当的和必要的"。[4] 如果适用公序良俗无效规则"仅产生有利于不诚信一方的结果，尚不足以构成难以容忍的不公正结果"，"结果是否难以容忍，应从

---

[1] 参见蔡某某诉练某某赠与合同纠纷案，广西壮族自治区梧州市中级人民法院（2021）桂04民终825号民事判决书。

[2] 参见张某某诉朱某某赠与合同纠纷案，辽宁省沈阳市中级人民法院（2022）辽01民终6813号民事裁定书。

[3] 参见夏昊晗：《诚信原则在"借违法无效之名毁约"案型中的适用》，载《法学》2019年第6期。

[4] 参见于飞：《诚信原则修正功能的个案运用——以最高人民法院"华诚案"判决为分析对象》，载《法学研究》2022年第2期。

立法者的视角审视"。① 如果允许明知存在违背善良风俗的赠与人依据《民法典》第 153 条第 2 款主张无效并进而依据《民法典》第 157 条要求受赠人返还财产或者折价补偿,这在结果上明显违背立法者否定违反忠实义务行为的立法目的。不过由于诚信原则的修正功能受限,在此需要思考既有规则的适用能否会真的产生这种难以容忍的状态。这主要涉及后一种观点,即如果法律行为无效,能否基于不法原因给付原理否定赠与人的返还请求权。如果能够通过不法原因给付原理解决此问题,则无须援引诚信原则进行修正。我国《民法典》未明确规定不法原因给付规则,但司法实践中有大量案件援引此原理进行裁判。《民法典》对于不法原因给付未规定返还或者不予返还为法院在此采用动态体系预留了空间,可以综合考量当事人的可责难性、双方关系存续时间、受赠人的付出等因素。② 因此,相当于诚信原则修正这一或有或无式的结果,应优先考虑存在动态调整空间的不法原因给付原理。不过,不法原因给付原理的适用空间有限,不能适用于基于绝对权的返还请求权,在此种情形下仍应考虑适用诚信原则予以修正。

◆ **典型案例**

焦某某、邓某某等赠与合同纠纷案③

裁判要旨:原告焦某某与被告李某某系夫妻关系,双方于 2005 年 12 月 28 日登记结婚。被告李某某在婚后夫妻关系存续期间,与被告邓某某相识并于 2020 年确定婚外恋关系,并于 2020 年 5 月至 2021 年 5 月同居生活。在双方婚外恋期间,被告李某某于 2020 年 4 月至 2021 年 4 月期间通过微信、银行等方式多次向被告邓某某转账合计款项 677020 元。

法院认为,原告焦某某与被告李某某系夫妻关系,双方未就夫妻关

---

① 参见李夏旭:《诚信原则法律修正功能的适用及限度》,载《法学》2021 年第 2 期。
② 参见汪旭文:《论基于不法原因给付的返还》,载《华东政法大学学报》2023 年第 2 期。
③ 参见贵州省兴仁市人民法院(2021)黔 2322 民初 3096 号民事判决书。

系期间的财产进行约定,依照《民法典》第1062条"夫妻在婚姻关系存续期间所得的下列财产,为夫妻的共同财产,归夫妻共同所有:(一)工资、奖金、劳务报酬;(二)生产、经营、投资的收益;(三)知识产权的收益;(四)继承或者受赠的财产,但是本法第一千零六十三条第三项规定的除外;(五)其他应当归共同所有的财产。夫妻对共同财产,有平等的处理权"之规定,在婚姻关系存续期间所得的财产归夫妻共同所有,夫妻对共同所有的财产,有平等的处理权。在婚姻关系存续期间,夫妻双方对共同财产不分份额地共同享有所有权,夫或妻非因正常生活需要处分夫妻共同财产时,应当协商一致,任何一方无权单独处分夫妻共同财产。被告李某某在婚姻存续期间,与被告邓某某相恋,两者之间系不正当婚外恋关系,有违公序良俗。在两者婚外恋期间,被告李某某非因家庭生活需要,亦未经原告焦某某同意,多次通过微信转账、银行转账向被告邓某某转款共计677020元,被告邓某某亦接受了该款项。被告李某某与被告邓某某系不正当婚外恋关系,被告李某某对被告邓某某的赠与系基于双方不正当婚外恋关系,侵害了原告焦某某的合法权益,有违公序良俗,违反了《民法典》第8条"民事主体从事民事活动,不得违反法律,不得违背公序良俗"的规定,依照《民法典》第153条"违反法律、行政法规的强制性规定的民事法律行为无效。但是,该强制性规定不导致该民事法律行为无效的除外。违背公序良俗的民事法律行为无效"的规定,被告李某某对被告邓某某的赠与行为无效,对原告焦某某请求确认被告李某某对被告邓某某的赠与行为无效的诉讼请求,予以支持。赠与行为无效后,被告邓某某应当返还其获赠款项,但在返还数额上,被告邓某某虽抗辩部分款项用于双方共同生活消费使用,但其未提交证据予以证实生活消费产生的具体款项,法院结合被告邓某某与被告李某某存在同居一年的客观事实及同居期间必然产生共同消费的事实,根据当地生活人均生活消费水平,酌情予以扣除被告李某某同居期间其个人产生消费20587元,故被告邓某某应返还款项为677020元-

20587元=656433元，被告李某某亦答辩同意将款项全部返还给原告焦某某，故对原告焦某某请求被告邓某某返还677020元的诉讼请求，予以部分支持。关于利息一节，被告李某某、邓某某系婚外不正当恋爱关系，双方均存在过错，原告焦某某的该部分诉讼请求，无事实及法律依据，不予支持。

（本条由刘征峰撰写）

第八条 【父母在子女婚后为其购房出资的认定】

婚姻关系存续期间，夫妻购置房屋由一方父母全额出资，如果赠与合同明确约定只赠与自己子女一方的，按照约定处理；没有约定或者约定不明确的，离婚分割夫妻共同财产时，人民法院可以判决该房屋归出资人子女一方所有，并综合考虑共同生活及孕育共同子女情况、离婚过错、对家庭的贡献大小以及离婚时房屋市场价格等因素，确定是否由获得房屋一方对另一方予以补偿以及补偿的具体数额。

婚姻关系存续期间，夫妻购置房屋由一方父母部分出资或者双方父母出资，如果赠与合同明确约定相应出资只赠与自己子女一方的，按照约定处理；没有约定或者约定不明确的，离婚分割夫妻共同财产时，人民法院可以根据当事人诉讼请求，以出资来源及比例为基础，综合考虑共同生活及孕育共同子女情况、离婚过错、对家庭的贡献大小以及离婚时房屋市场价格等因素，判决房屋归其中一方所有，并由获得房屋一方对另一方予以合理补偿。

◆ **条文要旨**

本条是关于由父母出资房产的归属问题及离婚分割夫妻共同财产时补偿问题的规定。

◆ **理解与适用**

父母出资购买房产既涉及婚姻存续期间房产与资金归属,又关乎离婚时夫妻共同财产分割时如何处理。本条分别就两种情形作出规定。

一、父母出资的行为性质与资金归属

(一)父母出资的行为性质

原《婚姻法司法解释(三)》(已失效)第7条第1款将父母赠与意图与产权登记挂钩,产权登记在一方名下的,推定为对出资人子女一方的赠与;同时将产权登记与房产归属的认定挂钩,产权登记在一方名下的,认定为该方的个人财产。该条第2款又反过来弱化了产权登记的效力,在双方父母皆为购房出资的场景下,注重出资构成,将房产归属认定为以出资份额按份共有。该条虽便于司法认定以及统一裁量尺度,但在教义学和价值伦理层面皆遭受学界诟病。[1]《婚姻家庭编司法解释(一)》保留了原《婚姻法司法解释(二)》(已失效)第22条的同时删除了原《婚姻法司法解释(三)》第7条,为区分"父母出资的归属"与"子女所购房产的归属"提供了解释空间。

父母出资虽然为子女购房提供了金钱资助,但出资事实不应成为决定子女所购房产归属以及共有关系性质的依据。[2]"父母把钱给子女"的"出资行为"以及"子女拿着父母给的钱买房"的"购房行为"属于两项独立的法律行为,应当分别认定其性质和所涉财物的归属。原《婚姻

---

[1] 薛宁兰、谢鸿飞主编:《民法典评注·婚姻家庭编》,中国法制出版社2020年版,第188—192页。
[2] 王丽:《婚后父母为子女出资购房的夫妻财产性质认定——兼评〈婚姻法司法解释二〉第二十二条与〈婚姻法司法解释三〉第七条之适用》,载《中国律师》2019年第3期。

法司法解释（二）》已经意识到这一区分，官方释义将原《婚姻法司法解释（二）》"要解决的对象目标确定为父母为子女购置房屋的出资问题，而不再是房屋"。① 父母出资资金属于子女一方的个人财产抑或夫妻双方的共同财产，涉及出资行为是赠与还是借款、出资对象是子女一方还是夫妻双方等问题。在父母出资行为结束后，子女用于购置房产的资金不再溯源至父母，而是来自出资方的个人财产或者夫妻共同财产，并最终影响房产的归属和潜在份额。

基于父母子女间密切的人身关系和中国传统家庭文化的影响，实践中父母出资时一般都不会和子女签署正式书面的赠与或借贷合同，离婚时对是否存在口头合同及其内容往往成为争议焦点。② 因此发生纠纷时只能对出资行为的性质进行推定。《婚姻家庭编司法解释（一）》第29条的立场是推定为赠与，如果子女主张赠与而父母主张借贷，或者离婚时子女一方主张是借贷从而构成夫妻共同债务，对借贷关系是否成立需严格遵循"谁主张、谁举证"原则，理由是主张借贷关系的一方比主张赠与关系的一方更接近且更容易保留证据，③ 将出资为借贷的证明责任分配给父母比将出资为赠与的证明责任分配给子女更符合证明责任分配原则。④ 有的法院因为无法排除倒签借据的可能性，以产权登记作为优势证据否定借据的效力。⑤ 最高人民法院强调，在相关证据的认定和采信上，应适用《民事诉讼法解释》第105条，运用逻辑推理和日常生活经验法则，对证据有无证明力和证明力大小进行判断，准确认定法律关

---

① 最高人民法院民事审判第一庭编著：《最高人民法院婚姻法司法解释（二）理解与适用》，人民法院出版社2015年版，第238—245页。
② 刘敏、王丹等：《〈关于适用民法典婚姻家庭编的解释（一）〉若干重点问题的理解与适用》，载《人民司法》2021年第13期。
③ 最高人民法院民事审判第一庭编著：《最高人民法院民法典婚姻家庭编司法解释（一）理解与适用》，人民法院出版社2021年版，第283—288页。
④ 最高人民法院民事审判第一庭编著：《民事审判前沿》第1辑，人民法院出版社2014年版，第241—244页。
⑤ 薛宁兰、谢鸿飞主编：《民法典评注·婚姻家庭编》，中国法制出版社2020年版，第188—192页。

系的性质。该立场在教义学上涉及举证责任分配和意思表示解释问题，实质上属于我国传统家庭伦理基础上的价值判断问题。

推定为赠与的实质性理由是，父母子女间的亲缘关系决定了赠与的可能性高于借贷。从我国现实国情看，子女刚参加工作缺乏经济能力，无力独自负担买房费用，父母基于对子女的亲情，往往自愿出资为子女购置房屋。从日常生活经验看，大多数父母出资的目的是希望改善子女的居住条件，而非日后收回这笔出资。① 从传统观念的延续看，传统家庭历来选择子女结婚的当口作为两代之间"分家"传递家业的契机，将分家实践表述成赠与虽然别扭，后果上并无太大差别，若表述为借贷则与分家观念完全相悖。

推定为借贷的实质性理由是，一方面，父母对成年子女原则上不负担抚养义务，对子女购房当然没有法定出资义务；另一方面，鉴于父母将多年积攒的全部或大部分养老积蓄用于子女购房，若子女对父母不尽赡养义务且出资被视为赠与，现实中父母可能会陷入"人财两空"的困境。为了在制度层面避免上述风险，不妨推定为借贷，保留父母的出资返还请求权。若子女仅为一人且不考虑时效，父母对子女享有的借款债权最终经由子女继承导致的债权人与债务人身份混同而消灭，保障父母权益的同时并不影响子女的实际权益。有裁判观点支持将父母出资推定为以帮助为目的的临时性资金出借，子女负有偿还义务。② 有观点从举证责任角度展开，认为赠与是无偿、单务的法律行为，对受赠人而言纯获利益，而对于赠与人影响极大，因此举证责任由主张赠与的一方承担，不能依据父母子女关系自然推定为赠与。③

---

① 刘敏、王丹等：《〈关于适用民法典婚姻家庭编的解释（一）〉若干重点问题的理解与适用》，载《人民司法》2021年第13期。
② 参见豆晓红：《婚后子女购房父母出资性质的认定》，载《人民法院报》2018年6月14日，第6版。
③ 张振华：《〈民法典〉视阈下婚后父母出资购房性质研究》，载《中共郑州市委党校学报》2021年第3期。

采取何种推定规则，很大程度取决于合同相对方是子女一方还是夫妻双方，即出资资金归属于谁。出资性质认定与资金归属两个问题环环相扣，如果推定为父母仅赠与自己子女，则在房产内部份额取决于资金来源的结论下，父母的出资不会因离婚而被另一方攫取，这一结果反过来会最大限度减少将出资认定为赠与的顾虑，没有必要认定为借贷。鉴于父母子女之间亲缘关系的日常生活经验，以及在子女结婚时进行财富代际传承的分家传统两个因素，更支持出资性质是赠与的结论，父母为子女婚姻生活提供借贷式的临时性资助似乎并不合乎伦理压力与声誉下的生活实践。赠与推定实质是将表达慈爱亲情的伦理义务显性化，无视伦理压力或不在乎伦理声誉的父母，其不希望履行上述伦理义务的内心意图在法条上并未得到显现，须借助借条更为明确的外在表征而显现。① 鉴于我们的结论是推定为仅对自己子女出资，因此视为赠与不会导致对父母不公的社会效果，还可避免借贷引发的返还关系，降低规范适用的复杂度。

如果父母以子女名义购房，子女才是购房合同的买方，仍应区分出资归属与房屋归属；如果父母以自己名义全款购房，随后过户到自己子女或夫妻双方名下，赠与的客体是房产而非出资，依笔者结论，推定为对自己子女的赠与，成为子女个人财产；如果父母以自己名义按揭贷款购房并支付首付款，随后过户到自己子女或夫妻双方名下，赠与的客体也是房产而非首付款，推定为对自己子女的赠与，若由夫妻共同还贷，在婚姻内部关系中再行计算个人所有及共同所有的份额。

（二）父母出资资金的归属

《婚姻家庭编司法解释（一）》第29条回到原《婚姻法司法解释（二）》第22条的传统立场。原《婚姻法司法解释（二）》第22条根据夫妻财产制规则，以结婚时间采取截然相反的推定规则。双方结婚前，

---

① 参见孙维飞：《家庭伦理、婚姻身份与法律》，载《中德私法研究》第22卷，北京大学出版社2023年版，第95页。

父母出资推定为对自己子女的赠与；结婚后推定为对夫妻双方的赠与，成为夫妻共同财产。[1] 出资行为性质的认定受到出资对象认定的影响，如果出资对象是自己子女一方而非夫妻双方，即资金归属于子女个人财产，则无论出资是赠与还是借款，都能确保资金不会因为子女离婚而分流给另一方，对父母而言并无太大差别，因此会减少父母将出资认定为赠与的顾虑。在推定赠与的大前提下，推定规则是否具有实质合理性，需要从三个方面依次验证，首先，是否符合现实社会中父母出资时的真实意愿；其次，是否有利于保障出资方父母因预支养老费用而换取的期待利益；最后，依据出资时间采取截然相反的推定规则的理由是否成立。

首先，须探究父母出资时的真实意愿。因为法定财产制下有必要区分交换所得和非交换所得。基于买卖、租赁等自愿有偿交易以及侵权、不当得利等非自愿行为的交换所得均具有对价性，相对方的意思和利益止于交换，并不关心作为对价的财产在所有权移转之后是否成为夫妻共同财产；即便相对方关心财产内部归属并与夫妻一方作出约定，基于合同相对性也只能约束交易双方，[2] 无法约束交易方的配偶，换而言之不能对抗法定财产制的效力。但在基于赠与、继承的无偿所得关系中，赠与财产的归属对基于身份关系或个人情感而作出的赠与行为具有决定性影响，赠与人通常不希望所赠财产由第三人分享。[3] 即便是同居共财的传统中国大家庭也区分劳动所得与无偿所得，家族中某人"白白"从别人那儿得到东西属于他的特有财产。[4] 因此，无偿所得的归属可转化为

---

[1] 参见最高人民法院民事审判第一庭编著：《最高人民法院婚姻法司法解释（二）理解与适用》，人民法院出版社2015年版，第238—245页；刘银春：《解读〈关于适用中华人民共和国婚姻法若干问题的解释（二）〉》，载杜万华主编：《解读最高人民法院司法解释、指导性案例·民事卷》，人民法院出版社2016年版，第159页。
[2] 参见贺剑：《夫妻财产法的精神——民法典夫妻共同债务和财产规则释论》，载《法学》2020年第7期。
[3] 张振华：《〈民法典〉视阈下婚后父母出资购房性质研究》，载《中共郑州市委党校学报》2021年第3期。
[4] ［日］滋贺秀三：《中国家族法原理》，张建国、李力译，商务印书馆2013年版，第519页、第551页。

对赠与人真实意思的解释问题，关系到赠与人同夫妻双方的情感及利益关联、赠与的具体场景等社会生活事实。赠与等无偿所得关系必须考虑行为的动机和行为人的内心真意，赠与行为通常基于身份关系或个人情感而作出，赠与人不希望所赠财产由第三人分享。① 而血亲与姻亲的天然差异，决定了在未来子女婚姻可能解体的预设下，满足自己子女生活居住所需才是出资本意。② 相反观点则认为，父母出资的慈爱之举体现的是支撑小家庭成长的代际之爱，并非仅父母对小家庭中子女一方的爱。并且当父母出资演化为外在仪式，评价主体除了自己子女一方，子女配偶及其父母自不能在外，甚至更为重要。③

父母为子女购房出资的主要目的是满足子女的婚姻生活所需，出资时父母都希望子女婚姻幸福稳定，不愿设想子女婚姻解体的可能。表达祝福时为了避免引起儿媳或女婿的不快和误会，父母一般不愿意明确出资性质和出资对象，也不会与子女签署书面协议，国人相对隐晦的行事风格导致事后父母通常无法提供明确赠与子女一方的证据。原《婚姻法司法解释（三）》第7条即采取将赠与一方还是双方的意思推定与产权登记主体挂钩的思路。实践中许多父母倾尽毕生积蓄为子女购房，透支日后的养老费用，又不想因为离婚导致子女丧失财产，于是父母通过登记一方名字这种含蓄的方式表示赠与一方的意思。④ 最高人民法院认为，《物权法》（已失效）已经实施多年，普通民众对不动产登记的意义有了较为充分的认识，将不动产登记在自己子女名下认定为父母将出资赠与

---

① 参见贺剑：《夫妻财产法的精神——民法典夫妻共同债务和财产规则释论》，载《法学》2020年第7期；张振华：《〈民法典〉视阈下婚后父母出资购房性质研究》，载《中共郑州市委党校学报》2021年第3期。
② 最高人民法院民事审判第一庭编著：《最高人民法院民法典婚姻家庭编司法解释（一）理解与适用》，人民法院出版社2021年版，第283—288页。
③ 参见孙维飞：《家庭伦理、婚姻身份与法律》，载《中德私法研究》第22卷，北京大学出版社2023年版，第95页。
④ 薛宁兰、谢鸿飞主编：《民法典评注·婚姻家庭编》，中国法制出版社2020年版，第188—192页。

自己子女，符合当事人本意。① 如果一方父母出资却将房产登记在子女配偶一方名下，除非有明确约定或证明父母仅向子女配偶一方赠与，按照日常经验法则仍应认定为赠与夫妻双方。② 血亲与姻亲的天然差异，决定了为自己子女提供婚后居住条件，才是促使父母出资的本意。③ 鉴于子女在未来可能面临的离婚风险，无论是婚前还是婚后，父母大额出资的真实意思表示都是对自己子女一方的赠与，属于子女的个人财产。如果一概将出资认定为父母对夫妻双方的赠与，势必违背父母为子女购房出资的初衷，缺乏社会认同感。④ 法律本质是不保护不劳而获的，因子女离婚而承担包括养老费用在内的家庭财产流失一半的严重后果，绝大多数出资的父母都会无法接受。于是在实践中出现伪造债务、虚假诉讼甚至父母与自己子女倒签赠与合同种种乱象，无非体现了父母希望在子女离婚时保住自己毕生辛苦积蓄的诉求。⑤

其次，须探究父母出资后对养老等期待利益的保护。如果认定为赠与夫妻双方，随着婚姻解体导致资金分流，将影响子女未来对赡养义务的履行能力。实践中，很多父母为子女购房出资凝结着浓厚的伦理和亲情因素，既是家庭财产基于血亲关系传续的需要，也构成子女未来更好履行赡养义务的物质保障。父母为子女结婚购房往往预支了未来的养老费用，甚至向亲朋好友举债，出资很大程度上蕴含着对子女未来履行赡养义务的期待。《老年人权益保障法》第 14 条第 3 款规定："赡养人的配偶应当协助赡养人履行赡养义务。"在当前闪婚、闪离现象增多和老龄化问题加剧的背景下，一旦夫妻离婚，原配偶连"协助"赡养义务都

---

① 最高人民法院民事审判第一庭编著：《最高人民法院婚姻法司法解释（三）理解与适用》，人民法院出版社 2011 年版，第 28 页。
② 吴晓芳：《〈婚姻法〉司法解释（三）适用中的疑难问题探析》，载《法律适用》2014 年第 1 期。
③ 最高人民法院民事审判第一庭编著：《最高人民法院民法典婚姻家庭编司法解释（一）理解与适用》，人民法院出版社 2021 年版，第 283—288 页。
④ 张振华：《〈民法典〉视阈下婚后父母出资购房性质研究》，载《中共郑州市委党校学报》2021 年第 3 期。
⑤ 吴晓芳：《〈婚姻法〉司法解释（三）适用中的疑难问题探析》，载《法律适用》2014 年第 1 期。

没有了，①从原《婚姻法司法解释（三）》公开征求意见反馈的情况来看，这已经引起父母的普遍担忧。② 法院系统从社会效果出发，明确提出离婚诉讼中不仅要保护婚姻双方当事人利益，也要保护双方老人的合法权益。③ 因此，从保护父母养老等期待利益的角度出发，不宜将父母出资认定为对夫妻双方的赠与。

最后，须探究以结婚时点为区分标准是否合理。夫妻关系不同于"一时性"债之关系的交易行为，结婚这一法律行为生效，仅仅意味着一段可能漫长的婚姻存续关系的开始。各方行为都围绕服务婚姻生活这一"继续性"关系而展开，结婚的具体时点反而不具备重要性和敏感性。父母于子女"新婚之际"出资购房便可满足子女婚姻生活的居住需求，"新婚之际"体现为结婚登记前后的整块时间段而非某个特殊时点，实际出资在这一时点之前或之后具有偶然性，也完全不影响出资目的的实现。传统社会同样存在类似观念，父母赠与女儿的嫁资未必在出嫁时交付，待出嫁后经过一段时间，确定夫妇和睦之后再交付的也不少。④ 因此，《婚姻家庭编司法解释（一）》第 29 条的区分标准是一种没有实质合理性的形式逻辑推演，父母婚前或婚后出资都仅视为对自己子女的赠与。结婚只是作为继续性的婚姻存续关系的开始，父母出资目的在于满足子女婚后共同生活的需要，而非结婚这一行为节点。何况子女购房时点受各方面因素影响，可能在婚前或者婚后任一时间点，这些偶发因素都会直接影响到父母出资的时点，但不会影响到父母出资目的的实现。同理，房产登记时间以及登记方也具有偶然性，例如实践中常见因开发

---

① 吴晓芳：《〈婚姻法〉司法解释（三）适用中的疑难问题探析》，载《法律适用》2014 年第 1 期。
② 《最高人民法院民一庭负责人就〈关于适用中华人民共和国婚姻法若干问题的解释（三）〉答记者问》，载杜万华主编：《解读最高人民法院司法解释、指导性案例·民事卷》，人民法院出版社 2016 年版，第 190 页。
③ 杜万华：《在全国高级法院民一庭庭长座谈会上的讲话》，载最高人民法院民事审判第一庭编：《民事审判指导与参考》2012 年第 1 辑（总第 49 辑），人民法院出版社 2012 年版，第 7 页。
④ [日] 滋贺秀三：《中国家族法原理》，张建国、李力译，商务印书馆 2013 年版，第 519 页、第 451 页。

商的原因导致购房人未能于婚前取得房屋产权证书。① 因此，原《婚姻法司法解释（三）》第 7 条没有留存必要。

原《婚姻法司法解释（三）》第 7 条被删除意味着意思推定与产权登记脱钩，且双方父母出资时房产不再为按份共有。官方删除理由是按份共有与家庭伦理性特征不相符，也与《民法典》第 1062 条，在没有明确表示赠与一方的情况下，应当归夫妻共同所有的规定相冲突。依据《民法典》第 308 条，在双方没有明确约定的情况下，基于家庭关系的特殊属性，亦不宜认定为按份共有。理论上，不动产登记簿的推定效力是对权利人和权利内容的推定，而非对导致物权变动的意思表示内容的推定，后者属于负担行为的任务。因此产权登记本身无法推出登记权利人通过何种途径获得房产，更无法推导意图赠与一方还是双方。实践中，购房环节包含诸多复杂情形，因为政策、贷款等原因，房产登记在一人名下同夫妻内部对房产归属的意思可能并不一致，更无法通过登记推定父母的意思，删除原《婚姻法司法解释（三）》第 7 条具有合理性。

《婚姻家庭编司法解释（一）》第 29 条第 1 款规定当事人结婚前父母出资的，推定为对自己子女一方的赠与，既符合夫妻共同财产制的反面推论，也契合前述分析结论；第 2 款直接引致《民法典》第 1062 条第 1 款第 4 项内容，推定为赠与夫妻双方，则与前述分析结论相违。为了解决《婚姻家庭编司法解释（一）》第 29 条第 2 款在夫妻离婚时导致的利益失衡问题，过往理论提出的解决路径多是在赠与合同框架内选取制度工具来调整双方利益状态，例如将婚姻解体视为赠与合同发生了情势变更，以此要求夫妻双方返还出资；② 或者将子女婚姻家庭的维持作

---

① 《准确适用婚姻法维护婚姻当事人的合法权益——最高人民法院民一庭庭长杜万华就〈最高人民法院关于适用中华人民共和国婚姻法若干问题的解释（三）〉答记者问》，载最高人民法院民事审判第一庭编著：《最高人民法院婚姻法司法解释（三）理解与适用》，人民法院出版社 2011 年版，第 12—13 页。

② 田韶华、元泉：《父母为子女婚后购房出资性质认定中的法律问题》，载《家事法研究》（2023 年卷），法律出版社 2023 年版，第 181 页。

为赠与财产转移中父母无须明言的动机背景，此动机背景对受赠方来说亦难说无从领会，因此宜将此种常为隐性的伦理意义，通过法律解释使其显性化，推定父母出资构成以夫妻离婚为解除条件的赠与。不过，父母的资助构成对下一代家庭生活的支持，因此夫妻离婚时，已经在婚姻生活中被消耗的部分无须返还，如此法律构造下，父母出资更接近于无溯及力的附终止条件的无偿持续性供给。①

本条则摒除了赠与合同框架内的解决路径，不再采用"赠与"或者"借款"等术语，意在不纠缠于出资行为性质以及出资对象等理论争议，而是回归到婚姻法框架内进行利益调整，因为出资纠纷的本质是子女婚姻维度的利益失衡问题，而非赠与合同相对人之间的利益失衡问题。②本条采取了调整离婚财产分割时双方利益的解决路径，直面离婚争议时的房产归属和补偿问题。该条涉及婚姻关系存续期间一方父母全额出资、部分出资或双方父母共同出资等多种情形，但在确定房产归属时皆不再回溯至父母出资，而是直接规定判决房屋归夫妻一方所有，可谓贯彻了"出资资金归属"与"子女购买房产归属"完全脱钩的立场。

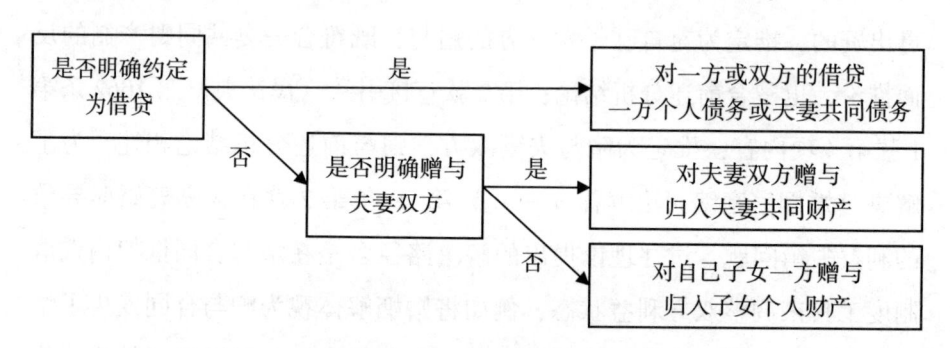

图一：父母出资行为的性质认定与资金归属

---

① 参见孙维飞：《家庭伦理、婚姻身份与法律》，载《中德私法研究》第22卷，北京大学出版社2023年版，第97页。
② 参见许莉、金钰婧：《父母为子女购房出资纠纷的解决路径探析》，载《中华女子学院学报》2024年第3期。

依据体系解释，《婚姻家庭编司法解释（一）》第 29 条第 1 款与本条形成了制度分工，分别聚焦于婚前出资与婚后出资两种类型。换而言之，《婚姻家庭编司法解释（二）》第 8 条在功能上完全覆盖了《婚姻家庭编司法解释（一）》第 29 条第 2 款，依据新法优于旧法原则，应当优先适用。因此可以认为，婚后父母为子女购房出资推定为赠与夫妻双方的规则不再适用。

综上所述，父母为子女购房出资的理想规则是，无论出资发生在婚前还是婚后、部分还是全额、一方还是双方，都推定为对自己子女的赠与，成为自己子女的个人财产。通过保障父母出资利益不因子女离婚而受损，打消父母的担心，有利于将父母的意图统一推定为赠与而非借贷，同时避免了赠与夫妻双方前提下迂回适用赠与所附条件不成就、所附义务未履行、因主观交易基础丧失的情事变更主张酌情返还等救济手段，简化规范体系的复杂性。解释论层面为了达到赠与自己子女的法律效果，对《民法典》界定个人财产的第 1063 条第 3 项"遗嘱或者赠与合同中确定只归一方的财产"中"确定"一词，宜作扩大解释。

二、离婚时房产归属及补偿数额计算

（一）父母出资情况与离婚时房产归属的确定

本条回归婚姻法框架，采取调整离婚财产分割时双方利益的解决路径，直面离婚争议时的房产归属和补偿问题。在利益格局上，离婚时获得房产一方，除了房产本身价值外，还意味着享有未来增值收益以及承担未来贬值风险。因此，全额出资一方通常作为购房决策方，由其获得房产，享有未来增值收益的同时承担未来贬值风险，更契合意思自治理念下的风险归责原则。同时，获得房产一方依据《婚姻家庭编司法解释

（一）》第 78 条第 2 款，对作为个人债务的房贷承担继续还贷义务。①如果离婚时夫妻一方的财力不具备还贷能力，为了避免银行实现抵押权而拍卖变卖房产，有实践观点认为，房屋应当判决归有能力还贷一方所有，并由该方向对方进行价值补偿。

一方父母全额出资为夫妻购置房屋的情形下，依据本条第 1 款，离婚时房产直接归属于出资人子女一方。最契合该结论的逻辑链条是，婚后父母出资属于对子女一方的赠与，成为子女的个人财产，子女以个人财产购置的房产也属于其个人财产。但是第 1 款却为房产归属于出资人子女一方设定了"离婚分割夫妻共同财产时"这一前提，叠加该款后段的补偿规定，引发"一方全额出资购置的房屋是否属于夫妻共同财产"的争议。在教义学上该争议涉及前述《婚姻家庭编司法解释（一）》第 29 条第 2 款所引致的《民法典》第 1062 条第 1 款第 4 项规定的夫妻共同财产范围是否合理的问题，实质问题则是父母出资而无偿取得的房产并不符合协力原则，仍将其推定为夫妻共同所有的正当性何在？既然无从通过协力原则提供正当性，则离婚分割房产时更多考虑出资来源具有内在的合理性。而且如上文所言，鉴于房产首付款及还贷款来源的复杂性，婚姻维度的重点不在于房产整体归属，而在于夫妻各自享有的潜在份额。第 1 款规定一方全额出资购置房产则在婚姻维度享有全部份额；第 2 款规定各方均出资或一方部分出资，则依据出资比例享有相应份额。②

离婚时对婚姻财产进行清算，需要确定房产的最终归属。《婚姻家庭编司法解释（一）》第 76 条改自原《婚姻法司法解释（二）》第 20

---

① 《重庆市高级人民法院关于当前民事审判若干法律问题的指导意见》第 30 条规定："婚姻存续期间夫妻一方或双方按揭贷款购买的商品房，一般应当认定为夫妻共同财产，双方另有约定或者以一方婚前个人财产购买的除外。诉讼中不需将贷款银行列为第三人，可采取协商或者竞价的方式确定房屋归属，但应明确分得房屋的一方承担偿还按揭贷款义务。"

② 分割房产时考虑出资比例的案例，参见山东省武城县人民法院（2024）鲁 1428 民初 602 号民事判决书。

条，系统规定了离婚时的房产分割规则，依次列举了三种处理方式：双方均主张房屋产权的，竞价取得；只有一方主张的，评估后该方取得产权并补偿另一方；双方均不主张的，拍卖、变卖房产后双方分割价款。该条未承认双方可以对房产继续按份共有，官方理由是按份共有并不能解决双方离婚后实际面临的居住问题，当事人丧失共有基础时强行判决按份共有，可能造成新的矛盾。[1] 而反对观点则认为，在双方只有一套共有住房且均没有财力补偿对方的场合下，按份共有房产不失为一种可行的解决思路，[2] 双方不会因房产被强行拍卖、变卖而遭受现实损失以及未来可能的增值收益。若强行拍卖、变卖房产后分割价款，使双方都损失了未来房产继续增值的可能收益，不符合双方真实意思和利益。

因此，《婚姻家庭编司法解释（一）》第76条第1款第1项的具体适用前提是"双方均主张房屋所有权并且同意竞价取得"，但留存的疑问是如果双方均主张房屋所有权，但是其中一方在一方首付以及双方出资份额悬殊等情形中不同意竞价取得，该如何处理？竞价规则的实质是由偏好该财产的人最终取得产权以达到物尽其用。竞价取得作为一项独立的法律行为，需要双方达成竞价合意并非自动适用竞价规则，法院还应遵循照顾子女、女方和无过错方权益的原则，存在将房屋判给直接抚养子女的一方、女方或无过错方的可能。最高人民法院认为适用竞价的前提还包括双方财产水平大致相当以及均同意采取竞价方式，[3] 否则财产弱势一方无力在竞价过程中反映自己的真实偏好价格，竞价是不充分的。强势一方以不充分的竞价价格为基础给予补偿，另一方损失了充分的补偿收益以及可能的未来增值收益。若双方未达成竞价合意，则优先考虑婚前购房首付一方或者出资份额多的一方获得房产。在一方首付、

---

[1] 最高人民法院民事审判第一庭编：《民事审判指导与参考》2012年第4辑（总第52辑），人民法院出版社2013年版，第248页。
[2] 参见北京市第一中级人民法院（2012）一中民终字第12203号民事判决书。
[3] 最高人民法院民事审判第一庭编著：《最高人民法院民法典婚姻家庭编司法解释（一）理解与适用》，人民法院出版社2021年版，第653页。

双方还贷的典型场景下，通常首付方所占份额也更多。

（二）两个环节的补偿内容

《婚姻家庭编司法解释（一）》第 76 条第 1 款第 1 项与第 2 项、《婚姻家庭编司法解释（一）》第 78 条第 2 款以及本条都涉及离婚时判决房产归一方所有的同时，对另一方的补偿问题。但是这三个条文中"补偿"的内涵不尽相同，涵盖了"明晰财产"和"分割财产"两个环节。

第一个环节是同夫妻各自出资份额相关的"价值补偿"，离婚时获得房产物权维度所有权的一方，需要对另一方在房产上享有的婚姻维度的份额"折价补偿"，具体方式包括《婚姻家庭编司法解释（一）》第 76 条第 1 款第 2 项规定的依据评估价格补偿，以及本条第 2 款规定的依据"出资来源及比例"这一因素进行补偿。

在第一个"价值补偿"环节，关于夫妻共同还贷情形下补偿数额的计算问题，最高人民法院以共同还贷部分所占比率计算房产中共同所有的部分，补偿数额＝房屋现值×［已共同还贷部分／（房屋本金价格＋所需偿还的利息费用＋其他费用）×100%］／2。[1] 另有地方高院以房屋增值为比率计算共同还贷部分的增值，[2] 第一步计算不动产升值率，不动产升值率＝离婚时的不动产价格÷不动产成本×100%，不动产成本＝购置时的不动产价格＋共同已还贷利息＋其他费用。如果一方支付首付款与结婚之间存在时间差，则房产升值率应以结婚时而非购置时的价格作为计算依据，房产在婚前的增值属于首付方的个人财产。[3] 第二步计算具体补

---

[1] 参见薛宁兰、谢鸿飞主编：《民法典评注·婚姻家庭编》，中国法制出版社 2020 年版，第 201—202 页；张晓远：《论婚前按揭房屋的产权归属与分割——以〈民法典婚姻家庭编司法解释（一）〉第 78 条为中心》，载《西南民族大学学报（人文社会科学版）》2021 年第 5 期。

[2] 参见《江苏高院家事纠纷案件审理指南（婚姻家庭部分）》，载最高人民法院民事审判第一庭编：《民事审判指导与参考》2016 年第 1 辑（总第 65 辑），人民法院出版社 2016 年版，第 164 页。

[3] 最高人民法院民事审判第一庭编著：《最高人民法院民法典婚姻家庭编司法解释（一）理解与适用》，人民法院出版社 2021 年版，第 283—288 页。

偿数额,补偿数额=共同还贷部分×不动产升值率÷2。以上两套计算方式只是参照物不同,结果并无实质性差异,"其他费用"指的都是购房的必要支出,如契税、印花税、营业税、评估费、中介费等,但不包括公共维修基金和物业费,后者产生的基础并非交易,而是不动产长期使用中产生的费用。两套公式只是计算参照物不同,第一套以房屋增值为比率计算共同还贷部分的增值,第二套以共同还贷部分所占比率计算该不动产中归属共同财产的部分。①

鉴于离婚时贷款可能尚未清偿完毕,只能将夫妻共同偿还的利息计入不动产成本,不能将未来尚未还贷的利息都纳入成本,否则未获得产权一方既未分享后续可能的升值收益,又要现实承担因计入所有利息导致补偿额降低的不利后果。另外如果一方婚前首付,且购房后经过一段时间才结婚,不动产升值率应以结婚时而非购置时的不动产价格作为计算依据,因为房产的婚前增值属于首付方个人财产,② 这种情况下需要将计算公式修正为:补偿数额=共同还贷部分×[离婚时不动产价格÷(结婚时不动产价格+共同已还贷利息+其他费用)×100%]÷2。

一方婚前首付,双方共同还贷,若离婚时房屋贬值该如何处理?其一,首付方独立作出购房决策,由决策方承担贬值风险更符合风险归责;其二,双方婚后收入属于共同财产,无论用哪方收入还贷都属于共同还贷,因此非决策方共同还贷行为具有被动性;其三,房产增值或贬值是动态过程,离婚时贬值不意味着未来没有升值空间,获得产权一方只要不在贬值期间抛售房屋,实际利益并未蒙受损失;其四,配偶因另一方婚前已购房,可能导致在婚姻存续期间错过独资购房的时机。③ 考虑上

---

① 参见薛宁兰、谢鸿飞主编:《民法典评注·婚姻家庭编》,中国法制出版社2020年版,第201—202页;张晓远:《论婚前按揭房屋的产权归属与分割——以〈民法典婚姻家庭编司法解释(一)〉第78条为中心》,载《西南民族大学学报(人文社会科学版)》2021年第5期。
② 最高人民法院民事审判第一庭编著:《最高人民法院民法典婚姻家庭编司法解释(一)理解与适用》,人民法院出版社2021年版,第283—288页。
③ 杜万华、程新文、吴晓芳:《〈关于适用婚姻法若干问题的解释(三)〉的理解与适用》,载《人民司法·应用》2011年第17期(总第628期)。

述因素，离婚时补偿另一方共同还贷数额的一半比较合理。

第二个环节是指同离婚分割夫妻共同财产相关的补偿规则，相较于前一环节的价值补偿，本环节中法官享有较大的自由裁量权。[①] 离婚分割房产涉及多方权益，既要保护个人婚前财产部分对应的权益，又要厘清"双方婚后共同还贷支付的款项及其相对应财产增值部分"，还要契合"照顾子女、女方和无过错方权益的原则"，同时不能损害作为债权人的银行的合法利益。因此个案中不能把明晰财产关系与分割共同财产两者等同，[②] 分割共同财产并不以计算的补偿数额为绝对标准，法官可根据实际情况行使自由裁量权。[③] 理论上分割夫妻共同财产并不限于房产这一特定物，只是实践中房产构成共同财产中最重要的部分，因此在分割房产时应直接适用《民法典》第1087条规定的"照顾子女、女方和无过错方权益的原则"，[④] 体现为本条列举的"共同生活及孕育共同子女情况""离婚过错""房屋市场价格"等酌定因素。本条第1款采用的"补偿"这一术语契合了第二环节的补偿性质，而第2款以"合理补偿"这一术语去涵盖两个环节的补偿内容。《婚姻家庭编司法解释（一）》第78条第2款规定的"双方婚后共同还贷支付的款项及其相对应财产增值部分，离婚时应根据民法典第一千零八十七条第一款规定的原则，由不动产登记一方对另一方进行补偿"，既提及了双方出资及其增值份额，也涉及了《民法典》第1087条的补偿原则，可谓囊括了两个环节的补偿内容。

[①] 参见最高人民法院民事审判第一庭编：《民事审判指导与参考》2016年第1辑（总第65辑），人民法院出版社2016年版，第164页。

[②] 杜万华：《在全国高级法院民一庭庭长座谈会上的总结讲话》，载最高人民法院民事审判第一庭编：《民事审判指导与参考》2012年第1辑（总第49辑），人民法院出版社2012年版，第15页。

[③] 最高人民法院民事审判第一庭编：《民事审判指导与参考》2016年第1辑（总第65辑），人民法院出版社2016年版，第164页。

[④] 参见甘肃省金昌市金川区人民法院（2022）甘0302民初2984号民事判决书，河北省丰宁满族自治县人民法院（2021）冀0826民再8号民事判决书。

（三）补偿内容的酌定因素

本条第1款和第2款皆把"共同生活及孕育共同子女情况"和"离婚过错"作为确定第二环节补偿数额的酌定因素。这些酌定因素不仅规定在父母为子女购房出资场景中，还体现在彩礼返还规则、同居关系解除时的补偿规则以及离婚时基于婚姻给予房产的补偿规则等具体规范中，[1] 其合理性在各规范中保持了融贯，可依次展开分析。

"离婚过错"作为酌定因素的根据在于《民法典》第1087条规定的照顾无过错方权益原则。为了保障离婚自由，离婚不以一方是否存在过错为前提，但是过错事实是影响共同财产分割以及离婚损害赔偿的重要事由。2001年《婚姻法》（已失效）新增离婚损害赔偿制度，但是裁判实践中的离婚损害赔偿金额通常不足以彰显对过错方的惩处和对无过错方的保护。民法典编纂时，转而选择共同财产分割环节实现保护无过错方的制度目的。在规范适用顺位上，如果在夫妻共同财产分割环节已经足以彰显对无过错方的保护，则无须叠加适用离婚损害赔偿制度。另一种思路是，在共同财产分割环节，将"无过错方"的"过错"理解为离婚损害赔偿法定重大过错之外的一般过错。夫妻一方具有重大过错的，共同财产分割完毕之后，另一方仍得主张离婚损害赔偿。

"孕育共同子女情况"作为酌定因素的根据在于《民法典》第1087条规定的照顾子女和女方权益原则，包括"已生育子女"与"未生育子女但怀孕、流产"两种情形。若已生育子女，则离婚财产分割不仅涉及夫妻双方利益，还应当符合子女利益最大化原则，或者将房产直接判归直接抚养一方所有，以满足子女的居住利益；[2] 或者在补偿数额上体现抚养费的考量因素。[3] 女方因妊娠、分娩和抚育子女承受了更多客观的生理风险、心理压力和身心付出，计算补偿数额时应当虑及女方孕育情

---

[1] 参见《彩礼纠纷规定》第5条和第6条，《婚姻家庭编司法解释（二）》第3条、第4条。
[2] 参见上海市宝山区人民法院（2023）沪0113民初6829号民事判决书。
[3] 参见山东省威海市中级人民法院（2021）鲁10民终1446号民事判决书。

况，包括因怀孕、流产对女方身体健康、社会评价以及再婚可能性造成的消极影响。①

"共同生活情况"作为酌定因素的合理性在于，婚姻关系包含了"结婚登记"的"一时性"要件以及"共同生活"的"继续性"要件。"共同生活事实"应满足"长期且稳定"的特征，其中"共同生活时间长短"是作为确定补偿数额的重要评判因素。这在一些比较法上体现为随着婚姻存续期间到达一定年限后，个人财产向共同财产的逐年转化规则。② 我国2001年《婚姻法》（已失效）修正时，鉴于婚前个人财产日益复杂的现实，删去了原先立法中房产经过八年转化为共同财产的规定，③ 那么可将"依据共同生活时间长短确定补偿数额"视为对转化规则原理的重新运用。除了时间因素之外，还需要综合考量双方是否有共同住所、性生活、共同承担家务及负担生活费用、共同赡养老人及抚育子女、精神上相互慰藉等婚姻生活的实质内容。这也是将《彩礼纠纷规定（征求意见稿）》中"共同生活时间"的表述修改为"共同生活情况"的原因。④

本条第1款还把"房屋市场价格"作为合理补偿的酌定因素，实质上构成了离婚财产分割中的衡平法。法理上，一方全额出资购置的房产在离婚时归属于出资人子女一方并无不妥，但是不容否认，夫妻另一方对于该房产在事实层面形成一定的信赖，包括信赖婚姻关系一直存续时对该房屋一直保有居住利益，从而影响该方在婚内是否需要另行购房的决策，随着共同生活时间的绵延，夫妻另一方对房产的信赖程度越深。

---

① 参见汪洋：《彩礼范围与返还事由的体系再造——最高人民法院〈彩礼纠纷规定〉释评》，载《妇女研究论丛》2024年第2期。
② See American Law Institute, Principles of the Law of Family Dissolution: Analysis and Recommendation (American Law Institute Publishers, 2002), p. 862.
③ 参见顾昂然：《全国人大法律委员会关于〈中华人民共和国婚姻法修正案（草案）〉修改情况的汇报——2000年12月22日在第九届全国人民代表大会常务委员会第十九次会议上》，载《中华人民共和国全国人民代表大会常务委员会公报》2001年第4期。
④ 参见《最高人民法院发布关于审理涉彩礼纠纷案件适用法律若干问题的规定》，载微信公众号"最高人民法院"2024年1月18日，2025年4月9日访问。

在判决房产归属于出资一方的前提下，依据房产价值的高低调整补偿数额，可视为对上述信赖关系的呈现和保护。

本条第 2 款以"出资来源及比例"为基础因素，以"共同生活及孕育情况""离婚过错""房屋产权登记情况"几项为酌定因素，体现了两个环节的补偿规则所蕴含的不同功能需求和价值判断，限制了法官在个案裁判中的自由裁量空间，有利于离婚当事人形成稳定预期。在具体适用该款规范确定补偿数额时，应当进一步明确各酌定因素的分量及其适用顺位。首先，如果双方出资比例较为悬殊，原则上应当判决房屋归出资份额绝对优势一方；其次，在此基础上以"出资来源及比例"因素确定对另一方"折价补偿"的数额，体现物权法逻辑和层面的补偿规则；最后，再行考量"共同生活及孕育共同子女情况""离婚过错""房屋市场价格"等酌定因素，在折价补偿的基础上对另一方"合理补偿"，体现婚姻法逻辑和层面的补偿规则。当"共同生活时间很长""出资一方对离婚负有重大过错"或者"配偶对于维系婚姻、经营家庭具有持续性贡献"时，则法官有权降低"出资来源"这种一次性财产贡献的权重，[1] 甚至判决房产归属于夫妻中未主要出资但持续性贡献的权重极高的一方。

◆ 疑点与难点

一、婚姻关系内部房产的归属与份额

（一）房产份额计算比归属认定更重要

房产在婚姻关系内部的归属与物权法层面的归属无关，因此内部归属既无关于作为负担行为的房屋买卖合同，亦不涉作为处分行为的产权变更登记。购房合同由哪方在婚前或婚后订立、变更登记于婚前或婚后、

---

[1] 参见许莉、金钰婧：《父母为子女购房出资纠纷的解决路径探析》，载《中华女子学院学报》2024 年第 3 期。

登记权利人是哪方,这些影响因素都与内部归属无涉。对于婚姻内部的归属认定以及份额计算,唯一的影响因素是资金来源。资金来源不意味着个人所有,鉴于婚姻存续期间的还贷都被推定为共同还贷,并且共同还贷所占份额及其增值都认定为夫妻共同所有,这一结果已经体现了共同财产制下的婚姻保护与家庭伦理观念;而且计算房产份额在婚姻存续期间没有实际用处,其功能旨在平衡离婚之际双方的利益,而离婚意味着婚姻共同体濒临解体,因此份额计算与家庭保护无关,而与离婚时对弱势一方的保护有关。

房产出资大致分为两种情形,第一种为夫妻一方全额出资购买房产,既包括一次性全额支付房价,也包括全额首付并以个人财产还贷。依照"不转化规则"或"代位规则",房产在夫妻内部属于买方个人财产,离婚时不涉及分割问题。第二种为夫妻双方出资购房,依据资金来源进一步分为三类场景,其一,一方用个人财产于婚前或婚后支付首付,婚后双方共同还贷;其二,双方用各自的个人财产于婚前或婚后共同支付首付,婚后共同还贷;其三,双方婚后用共同财产支付首付并还贷。理论上还存在婚后双方以各自的个人财产共同还贷,但以婚后收入还贷通常推定为共同还贷,以个人财产共同还贷甚为罕见,无须赘述。

上述三类场景下,购房资金来源包含一方或双方的个人财产以及夫妻共同财产,房屋实质上成为个人财产与夫妻共同财产的混合体。[1] 有观点认为应当对比婚后共同还贷与婚前首付及还贷的金额比例,如果共同还贷金额在房产总价款中占比很大[2]或者超过一方婚前首付及还贷额,房产应被认定为夫妻共同财产。[3] 笔者认为,笼统地将房产认定为个人

---

[1] 最高人民法院民事审判第一庭编著:《最高人民法院民法典婚姻家庭编司法解释(一)理解与适用》,人民法院出版社2021年版,第664—669页。

[2] 蒋月:《论夫妻一方婚前借款购置不动产的利益归属——对〈婚姻法〉司法解释(三)征求意见稿》第11条的商榷》,载《西南政法大学学报》2011年第2期。

[3] 张晓远:《论婚前按揭房屋的产权归属与分割——以〈民法典婚姻家庭编司法解释(一)〉第78条为中心》,载《西南民族大学学报(人文社会科学版)》2021年第5期。

所有或共同所有，既不可能亦无意义，重要的并非房产归属，而是精确地计算夫妻各自的份额（参见图二）。《婚姻家庭编司法解释（一）》第78条第1款规定，"夫妻一方婚前签订不动产买卖合同，以个人财产支付首付款并在银行贷款，婚后用夫妻共同财产还贷，不动产登记于首付款支付方名下的，离婚时该不动产由双方协议处理"。其也未聚焦于房产在夫妻内部的归属，仅授权双方离婚时协议解决。若达不成协议，第2款第1句只是规定法院"可以"而非"应当"判决该不动产归登记一方，留下自由裁量空间的同时，将重点转移到第2款第1句份额认定与补偿问题。

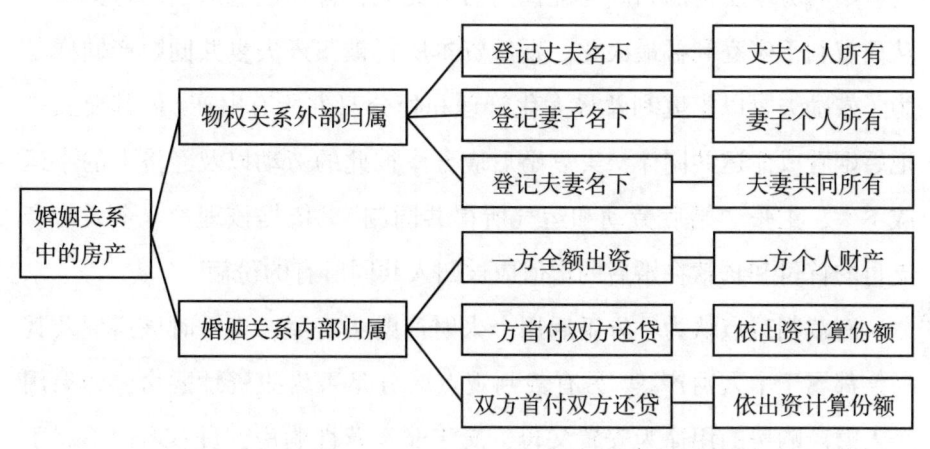

```
                           ┌─ 登记丈夫名下 ── 丈夫个人所有
           ┌─ 物权关系外部归属 ─┼─ 登记妻子名下 ── 妻子个人所有
           │                └─ 登记夫妻名下 ── 夫妻共同所有
婚姻关系中的房产 ─┤
           │                ┌─ 一方全额出资 ── 一方个人财产
           └─ 婚姻关系内部归属 ─┼─ 一方首付双方还贷 ── 依出资计算份额
                            └─ 双方首付双方还贷 ── 依出资计算份额
```

图二：物权关系与婚姻关系两个维度的房产归属

（二）房产份额取决于资金来源

房产份额取决于资金来源，具体包括丈夫的个人财产、妻子的个人财产以及夫妻共同财产三处来源，表现为首付款和按揭还贷两种形式。婚后共同支付的首付款和还贷部分及其增值，被归入夫妻共同所有的份额。何谓"共同还贷"需结合法定财产制理解，即便夫妻一方婚后以自己的工资收入还贷也被视为共同还贷，因为婚姻关系存续期间双方所得工资、奖金及劳务报酬都属于夫妻共同财产，否认共同还贷的一方须承担举证责任。对夫妻关系中收入弱势一方的保护，通过共同还贷的认定得到充分体现。

　　一方个人财产在婚前或婚后支付的首付和贷款被归入个人所有的份额。争议是个人财产支付的首付和贷款在婚后的增值部分，归入个人所有还是共同所有？依据《婚姻家庭编司法解释（一）》第25条第1项与第26条，需要界定婚后房产增值属于主动增值的投资收益还是因市场价值变化而导致的被动自然增值？夫妻协力理论认为夫妻一方婚后财产所得包含配偶的付出、贡献或协力，主要聚焦于劳动所得。[①] 有学者认为协力理论推定夫妻对家庭贡献相等，作为共同财产的价值基础令人质疑，婚后劳动所得的归属与配偶的协力无关，旨在创造适当的行为激励从而有利于家庭利益最大化。婚后资本所得被归入夫妻共同财产同样是为了鼓励夫妻以家庭利益最大化管理和处分双方所有财产。[②] 其要义是把婚姻看成命运共同体，夫妻婚后应分享彼此的劳动以及经济上的幸运或不幸，主张"婚后劳动和运气所得共同制"。依据该理论，个人财产支付的首付和贷款在婚后的增值应被归入共同所有的份额。

　　有裁判观点认为一方婚后用个人财产购买房屋，离婚时该房屋及其增值都属于个人财产。[③] 另有裁判观点区分是否为投资性购房，如果用个人财产购房的用途为安置父母，属于非经营性购房，自然增值不属于生产经营性收益和夫妻共同财产。[④] 但并非为了家居需要而购买商铺，则被认定为投资行为，[⑤] 优先适用《婚姻家庭编司法解释（一）》第25条，并对《婚姻家庭编司法解释（一）》第78条的"不动产"限缩解释。

---

① 薛宁兰、许莉：《我国夫妻财产制立法若干问题探讨》，载《法学论坛》2011年第2期。
② 贺剑：《夫妻财产法的精神——民法典夫妻共同债务和财产规则释论》，载《法学》2020年第7期。
③ 最高人民法院民事审判第一庭编：《民事审判指导与参考》2013年第4辑（总第56辑），人民法院出版社2014年版，第118页。
④ 陈某某诉赵某某离婚后财产纠纷案，载最高人民法院民事审判第一庭编：《民事审判指导与参考》2013年第1辑（总第53辑），人民法院出版社2013年版，第142页。
⑤ 李某甲与李某乙离婚纠纷案，江西省宜春市中级人民法院（2013）宜中民一终字第157号民事判决书。

分歧实质仍在夫妻法定财产制下共同财产的范围，而范围大小归根结底取决于价值判断而非逻辑推演。依夫妻协力理论，如果宽泛认定共同还贷时已经考虑到夫妻家务劳动价值等贡献因素，那么认定个人财产婚后增值性质时为何要重复计算另一方的协力和贡献？依婚姻命运共同体理念，将个人财产婚后增值作为共同财产提高了离婚的经济成本，有可能维护婚姻稳定。但是提高离婚成本若通过强化法定财产制对夫妻财产状况"均贫富"来实现，同时可能意味着降低潜在高收入群体的结婚意愿。当婚姻预期存续期限不长时，具有财产优势的一方必然不愿意为了短期婚姻付出巨额财产代价。如果将个人财产婚后增值仍然界定为个人财产，适度限缩夫妻共同财产的范围，使夫妻财产制"均贫富"的效力不波及婚前个人财产，或许有利于正向激励结婚率的提升，并间接影响生育率。

二、房屋产权登记与婚姻内部房产归属脱钩

父母出资与房产归属脱钩的步骤是：第一步，解决父母出资的归属，出资属于子女一方还是夫妻双方，涉及将父母出资的意思表示解释为赠与或借贷，合同相对方是子女一方或夫妻双方；还涉及法定财产制中夫妻共同财产与个人财产的边界。[①] 这一步完成之后，父母的出资转变为子女的个人财产或夫妻共同财产。第二步，解决子女所购房产的归属和份额，该步骤仍需考虑购房资金来源，但仅限于夫妻共同财产或某一方个人财产两个来源，不再溯源至双方父母的出资。

（一）房产归属应区分物权与婚姻两个维度

产生公示效力的产权登记与无须公示的结婚登记之间的关系长期困扰着夫妻财产法研究，依据"物权方案"，婚姻关系直接发生财产物权归属层面的效力，由此法定财产制对物权公示系统构成极大挑战，不动产登记簿的绝对公信力随着已婚人士取得物权比重的增加而大范

[①] 参见《"论离婚时对父母出资所购房产的分割——基于出资归属与产权归属分离的视角"成功举办——"学术成长沙龙"第20期》，载中国政法大学民商经济法学院网站，https://msjjfxy.cupl.edu.cn/info/1046/7532.htm，2025年6月17日访问。

围失灵。① 与之相反，"潜在共有方案"与"债权方案"认为财产归属应当区分物权与婚姻两个维度。物权维度上以房产登记状态为准，婚姻关系中任何财产的物权变动仍应遵循物权法规则；婚姻维度上财产属于一方个人财产还是夫妻共同财产，仅依据法定财产制在夫妻内部发生效力，不波及婚姻关系之外的交易第三人，② 以实现交易安全与婚姻保护两全。换言之，共同财产制限于夫妻关系，对外依照物权公示原则实行分别财产制。

很多裁判意见已经开始区分物权和婚姻两个维度，"因房屋权属发生争议，在确认房屋产权所有人时，应以查明的出资购房事实为依据，而不应以房屋权属登记为准"。③ "家庭成员在家庭共同生活关系存续期间共同创造、共同所得财产，虽登记在一人名下，仍应属家庭成员共同共有。"④ "登记在户主名下家庭共有财产，家庭成员请求确认共有权的，法院不应依物权登记推定效力否定真正物权人权利。"⑤ "婚后一方父母部分出资购房，夫妻共同还贷，产权登记在出资人子女名下，离婚时应作为夫妻共同财产予以分割。"⑥ "登记在夫妻一方名下的房产，在另一方主张系其婚前个人财产并提供充分的相反证据情况下，应据实确定物权人。"⑦ 以上裁判意见虽然在术语使用上未厘清共有与共同所有、物权

---

① 冉克平：《夫妻财产制度的双重结构及其体系化释论》，载《中国法学》2020年第6期。
② 参见贺剑：《夫妻财产法的精神——民法典夫妻共同债务和财产规则释论》，载《法学》2020年第7期；贺剑：《论婚姻法回归民法的基本思路——以法定夫妻财产制为重点》，载《中外法学》2014年第6期。
③ 国家法官学院等编：《中国审判案例要览》2011年民事卷，中国人民大学出版社2013年版，第431页。
④ 参见最高人民法院中国应用法学研究所编：《人民法院案例选·月版》2009年第5辑（总第5辑），中国法制出版社2009年版，第41页。
⑤ 最高人民法院民事审判监督庭编：《审判监督指导》2015年第4辑（总第54辑），人民法院出版社2016年版，第163页。
⑥ 最高人民法院民事审判第一庭编：《民事审判指导与参考》2013年第2辑（总第54辑），人民法院出版社2013年版，第240页。
⑦ 参见最高人民法院中国应用法学研究所编：《人民法院案例选·季版》2014年第3辑（总第89辑），人民法院出版社2015年版，第124页。

人与共同财产权利人之间的差异，至少不再仅以产权登记状态决定财产的婚内归属状态。

另有司法观点从区分登记权利人与真实权利人角度着手解决，"不动产登记簿作为不动产物权公示手段所具有的公信力，主要针对不特定的第三人而言，但不适用于登记名义人与真实权利人之间的关系，他们之间的关系仍按照实事求是的原则处理。双方婚姻存续期间购买的公改房属于夫妻共同共有，虽然翁某为登记名义人，但在花某举证证明该房产为双方婚姻存续期间购买的情况下，应认定真实权利人为花某和翁某。人民法院在离婚析产确认夫妻共同财产范围时，即可直接进行确权认定，同时对该财产予以分割"。① 这一观点被《物权编司法解释（一）》第2条采纳。②

"真实权利状态与登记状态不一致"的制度根源在于不动产登记仅具有权利推定效力，是对证明责任的分配，而登记的权属状态并不总是与真实物权状态相一致。法院可以根据当事人提交的证据推翻登记物权状态，确认不动产物权的真实权属。但是需要特别强调，不动产登记的权利状态是物权法层面的物权状态，"真实权利状态"与"不动产登记簿的记载"相对应，指的也是与登记相对应的物权状态。③ 换言之，《物权编司法解释（一）》第2条处理的是不动产物权权属争议，并非婚姻家庭层面的财产内部归属争议，不能把"真实权利人"理解为夫妻财产制下的权利主体，上述司法观点对此有混淆之嫌。

夫妻之间也存在适用《物权编司法解释（一）》第2条的场景，例如夫妻共同出资签订房屋买卖合同，约定房产仅登记在夫或妻一方名下，

---

① 本刊研究组：《人民法院能否在民事诉讼中直接判决已登记的个人房屋为夫妻共同财产》，载《人民司法·应用》2013年第19期（总第678期）。
② 《物权编司法解释（一）》第2条规定，当事人有证据证明不动产登记簿的记载与真实权利状态不符、其为该不动产物权的真实权利人，请求确认其享有物权的，应予支持。
③ 司伟：《论不动产登记与权属确认——兼论对〈物权法司法解释一〉第2条的理解》，载《法律适用》2016年第5期。

但排除婚内赠与的意思。此时登记物权人是夫或妻一方，而物权层面的真实权利人是夫妻双方，婚姻家庭层面该房产也属于夫妻共同财产。该场景下真实物权人被界定为夫妻双方，并非因为夫妻共同财产制的效力，而是因为房屋买卖合同加上夫妻之间的约定。

依据婚姻财产的内外归属方案，夫妻共同所有不同于物权法上的共同共有，应当区分婚姻维度的归属与物权维度的归属。[①] 根据资产分割理论，[②] 未婚者的概括财产因结婚而形成个人财产以及夫妻共同财产两类特别财产。由于家庭不属于《民法典》认可的民事主体资格，因此夫妻共同财产只能归属于夫妻共同所有，属于婚姻维度针对夫妻共同财产整体的归属概念，区别于共同关系成员在物权维度针对特定财物的共同共有概念，两者之间无法相互转化。物权维度的归属状态分为单独所有权、按份共有以及共同共有，婚姻维度的归属状态分为夫或妻一方个人所有以及共同所有。夫妻法定共同财产制、约定财产制以及特别财产约定在婚姻维度直接发生归属效力，处理夫妻内部关系时以此为准据，夫妻一方可以请求另一方转移或变更登记。而在物权维度，特定财产是否发生物权变动仍须遵循物权公示原则。

内外归属方案下，利用父母出资购置的房产在婚姻维度的归属与物权维度的产权登记状况脱钩，影响房产婚姻维度归属和份额的最重要因素是首付款以及还贷款的资金来源。如果是出资方子女以其个人财产全额购房，或者以个人财产首付并还贷，则根据"不转化规则"，房产在婚姻维度归属于出资方子女的个人财产；如果是出资方子女以个人财产支付首付款，然后夫妻双方以共同财产还贷，或者夫妻双方共同支付首付款并还贷，则婚姻维度的考察重点不在于房产归属，而在于计算夫妻

[①] 详细论述参见汪洋：《泾渭分明：婚姻财产的内外归属模式与内外效应》，载《中国法律评论》2024年第1期。
[②] 每个人初始状态下的财产为"概括财产"，随着社会交往关系日益多样化和复杂化，概括财产会随着资产分割在主财产之外形成多个"特别财产"。

双方在房产上享有的潜在份额。① 房产中共同财产出资的份额属于夫妻共同所有，一方个人财产出资的份额属于出资方个人所有。

在法定共同财产制下，婚姻关系存续期间夫妻双方的工资、奖金及劳务报酬等收入都属于夫妻共同财产，以共同财产还贷部分及其增值部分都属于共同所有的份额。有争议的是，夫妻一方个人财产出资在婚后的增值部分属于个人所有还是共同所有的份额，涉及《婚姻家庭编司法解释（一）》第26条中对"孳息和自然增值"的理解。夫妻协力理论下通常认定为自然增值，为出资方个人财产；而婚姻命运共同体理念下则倾向于认定为投资收益，归属于夫妻共同所有。② 若从减轻夫妻财产制"均贫富"的效力以及适度限缩夫妻共同财产范围的价值判断出发，认定为自然增值归出资方个人所有更为妥当。

本条第1款规定，在"夫妻购置房屋由一方父母全额出资"的情形下，"人民法院可以判决该房屋归出资人子女一方所有"，不再与房产登记状况有任何关联，贯彻了"物权维度的产权登记"与"婚姻维度的房产归属"两者的脱钩。《婚姻家庭编司法解释（二）（征求意见稿）》第7条第2款中规定了"房屋产权登记情况"，但是仅将其列为判定房产归属和补偿数额的几项平行列举的酌定因素之一，无法成为"婚姻维度的房产归属"的决定性要素。而在正式版本中，本条第2款进一步删除了"产权登记"这一因素。

本条的适用前提是"没有约定或者约定不明的"，表明了任意性规范属性。"约定"内容既可以针对出资行为性质是赠与还是借款、出资对象是自己子女一方还是夫妻双方，也可以针对婚内房产协议中房产的归属和份额，还可以针对离婚财产协议中房产的归属和份额。依据内外

---

① 最高人民法院民事审判第一庭编著：《最高人民法院民法典婚姻家庭编司法解释（一）理解与适用》，人民法院出版社2021年版，第664—669页。
② 详细分析参见薛宁兰、许莉：《我国夫妻财产制立法若干问题探讨》，载《法学论坛》2011年第2期；贺剑：《夫妻个人财产的婚后增值归属——兼论我国婚后所得共同制的精神》，载《法学家》2015年第4期。

归属方案，夫妻财产协议在夫妻关系内部直接发生婚姻维度的归属效力，房产或其相应份额依据约定归入一方个人财产或夫妻共同财产。而夫妻财产约定不直接导致物权变动，一方可基于婚姻维度确定的归属，在物权维度请求另一方转移或变更登记。① 若约定内容与登记内容不一致，涉及第三人利益时，依据登记内容决定物权归属，而婚内析产或者离婚房产分割时，依据约定内容决定房产归属和份额。② 离婚财产协议作为婚姻这一继续性关系解除时对夫妻共同财产和个人财产的合意清算，③离婚后方才发生效力，因此不存在婚姻维度的归属问题。在物权维度，导致物权变动的仍为离婚协议这一法律行为，而非法律直接规定或者离婚这一单纯的法律事实，性质上属于基于法律行为发生的物权变动。何况离婚财产协议中复杂的权属分配对应不同的公示与登记方式，因此，离婚时的房产归属和份额约定不直接发生物权变动，但是在夫妻之间产生债权效力的法律约束力，④且排除本条中推定规则的适用。

(二) 产权登记方处分夫妻共同所有房屋的效力及其救济

在区分婚姻财产内外归属效力的大前提下，"潜在共有方案"于内部关系中考虑夫妻对于某项婚内财产取得及其增值的实质贡献，判定某项财产是否属于夫妻共有。为了避免夫妻财产关系的复杂化危害交易安全，这种共有只有在离婚或者夫妻一方死亡时才显在化为物权法层面的共同共有，用以清算分割。⑤ 但潜在共有转变为物权法层面的共有，仍会产生外部效力从而波及第三人。比如夫妻一方尚未完成的对共同财产的有权处分会降格为无权处分，夫妻一方个人债务的普通债权人无法对

---

① 参见最高人民法院（2016）最高法民申 2246 号民事判决书。
② 参见汪洋：《夫妻特定财产约定的效力与类型——以程青诉汪军离婚房产纠纷案为切入点》，载《中国社会科学院大学学报》2023 年第 7 期。
③ 参见陆青：《离婚协议中的"赠与子女财产"条款研究》，载《法学研究》2018 年第 1 期；叶名怡：《离婚房产权属约定对强制执行的排除力》，载《法学》2020 年第 4 期。
④ 参见汪洋：《泾渭分明：婚姻财产的内外归属模式与内外效应》，载《中国法律评论》2024 年第 1 期。
⑤ 龙俊：《夫妻共同财产的潜在共有》，载《法学研究》2017 年第 4 期。

抗配偶在离婚时针对共有财产的分割请求权。①

与之相对,"债权方案"下夫妻共同财产在任何情况下都不会转变为共有,仅在夫妻间产生债之关系,从而最大限度抑制共同财产对婚姻关系外部产生的影响。术语选择上,立法者也有意识地区分了物权与婚姻两个维度。《民法典》第1062条并未照搬物权编第八章"共有"相关概念,而是保留了原《婚姻法》(已失效)中"夫妻的共同财产""夫妻共同所有"的表述。《婚姻家庭编司法解释(一)》第28条更是主动将原《婚姻法司法解释(三)》第11条"夫妻共同共有的房屋"修改为"夫妻共同所有的房屋"。

"债权方案"以登记状态推定物权归属并产生公信力,登记权利人的单独处分行为在物权法层面是有权处分,即便处分客体为夫妻共同财产,在有偿交易场景下,共同财产仅发生形态上的变化,共同财产整体并未受损,配偶利益无须救济,② 因而没有必要限制登记权利人一方对共同财产的单独处分,最大限度保障交易安全。《婚姻家庭编司法解释(一)》第28条第1款可以分为三种情形:③ 第一种,登记权利人为夫妻双方时,其中一方与第三人买卖房屋;第二种,登记权利人仅为夫妻一方时,配偶与第三人买卖房屋;第三种,登记权利人仅为夫妻一方时,登记权利人与第三人买卖房屋。④ 该款中的"善意"应解释为交易相对方对登记的信赖,第三人无须进一步核实登记事项与婚姻状况,因此该款仅适用于第三种有权处分,该情形下无须配偶同意或第三人善意要件

---

① 贺剑:《夫妻财产法的精神——民法典夫妻共同债务和财产规则释论》,载《法学》2020年第7期。
② 贺剑:《夫妻财产法的精神——民法典夫妻共同债务和财产规则释论》,载《法学》2020年第7期。
③ 《婚姻家庭编司法解释(一)》第28条第1款规定,一方未经另一方同意出售夫妻共同所有的房屋,第三人善意购买、支付合理对价并已办理不动产登记,另一方主张追回该房屋的,人民法院不予支持。
④ 最高人民法院民事审判第一庭编著:《最高人民法院民法典婚姻家庭编司法解释(一)理解与适用》,人民法院出版社2021年版,第265页。

即可发生效力。有的裁判观点作了正确表述，① 有的裁判观点混淆了三种情形下无权处分与有权处分的区分。②

"潜在共有方案"对此提出"基于婚姻关系的财产处分限制"，不论夫妻某方是否有权处分，只要该处分可能导致婚姻生活无法正常延续，例如将婚姻家庭唯一住所转让给第三人，无论该房产是否属于共同财产、登记权利人是哪一方，都必须得到配偶同意或追认，以限制该处分行为效力，阻却第三人取得房屋，达到优先保护配偶利益和维持正常家庭生活需要的目的。③ 有学者提出"婚姻住宅"概念，当住宅作为家庭住所，无论所有权人是谁，对住宅的处分都要避免一方配偶陷入无房居住的困境。④ 但是在有偿交易下，一方处分房产的对价是相应价值的货币或者其他财产，仅仅导致共同财产形态发生变化，通常不会威胁到婚姻生活的正常维系，没有必要以共同财产制为由限制登记权利人的处分权。最高人民法院进一步认为，对用于家庭生活的房屋作出例外规定在实践中很难操作，如果第三人耗尽财产仍无法取得房屋，却放任配偶以家庭生活用房为由追回别墅、公寓等豪华住宅，明显与社会一般观念不符。特殊情形下保护生存配偶的居住权，可以通过民事执行程序中对唯一住房不予执行来实现。⑤

真正的疑难问题在于，当登记权利人无偿或低价转让夫妻共同财产，

---

① "夫妻一方处分登记在自己名下夫妻共同房产，相对人基于对不动产登记信赖而交易，其交易安全应受公信力保护。"参见国家法官学院等编：《中国审判案例要览》2007年民事卷，中国人民大学出版社2008年版，第1页。

② "夫妻一方将登记在自己名下的夫妻共有房产单方处分给第三人并办理过户手续，构成表见代理，买卖协议有效。""夫妻一方处分其名下房产，他人有理由相信系夫妻共同意思表示的，另一方不得以不同意或不知道为由主张无效。"参见国家法官学院等编：《中国审判案例要览》2007年民事卷，中国人民大学出版社2008年版，第469页。

③ 参见黄诗怡：《婚前按揭房的所有权归属及其离婚时的分割》，载《东南大学学报（哲学社会科学版）》2019年第S1期；龙俊：《夫妻共同财产的潜在共有》，载《法学研究》2017年第4期。

④ 田韶华：《婚姻住宅上非产权方配偶利益的法律保护》，载《法学》2011年第12期。

⑤ 参见《最高人民法院民一庭负责人就〈关于适用中华人民共和国婚姻法若干问题的解释（三）〉答记者问》，载杜万华主编：《解读最高人民法院司法解释、指导性案例·民事卷》，人民法院出版社2016年版，第190—191页；最高人民法院民事审判第一庭编著：《最高人民法院民法典婚姻家庭编司法解释（一）理解与适用》，人民法院出版社2021年版，第278页。

对配偶利益如何救济？有的裁判观点简单粗暴地认定无偿处分行为无效。①"潜在共有方案"基于婚姻关系的财产处分限制固然可以作为救济理由，但我国实证法中并无这一概念，且背后逻辑仍然属于试图将婚姻家庭层面的价值穿透影响物权层面的处分效力。"债权方案"则利用财产法规则解决这一难题，《婚姻家庭编司法解释（一）》第28条第2款"夫妻一方擅自处分共同所有的房屋造成另一方损失，离婚时另一方请求赔偿损失的，人民法院应予支持"的适用前提包含有权处分和无权处分夫妻共同财产的各种情形，无须考虑财产的物权登记状态。配偶受到的损失除了离婚时请求另一方损害赔偿，还可以通过主张另一方不分或少分共同财产而得到救济，并且不会影响交易相对方利益。因为夫妻财产制预设夫妻双方对共同财产各自享有一半的潜在份额，因此不超过一半份额的小额赠与或低价转让原则上都有效，只有当赠与或低价转让的财产价值超过共同财产一半份额以上，会实质性危及配偶的利益时，配偶可类推适用合同法债权人撤销权制度，②撤销相应的赠与或低价转让行为。相较无偿或低价取得财产的相对方，优先保护利益严重受损的配偶具有实质正当性。

◆ 典型案例

刘某诉盖某离婚案③

——父母与己方子女单方约定购房出资款性质

裁判要旨：北京市海淀区人民法院经审理认为：第一，房屋由盖某所有为宜。法院认为现该房屋由盖某居住使用，在购买该房屋时盖某出资较多，故房屋由盖某所有为宜，盖某向刘某支付房屋折价款。具体数

---

① 金某诉冯某某、李某某夫妻财产约定纠纷案，河南省洛阳市涧西区人民法院（2003）涧民一初字第604号民事判决书。
② 贺剑：《夫妻财产法的精神——民法典夫妻共同债务和财产规则释论》，载《法学》2020年第7期。
③ 国家法官学院、最高人民法院司法案例研究院编：《中国法院2023年度案例·婚姻家庭与继承纠纷》，中国法制出版社2023年版，第51页。

额，法院在评估报告确定的房屋现值的基础上扣除房屋剩余贷款、盖某婚前财产支付的房款外，剩余部分在考虑双方对于首付款的出资比例的基础上酌情予以分割。

第二，盖某主张共同债务418万元，系向其父母盖某元、朱某爱的借款，法院无法认定为夫妻共同债务。盖某主张共同债务418万元均系其向父母盖某元、朱某爱的借款，并向法院提供盖某于2018年7月书写的借条，借条内容为"今从父亲、母亲处借到现金418万元，由本人及配偶夫妻二人共同偿还"，并捺印。盖某提供银行流水，证明其父母分别于2018年1月12日、2018年4月3日、2018年7月3日三次向盖某和刘某打款共计418万元。同时盖某提供其父母分别于2017年10月12日、2017年10月22日、2018年3月15日、2018年3月27日向案外人借款的借条及银行流水，合计404万元。盖某主张其父母向盖某和刘某转账的418万元是夫妻共同债务，是盖某为购房向父母的借款，应由双方共同偿还。刘某认可盖某父母为购房出资，但不认可借款的性质，认为是盖某的父母对夫妻的赠与。在本案中，刘某对盖某所主张的共同债务并不认可，且盖某并无证据证明夫妻双方对各自所述借款形成合议。另外，盖某提供的借条没有原件，证人也未到庭作证，无法核实借条的真实性。而且，盖某提供的银行转账只显示408万元，与盖某主张的418万元夫妻共同债务金额不相符。盖某父母与其他人的借条无法证明盖某父母为刘某、盖某转账的性质。

北京市海淀区人民法院依照《民法典》第1079条、第1087条、第1091条之规定，判决如下：1. 准许刘某与盖某离婚；2. 位于×市×区×路×号×号楼×层×门×号房屋归盖某所有，盖某于本判决生效后三十日内给付刘某房屋折价款218万元；3. 驳回刘某的其他请求；4. 驳回盖某的其他请求。

（本条由汪洋撰写）

第九条　【夫妻一方转让自己名下有限责任公司股权的效力】

夫妻一方转让用夫妻共同财产出资但登记在自己名下的有限责任公司股权，另一方以未经其同意侵害夫妻共同财产利益为由请求确认股权转让合同无效的，人民法院不予支持，但有证据证明转让人与受让人恶意串通损害另一方合法权益的除外。

◆ **条文要旨**

本条是关于夫妻一方处分作为夫妻共同财产的共有股权问题的规定。

◆ **理解与适用**

依据婚姻财产的内外归属方案，应当区分婚姻法维度与财产法维度的归属。婚姻法维度的夫妻共同所有是针对共同财产整体的归属概念，夫妻共同财产制以及财产约定在夫妻内部关系中直接发生效力，一方可以请求另一方转移或变更登记。而财产法维度的共同共有是共同关系成员针对特定财物的归属概念，特定财产是否发生物权变动仍须遵循物权公示原则。夫妻一方擅自处分共有股权的行为，应分别从财产法维度与婚姻法维度处理。

一、财产法维度的两种路径

（一）"无权处分+善意取得"路径

支持无权处分的观点基本都是回溯到婚姻法维度，认定显名方没有单方处分权限，然后把善意相对人的保护诉诸善意取得与表见代理，使得受让方符合善意取得等构成要件时可以获得股权。① 公司法维度与此类似的情形，是名义持股中的名义股东以及一股二卖中的原股东转让股权，《公司法解释（三）》第 25 条第 1 款与第 27 条第 1 款皆直接转引到《民法典》第 311 条的善意取得。《公司法》第 34 条第 2 款规定"公司登记事项未经登记或者未经变更登记，不得对抗善意相对人"，与《民法典》第 65 条一并建立了股权登记对抗制度。但是"善意相对人"仅仅指处分关系中的第三人还是包括债权关系中的第三人，涉及隐名股东与第三人在执行异议等场合下的保护顺位，学界仍然存在较大争议。② 未显名配偶相较于名义股东，至少在婚姻法维度是共有股权的共同所有人，且未被显名化是由于现行法缺乏夫妻共有股权的登记和记载规范而非自身的可归责性，因此基于举轻以明重原则，对未显名配偶的利益保护不应劣于股权代持情形下的隐名股东。

基于此，有观点认为，记载于股东名册的主要目的是公司法维度明确股东可以向公司行使股东权利的时间点，而非股权转让双方达成股权变动合意的时间点。应当变通适用《民法典》第 311 条第 1 款第 3 项规定的已公示要件，不能机械地理解为"已经记载于股东名册或者经工商登记"，而是"股权转让合同已生效"即可，③ 加大对善意受让方的保护力度。

代理法路径上，未显名配偶单方处分股权，裁判实务中也可能被认定为表见代理。④ 股权受让方需要证明未显名配偶的一系列行为形成"相对人有理由相信行为人有代理权"的外观，例如未显名配偶基于公

---

① 参见张某某、天某证券股份有限公司借款合同纠纷案，最高人民法院（2020）最高法民终 767 号民事判决书；张某与上海帕某企业管理中心（有限合伙）等股权转让纠纷案，上海市静安区人民法院（2020）沪 0106 民初 37159 号民事判决书；张某某与周某某、张某某股权转让纠纷案，江苏省常州市金坛区人民法院（2020）苏 0413 民初 5977 号民事判决书。
② 蔡立东、高博：《有限责任公司股权登记第三人保护范围——以股权登记与物权登记效力区分为线索》，载《吉林大学社会科学学报》2024 年第 6 期。
③ 王丹：《婚姻关系中涉及有限责任公司股权的若干实践问题》，载《法律适用》2024 年第 12 期。
④ 参见海南陵某有限公司、李某某股权转让纠纷案，最高人民法院（2019）最高法民终 424 号民事判决书。

司的交付行为合法拥有公司公章或空白合同、持续参与股权转让的磋商过程且公司及显名方未提异议。鉴于该情形下受让方明知转让方"未显名"这一事实，其注意义务等级应当提高到不存在一般过失，且客观上符合"正常生产经营活动"的判定标准。有裁判意见进一步认为，若公司股东会决议均由未显名配偶代签，事实上构成显名方对未显名配偶的授权，未显名配偶的股权转让行为直接构成有权代理。[1]

（二）"有权处分+恶意串通"路径

支持有权处分的观点认为，在夫妻关系存续期间，公司股东单独进行的股权转让或质押等系有权处分，无须经股东配偶同意。在没有恶意串通损害第三人利益导致合同无效等事由时，相关股权处分应为有效。[2] 有权处分的理论基础之一，是区隔家庭生活与公司活动的独立经营原则，[3] 在比较法上得到普遍承认。[4] 而独立经营主体限于股东身份，即外观主义原则，[5] 实践中回到判定显名方是否具有"权利外观"这一关键问题。正如上文所述，不同于不动产权属登记系统，无论股东名册、公司章程还是工商登记，在我国目前的商事实践中都无力承载具有公示效力的权利外观功能。因此，很难单纯从权利外观层面探究是否构成有权处分。

---

[1] 参见上诉人马某某与被上诉人黄某、李某某、原审被告新某医疗投资管理有限公司股权转让纠纷案，江西省高级人民法院（2015）赣民四终字第9号民事判决书；黄某某诉罗某某等股权转让纠纷案，广西壮族自治区高级人民法院（2014）桂民提字第35号民事判决书。

[2] 参见贺小荣主编：《最高人民法院第二巡回法庭2020年第3次法官会议纪要（第二辑）》，人民法院出版社2021年版，第224页。另参见薛某、符某某等股权转让纠纷案，江苏省常州市中级人民法院（2022）苏04民终840号民事判决书；张某某、天某证券股份有限公司等金融借款合同纠纷案，最高人民法院（2021）最高法民申3045号民事裁定书；尹某、冼某某确认合同无效纠纷案，广东省广州市中级人民法院（2020）粤01民终17527号民事判决书。

[3] 参见赵玉：《夫妻股权归属及其单方处分效力的认定》，载《环球法律评论》2022年第3期；缪宇：《夫妻共有股权：形成、管理和处分》，载《社会科学研究》2022年第6期。

[4] 参见《法国民法典》第1404条："以夫妻共同财产而实施的经营行为，不要求配偶同意。"《德国民法典》第1431条："（1）管理共同财产的配偶一方已允许配偶另一方独立从事营业的，对于营业所引起的法律行为和诉讼，配偶该方的同意是不必要的。（2）管理共同财产的配偶一方知道配偶一方从事营业，且配偶该方不就此提出异议的，与允许相同。"

[5] 参见许某某、张某某等确认合同无效纠纷案，浙江省新昌县人民法院（2024）浙0624民初1126号民事判决书。

有权处分的理论基础之二，是试图联结婚姻法维度与财产法维度的默示委托理论，未显名配偶将共有股权上的处分权能默示委托给显名方，然后适用委托和代理架构，显名方在默示委托范围内的转让行为是有权处分，超出的构成无权处分。问题在于，默示委托的成立以未显名配偶"明知且未反对"显名方的处分为前提，而在单方处分共有股权情形下，未显名配偶对此完全不知情，无法解释出同意或者反对的意思表示，因此只能在客观层面将默示委托的委托范围限于正常生产经营活动。公司法维度的"正常生产经营活动"指股东权利的行使符合公司法规范以及公司章程的决策程序，产生的经营风险符合合理的商业判断逻辑；财产法维度的"正常生产经营活动"强调以合理的交易价格转让股权。①

（三）两种路径实质无异

本条文义上仅涉及显名方股权转让合同这一负担行为的效力认定，并未涉及单方转让股权这一处分行为的效力与法律效果。有观点认为，本条中的"转让合同"并非作为债权合同的股权转让合同，而是指财产权变动意义上的股权转让。② 而笔者认为，财产法维度判定为无权处分抑或有权处分并不重要，关键在于利益平衡与价值判断层面，受让方在哪些情形下可以获得股权。在法教义学工具上，既可以通过无权处分下的善意取得路径肯定善意受让行为，也可以通过有权处分下的恶意串通路径否定恶意受让行为，最终的法律效果并无实质区别。

本条选择了恶意串通路径，优点在于回避了单方处分股权是否为无权处分的争议，直接产生无效的法律后果。而且司法解释对恶意串通事实采取了较高的证明标准，即必须高于民事诉讼证据通常适用的高度盖然性的证明标准，只有达到排除合理怀疑程度，才能认定恶意串通行为的存在。未显名配偶若主张受让方与显名方恶意串通，则必须证明双方不仅明知股

---

① 赵玉：《夫妻股权归属及其单方处分效力的认定》，载《环球法律评论》2022年第3期。
② 贺剑：《婚姻法"特殊性"三题》，载《妇女研究论丛》2024年第3期。

权转让行为会损害其合法权益,且主观上具有造成损害的共同目的,客观上实施了串通行为。[①] 这样一来,客观上更有利于受让人,而这种倾斜是考虑到夫妻之间和股权受让人之间救济成本的问题,夫妻之间可以通过内部救济予以实现,但对于股权受让人来讲,救济成本可能会更高。

二、婚姻法维度的夫妻内部救济途径

(一) 共有股权构成夫妻共同财产的事由

婚姻法维度需要考察夫妻共有股权构成夫妻共同财产的事由。第一类事由是出资来源,若以夫妻共同财产出资入股或者受让股权,则股权属于夫妻共同财产的转化形式,逻辑上夫妻共同财产不可能因为一项投资行为就转变为一方个人财产;反之,若以一方个人财产出资入股或受让股权,则无论持股比例如何显名化,除非被认定为存在夫妻股权共有合意,否则在婚姻法维度上不属于夫妻共同财产,这也契合《公司法解释(三)》第24条第2款关于实际出资人与名义股东之间权益纠纷的处理思路,"……实际出资人以其实际履行了出资义务为由向名义股东主张权利的,人民法院应予支持。名义股东以公司股东名册记载、公司登记机关登记为由否认实际出资人权利的,人民法院不予支持"。

第二类事由是夫妻特别财产约定,即夫妻之间约定将一方所有的股权变更为夫妻共有股权,规范基础为《民法典》第1065条,实际效果相当于夫妻内部达成股权共有合意或一方转让部分股权份额给另一方。依据内外归属方案,婚姻法维度合意达成则股权转化为夫妻共同财产。

在两类事由中,婚姻法层面被认定为构成夫妻共同财产的是夫妻共有股权中的财产性权益,而不包括公司法维度下股东享有的管理性权利。《婚姻家庭编司法解释(二)(征求意见稿)》第8条的表述是"另一方以未经其同意侵犯夫妻共同财产权",而正式版本第9条调整为"另

[①] 参见商某与段某某、郑某某、鹰某科技(深圳)有限公司确认合同无效纠纷案,广东省深圳市中级人民法院(2019)粤03民终32476号民事判决书;冯某某与谢某某等侵权责任纠纷案,北京市高级人民法院(2019)京民初43号民事判决书。

一方以未经其同意侵害夫妻共同财产利益为由",或可解释出婚姻法层面作为夫妻共同财产客体的并非共有股权本身,而是股权中的财产权益。

如果股权仅仅被显名化于夫妻一方名下,相当于夫妻双方达成股权代持合意,公司法维度由显名方独立行使股东权利;如果股权被分别显名化于双方各自名下,则相当于一方向另一方转让部分股权份额,其他股东能否行使优先购买权存在争议。反对观点认为,夫妻之间股东资格的移转不同于股权对外转让,对于有限责任公司的其他股东而言,虽然也会产生磨合成本,但是对股权结构和决策机制的影响要远小于股权对外转让给完全无法预测身份的第三人。既然法律允许股权继承场合忽略有限责任公司的人合性,对于夫妻之间股东资格的移转也应该保持评价的一致性。我们则认为其他股东有权行使优先购买权。

（二）"无权处分"的夫妻内部救济途径

在婚姻法维度,夫妻一方擅自处分作为夫妻共同财产的共有股权,根据《民法典》第1062条第2款"夫妻对共同财产,有平等的处理权"的规定,侵害了未显名配偶对作为夫妻共同财产的共有股权的平等处理权,在夫妻关系内部应被认定为"无权处分","无权"是婚姻法维度针对夫妻另一方意义上的,而非财产法维度针对受让方意义上的。因为夫妻内部对于共同财产的"平等处理权"无法穿透到财产法维度,不能将夫妻合意作为一方对外处分共同财产的生效要件。

司法实务中,部分裁判观点从夫妻对共同财产享有平等管理权出发,认为夫妻一方非因日常生活需要对夫妻共同财产作出重大处理决定的,应当与另一方协商,取得一致意见,未经对方同意即行处理的,该处分行为无效。[1] 这些观点便是混淆了婚姻法与财产法两个不同维度的处分权。

---

[1] 参见章某某、万某某确认合同无效纠纷案,湖北省高级人民法院（2018）鄂民申2436号民事裁定书；吴某、归某赠与合同纠纷案,江苏省无锡市梁溪区人民法院（2020）苏0213民初9774号民事判决书；方某某、方某与张某某确认合同无效纠纷案,江苏省南通市中级人民法院（2019）苏06民终837号民事判决书。

第九条 【夫妻一方转让自己名下有限责任公司股权的效力】 117

夫妻一方擅自处分共有股权，在财产法维度无论是被认定为无权处分但是受让方善意取得，还是被认定为有权处分，另一方都可能遭受财产损失。虽然在合理价格转让股权的情形下，作为夫妻共同财产的股权只是形式上转化为转让款这一等值对价，在当前股权的财产权益角度，非显名配偶的利益未得到损害。但是共有股权的价值远非当前股权的市场价值可以涵盖，还会涉及公司法维度上公司的控制权、治理结构、股权未来收益等多种权益，因此有必要在婚姻法维度赋予未显名配偶一系列救济措施。

显名方隐藏、转移、变卖共有股权或者伪造与共有股权有关联的经营性债务严重损害夫妻共同财产利益，或者显名方的侵占行为使另一方受到损失，若双方没有离婚意愿，则非显名配偶有权依据《民法典》第1066条第1项请求婚内分割包括夫妻共有股权在内的共同财产；若双方因此离婚，则非显名配偶有权依据《民法典》第1092条主张对显名方少分或不分共同财产，离婚后非显名配偶发现上述行为的，可以向人民法院提起诉讼，请求再次分割夫妻共同财产。若显名方对共有股权的不当处分严重影响婚姻关系的存续，构成导致离婚的重大过错行为，非显名配偶还有权依据《民法典》第1091条第5项请求显名方损害赔偿。除了婚姻法上的救济措施，显名方擅自处分股权对另一方造成实际财产利益损害的，另一方还有权要求显名方以个人财产承担一般侵权责任，侵权赔偿的范围通常为股权实际转让价格低于转让时股权市场价值部分的差额。

◆ 疑点与难点

夫妻一方处分夫妻共有股权，受让方是否可以获得股权

受让方是否可以获得股权，实质评判标准在于股权转让行为是否属于正常的商事交易，裁判实务细化为股权转让价格是否合理、转让款是否已经支付、转让双方是否存在特殊关系、转让时点与婚姻异常状态是否关联、转让双方的后续举止是否符合常理等具体考量因素，便于法官综合判定转让双方的真实动机、是否满足善意取得或者构成恶意串通。

（一）股权转让是否存在合理对价

若公司经营状态良好，有足额的可分配利润，股权价值不可能为零。① 既然实际出资人对权利外观有可归责性，交易相对人取得股权需要支付合理对价，举重以明轻，未显名配偶对于无法登记共有股权不具有可归责性，受让方当然需要支付合理对价。② 股权无偿赠与以及对价不合常理的转让行为，或者因无法满足善意取得要件而无效，③ 或者构成显名方与受让方恶意串通而无效。④ 是否无偿或者低价还要结合双方的整体交易结构以及关联的其他合同内容进行实质性判断，如在一则案例中，鉴于受让方具有财务方面丰富的专业知识和实践经验且愿意成为公司的战略合作伙伴，显名方将公司股权无偿转让给受让方，同时内部协议约定受让方成为公司的名义员工，在适当场合以公司员工名义开展宣传活动，⑤ 名义上构成无偿转让但实际存在对价。

（二）受让方是否已经支付转让款

受让方尚未付款也属于常见的排除善意取得，⑥ 或者构成恶意串通

---

① 参见彭某等与黄某确认合同无效纠纷案，北京市第一中级人民法院（2019）京01民终8421号民事判决书。
② 缪宇：《夫妻共有股权：形成、管理和处分》，载《社会科学研究》2022年第6期。
③ 参见吴某、归赠与合同纠纷案，江苏省无锡市梁溪区人民法院（2020）苏0213民初9774号民事判决书；张某与樊某某、朱某等赠与合同纠纷案，江苏省无锡市惠山区人民法院（2019）苏0206民初4447号民事判决书。
④ 参见夏某、王某等确认合同效力纠纷案，江苏省无锡市中级人民法院（2024）苏02民终1158号民事判决书；甲某、乙某等股权转让纠纷案，浙江省嘉兴市中级人民法院（2024）浙04民终629号民事判决书；王某与何某某等股权转让纠纷案，上海市第一中级人民法院（2020）沪01民终13289号民事判决书；冯某某与杨某等确认合同无效纠纷案，北京市第二中级人民法院（2023）京02民终4484号民事判决书；林某与陆某某、周某某确认合同无效纠纷案，广东省湛江市中级人民法院（2020）粤08民终1543号民事判决书。
⑤ 参见曾某与严某某、谢某确认合同无效纠纷案，江苏省南京市中级人民法院（2020）苏01民终8287号民事判决书。
⑥ 参见吴某某、赵某某等股权转让纠纷案，海南省海口市美兰人民法院（2022）琼0108民初17566号民事判决书；崔某某、孙某等不当得利纠纷案，山东省临沂市河东区人民法院（2022）鲁1312民初701号民事判决书。

的情形。① 相反的裁判观点则认为，虽然受让方尚未实际支付转让款，但是显名方依法享有了针对受让方的债权，故股权转让未造成夫妻共同财产减少，不构成恶意串通。② 对于是否支付对价这一事实，也应当进行实质判断，在一则案例中，受让方取得股权系以承担某公司的债务作为对价，受让方承担债务的直接受益人是该公司，间接受益人则是该公司的股东即受让方本人，而原股东即显名方并未从中受益，故不能视为已支付合理对价。③

（三）受让方是否与夫或妻存在特殊关系

阻却善意取得或者构成恶意串通的特殊关系通常包括股权转让双方存在近亲属或者姻亲等家庭关系、④ 工作单位中的上下级关系、商业领域的长期合作关系、⑤ 相互控股以及职务代理等不可分割的利害关系，⑥ 具有安排股权转让的便利条件。⑦ 当然，法院通常会参考多个考量因素综合作出判断。有裁判观点认为，在未提供其他证据予以佐证的基础上，

---

① 参见阎某1、王某、李某确认合同无效纠纷案，北京市第二中级人民法院（2024）京02民终2811号民事判决书；童某、戴某等确认合同无效纠纷案，浙江省宁波市中级人民法院（2022）浙02民终878号民事判决书。

② 参见李某某与罗某1、罗某2股权转让纠纷案，上海市第二中级人民法院（2019）沪02民申787号民事判决书。

③ 参见陈某1、陈某2确认合同无效纠纷案，湖北省荆州市中级人民法院（2019）鄂10民终247号民事判决书。

④ 参见于某某、邱某某等股权转让纠纷案，最高人民法院（2021）最高法民申7141号民事裁定书；陈某1、陈某2确认合同无效纠纷案，湖北省荆州市中级人民法院（2019）鄂10民终247号民事判决书；梁某某与尹某、冼某某确认合同无效纠纷案，广东省广州市天河区人民法院（2019）粤0106民初16100号民事判决书；丁某某与陈某某、龚某某确认合同无效纠纷案，上海市青浦区人民法院（2019）沪0118民初10207号民事判决书；张某某等与郭某某确认合同无效纠纷案，上海市第一中级人民法院（2019）沪01民终12491号民事判决书；薛某、符某某等股权转让纠纷案，江苏省常州市中级人民法院（2022）苏04民终840号民事判决书；吕某、狄某某合同纠纷案，浙江省台州市中级人民法院（2019）浙10民终2284号民事判决书。

⑤ 参见阎某1、王某、李某确认合同无效纠纷案，北京市第二中级人民法院（2024）京02民终2811号民事判决书。

⑥ 参见徐某某、天津宝某钢管集团有限公司股权转让纠纷案，天津市第一中级人民法院（2019）津01民终2402号民事判决书。

⑦ 参见韩某某、陆某某等合同纠纷案，广东省湛江市中级人民法院（2021）粤08民终837号民事判决书。

仅以涉案股权转让发生在婚姻关系存续期间以及转让双方系情人关系为由，主张涉案股权转让协议无效，缺乏事实和法律依据。①

（四）转让时点与婚姻异常状态的关联性

转让时点与婚姻异常状态的关联性，涉及受让方是否符合善意取得、显名方是否恶意转移财产，以及转让行为是否存在恶意串通、损害未显名配偶利益的可能。裁判案例中的典型情形包括股权转让的时间节点在夫妻关系恶化、协议离婚过程中；②夫妻双方正值离婚诉讼期间；③受让人参与了夫妻矛盾的调和，明知婚姻异常状况以及受让股权的共同财产性质，却未向未显名配偶确认意见；④受让人在法院判决夫妻不准离婚并解除对案涉股权冻结后，随即与显名方签订股权转让协议并转移登记。⑤

（五）转让双方的后续举止是否符合常理

例如，股权转让后，公司的登记股东始终未作变更，受让人虽然自认为公司股东，却从未要求通过工商登记的形式对其股东身份予以明示；⑥

---

① 参见上海观某商贸有限公司、杨某某与袁某某、刘某股东资格确认纠纷案，上海市第二中级人民法院（2020）沪02民终8805号民事判决书。

② 参见孙某某、王某某股权转让纠纷案，江苏省镇江市中级人民法院（2023）苏11民终4353号民事判决书；彭某等与黄某确认合同无效纠纷案，北京市第一中级人民法院（2019）京01民终8421号民事判决书。

③ 参见冯某某与谢某某等侵权责任纠纷案，北京市高级人民法院（2019）京民初43号民事判决书；梁某1、蔡某某、梁某2等股权转让纠纷案，浙江省高级人民法院（2020）浙民终957号民事判决书；吕某、狄某某合同纠纷案，浙江省台州市中级人民法院（2019）浙10民终2284号民事判决书；钟某某、钟某确认合同无效纠纷案，广东省深圳市中级人民法院（2019）粤03民终30274号民事判决书。

④ 参见钱某等与卢某某等股权转让纠纷案，上海市第一中级人民法院（2020）沪01民终9231号民事判决书；荣某某与姜某等确认合同无效纠纷案，上海市浦东新区人民法院（2022）沪0115民初40627号民事判决书；张某某、蔡某某等确认合同无效纠纷案，福建省福州市中级人民法院（2021）闽01民终944号民事判决书。

⑤ 参见霍某某与戴某1、戴某2确认合同无效纠纷案，江苏省高级人民法院（2020）苏民申5105号民事裁定书。

⑥ 参见张某、毕某等离婚后财产纠纷案，广东省佛山市三水区人民法院（2020）粤0607民撤3号民事判决书；陈某某与于某某、苏州鑫某龙精密机械有限公司股权转让纠纷案，江苏省苏州市中级人民法院（2018）苏05民终322号民事判决书；王某1、王某2与王某3、徐某某确认合同无效纠纷案，江苏省徐州市中级人民法院（2019）苏03民终6885号民事判决书。

或者转让方在股权转让后仍担任公司的总经理兼法定代表人,参与公司的经营管理,其相关个人账户仍用于公司自有资金的流转,而受让方却从未参与公司的经营管理。① 转让双方上述这些后续举止,因与常理不符,可能被认定为恶意串通。

◆ **典型案例**

张某、天某证券股份有限公司借款合同纠纷②

裁判要旨: 关于天某证券是否善意取得涉案质权以及涉案质押合同是否有效。……股票质权作为一种重要的担保物权,在符合法律规定条件的前提下可以善意取得……方某某出质给天某证券的全部股票均已在中国证券登记结算有限公司上海分公司办理了质押登记,而且在办理质押登记之后,方某制药还发布了股票质押登记公告,即以法定方式进行了公示,方某某将登记在其名下的股票为天某证券支付融资款设定质押合法有效……债权人有权根据公司股权外观公示主张权利。案涉股票登记在方某某名下,天某证券作为善意第三人基于对上市公司股票登记公示的合理信赖,其接受方某某提供的质押担保,并办理了股票质押登记,天某证券与方某某签订的《股票质押式回购交易业务协议》及相关补充协议系双方的真实意思表示,不违反法律、行政法规的禁止性规定,应认定为合法有效……且离婚协议仅约定对股票暂时不作分割,张某某不是涉案质押股票外观公示的所有权人,不能对抗债权人天某证券作为善意第三人的质押权利,涉案股票质押合法有效。

综上,上诉人张某某的上诉理由不能成立,本院不予支持。一审判决认定事实清楚,适用法律准确,程序合法,应予以维持。依照《合同法》第 8 条、第 107 条、第 114 条、第 201 条,《物权法》第 106 条、第

---

① 参见裴某某与王某、关某某股权转让纠纷案,广东省深圳市中级人民法院(2020)粤 03 民终 7159 号民事判决书。
② 参见最高人民法院(2020)最高法民终 767 号民事判决书。

208 条、第 226 条，《物权法解释（一）》第 15 条，《民事诉讼法》第 170 条第 1 款第 1 项之规定，判决如下：驳回上诉，维持原判。

（本条由汪洋撰写）

> **第十条**　【企业登记的持股比例不是夫妻财产约定】
>
> 夫妻以共同财产投资有限责任公司，并均登记为股东，双方对相应股权的归属没有约定或者约定不明确，离婚时，一方请求按照股东名册或者公司章程记载的各自出资额确定股权分割比例的，人民法院不予支持；对当事人分割夫妻共同财产的请求，人民法院依照民法典第一千零八十七条规定处理。

◆ 条文要旨

本条是关于夫妻共有股权登记与离婚时分割问题的规定。

◆ 理解与适用

夫妻共有股权在婚姻法维度与财产法维度两重架构之上，叠加了公司法维度的组织法规则，既包括公司法维度依附于股东资格的股东权利，也包括财产法维度股份所有者对股权这一权属关系本身的财产权，还包括婚姻法维度体现为夫妻共同财产的股权权益。因此，夫妻共有股权的性质与权属结构应从上述三重维度依次理解。

一、公司法维度：股东资格的认定标准

股权可以被理解为一套由股东享有以及行使的权利束，《公司法》第 4 条第 2 款将其表述为股东对公司依法享有的资产收益、参与重大决策和选择管理者等权利。其中既包括具有社员权和共益权特征的管理性权利，如股东会召集权和表决权，公司章程及账册的查阅权、质询权、提案权、股东会决议撤销请求权等，也包括具有自益权特征的财产性权利，如资产收益权、剩余财产分配权等。上述权利的共同特征在于，股东行使权利的对象是公司，而非其他股东或者公司外部第三人，这是区分公司法维度与其他维度各项权利的标准。

只有享有股东资格者才具备股东的法律地位，才有权向公司主张权利，因此公司法维度关注的焦点问题是获得公司认可的股东资格的认定标准。相较于具备确定权利公示外观的不动产登记，股权外观不存在唯一固定的标准，包括工商登记、股东名册、公司章程、出资证明书等多种权利表征手段，不同外观对应的公示效力以及第三人保护范围也不完全相同。

《公司法》第56条第2款规定："记载于股东名册的股东，可以依股东名册主张行使股东权利。"第86条第2款规定："股权转让的，受让人自记载于股东名册时起可以向公司主张行使股东权利。"最高人民法院的立场亦是如此，认为股东资格以记载于股东名册为准。[1] 但是在实践中，对股东名册信息的真实性缺少有效监管，甚至广泛存在未置备股东名册的情况，其应然功能的实现饱受实施层面的困扰，有观点认为股东名册目前尚无法独立承担股权外观的功能。[2] 类似观点退而求其次，认为股东名册仅具有证权而非设权效果，只能以股东名册的记载推定股东资格。[3]

依照《市场主体登记管理条例》第8条第2款第1项，公司应当将有限责任公司股东向公司登记机关登记。但是实践中工商登记信息也不

---

[1] 参见最高人民法院民事审判第二庭编著：《〈全国法院民商事审判工作会议纪要〉理解与适用》，人民法院出版社2019年版，第134—136页；王丹：《婚姻关系中涉及有限责任公司股权的若干实践问题》，载《法律适用》2024年第12期。
[2] 蔡立东、高博：《有限责任公司股权登记第三人保护范围——以股权登记与物权登记效力区分为线索》，载《吉林大学社会科学学报》2024年第6期。
[3] 舟克平、侯曼曼：《〈民法典〉视域下夫妻共有股权的单方处分与强制执行》，载《北方法学》2020年第5期。

足以公示股权的真实权属,有研究发现,公司登记机关"双随机、一公开"监管的抽查比例只有3%,导致实践中普遍存在股权代持现象,股权工商登记的真实性与可信赖性远没有达到产生公示公信力的程度。①《市场主体登记管理条例》第24条第1款还规定"市场主体变更登记事项,应当自作出变更决议、决定或者法定变更事项发生之日起30日内向登记机关申请变更登记",可见工商登记并不具备设权登记的功能。

《婚姻家庭编司法解释(二)(征求意见稿)》第9条的表述是"一方请求按照企业登记的持股比例分割",强调了工商登记的决定性意义,但是在最终版本的第10条,内容修改为"一方请求按照股东名册或者公司章程记载的各自出资额确定股权分割比例",与《公司法》相契合,以股东名册替代工商登记作为主要的权利外观。但是考虑到股东名册的公示功能尚未于实践中落地,以及《公司法》修改后最终未将公司章程纳入公示范畴,因此在条文中增加了"记载于公司章程"这一判定因素,以公司章程内容发挥辅助核实股东名册记载内容真实性的功能。

具体到夫妻共有股权,鉴于我国市场监管部门只允许自然人将其享有的股权登记记载于个人名下,使得股东名册与工商登记都无法反映婚姻法维度的股权共有关系。② 这一实践做法增加了共有股权被一方擅自转让的风险,也无法体现夫妻双方的真实意愿。事实上,股权并非先验地排斥共有,现实生活中除了夫妻关系以外,继承、合伙以及共同认购都可能形成股权共有关系。比较法上,美国、德国、日本等立法均承认股权共有关系。③ 通过共有股权登记标示加上共有人指定权利行使人或者唯一代表人方式,既不会影响公司高效决策,又能降低单方处分股

---

① 蔡立东、高博:《有限责任公司股权登记第三人保护范围——以股权登记与物权登记效力区分为线索》,载《吉林大学社会科学学报》2024年第6期。
② 王涌、旷涵潇:《夫妻共有股权行使的困境及其应对——兼论商法与婚姻法的关系》,载《法学评论》2020年第1期。
③ 参见《美国特拉华州普通公司法》第217条;《德国有限责任公司法》第18条;《德国股份法》第69条;英国2006年《公司法》第113条;《韩国商法典》第333条、第558条;《日本商法典》203条;《日本公司法》第106条、第126条、第130条。

的风险。未确定唯一代表人或者权利行使人的，除公司或其他当事人认可外，各共有人不得行使相关股东权利，使共有股权等同于单一股权主体的行权效果。①

根据现行法，夫妻共有股权所对应的股东资格，只能由记载于股东名册或者公司章程的显名方享有并行使股东权利，维系商事体系交易安全和组织法运行秩序，提升公司内部的治理效率。当然，司法实践中对于股东资格也会采取实质性判断，如果非显名配偶实际上以股东身份行使股东权利并参与公司经营管理，公司及其他股东明知且未提出异议，相当于默示认可了非显名配偶的股东资格，认定夫妻双方共有完整股权，不会影响公司维系人合性的需求。《九民纪要》第28条也规定："实际出资人能够提供证据证明有限责任公司过半数的其他股东知道其实际出资的事实，且对其实际行使股东权利未曾提出异议的，对实际出资人提出的登记为公司股东的请求，人民法院依法予以支持……"

二、财产法维度：持股比例与夫妻内部股权份额的区分

财产法维度涉及对共有股权这一权利归属关系本身的处分，权利行使的对象并非公司，而是公司其他股东或者以股权受让方为代表的外部第三人，权利内容与公司内部治理无关，因此并不受制于公司法维度下的"股东资格"。

在财产法维度与公司法维度两者的关系上，社会生活中广泛存在股权让与担保以及股权代持现象，都昭示着公司法维度的股东资格与股权权益的实际享有者并非皆为同一主体。股权本身作为一种财产权，可以被单独流转、处分变卖或者出质融资。② 股权虽然在公司法维度基于有

---

① 参见周游：《股权利益分离视角下夫妻股权共有与继承问题省思》，载《法学》2021年第1期；楼秋然、陈华舒：《夫妻共有股权的行使》，载《人民司法》2021年第7期；周友苏、庄斌：《股权共有中国立法的理论证成及其公司法规范构造》，载《北京理工大学学报（社会科学版）》2022年第5期；[日] 山本为三郎：《日本公司法精解》，朱大明等译，法律出版社2015年版，第62—63页。

② 张双根：《论股权的法律性质——以成员权之法教义学构造为中心》，载《中外法学》2023年第3期。

限责任公司的人合性，其管理性权利具有一定的人身性质，但是远没有到人身专属性的程度，因此，股权作为一种财产权可以被转让和处分。限制股权转让的实质性理由是维系人合性公司的治理结构和运行秩序，而非否定股权的财产权性质。公司自身是股权转让这一财产权处分行为的承受者而非审批人，① 因此在财产法维度，股东转让股权的行为无须经公司同意，股权转让合同生效则股权权益在双方之间发生移转；公司收到股权转让通知并经由公司法上优先购买权等相关程序之后，股权转让对公司发生效力；股权受让方经股东名册、公司章程记载或者工商登记等显名化之后，对善意第三人发生效力。

在财产法维度与婚姻法维度两者的关系上，由于目前无法直接登记夫妻共有股权，有的夫妻退而求其次，分别登记为股东，各自享有相当比例的股权，这就涉及股东名册、公司章程记载或者工商登记的"显名化的持股比例"与"夫妻内部各自的股权份额"两者的区分。对比离婚房产纠纷的解决方案，《婚姻家庭编司法解释（二）》第8条契合内外归属方案，不再把离婚时的房产归属与"产权登记"这一因素发生关联，完全实现了"物权法维度的产权登记"与"婚姻法维度的房产归属"两者的脱钩。

同理，本条吸纳了一些地方法院的裁判指引，② 规定"夫妻以共同财产投资有限责任公司，并均登记为股东，双方对相应股权的归属没有约定或者约定不明确，离婚时，一方请求按照股东名册或者公司章程记载的各自出资额确定股权分割比例的，人民法院不予支持……"由此可见，"显名化的持股比例"仅在公司法维度上具有意义，涉及管理性的

---

① 王丹：《婚姻关系中涉及有限责任公司股权的若干实践问题》，载《法律适用》2024年第12期。
② 参见《北京市高级人民法院关于审理婚姻纠纷案件若干疑难问题的参考意见》（2016年）第22条；《江苏省高级人民法院家事纠纷案件审理指南（婚姻家庭部分）》（2019年）第42条；《深圳市中级人民法院关于审理婚姻家庭纠纷案件的裁判指引》（2014年）第24条。

股东权利的行使问题,① 也应当与"夫妻内部各自的股权份额"完全脱钩,离婚时不应根据显名化的持股比例分割或确定各自的股权。夫妻可以约定权属收益的分配比例,未约定时股权权属收益全部归入夫妻共同财产。

该做法的实质合理性得到多数裁判观点的认同,公司内部持股比例的设置,系夫妻双方对公司出资时为了顺利登记股权而应付工商部门的一种形式化举措,具有很大的随意性,鉴于夫妻之间特殊的人身关系以及相互信任关系,显名化的出资比例并不能反映夫妻的真实意图。用夫妻共同财产出资,原则上夫妻双方享有平等的股权份额,离婚分割时仍应按双方各半所有的原则进行分割。② 少数反对的裁判理由也仅强调显名化的持股比例契合离婚双方对股权分割的真实意思表示,③ 与多数裁判观点不具有实质性评价矛盾。

实践中不限于夫妻以共同财产投资公司并均登记为股东这一种情形,夫妻一方在婚姻关系存续期间,通过继承、受让、接受赠与、企业改

---

① 参见申晨:《论有限责任公司夫妻股权的法律结构:基于信托的视角》,载《商业经济与管理》2022年第12期;王湘淳:《论夫妻股权的渐进式分层共有》,载《清华法学》2023年第1期;赵玉:《夫妻股权归属及其单方处分效力的认定》,载《环球法律评论》2022年第3期;缪宇:《夫妻共有股权:形成、管理和处分》,载《社会科学研究》2022年第6期。

② 参见张某与许某1离婚后财产纠纷案,江苏省宜兴市人民法院(2019)苏0282民初13849号民事判决书;罗某与李某某离婚后财产纠纷案,上海市闵行区人民法院(2019)沪0112民初14370号民事判决书;喻某与黄某甲离婚纠纷案,浙江省金华市中级人民法院(2015)浙金民再字第6号民事判决书;王某与被告卢某等离婚后财产纠纷案,浙江省温岭市人民法院(2017)浙1081民初7637号民事判决书;范某与李某离婚后财产纠纷案,浙江省建德市人民法院(2019)浙0182民初4606号民事判决书;许某1与张某离婚后财产纠纷案,江苏省无锡市中级人民法院(2021)苏02民终1011号民事判决书;韩某与褚某离婚后财产纠纷案,山东省莱西市人民法院(2018)鲁0285民初6293号民事判决书;喻某与黄某甲离婚纠纷案,浙江省义乌市人民法院(2012)金义民初字第3091号民事判决书;李某甲与司某离婚纠纷案,湖北省武汉市江岸区人民法院(2014)鄂江岸民初字第01190号民事判决书;汪某甲与朱某离婚纠纷案,浙江省嘉兴市中级人民法院(2015)浙嘉民终字第990号民事判决书;刘某、张某离婚后财产纠纷案,吉林省松原市中级人民法院(2021)吉07民终1494号民事判决书。

③ 参见王某、周某离婚后财产纠纷案,浙江省义乌市人民法院(2021)浙0782民初7842号民事判决书;郑某、宋某离婚后财产纠纷案,山东省邹城市人民法院(2021)鲁0883民初8454号民事判决书;黎某、杨某离婚后财产纠纷案,福建省漳平市人民法院(2022)闽0881民初945号民事判决书。

制、股权激励等方式获得的股权也被归入夫妻共同财产,然后依据夫妻双方合意显名化在各自名下。双方还可以通过特别财产约定,将一方所有的股权变更登记或记载在各自名下。即便夫妻并未"均显名化为股东",也不影响离婚时双方对股权权益的分割。因此,宜对本条的适用前提进行扩张解释,彻底隔离持股比例对婚姻法层面离婚分割共有股权的影响。

三、婚姻法维度:共有股权构成夫妻共同财产的三类事由

婚姻法维度需要考察夫妻共有股权构成夫妻共同财产的事由。第一类事由与第二类事由与前述《婚姻家庭编司法解释(二)》第9条"共有股权构成夫妻共同财产的事由"相同,是出资来源与夫妻特别财产约定。

第三类事由是夫妻共同财产制,即婚姻存续期间夫妻一方通过企业改制、股权激励、继承或受赠等方式获得的股权,或者夫妻共有股权以及一方享有的股权在婚姻关系存续期间的收益,依据夫妻协力理论,婚姻法维度归属于夫妻共同财产。[①] 规范基础为《民法典》第1062条第1款第1句"夫妻在婚姻关系存续期间所获得的财产"的概括性规定,以及第2项新增的"投资的收益",包括股权分红、转让款、公司注销后分配的剩余财产等已实现和尚未实现两个部分。[②]

虽然公司法维度股东资格的变动时点与归属判断不同于婚姻法维度及财产法维度股权权益的变动时点与归属判断标准,但是公司法维度股东权利的行使会影响婚姻法维度非显名配偶财产性权益的享有与实现。例如,显名方通过行使股东提议和表决权使公司长期不分红,从而实质

[①] 冉克平、陈丹怡:《有限公司中夫妻股权单方处分的效力认定及其救济》,载《广东社会科学》2024年第4期。
[②] 王丹:《婚姻关系中涉及有限责任公司股权的若干实践问题》,载《法律适用》2024年第12期。

性影响到非显名配偶能否获得股权投资收益。①

《婚姻家庭编司法解释（一）》第73条规定了离婚时对夫妻共有股权的分割规则，依照文义仅适用于夫妻协商一致的情形，而且分割客体为"夫妻共同财产中以一方名义在有限责任公司的出资额"。理论上夫妻以共有财产出资入股后，不再享有出资财产的所有权，因此"出资额"不属于夫妻共同财产，只能解释为"与出资额相当的金钱价款"。但是出资额仅能反映股权的初始价值，随着公司经营规模的变化，完全无法体现股权的真实动态价值，② 因此把"出资额"理解为离婚时股权对应的财产价值才是合理的。公司法维度给婚姻法维度产生的另一层困扰是，《公司法》采取的注册资本登记认缴制并不以实际缴纳出资作为获取股东资格的前提，把分割客体认定为"出资额"会陷入认缴出资额还是实缴出资额的争议。实践中裁判观点很少依照狭义的"出资额"处理离婚共有股权纠纷，而是根据未显名配偶是否主张获得股权，确定股权的合理价值，协调婚姻法维度与公司法维度可能存在的抵牾。

◆ **疑点与难点**

离婚时夫妻共有股权的分割与补偿

（一）未显名配偶不主张获得股权

离婚时若未显名配偶不主张获得股权，在婚姻法维度，或者由显名方获得全部夫妻共有股权并对未显名配偶予以补偿，或者将未显名配偶享有的共有股权份额转让给第三人，然后未显名配偶获得股权转让款。如果双方均不愿意获得股权，若为一人公司或者公司仅有夫妻两位股东，则解散公司并进行资产清算，再由离婚双方分配剩余财产；若为超过两

---

① 周友苏、庄斌：《股权共有中国立法的理论证成及其公司法规范构造》，载《北京理工大学学报（社会科学版）》2022年第5期。

② 王琦：《离婚时夫妻共有股权的处分规则——以夫妻共有股权的价值评估为中心》，载《河南财经政法大学学报》2020年第3期。

位股东的有限责任公司，则夫妻转让共有股权给其他股东或者第三人并分配转让价款。

显名方获得全部共有股权并补偿未显名配偶的情形，关键问题是如何确定股权的合理价值。股权的价值由固定资产、净资产值、流动资金、知识产权、盈利前景、公司利润等多项因素构成。实践中，法院或专业评估机构通常会以公司资产、专利技术和财务状况等客观因素为依据，参考审计报告、资产负债表、公司财务报表、工商登记信息等资料，以当事人提起分割夫妻共同财产诉讼之日作为股权价值评估的基准日，对股权价值进行评估从而确定补偿数额。[1]应当借鉴参考公司实务中涉及《公司法》第162条规定的异议股东股权回购请求权场景下的股权价值评估的方法和经验。

在离婚场景下，容易面临的问题是公司及显名方不配合提供评估所需资料，导致无法准确评估股权价值。除了以财务报表、审计报告等客观依据作为估价参考，在民事诉讼证据法层面，鉴于显名方实际控制股权价值评估的资料，若其拒绝提供，法院应认定未显名配偶主张的股权价值事实成立。[2]

股权价值评估之后，若显名方无力承担相应的股权补偿款，则未显名配偶有权要求显名方配合将享有的股权份额转让给第三人并获得股权转让款。在离婚场景下面临的问题是，股权转让价格通常由显名方与受让方磋商达成，未显名配偶未必参与议价过程，转让价格可能大幅低于股权的合理价值。鉴于有限责任公司的人合性与封闭性导致股权流动性不足，公司外部的潜在受让人无法预估股权的实际价值，且即便竞拍成功还受到其他股东优先购买权的制约，导致股权拍卖场景下同样存在竞

---

[1] 参见蔡某与肖某夫妻离婚后财产分割纠纷再审申请案，最高人民法院（2013）民申字第838号民事裁定书；孙某与崔某离婚后财产纠纷案，河南省高级人民法院（2015）豫法民一终字第70号民事判决书。
[2] 王丹：《婚姻关系中涉及有限责任公司股权的若干实践问题》，载《法律适用》2024年第12期。

拍积极性不足以及竞价不充分的难题。① 在股权转让价格与拍卖价格不能真实反映股权合理价值的情形下，显然无法直接代之以股权评估价格。基于意思自治原则，离婚时未显名配偶有权主张直接获得股权，既然其自主选择了股权转让款或拍卖款而非股权本身，则应当承担转让或拍卖价格低于股权合理价格的风险。

(二) 未显名配偶主张获得股权

离婚时若未显名配偶主张获得股权，有些裁判意见考虑到股权中的财产性权利与管理性权利无法分离，使得有限责任公司的共有股权不同于其他夫妻共同财产，强制分割股权带来的股权结构变化会影响公司的治理结构与经营管理，如无法维持一人公司的性质，因此选择将全部共有股权直接判给显名方，由该方对未显名配偶折价补偿，或者认为离婚纠纷案件中直接判决分割股权不妥当，要求另案处理。②

上述裁判观点值得商榷，该情形下应当参照《婚姻家庭编司法解释（一）》第75条，首先由离婚双方通过竞价确定股权归属，获得股权一方以出价为基础对另一方折价补偿。当然，竞价确定股权归属方式首先需要离婚双方达成竞价合意，其次要求双方具备足以支撑竞价的财力基础，方可确保竞价过程中的竞争是充分的，报价反映了双方的真实偏好价格。③ 反之，则一方不仅以不充分竞价获得股权，还造成另一方损失了当前补偿收益以及未来的股权收益。因此，应当排除一方不同意时竞价取得规则的适用，即便离婚时双方均主张获得股权，法院也并非必须

---

① 王琦：《离婚时夫妻共有股权的处分规则——以夫妻共有股权的价值评估为中心》，载《河南财经政法大学学报》2020年第3期。
② 参见洪某与赵某离婚纠纷复查与审判监督案，江苏省高级人民法院（2015）苏审二民申字第01875号民事裁定书；王×1与芦×1离婚纠纷案，北京市第三中级人民法院（2015）三中民终字第04059号民事判决书。
③ 参见最高人民法院民事审判第一庭编著：《最高人民法院民法典婚姻家庭编司法解释（一）理解与适用》，人民法院出版社2021年版，第653页；汪洋：《论离婚时父母为子女出资的房产归属与补偿规则——〈民法典婚姻家庭编解释（二）〉第8条评析》，载《法律适用》2025年第1期。

适用竞价取得规则。

若未显名配偶通过竞价或者法院裁判获得股权，将可能产生新的公司股东，涉及婚姻法与公司法两个维度的规范协调。2023年修订的《公司法》第84条简化了股东对外转让股权的程序，从"其他股东过半数同意+优先购买权"的双重限制模式调整为"优先购买权"的单层模式。因此仅需要探讨该情形下公司其他股东是否应当享有优先购买权。反对观点认为，离婚时未显名配偶获得股权属于共有基础丧失后未显名配偶共有股权的显名化，并非具有对价性质的对外股权转让。有限责任公司的人合性决定了股东相互了解其家庭情况，有能力识别股东配偶基于夫妻法定共同财产制享有的"隐名股东"身份，对股权的夫妻共同财产性质有明确判断，因此不应适用优先购买权规则。[1]

而笔者认为，配偶选择不显名就意味着其关注重点在于股权收益等财产性价值，而非股权的管理性权利以及公司内部治理和具体经营决策。这一选择会使得公司以及其他股东产生未显名配偶不会参与公司治理的信赖，如果离婚时未显名配偶主张成为公司股东，其他股东对这一变数无法预期也不存在可归责性，因此应当赋予其他股东优先购买权这一救济手段和缓冲措施，降低未显名配偶介入公司治理可能带来的风险。优先购买权的行使时间应当参照《公司法解释（四）》第19条，以公司章程或者通知确定的期间为准，且不得少于30日。

行使优先购买权的难题在于如何判定"同等条件"。若未显名配偶通过竞价获得股权，直接将竞价结果通知其他股东即可；若未显名配偶经由法院判决获得股权，由未显名配偶与行使优先购买权的股东协商确定交易价格，协商不成的则未显名配偶直接成为股东。[2] 笔者认为还应当允许其他股东之间以竞价方式行使优先购买权，未显名配偶获得股权

---

[1] 张钢成、林挚：《夫妻共同股权分割"隐名股东显名化"的特性分析及法律适用——以李某 1 诉陈某、李某〈股权转让书〉无效案为例》，载《法律适用》2019 年第 6 期。
[2] 王丹：《婚姻关系中涉及有限责任公司股权的若干实践问题》，载《法律适用》2024 年第 12 期。

转让款。该情形下若未显名配偶对竞价价格存有异议且能够证明其明显低于市场评估价格，则其他股东应当以市场评估价格行使优先购买权，[1]反之则未显名配偶直接成为公司股东。

◆ **典型案例**

许某1与张某离婚后财产纠纷[2]

裁判要旨：鉴于夫妻关系具有特殊性，按照当初工商部门的规定，持股人必须向工商部门提交相应协议材料，由工商部门按照协议约定的比例进行登记。因此，双方在夫妻关系存续期间，为了股权登记顺利进行，完全可能是为了应付工商部门而签一份所谓的"协议"，故该协议并不能够完全真实反映当事人意图。《家庭成员共同出资财产分割协议》真实意图是应付工商部门的规定具有高度盖然性，而本案中上诉人许某1未能提供其他证据证明其上诉理由，故本院对许某1的诉请不予支持。

综上，许某1的上诉请求不能成立，本院不予支持。一审判决认定事实清楚，适用法律正确，应予维持。依照《民事诉讼法》第170条第1款第2项的规定，判决如下：驳回上诉，维持原判。

（本条由汪洋撰写）

第十一条 【夫妻一方未经配偶同意放弃继承的效力】

夫妻一方以另一方可继承的财产为夫妻共同财产、放弃继承侵害夫妻共同财产利益为由主张另一方放弃继承无效的，人民法院不予支持，但有证据证明放弃继承导致放弃一方不能履行法定扶养义务的除外。

---

[1] 周游：《股权利益分离视角下夫妻股权共有与继承问题省思》，载《法学》2021年第1期。
[2] 参见江苏省无锡市中级人民法院（2021）苏02民终1011号民事判决书。

◆ 条文要旨

本条规定的是夫妻一方未经配偶同意放弃继承的效力。

◆ 理解与适用

一、放弃继承与放弃夫妻共同财产的区别

依据《民法典》第1062条第1款第4项，夫妻一方在婚姻关系存续期间继承的财产，原则上属于夫妻共同财产。夫妻一方放弃继承的，可能导致夫妻共同财产应增加而未增加。进而，夫妻一方放弃继承的行为是否需要取得配偶同意，一直是司法实践关注的热点。[①] 对此，司法实践中主流观点认为，夫妻一方在继承开始后、遗产实际分割前，可以自愿放弃继承。这构成对自身权利的处分，无须获得配偶同意。[②] 这一立场的理由主要有二。其一，结合《婚姻家庭编司法解释（一）》第81条，《民法典》第1062条第1款第4项中"继承的财产"，应当被解释为通过继承已经取得的财产。在遗产实际分割前，夫妻一方与其他继承人形成对遗产的共同共有，仅享有应继份额，尚未实际取得遗产。因此，夫妻一方放弃继承的行为，放弃的是继承权而非夫妻共同财产，无须征得配偶同意。其二，放弃继承是继承权的具体内容之一，只有与被继承人具有特定身份关系的自然人才享有继承权，故继承权属于具有身份性的财产权。与被继承人具有身份关系的自然人系夫妻一方而非其配偶，故夫妻一方独立行使继承权，可以放弃继承。

《婚姻家庭编司法解释（二）》第11条确认了司法实践的主流立场，主张夫妻一方无须取得配偶同意即可放弃继承。这一立场值得赞同。

[①] 参见最高人民法院民事审判第一庭编著：《最高人民法院婚姻法司法解释（三）理解与适用》，人民法院出版社2011年版，第225页。

[②] 参见北京市高级人民法院（2015）高民申字第02979号、（2022）京民申1600号民事裁定书，江苏省高级人民法院（2019）苏民申7225号民事裁定书。

实际上，主张夫妻一方放弃继承需要配偶同意的观点，混淆了放弃继承和放弃夫妻共同财产。首先，在继承开始后、接受继承前，遗产尚未转化为夫妻共同财产，夫妻一方享有概括性的继承权。德国学者认为，继承权作为概括性权利包含多重内容：① 在继承开始后、遗产分割前，基于直接继承原则，继承人共同体形成了对遗产的共同共有，从而继承权的内容包括对遗产的支配权；同时，在继承开始后，继承人可以放弃继承，放弃继承导致遗产归属关系溯及既往地消灭，放弃继承者自继承开始时就不成为继承人，故放弃继承作为继承权的内容属于形成权；此外，缺乏劳动能力又没有生活来源的继承人基于继承权享有必留份请求权。据此，在继承开始后、遗产分割前，继承人的法律地位具有复合性和暂时性。只有在继承人接受继承后，继承人丧失放弃继承的权利、成为终局的继承人，经过遗产分割取得的具体财产才能归入夫妻共同财产。

其次，放弃继承与放弃夫妻共同财产在权利性质、处分对象、法律效果上存在区别。放弃继承的权利是形成权，法律效果是溯及既往地消灭遗产归属关系。② 因此，放弃继承系针对既存法律关系实施的处分行为，处分的对象是已经形成的遗产归属关系，即继承人的共同共有关系。放弃继承者自继承开始时就不是继承人、不是遗产的共同共有人。与此相对，放弃夫妻共同财产的权利，源于夫妻双方共同财产权中的处分权能。由于夫妻双方对夫妻共同财产享有平等的处理权，夫妻一方放弃夫妻共同财产可能构成无权处分，需要配偶的同意才能生效。放弃夫妻共同财产在法律效果上不具有溯及力，仅向未来消灭财产关系。由此可见，放弃继承和放弃夫妻共同财产存在本质区别。夫妻一方放弃继承针对的是继承权，③ 不构成放弃夫妻共同财产，无须配偶同意。这一立场也得

---

① Vgl. Muscheler, Erbrecht, Bd. I, Mohr Siebeck, 2010, Rn. 68.
② Vgl. MüKoBGB/Leipold, 9. Aufl. 2022, BGB § 1942 Rn. 13.
③ 参见刘耀东：《放弃继承与夫妻共同财产制的冲突与协调——以〈物权法〉第 29 条与〈婚姻法〉第 17 条为中心》，载《北方法学》2016 年第 1 期。

到了德国学者的支持。①

严格来说，夫妻一方放弃继承损害的不是配偶对夫妻共同财产的利益，而是对取得夫妻共同财产的期待。依据《民法典》第1124条第1款，放弃继承权利的除斥期间为继承开始后、遗产处理前，因此，倘若全部继承人在继承开始后一直没有处理遗产，继承人放弃继承的权利就始终存在。夫妻一方长时间不行使放弃继承的权利，导致配偶具有了未来能通过夫妻一方继承遗产、进而取得夫妻共同财产的期待。然而，等到夫妻双方关系恶化、即将或已经进入离婚程序时，夫妻一方突然放弃继承权，导致配偶取得夫妻共同财产的期待落空。此时，配偶就会以夫妻一方放弃继承未取得配偶同意、侵害夫妻共同财产利益为由，请求法院确认夫妻一方放弃继承行为无效。然而，依据《婚姻家庭编司法解释（二）》第11条，夫妻一方无须配偶同意即可放弃继承。这一立场的潜台词是，配偶基于夫妻一方长期的"不作为"对取得夫妻共同财产的期待，不应受到保护。

问题在于，配偶能否依据诚实信用原则主张夫妻一方构成矛盾行为或权利失效，从而主张夫妻一方不得放弃继承。禁止矛盾行为，是指行为人在先的行为已经使他人产生了合理信赖，他人基于这种信赖也实施了相应的行为，行为人再实施与先前行为相反的行为，就会给他人造成不当损害；权利失效，是指权利人在相当期间内不行使权利，导致相对人产生合理信赖，相信权利人不会行使权利，从而权利人再突然行使权利即有违诚实信用原则，故权利人的权利受到限制不能再行使。② 根据德国学者的总结，不论是矛盾行为，还是权利失效，均须满足以下前提：③

---

① Vgl. MüKoBGB/Leipold, 9. Aufl. 2022, BGB § 1942 Rn. 15.
② 关于禁止矛盾行为和权利失效理论，参见王洪平：《论权利失效规则及其法典化》，载《法学论坛》2015年第2期；茅少伟：《〈民法典〉第132条（禁止权利滥用）评注》，载《中国应用法学》2023年第1期。
③ Vgl. MüKoBGB/Schubert, 9. Aufl. 2022, BGB § 242 Rn. 369 ff.; Neuner, Allgemeiner Teil des Bürgerlichen Rechts, C. H. Beck, 13. Aufl., 2023, § 20, Rn. 92 ff.

（1）权利人引起了相对人的信赖，相对人相信权利人不会行使权利，权利人行使权利会与之前的行为或长期不行使权利的行为形成不可调和的矛盾；（2）权利人以可归责的方式引起了相对人的信赖；（3）相对人的信赖具有保护的必要性。然而，在法定除斥期间尚未经过时，夫妻一方一直未行使放弃继承的权利，难以构成以可归责的方式引起了他人的信赖。何况，禁止矛盾行为、权利失效规则保护的相对人，通常是权利行使的相对人，包括债权和形成权的相对人。配偶并非放弃继承的相对人，不能据此获得保护。因此，由于《民法典》第1124条第1款设置的除斥期间过长，配偶无法依据诚实信用原则主张夫妻一方不得放弃继承。

配偶虽然不能援引诚实信用原则主张夫妻一方不得放弃继承，但可以证明夫妻一方已经接受继承，从而主张夫妻一方丧失了放弃继承的权利。例如，在继承开始后，虽然夫妻一方在较长时间内没有表示接受或放弃继承，但如果夫妻一方与其他继承人已经处理了部分遗产，如取走被继承人名下的银行存款并完成分配，就表示其已经接受了继承。

二、放弃继承的效力

依据《婚姻家庭编司法解释（二）》第11条，夫妻一方放弃继承导致其不能履行法定扶养义务的，放弃继承行为无效。严格来说，夫妻一方放弃继承导致其无法履行法定扶养义务的，被扶养人作为扶养之债的债权人应当针对放弃继承行为行使债权人撤销权，而非请求人民法院认定放弃继承行为无效。我国《民法典》第1161条奉行无条件的限定继承原则，继承人仅在遗产实际价值范围内对遗产债务负责，通常不会因继承而蒙受损失。在这一背景下，虽然继承权的取得以特定身份关系为前提，但继承人放弃继承一般构成无偿处分。[1] 正是因为继承对于继

---

[1] 参见重庆市第四中级人民法院（2023）渝04民终207号民事判决书。不同意见，参见福建省泉州市中级人民法院（2023）闽05民终7905号民事判决书，广西壮族自治区防城港市中级人民法院（2022）桂06民终276号民事判决书，广东省湛江市霞山区人民法院（2023）粤0803民初1337号民事判决书。

承人而言通常是有利可图的，原《最高人民法院关于贯彻执行〈中华人民共和国继承法〉若干问题的意见》（已失效）第8条原则上禁止法定代理人代理继承人放弃继承。因此，放弃继承通常对其他继承人有利，对放弃继承者的债权人不利。在价值判断上，继承人的债权人相较于其他继承人更值得保护，应当享有债权人撤销权。① 据此，夫妻一方因放弃继承导致自己陷入无资力状态的，被扶养人可以请求人民法院撤销夫妻一方放弃继承的行为。退一步来说，如果认为债权人不能以自身受到损害为由撤销债务人放弃继承的行为，② 那么，举轻以明重，债权人更不能以自身受到损害为由直接主张债务人放弃继承的行为无效。也就是说，就债务人放弃继承的行为，既然该行为的效力不能由债权人以自身受到损害为由自主决定，那么，更不能以损害债权人为由，将债务人的放弃继承直接认定为无效。总之，逻辑上，放弃继承行为不宜被直接认定为无效。

可能是出于与《继承编司法解释（一）》第32条保持一致的考虑，在夫妻一方放弃继承导致其不能履行法定扶养义务的情形，《婚姻家庭编司法解释（二）》第11条还是贯彻了放弃继承行为无效的立场。不过，针对这一规定，需要在解释论上澄清两个疑问：第一，法定扶养义务的范围如何。第二，放弃继承的行为能否因其他原因而无效。

《婚姻家庭编司法解释（二）》第11条强调的是夫妻一方不能履行"法定扶养义务"。与此相对，《继承编司法解释（一）》第32条规定，继承人放弃继承导致自身不能履行"法定义务"的，放弃继承无效。在《婚姻家庭编司法解释（二）》出台之前，司法实践对《继承编司法解释（一）》第32条中"法定义务"的范围存在分歧。比如，有些法院认为，法定义务的范围限于夫妻间扶养义务、子女对父母的赡养义务、

---

① 参见汪洋：《预先放弃继承的类型与效力》，载《比较法研究》2023年第6期。
② 参见王泽鉴：《民法学说与判例研究：重排合订本》，北京大学出版社2015年版，第1310页。

第十一条 【夫妻一方未经配偶同意放弃继承的效力】 139

父母对未成年子女的抚养义务等法律明确规定的义务,[1] 不包括因合同关系等产生的约定义务。[2] 还有法院认为,法定义务包括"有责任有能力尽法定的抚养义务而不尽形成的债务、被继承人为继承人个人事务形成的债务、支付被继承人的丧葬费等义务"。[3] 此外,经过生效裁判文书确定的合同给付义务是否属于法定义务,有些法院持肯定说[4],有些法院则持否定说[5]。

针对司法实践的乱象,就夫妻一方放弃继承的情形,《婚姻家庭编司法解释（二）》第 11 条限缩了"法定义务"的范围,限于法定扶养义务。依据《民法典》婚姻家庭编的规定,法定扶养义务包括：夫妻之间的扶养义务；父母对子女的抚养义务；成年子女对父母的赡养义务；祖父母、外祖父母对孙子女、外孙子女的抚养义务；孙子女、外孙子女对祖父母、外祖父母的赡养义务；兄、姐对弟、妹的扶养义务；弟、妹对兄、姐的扶养义务。从《婚姻家庭编司法解释（二）》第 11 条的文义来看,确认放弃继承无效之诉的启动主体是配偶。因此,《婚姻家庭编司法解释（二）》第 11 条的适用范围应当以夫妻一方不能履行对配偶的扶养义务、对子女的抚养义务为主。[6] 在婚姻关系存续期间,夫妻一方不能履行对配偶的扶养义务的,配偶以个人名义起诉；夫妻一方不能履行对子女的抚养义务且子女不具有完全民事行为能力的,配偶以子

---

[1] 参见最高人民法院民事审判第一庭编著：《最高人民法院民法典继承编司法解释（一）理解与适用》,人民法院出版社 2022 年版,第 316 页、第 321 页。
[2] 参见广西壮族自治区高级人民法院（2022）桂民申 3533 号民事裁定书。
[3] 如最高人民法院（2021）最高法民申 6927 号民事裁定书,陕西省高级人民法院（2024）陕民申 4712 号民事裁定书,北京市第四中级人民法院（2021）京 04 民初 109 号民事判决书。
[4] 如辽宁省沈阳市中级人民法院（2022）辽 01 民终 11961 号民事判决书,河南省许昌市魏都区人民法院（2021）豫 1002 民初 2297 号民事判决书。
[5] 如吉林省长春市中级人民法院（2024）吉 01 民终 8841 号民事判决书,浙江省舟山市中级人民法院（2024）浙 09 民终 121 号民事判决书。
[6] 如浙江省宁波市海曙区人民法院（2021）浙 0203 民初 2913 号民事判决书,广东省深圳市福田区人民法院（2019）粤 0304 民初 37262 号民事判决书。

女法定代理人的身份起诉。① 不仅如此，父母双方离婚后，不直接抚养未成年子女的父母一方放弃继承，导致自己不能履行对子女的抚养费给付义务的，另一方可以代理子女依据《继承编司法解释（一）》第32条请求人民法院确认放弃继承无效。② 夫妻一方放弃继承导致其他法定扶养义务不能履行的，扶养义务的权利人应当依据《继承编司法解释（一）》第32条请求人民法院确认夫妻一方的放弃继承行为无效。需要注意的是，夫妻一方因放弃继承导致其不能履行其他法定义务的，如实施侵权行为负担的侵权损害赔偿债务，人民法院既不能直接适用，也不能类推适用《婚姻家庭编司法解释（二）》第11条，而应当适用《继承编司法解释（一）》第32条认定放弃继承行为无效。

《婚姻家庭编司法解释（二）》第11条强调法定扶养义务的不能履行，旨在强化保护配偶、子女。我国学界一般将扶养义务区分为生活保持义务和生活扶助义务，夫妻之间的扶养、父母对子女的抚养、子女对父母的赡养属于生活保持义务。生活保持义务要求扶养人确保被扶养人的生活水平与扶养人相当。《婚姻家庭编司法解释（二）》第11条主要适用于夫妻一方不能履行对配偶的扶养义务、对子女的抚养义务的情形，实际上着眼于生活保持义务的履行，保护生活保持义务之扶养义务的权利人。必须强调的是，夫妻一方放弃继承行为被认定为无效，以夫妻一方已经不能履行法定扶养义务为前提。因此，夫妻一方放弃继承并未导致其无力履行法定扶养义务的，放弃继承就不会被认定为无效。③

《婚姻家庭编司法解释（二）》第11条对放弃继承行为无效事由的规定，不具有封闭性。放弃继承行为作为法律行为还可能因其他事由无

---

① 在婚姻关系存续期间，父母双方可能分居，从而父母一方可能未履行对子女的抚养义务。参见河北省唐山市古冶区人民法院（2024）冀0204民初437号民事判决书。
② 如安徽省芜湖市中级人民法院（2014）芜中民一终字第01236号民事判决书。
③ 因此，父母一方放弃继承并未导致其无力履行对子女的抚养义务的，放弃继承就不会被认定为无效。参见上海市第一中级人民法院（2017）沪01民终12097号民事判决书。

效。比如，放弃继承因构成通谋虚伪行为无效。① 通谋虚伪行为规则适用于有相对人的意思表示，② 包括由有相对人意思表示构成的单方法律行为。③ 实践中可能出现的情形是，在夫妻双方因离婚分割夫妻共同财产时，夫妻一方与其他继承人达成合意，由夫妻一方向其他继承人表示放弃继承，避免取得的遗产成为夫妻共同财产并由配偶取得，但夫妻一方表面上放弃继承不影响夫妻一方参与遗产分配。不过，夫妻一方事后能否以放弃继承属于通谋虚伪行为之表面行为为由，主张放弃继承无效，学界存在否定立场。④ 然而，通谋虚伪行为中表面行为无效的原因并非违反公序良俗，而是表面行为不生效力符合当事人的内心真意。因此，基于私法自治，表面行为就按照当事人的真实意思不发生效力。⑤ 据此，即使放弃继承构成通谋虚伪行为之表面行为，夫妻一方仍可主张放弃继承无效。

夫妻一方的放弃继承行为一旦被法院确认为无效，夫妻一方自继承开始时恢复继承人地位，成为遗产共同共有人。遗产已经被分割完毕的，夫妻一方可以请求其他继承人返还。

◆ **疑点与难点**

夫妻一方放弃继承的认定

《婚姻家庭编司法解释（二）》第 11 条中"放弃继承"应当作何理解，值得分析。如前所述，在继承开始后、遗产分割前，夫妻一方可以放弃继承，无须配偶同意。这是《婚姻家庭编司法解释（二）》第 11 条中"放弃继承"的典型情形。然而，夫妻一方在继承开始前放弃继承

---

① 参见北京市第二中级人民法院（2024）京 02 民终 13696 号民事判决书。
② Vgl. MüKoBGB/Armbrüster, 10. Aufl. 2025, BGB § 117 Rn. 8.
③ 参见杨代雄：《民法总论》，北京大学出版社 2022 年版，第 322 页。
④ 参见张平华、刘耀东：《继承法原理》，中国法制出版社 2009 年版，第 154 页。
⑤ 参见杨代雄：《民法总论》，北京大学出版社 2022 年版，第 322 页。

的，是否需要经过配偶同意，值得探讨。

首先，由于放弃继承是继承权的内容之一，在不承认继承期待权的背景下，① 夫妻一方在继承开始前并无继承权可言，故夫妻一方在继承开始前单方表示放弃继承的行为不生效力，② 无须考虑配偶是否同意。因此，这种情形不属于《婚姻家庭编司法解释（二）》第11条的适用范围。

其次，在继承开始前，夫妻一方可能与其他法定继承人订立协议，通过预先放弃继承以"免除"自己对被继承人的扶养义务。夫妻一方订立这类预先放弃继承协议的，无须配偶同意。一般来说，这类协议包含两方面的内容：一方面，在继承开始前，夫妻一方无须对被继承人负担扶养费，由其他继承人承担夫妻一方对被继承人的扶养费；另一方面，夫妻一方在继承开始后须放弃继承，不参与遗产分配。实际上，夫妻一方与其他继承人达成的其无须履行扶养义务的约定，本质上属于履行承担：债务人与承担人订立协议，承担人据此对债务人负有义务，向债权人履行债务人对债权人的义务。③ 具体来说，夫妻一方对被继承人的法定扶养义务不能通过约定免除。夫妻一方只是基于上述约定取得对其他继承人的债权，可以请求其他继承人消灭其对被继承人负担的扶养义务；其他继承人对夫妻一方负有义务，避免被继承人向夫妻一方追索扶养费。由此，夫妻一方在继承开始后放弃继承的义务，与其他继承人消灭夫妻一方的扶养义务之义务，形成了交换关系，故这类预先放弃继承的协议构成有偿合同。④ 既然夫妻一方在继承开始后以不求任何回报的方式放弃继承，导致遗产不能转化为夫妻共同财产，都无须配偶同意，那么，举重以明轻，夫妻一方在继承开始前以有偿方式放弃继承，导致遗产不

---

① 参见张平华、刘耀东：《继承法原理》，中国法制出版社2009年版，第28页。不同意见，参见杨代雄：《民法总论》，北京大学出版社2022年版，第244页。
② 参见汪洋：《预先放弃继承的类型与效力》，载《比较法研究》2023年第6期。
③ Vgl. MüKoBGB/Gottwald, 9. Aufl. 2022, BGB § 329 Rn. 1.
④ 参见汪洋：《预先放弃继承的类型与效力》，载《比较法研究》2023年第6期。

能转化为夫妻共同财产，也无须配偶同意。夫妻一方订立预先放弃继承协议，即使在继承开始后，因放弃继承导致其不能履行法定扶养义务的，应当依据《民法典》第 533 条来变更预先放弃继承协议。据此，所有继承人在订立遗产分配协议时，酌情分给夫妻一方适当遗产。

最后，在继承开始后、遗产分割前，夫妻一方为了避免取得的遗产进入夫妻共同财产，进而配偶通过分割夫妻共同财产获得利益，夫妻一方会一方面宣称自己放弃继承，另一方面实际取得部分遗产，[1] 或在宣称放弃继承的同时表示将部分遗产赠与其他人。[2] 在这种情形中，夫妻一方不构成放弃继承，而是构成隐瞒或无权处分夫妻共同财产，侵害了夫妻共同财产的利益。如果夫妻双方已经离婚，另一方可以请求重新分割夫妻共同财产。不过，作为法定继承人，夫妻一方通常占有部分遗产。为了保护其他继承人和遗产债务之债权人的利益，夫妻一方即使放弃继承，也负有妥善保管占有遗产的义务。夫妻一方在放弃继承后，在保管遗产的必要范围内继续占有、使用遗产的，并非否认夫妻一方放弃继承的理由。

（本条由缪宇撰写）

第十二条　【抢夺、藏匿未成年子女行为禁令】

父母一方或者其近亲属等抢夺、藏匿未成年子女，另一方向人民法院申请人身安全保护令或者参照适用民法典第九百九十七条规定申请人格权侵害禁令的，人民法院依法予以支持。

---

[1] 参见山东省高级人民法院（2021）鲁民再 353 号民事判决书，广东省饶平县人民法院（2020）粤 5122 民初 540 号民事判决书。
[2] 参见广东省广州市中级人民法院（2023）粤 01 民终 31269 号民事判决书。

> 抢夺、藏匿未成年子女一方以另一方存在赌博、吸毒、家庭暴力等严重侵害未成年子女合法权益情形，主张其抢夺、藏匿行为有合理事由的，人民法院应当告知其依法通过撤销监护人资格、中止探望或者变更抚养关系等途径解决。当事人对其上述主张未提供证据证明且未在合理期限内提出相关请求的，人民法院依照前款规定处理。

◆ **条文要旨**

本条是关于抢夺、藏匿未成年子女行为禁令的规定。

◆ **理解与适用**

根据《未成年人保护法》第 24 条第 1 款的规定，不得以抢夺、藏匿未成年子女等方式争夺抚养权。在父母分居、离婚或者一方父母死亡后出现不少抢夺、藏匿未成年子女的现象，严重损害未成年人利益并破坏法律秩序。由于父母或者近亲属之间抢夺、藏匿未成年子女不属于拐卖或者拐骗，难以纳入刑法的调整范围，也不受治安管理处罚法的调整，另外一方父母只能寻求民事救济。本条司法解释规定了一方父母可通过人身安全保护令或者人格权侵害禁令来制止另一方父母及其近亲属非法抢夺、藏匿未成年子女的行为。

一、抢夺、藏匿未成年子女行为的认定

无论父母是否处于婚姻状态，他们均是未成年子女的监护人，双方平等享有对未成年子女抚养、教育和保护的权利。监护人依法履行监护职责产生的权利受法律保护。父母对未成年子女的监护权和抚养权、探望权属于其因父母子女关系而产生的身份权利。父母一方违法抢夺、藏匿未成年子女，可能构成对另一方监护权、抚养权、探望权的侵害，亦严重损害未成年子女的利益。

抢夺未成年子女是指父母一方或者其近亲属乘人不备、公然夺取并实际控制未成年子女的行为。如果是秘密带走未成年人不构成抢夺，但可类推适用本条规定。藏匿未成年子女是指父母一方或者其近亲属故意隐瞒或者积极阻止另外一方知道未成年子女的住址、学校、联系方式等信息以达到隐藏未成年子女目的的行为。实践中，抢夺、隐匿行为多表现为以下几种类型：（1）父母一方通过强行带走、暴力抢夺或者限制未成年子女人身自由的方式控制子女或者阻止对方接触子女；[1]（2）父母一方将未成年子女带离原住所，转移至其他隐蔽地点或频繁更换居住地以躲避交出子女的责任；[2]（3）通过拒绝探视、威胁子女或者诱导子女表达虚假意愿以破坏亲子关系，营造子女更愿意与抢夺方共同生活的假象。[3] 抢夺、藏匿未成年子女可能发生在离婚纠纷、抚养纠纷、探望权纠纷诉讼过程中，也可能发生在法院已经作出生效判决之后。在涉及未成年子女直接抚养的诉讼中，父母一方或者其近亲属（通常是未成年人的祖父母、外祖父母）抢夺、藏匿未成年子女的目的在于制造未成年子女与其长期共同生活的事实，从而在未成年子女直接抚养纠纷中获得优势。在探望权纠纷中，通常是直接抚养一方父母及其近亲属藏匿未成年子女从而达到断绝其与另外一方父母接触的目的。在法院作出相关判决后，父母一方或者其近亲属藏匿未成年子女的目的则是拖延执行，达到拒不交出子女的目的。

二、抢夺、藏匿未成年子女行为的禁令规制

在父母一方及其近亲属出现抢夺、藏匿未成年子女后，另外一方的

---

[1] 参见梁某诉莫某某离婚纠纷案，广东省广州市番禺区人民法院（2022）粤0113民初18141号民事判决书；吴某某与梁某某申请人格权保护禁令案，江西省抚州市临川区人民法院（2024）赣1002民保令8号民事裁定书。

[2] 参见方某某与郑某申请人格权侵害禁令案，广东省广州市荔湾区人民法院（2024）粤0103民保令8号民事裁定书；吕某某与鲍某申请人身安全保护令案，上海市徐汇区人民法院（2024）沪0104民保令14号民事裁定书。

[3] 参见王丹：《抢夺、藏匿未成年子女法律问题研究》，载《法律适用》2024年第1期。

身份权（包括监护权、抚养权、探望权）受到损害，如何保护其权利成为一项难题。对另外一方父母身份权的保护可以分为防御性的保护和救济性的保护，后者主要通过侵权法上的保护来实现。本条规定实际上是防御性的保护，只能面向将来，不能对已经发生的侵害进行救济。

本条规定了两种防御性保护措施，一是人身安全保护令，二是人格权侵害禁令。就前者而言，根据《反家庭暴力法》第23条、第24条的规定，向人民法院申请人身安全保护令需要满足的条件包括三点：第一，有明确的被申请人；第二，有具体的请求；第三，有遭受家庭暴力或者面临家庭暴力现实危险的情形。在父母一方及其近亲属抢夺未成年子女过程中，可能对另外一方实施暴力或者进行暴力威胁，如果双方夫妻关系尚未解除，自然可以依据《反家庭暴力法》的规定申请人身安全保护令。如果双方不具有婚姻关系，则不属于家庭成员。按照《办理人身安全保护令案件规定》第4条，亦不属于《反家庭暴力法》第37条规定的"家庭成员以外共同生活的人"，无法申请人身安全保护令。父母一方抢夺子女行为也可能针对未成年人使用暴力或者以暴力相威胁，此时另外一方可以依据《反家庭暴力法》第23条规定，作为其近亲属和法定代理人代为提起申请。

另外一方父母还可以参照适用《民法典》第997条的规定申请人格权侵害禁令。根据《民法典》第1001条的规定，对自然人因婚姻家庭关系等产生的身份权利的保护没有法律规定时，可以参照适用人格权保护的有关规定。"身份权自人格权益派生的机制本身，就使身份权之权源于却有别于人格权。"[1] 为了防止其混淆于对家庭成员固有人格权本身的保护，权利人应当提供证据证明行为人正在实施或者即将实施侵害其身份权的违法行为，不及时制止将使其合法权益受到难以弥补的损害。父母一方抢夺、藏匿未成年子女可能损害另外一方的监护权、抚养权和

---

[1] 参见张力：《身份权的派生确权与参照保护》，载《中国法学》2023年第4期。

探望权。此时另外一方父母自身的身份权受到损害,可以自己的名义申请人格权侵害禁令。人格权侵害禁令并不局限于家庭成员,即使父母双方现在不存在婚姻关系,也可以申请。

按照《民事案件案由规定》,申请人格权侵害禁令属于非讼程序案件,不同于行为保全,不必然伴随诉讼程序。[1] 关于人格权侵害禁令的性质和效果,学理上存在较大的分歧。相对于人身安全保护令,其为一般化的人格权保护程序。[2] 人格权侵害禁令如果存在执行内容,则作出禁令的裁定具有执行力。[3] 考虑到涉及人身权的强制执行,应当在签发人格权侵害禁令或者人身安全保护令的过程中加大调解力度,鼓励抢夺、藏匿方自愿交出子女。[4]

三、抢夺、藏匿未成年子女一方对禁令的异议

本条第 2 款规定了对抢夺、藏匿未成年子女一方异议的处理程序。即便抢夺、藏匿未成年子女一方以另一方存在赌博、吸毒、家庭暴力等严重侵害未成年子女合法权益情形为由,主张其抢夺、藏匿行为有合理性的,亦不支持其采取自力救济行为,而是要求其通过法定程序主张权利。抢夺、藏匿未成年子女一方可以根据《民法典》第 36 条的规定,主张监护人严重损害被监护人身心健康或者其他合法权益,向人民法院申请撤销其监护人资格,安排必要的临时监护措施,并按照最有利于未成年子女的原则依法指定监护人。抢夺、藏匿未成年子女一方还可以根据《民法典》第 1086 条第 3 款的规定,主张另一方存在赌博、吸毒、家庭暴力等不利于子女身心健康的情况,由人民法院依法中止探望。此外,抢夺、藏匿未成年子女一方还可依据《婚姻家庭编司法解释(一)》第 56 条的规定,主张另外一方与子女共同生活对子女身心健康确有不利影

---

[1] 参见吴英姿:《人格权禁令程序研究》,载《法律科学(西北政法大学学报)》2021 年第 2 期。
[2] 参见程啸:《论我国民法典中的人格权禁令制度》,载《比较法研究》2021 年第 3 期。
[3] 朱虎:《人格权侵害禁令的程序实现》,载《现代法学》2022 年第 1 期。
[4] 参见王丹:《抢夺、藏匿未成年子女法律问题研究》,载《法律适用》2024 年第 1 期。

响，要求变更子女抚养关系。

由于人身安全保护令和人格权侵害禁令是独立于前述程序的便捷、临时措施，前两者和后三者中申请人（原告）的证明标准并不相同，法院对于事实的认定程序亦不相同。参照《办理人身安全保护令案件规定》第9条，人身安全保护令裁定或者人格权侵害禁令裁定不具有完整的既判力，所依据的事实并不能当然作为后续诉讼程序的裁判事实基础。在人身安全保护令或者人格权侵害禁令程序中，抢夺、藏匿未成年子女一方当然可以提出复议申请，但是复议程序不能替代前述撤销监护人资格、中止探望或者变更抚养关系程序，复议亦不影响人身安全保护令的执行。[①] 即使抢夺、藏匿未成年子女一方有合理理由且提供了合理证据证明，也应该尽快启动相关程序来变更实体关系。

◆ 疑点与难点

一、抢夺、藏匿行为的具体认定

对于某些行为是否构成抢夺、藏匿往往难以判断，尤其是父母一方通过看似行使探望权或履行监护职责的方式掩盖其试图抢夺、藏匿未成年子女的不法目的。例如，短期带离未成年子女且告知另一方其去向的情况（外出就医或旅游）、因工作调动而带走未成年子女（获取更好的教育资源）、未成年子女自愿跟随等。在这些情况中，不能仅仅依据客观行为造成了未成年子女与另一方父母的空间隔离而径行认定构成抢夺或藏匿，还需结合行为人的主观行为目的以及是否跟另外一方父母进行了充分的沟通。

综合而言，在判断是否属于抢夺、藏匿行为时，可以结合以下要素予以考量：第一，行为的强制程度，如果行为人采用了暴力、胁迫等手段强行将子女带走，那么这种行为就具有明显的抢夺性质；第二，持续时间长度，需区分短期的带离与长期的藏匿；第三，影响范围，包括对子女生

---

① 参见朱晓峰：《〈民法典〉人格权禁令规范适用论》，载《中国政法大学学报》2022年第3期。

活、学习、心理等方面的影响，以及对另一方行使监护权、抚养权、探望权的影响；第四，行为人的主观意图，是维护子女利益还是出于不当争夺抚养权的个人目的。此外，未成年子女的真实意愿也是不可忽视的因素，他们的真实感受和自主选择应当在判断过程中得到充分的尊重和考量。

二、抢夺、藏匿行为的其他法律效果

父母一方在婚内抢夺、藏匿未成年子女的行为除满足亲情需求外，还通常隐含着其争夺抚养权的意图。通过抢夺、藏匿行为，客观上会增加其与未成年子女的共同生活时间和情感联系的紧密性，从而增加了获得未成年子女抚养权的可能性。[1] 虽然抢夺、藏匿行为是确定抚养权归属的否定性评价因素，但如果抢夺方提供了更为优越的抚养条件，则还需进一步评估双方的经济能力、情感联系等多重因素，可能会引发"不法抢夺但实际取得抚养权"的争议性结果。

子女抚养权归属的确定涉及很多因素，如离婚双方的经济能力、道德品质、日常工作生活情况、身体健康情况、平时对子女的关爱情况、离婚后祖父母协助照顾孩子的能力等。[2] 在进行个案裁判时，需对《婚姻家庭编司法解释（一）》第46条中规定的"子女随其生活时间较长，改变生活环境对子女健康成长明显不利"进行综合判断，不能仅因未成年子女与抢夺、藏匿一方客观上形成了稳定生活关系而当然认定抚养权归属。与此相对，根据《婚姻家庭编司法解释（二）》第14条的规定，离婚诉讼中，父母均要求直接抚养已满两周岁的未成年子女，一方有抢夺、藏匿未成年子女且另一方不存在实施家庭暴力或者虐待、遗弃家庭成员，有赌博、吸毒等恶习或者其他严重侵害未成年子女合法权益情形的，人民法院应当按照最有利于未成年子女的原则，优先考虑由另一方

---

[1] 参见吕某某与鲍某申请人身安全保护令，上海市徐汇区人民法院（2024）沪0104民保令14号民事裁定书。
[2] 参见焦新波、聂晶：《夫妻双方分居期间，孩子监护权应归谁？》，载《民主与法制时报》2024年11月22日，第4版。

直接抚养。该条规定可以类推适用于非离婚诉讼情形。因此，抢夺、藏匿未成年子女属于确定直接抚养权的重要负面因素。

同样，父母一方在探望过程中抢夺子女的，可以被认定为《民法典》第1086条第3款所规定的中止探望事由，另外一方可以据此诉请变更探望方式或者中止探望。

◆ 典型案例

颜某某申请人格权侵害禁令案[①]

——父母一方或者其近亲属等抢夺、藏匿未成年子女，另一方向人民法院申请人格权侵害禁令的，人民法院应予支持

裁判要旨： 法院认为，父母对未成年子女抚养、教育和保护的权利是一种重要的身份权，抢夺行为严重侵害未成年子女的人格权益和父母另一方因履行监护职责产生的权利。颜某某以其对儿子罗大某的监护权受到侵害为由向人民法院申请禁令，人民法院依法应予受理并可以参照《民法典》第997条的规定进行审查。因抢夺子女形成的抚养状态，是一种非法的事实状态，不因时间的持续而合法化。该抢夺子女的行为强行改变未成年子女惯常的生活环境和亲人陪伴，不利于未成年人身心健康，严重伤害父母子女之间的亲子关系。人民法院裁定罗某某自收到裁定之日起7日内将罗大某送回原住所，并禁止罗某某实施抢夺、藏匿子女或擅自将子女带离住所等侵害颜某某监护权的行为。本案裁定发出后，人民法院组织对双方当事人开展家庭教育指导，并现场督促罗某某购买车票将罗大某从B省送回A省。

（本条由刘征峰撰写）

[①] 参见《涉婚姻家庭纠纷典型案例》，载最高人民法院网，https://www.court.gov.cn/zixun/xiangqing/452761.html，2025年4月2日访问。

第十三条　【抢夺、藏匿未成年子女民事责任】

夫妻分居期间，一方或者其近亲属等抢夺、藏匿未成年子女，致使另一方无法履行监护职责，另一方请求行为人承担民事责任的，人民法院可以参照适用民法典第一千零八十四条关于离婚后子女抚养的有关规定，暂时确定未成年子女的抚养事宜，并明确暂时直接抚养未成年子女一方有协助另一方履行监护职责的义务。

◆ 条文要旨

本条是关于夫妻分居期间一方或其近亲属抢夺、藏匿未成年子女民事责任的规定。

◆ 理解与适用

一、夫妻分居期间暂时确定直接抚养

《民法典》第1084条仅对父母离婚情形下子女直接抚养权的归属进行了规定，未规定父母分居情形下子女抚养权的归属问题。本条所称父母分居是指父母双方因感情不和而分别居住生活。如果父母双方并非因感情不和，而是因为其他原因（如工作、就医）而不在一起共同居住生活，不属于分居。与离婚类似，在双方分居情况下，子女通常仅随夫妻一方直接生活。此时非共同生活的一方通常无法行使直接抚养权。基于这种相似性，本条确定参照适用《民法典》第1084条的规定。

如果双方未就此发生争议，法院自然无介入的必要。在双方发生争议时，如果欠缺法院的介入，双方将就此陷入通过抢夺、藏匿等方式事实上争夺子女的拉锯战。由于夫妻双方在分居期间已经出现了感情不和的情况，双方争夺、藏匿未成年子女往往是为了将来在离婚诉讼中获得有利的地位，或者单纯阻却未成年子女同对方的情感联系，无论哪一种情况都可能严重损害另外一方父母的利益，并严重损害未成年人的利益。

在父母双方处于分居状态时，其与子女的关系不因分居而消除，仍然是父母双方的子女，双方均系子女的监护人，对子女仍有抚养、教育、保护的权利和义务。其中一方或者其近亲属等抢夺、藏匿未成年子女，致使另一方无法履行监护职责的行为可能构成对另外一方监护权、抚养权、探望权的侵害。其中，最为典型的情况是，其中一方父母及其近亲属抢夺并藏匿未成年子女，导致另外一方无法履行监护职责。在此种情形下，法院一般性地支持"停止侵害、排除妨碍"请求并不合理，因为直接抚养权的归属尚未确定，双方在此种情形中具体权利义务是不清晰的。因此，本条规定应首先暂时性确定直接抚养权的归属。只有在明晰双方具体权责的基础上，才能确定另外一方是否存在侵害或者妨碍行为，有利于纠纷的解决。暂时确定未成年子女的抚养事宜并明确其协助义务，实际上是"停止侵害、排除妨碍"的具体形式，有助于更准确地指导审判实践。[1]

法院在确定此情形中未成年子女直接抚养权暂时归属的问题上，需要参照适用《民法典》第1084条关于离婚后子女抚养的有关规定。即不满两周岁的子女，以由母亲直接抚养为原则。已满两周岁的子女，父母双方对抚养问题协议不成的，由人民法院根据双方的具体情况，按照最有利于未成年子女的原则判决。子女已满八周岁的，应当尊重其真实意愿。在未成年子女利益的判定上，可参照司法解释的具体规定。例如，根据《婚姻家庭编司法解释（一）》第44条的规定，离婚案件涉及未成年子女抚养的，对不满两周岁的子女，按照《民法典》第1084条第3款规定的原则处理。母亲有下列情形之一，父亲请求直接抚养的，人民法院应予支持：（1）患有久治不愈的传染性疾病或者其他严重疾病，子

---

[1] 参见陈宜芳、吴景丽、王丹：《〈关于适用民法典婚姻家庭编的解释（二）〉的理解与适用》，载《人民司法》2025年第3期。

女不宜与其共同生活；(2) 有抚养条件不尽抚养义务，而父亲要求子女随其生活；(3) 因其他原因，子女确不宜随母亲生活。这三种情形同样可以类推适用于直接抚养权暂时归属的判定。需要强调的是，此种情形下对未成年子女利益的具体判断与具有终局性的子女直接抚养权归属判决具有一定的区别。例如，根据《婚姻家庭编司法解释（一）》第46条的规定，对已满两周岁的未成年子女，父母均要求直接抚养，一方有下列情形之一的，可予优先考虑：(1) 已做绝育手术或者因其他原因丧失生育能力；(2) 子女随其生活时间较长，改变生活环境对子女健康成长明显不利；(3) 无其他子女，而另一方有其他子女；(4) 子女随其生活，对子女成长有利，而另一方患有久治不愈的传染性疾病或者其他严重疾病，或者有其他不利于子女身心健康的情形，不宜与子女共同生活。该条解释中的第1项和第3项原则上不适用于直接抚养权暂时归属的判定。

更为重要的是，从本条规定的规范旨意并结合《婚姻家庭编司法解释（二）》第12条的规范旨意来看，不能将"子女随其生活时间较长，改变生活环境对子女健康成长明显不利"作为当然的直接抚养权暂时归属的判定依据，否则会助长抢夺、藏匿未成年子女的情况。与此相对，可以参照适用《婚姻家庭编司法解释（二）》第14条的规定，将这种行为作为判定子女直接抚养权暂时归属的负面因素。

二、直接抚养权暂时归属的效果

《婚姻家庭编司法解释（一）》第60条规定，在离婚诉讼期间，双方均拒绝抚养子女的，可以先行裁定暂由一方抚养。本条规定与其有相似之处，均旨在尽快解决未成年子女由谁直接抚养的问题。因此，其并不具有终局性，不存在变更直接抚养关系的问题。但是，不同于前述人身安全保护令和人格权侵害禁令，其在程序上属于诉讼程序，会对实体法律关系产生影响。

直接抚养权暂时归属判决的法律效果主要体现在以下几个方面：

首先，虽然其并不具有终局效力，但是其会影响离婚诉讼中直接抚养权归属的判决。这主要是因为暂时取得直接抚养权归属的一方已经同未成年子女生活一定时间，改变生活环境通常对未成年子女不利。如果双方及时提起了离婚诉讼，这种影响较小；如果双方未及时提起离婚诉讼，共同生活的时间越长，对最终直接抚养权归属的影响就越大。

其次，暂时直接抚养权归属的判决在直接抚养权归属事项上具有既判力，取得直接抚养权暂时归属的一方父母可以申请法院强制执行。另外一方只能在事后参照适用《婚姻家庭编司法解释（一）》第56条的规定，诉请变更直接抚养关系。

再次，在法院判决直接抚养权暂时归属父母其中一方后，另外一方有义务尊重其权利，不得通过抢夺、藏匿等方式侵害其权利。如果在此后另外一方出现抢夺、藏匿行为，取得直接抚养权暂时归属的一方可以依据《婚姻家庭编司法解释（二）》第12条的规定申请人身安全保护令或者人格权侵害禁令。

最后，直接抚养权暂时归属确定后，另外一方的监护权不受影响，但会影响其监护权的行使方式。本条规定法院暂时确定子女直接抚养归属事宜的同时，应同时明确暂时直接抚养未成年子女一方有协助另一方履行监护职责的义务。暂时取得直接抚养权的一方亦不能藏匿子女，侵害另外一方的监护权和探望权。实践中此种阻碍另一方探视子女，不履行协助义务的情况较为普遍，争议焦点集中在非直接抚养子女一方能否据此主张侵害了其对子女的探望权。一种观点认为，探望权产生于婚姻关系解除后，夫妻分居期间仍属于婚姻关系存续期间，子女的探望、交往等事项属于应由夫妻双方根据婚姻现状确定的监护权行使方式，主张探望权没有明确法律依据。另一种观点认为，抚养权作为一种亲权，是父母对其子女的一项人身权利，当然包括分居期间不直接抚养子女的一方探望子女的权利。虽然双方婚姻关系尚未解除，但在此分居期间两人均为子女的法定监护人，故不直接抚养子女一方对子女有法定的监护抚养义务，也当然享有抚养、探望子女的权利，这也是法定监护人行使抚养权的体现。① 此种争议过度关注"探望权"的概念范畴，而忽略了问题的本质：父母在婚姻关系存续期间，未与子女共同生活的父或者母同样享有探望子女的权利，首要目的在于通过双方父母的共同监护更好地维护未成年子女的利益。据此，在直接抚养方妨碍非直接抚养方履行探望、教育等监护职责时，非直接抚养方可根据双方是否存在探望权行使约定，视情况主张违约责任、法定义务不履行责任或侵权损害赔偿责任等。②

◆ 疑点与难点

父母一方及近亲属抢夺、藏匿未成年子女的行为是否属于对另一方监护权的侵害

本条在适用过程中需要处理与《侵权责任编司法解释（一）》《精神损害赔偿解释》中关于非法使被监护人脱离监护相关规范的关系。争议问题在于父母一方及其近亲属抢夺、藏匿未成年子女的行为是否属于对另外一方监护权的侵害。对此，存在两种观点：一种观点认为，抢夺、藏匿未成年子女，致使另一方无法与未成年子女相见的，构成对另一方监护权的侵害，应属于《侵权责任编司法解释（一）》中认定的侵权行为，承担相应"停止侵害、排除妨碍"等侵权责任；另一种观点认为抢夺、藏匿子女与监护关系之外的第三人实施拐卖、拐骗儿童的行为有本质不同，抢夺、藏匿子女的情况相对复杂，涉及家庭关系、婚姻状况、子女意愿等，不一定符合"非法性"或"不法性"的要求。③

在本条所规定的情形下，抢夺、藏匿子女产生的监护权侵权纠纷不宜直接适用《侵权责任编司法解释（一）》的相关规定。在规范目的层面，本条旨在解决夫妻分居期间的直接抚养权暂时归属问题，而"非法

---

① 参见肖瑶、吴红梅：《夫妻分居期间未直接抚养子女一方能否主张探望权益》，载《人民法院报》2021年6月10日，第8版。
② 参见刘征峰：《论妨碍探望的民事责任》，载《政治与法律》2024年第6期。
③ 参见《抢夺、藏匿未成年子女相关法律问题研究》，载北京市第三中级人民法院网，https：//bj3zy.bjcourt.gov.cn/article/detail/2024/11/id/8235457.shtml，2025年4月1日访问。

脱离监护"规范旨在加强对拐卖、拐骗儿童行为和其他非法使被监护人脱离监护的侵权行为的民事制裁。如前所述，在直接抚养权尚未明确的情况下，双方监护职责应如何分配并不明确，难以存在权利侵害的问题。对于因抢夺、藏匿未成年子女造成另一方人身或财产损害的情况，可适用侵权损害赔偿责任等救济方式，无须适用与规范目的截然不同的"非法脱离监护"的侵权责任规范。此外，本条所涉行为主体是夫妻一方或者其近亲属，行为内容是抢夺、藏匿未成年子女，致使另一方无法履行监护职责，权利主体是监护关系内部的夫妻另一方，这与"非法脱离监护"情形下监护关系以外的第三人侵害具有绝对性的监护关系的行为结构[1]截然不同，不宜扩张适用。

◆ 典型案例

张某诉李某、刘某监护权纠纷案[2]

裁判要旨：本案的争议焦点是：李某某之父李某、祖母刘某擅自带走李某某的行为是否构成侵权，以及如何妥善处理夫妻双方虽处于婚姻关系存续期间但已实际分居时，李某某的抚养监护问题。

第一，关于李某某之父李某、祖母刘某擅自带走李某某的行为是否对李某某之母张某构成侵权。《民法典》第34条第2款规定："监护人依法履行监护职责产生的权利，受法律保护。"第1058条规定："夫妻双方平等享有对未成年子女抚养、教育和保护的权利，共同承担对未成年子女抚养、教育和保护的义务。"父母是未成年子女的监护人，双方平等享有对未成年子女抚养、教育和保护的权利。本案中，李某、刘某擅自将尚在哺乳期的李某某带走，并拒绝将李某某送回张某身边，致使张某长期不能探望孩子，亦导致李某某被迫中断母乳、无法得到母亲的

---

[1] 参见程啸：《论侵害监护权的损害赔偿责任》，载《现代法学》2024年第4期。
[2] 参见"指导性案例228号"，载最高人民法院公报网，http://gongbao.court.gov.cn/Details/0a82f1e738f23c06f3feb85824ec3b.html?sw=，2025年4月2日访问。

呵护。李某和刘某的行为不仅不利于未成年人身心健康，也构成对张某因履行监护职责所产生的权利的侵害。一审法院以张某没有证据证明李某未抚养保护好李某某为由，判决驳回诉讼请求，系适用法律不当。

第二，关于婚姻关系存续期间，李某某的抚养监护应当如何处理。本案中，李某某自出生起直至被父亲李某、祖母刘某带走前，一直由其母亲张某母乳喂养，至诉前未满两周岁，属于低幼龄未成年人。尽管父母对孩子均有平等的监护权，但监护权的具体行使应符合最有利于被监护人的原则。现行法律和司法解释对于婚内监护权的行使虽无明确具体规定，考虑到双方当事人正处于矛盾较易激化的分居状态，为最大限度保护未成年子女的利益，参照《民法典》第1084条"离婚后，不满两周岁的子女，以由母亲直接抚养为原则"的规定，李某某暂由张某直接抚养为宜。张某在直接抚养李某某期间，应当对李某探望李某某给予协助配合。

（本条由刘征峰撰写）

第十四条　【优先由另一方直接抚养的情形】

离婚诉讼中，父母均要求直接抚养已满两周岁的未成年子女，一方有下列情形之一的，人民法院应当按照最有利于未成年子女的原则，优先考虑由另一方直接抚养：

（一）实施家庭暴力或者虐待、遗弃家庭成员；

（二）有赌博、吸毒等恶习；

（三）重婚、与他人同居或者其他严重违反夫妻忠实义务情形；

（四）抢夺、藏匿未成年子女且另一方不存在本条第一项或者第二项等严重侵害未成年子女合法权益情形；

（五）其他不利于未成年子女身心健康的情形。

◆ **条文要旨**

本条是关于优先考虑由另一方直接抚养子女的规定。

◆ **理解与适用**

离婚导致夫妻双方的生活共同体解体，夫妻双方不再共同生活，从而需要确定子女与哪一方共同生活，即确定由夫妻哪一方直接抚养。确定子女抚养关系，须遵循未成年子女利益最大化原则。具体来说，法院在确定由哪一方直接抚养子女时，须考虑主观因素和客观因素：前者包括父母的意愿、未成年人的意愿、其他人（祖父母和外祖父母）的意愿；后者包括生活环境、经济条件、父母职业、教育条件和教育方式、子女性别、子女和父母的身体状况等。[1]

一般来说，未满2周岁的子女还处于哺乳期，应当依据《民法典》第1084条第3款由母亲直接抚养。对于已满2周岁的子女，《婚姻家庭编司法解释（一）》第46条规定了优先考虑由一方直接抚养的情形。在此基础上，对于已满2周岁的子女，本条规定了一些对父母一方的不利因素，从而优先考虑由另一方直接抚养。据此，在父母双方无法就子女直接抚养达成一致时，如果一方存在本条规定的不利因素之一，人民法院应当优先考虑由另一方直接抚养未成年子女。需要注意的是，所谓优先考虑，是指人民法院根据个案的具体情况可以确定由另一方直接抚养未成年子女，不是必须由另一方直接抚养未成年子女。也就是说，本条规定的情形虽然构成对父母一方的不利因素，但并非绝对地禁止父母一方直接抚养未成年子女。[2] 同时，人民法院在确定直接抚养人时，应

---

[1] 参见朱晓峰：《抚养纠纷中未成年人最大利益原则的评估准则》，载《法律科学（西北政法大学学报）》2020年第6期。

[2] 参见陈宜芳、吴景丽、王丹：《〈关于适用民法典婚姻家庭编的解释（二）〉的理解与适用》，载《人民司法》2025年第3期。

当尊重已满 8 周岁的子女的真实意愿。

一、实施家庭暴力或者虐待、遗弃家庭成员

本条第 1 项规定的家庭暴力，按照《反家庭暴力法》第 2 条，即"家庭成员之间以殴打、捆绑、残害、限制人身自由以及经常性谩骂、恐吓等方式实施的身体、精神等侵害行为"。所谓家庭成员，依据《民法典》第 1045 条第 3 款，包括配偶、父母、子女和其他共同生活的近亲属。将夫妻一方实施家庭暴力作为优先考虑由另一方直接抚养子女的事由，旨在避免未成年子女生活在暴力环境中。直接遭受家庭暴力的未成年子女不仅身心健康受到伤害、自信心和自尊心受到严重打击，而且还可能延续父母一方家庭暴力的习惯，形成惯用暴力解决问题的性格。即使未成年子女未直接遭受家庭暴力，他们也会因目睹其他家庭成员遭受家庭暴力而受到心理伤害。总之，家庭暴力会严重影响未成年子女的健康成长，故由具有家庭暴力倾向的父母一方直接抚养未成年子女，不符合未成年子女利益最大化原则。换言之，在父母双方无法就未成年子女的直接抚养达成一致时，如果没有家庭暴力倾向的父母一方或受害的父母一方具有抚养条件、抚养能力，不宜由具有家庭暴力倾向的父母一方直接抚养未成年子女。

这一立场早已成为司法实践的共识。① 比如，在涉及家庭暴力的离婚案件中，人民法院在判决确定子女直接抚养权归属时，通常从子女利益最大化的原则出发，拒绝由施暴的父母一方直接抚养子女，从而切断家庭暴力的代际传递。② 早在 2008 年 3 月最高人民法院中国应用法学研究所发布的《涉及家庭暴力婚姻案件审理指南》第 63 条第 1 款就规定，在人民法院认定家庭暴力存在的案件中，如果双方对由谁直接抚养未成

---

① 参见广西壮族自治区玉林市中级人民法院（2016）桂 09 民终 941 号民事判决书。
② 参见广东省梅州市中级人民法院（2018）粤 14 民终 953 号民事判决书，湖南省长沙市中级人民法院（2015）长中民一终字第 05368 号民事判决书，湖南省邵阳市中级人民法院（2015）邵中民一终字第 922 号民事判决书。

年子女无法达成一致，原则上应当由受害人直接抚养未成年子女，但受害人自身没有基本的生活来源保障，或者患有不适合直接抚养子女的疾病的除外。2016年最高人民法院《第八次全国法院民事商事审判工作会议（民事部分）纪要》第1条也规定，在审理婚姻家庭案件中，应注重对未成年人权益的保护，特别是涉及家庭暴力的离婚案件，从未成年子女利益最大化的原则出发，对于实施家庭暴力的父母一方，一般不宜判决其直接抚养未成年子女。

此外，在2014年2月，最高人民法院公布了十起涉家庭暴力典型案例。其中，法院在"李某娥诉罗某超离婚纠纷案"的裁判中强调，罗某超长期酗酒，多次酒后实施家庭暴力。子女罗某蔚、罗某海数次目睹父亲殴打母亲，也曾直接遭受殴打，这都给他们身心造成严重伤害，同时也可能造成家庭暴力的代际传递。为避免罗某蔚、罗某海继续生活在暴力环境中，应由李某娥抚养两个子女，罗某超依法支付抚养费。[①] 不仅如此，在2023年11月，最高人民法院在发布的反家庭暴力典型案例之一"刘某某与王某某离婚纠纷案"中明确指出，根据《民法典》第1084条规定，离婚纠纷中，对于已满8周岁的子女，在确定由哪一方直接抚养时，应当尊重其真实意愿。由于未成年人年龄及智力发育尚不完全，基于情感、经济依赖等因素，其表达的意愿可能会受到成年人一定程度的影响，因此，应当全面考察未成年人的生活状况，深入了解其真实意愿，并按照最有利于未成年人的原则判决。本案中，由于儿子表达的意见存在反复，说明其对于和哪一方共同生活以及该生活对自己后续身心健康的影响尚无清晰认识，人民法院慎重考虑王某某的家暴因素，坚持最有利于未成年子女的原则，判决孩子由最有利于其成长的母亲直接抚养，有助于及时阻断家暴代际传递，也表明了对施暴方在法律上予以否

[①] 参见《最高人民法院公布十起涉家庭暴力典型案例》，载最高人民法院公报网，http：//gongbao. court. gov. cn/Details/a5da2b2a791db0241dae1b6ed8e579.html？sw=，2025年3月12日访问。

定性评价的立场。①

具有家庭暴力倾向的父母一方不直接抚养未成年子女的立场，也适用于父母双方离婚后的抚养关系纠纷。比如，父母双方离婚后，直接抚养未成年子女的一方对子女实施家庭暴力，暴力程度远远超过管教子女所需的程度，② 法院可以按照另一方请求变更抚养关系，判决未成年子女由非家暴方直接抚养。③

按照《婚姻家庭编司法解释（一）》第1条的规定，虐待系"持续性、经常性的家庭暴力"。一般来说，采取殴打、冻饿、强迫过度劳动、限制人身自由、恐吓、侮辱、谩骂等手段，对家庭成员的身体和精神进行摧残、折磨，就构成虐待。④ 遗弃，是指负有扶养义务且有扶养能力的人，拒绝扶养年幼、年老、患病或者其他没有独立生活能力的家庭成员。⑤ 依据《婚姻家庭编司法解释（一）》第56条第2项，父母离婚后，与子女共同生活的一方不尽抚养义务或有虐待子女行为，另一方可以向法院请求变更子女抚养关系。⑥ 既然在子女抚养关系确定后，父母一方会因为虐待子女而丧失直接抚养的权利，那么，在离婚且尚未确定子女抚养关系时，为了保护子女的利益，父母一方也应当基于虐待子女而丧失直接抚养的权利。司法实践认为，父母一方在教育孩子时偶有体罚行为，不构成虐待。⑦ 此外，父母一方将子女丢在医院放任不管，虽不构成遗弃，但亦构成法院将子女交由另一方直接抚养的考量因素。⑧

---

① 参见《切勿以爱之名对未成年人实施家庭暴力 最高法发布人民法院反家庭暴力典型案例（第二批）》，载最高人民法院网，https://www.court.gov.cn/zixun/xiangqing/418612.html，2025年4月1日访问。
② 参见甘肃省陇南市（地区）中级人民法院（2020）甘12民终1034号民事判决书。
③ 参见山东省临沂市兰山区人民法院（2017）鲁1302民初1703号民事判决书，江苏省徐州市中级人民法院（2023）苏03民终3112号民事判决书。
④ 参见《办理家庭暴力犯罪案件意见》第17条。
⑤ 参见《办理家庭暴力犯罪案件意见》第17条。
⑥ 参见辽宁省凤城市人民法院（2018）辽0682民初3015号民事判决书。
⑦ 参见重庆市江津区人民法院（2015）津法民初字第07965号民事判决书。
⑧ 参见湖南省株洲市石峰区人民法院（2016）湘0204民初327号民事判决书。

依据本条第 1 项，家庭暴力、虐待、遗弃的对象无须指向未成年子女。在父母双方无法就未成年子女的直接抚养达成一致时，即使父母一方对未成年子女以外的其他家庭成员实施家庭暴力、虐待、遗弃，人民法院仍然应当优先考虑由另一方直接抚养未成年子女。①

二、有赌博、吸毒等恶习

本条第 2 项仅要求夫妻一方具有赌博、吸毒等恶习，无须达到屡教不改的程度，从而与《民法典》第 1079 条第 3 款第 3 项的规定不同。这是因为，为了未成年人的健康成长，父母应当确保未成年人远离赌博行为、避免未成年人吸毒。如果允许具有赌博、吸毒等恶习的父母一方直接抚养未成年子女，可能会对未成年子女的成长造成不利影响。实际上，依据《未成年人保护法》第 17 条第 2 项、第 4 项，未成年人的父母或者其他监护人不得放任、教唆或者利用未成年人实施违法犯罪行为，不得放任、唆使未成年人吸烟（含电子烟）、饮酒、赌博、流浪乞讨或者欺凌他人。不仅如此，依据《未成年人保护法》第 22 条第 3 款第 2 项，有吸毒、酗酒、赌博等恶习的自然人亦不得作为委托监护人。此外，依据《监护人侵害未成年人权益意见》第 35 条第 4 项，监护人有吸毒、赌博、长期酗酒等恶习无法正确履行监护职责或者因服刑等原因无法履行监护职责，且拒绝将监护职责部分或者全部委托给他人，致使未成年人处于困境或者危险状态的，人民法院可以依申请判决撤销其监护人资格。由此可见，本条第 2 项与上述法律、司法解释的精神保持一致，从最有利于未成年人的角度出发，为了确保未成年子女健康成长，父母一方具有赌博、吸毒恶习的，无须达到屡教不改的程度，法院即可优先考虑由另一方直接抚养子女。

---

① 参见张荣丽：《家暴致离婚案件子女抚养权归属审判研究——从儿童保护法律视角对调研结果及典型案例的分析》，载《妇女研究论丛》2017 年第 1 期。

在我国司法实践中,父母一方具有赌博、①吸毒恶习的,②尤其是父母一方处于强制戒毒期间、③因毒品类犯罪服刑期间,④法院通常会判决未成年子女由另一方直接抚养。这不仅适用于离婚纠纷,也适用于抚养关系变更纠纷,从而,人民法院会应申请将吸毒一方的抚养权变更至另一方。⑤实际上,父母一方具有赌博、吸毒恶习,属于《婚姻家庭编司法解释(一)》第46条第4项中的"有其他不利于子女身心健康的情形"。

不过,父母一方虽然有吸毒恶习,但存在以下情形且另一方也同意的,法院可能会同意由夫妻一方直接抚养子女:(1)父母一方的父母愿意照顾未成年子女;⑥(2)子女长期与父母一方及其父母共同生活,已经形成相对稳定的生活环境。⑦此外,父母一方虽然曾经有过吸毒恶习,但在确定子女抚养关系时已经彻底戒毒的,⑧考虑子女与父母一方长期共同生活,⑨法院可能会判令父母一方直接抚养子女。与此类似,父母

---

① 参见海南省高级人民法院(2023)琼民申1596号民事裁定书,河南省武陟县人民法院(2020)豫0823民初4395号民事判决书,江苏省南京市六合区人民法院(2016)苏0116民初441号民事判决书,湖南省长沙市岳麓区人民法院(2014)岳民初字第05920号民事判决书,广东省揭阳市揭东区人民法院(2015)揭东法民一初字第57号民事判决书。
② 参见浙江省宁波市镇海区人民法院(2014)甬镇民初字第1088号民事判决书,广东省佛山市南海区人民法院(2016)粤0605民初8672号民事判决书,甘肃省白银市平川区人民法院(2020)甘0403民初1864号民事判决书,山西省武乡县人民法院(2021)晋0429民初461号民事判决书,江西省景德镇市珠山区人民法院(2021)赣0203民初35号民事判决书。
③ 参见北京市第三中级人民法院(2016)京03民终1436号民事判决书,云南省昆明市中级人民法院(2015)昆民二终字第981号民事判决书,江苏省无锡市锡山区人民法院(2017)苏0205民初893号民事判决书,广东省徐闻县人民法院(2017)粤0825民初1298号民事判决书。
④ 参见广东省佛山市南海区人民法院(2016)粤0605民初8672号民事判决书,河北省保定市徐水区人民法院(2017)冀0609民初1096号民事判决书。
⑤ 参见广东省廉江市人民法院(2016)粤0881民初1206号民事判决书,湖南省花垣县人民法院(2017)湘3124民初968号民事判决书。
⑥ 参见广西壮族自治区来宾市兴宾区人民法院(2016)桂1302民初2874号民事判决书,广西壮族自治区横州市人民法院(原广西壮族自治区横县人民法院)(2016)桂0127民初404号民事判决书。
⑦ 参见广西壮族自治区横州市人民法院(2016)桂0127民初514号、(2016)桂0127民初886号民事判决书。
⑧ 参见甘肃省庆阳市(地区)中级人民法院(2014)庆中民终字第640号民事判决书。
⑨ 参见广东省江门市中级人民法院(2015)江中法民一终字第101号民事判决书,广东省汕头市潮阳区人民法院(2020)粤0513民初428号民事判决书。

一方以直接抚养未成年子女的一方存在吸毒恶习为由，请求变更抚养关系，由自己直接抚养未成年子女的，如果直接抚养未成年子女的一方已经戒毒成功，人民法院可能会驳回变更抚养关系的申请。① 即使父母一方处于强制戒毒期间，在另一方同意的情形下，② 父母一方的父母愿意照顾未成年子女，③ 法院可能会同意由强制戒毒的夫妻一方直接抚养子女。

本条确认了司法实践的立场，在父母双方无法就未成年子女的直接抚养达成一致时，将一方具有赌博、吸毒恶习作为优先考虑另一方直接抚养未成年子女的因素。

三、重婚、与他人同居或者其他严重违反夫妻忠实义务情形

父母一方重婚、与他人同居或者存在其他严重违反夫妻忠实义务的情形，会给未成年子女的心理健康带来负面影响，使未成年子女缺乏安全感，并感到背叛、困惑甚至抑郁。同时，严重违反忠实义务的行为可能导致家庭关系紧张，不利于未成年子女的健康成长，甚至会影响未成年子女对婚姻关系、两性关系的认识。未成年子女可能对婚姻关系产生怀疑，对伴侣的忠诚度存在根深蒂固的不信任或者警惕心理。此外，未成年子女可能走向另外一个极端，即观察和模仿父母一方的不忠行为，认为违反忠实义务的行为是可以接受的，从而影响未成年子女道德价值观的形成。

实际上，父母一方严重违反忠实义务的，如母亲离家出走、与婚外男性同居生女并对婚生子女不闻不问，④ 一般足以表明父母一方对家庭严重不负责任。作为监护人，父母对未成年子女负有教育义务，应当教育和引导未成年人遵纪守法、勤俭节约，养成良好的思想品德和行为习惯。父母对未成年子女的教育不仅体现在学业层面，还体现在价值观、

---

① 参见广东省东莞市中级人民法院（2017）粤 19 民终 5366 号民事判决书。
② 参见北京市平谷区人民法院（2015）平民初字第 02628 号民事判决书。
③ 参见湖南省龙山县人民法院（2020）湘 3130 民初 145 号民事判决书。
④ 参见安徽省太和县人民法院（2017）皖 1222 民初 3517 号民事判决书。

人生观、世界观等思想道德层面。严重违反忠实义务的父母一方未必能在思想道德层面给未成年子女树立良好的榜样,尽到教育义务。实际上,父母一方因构成重婚罪而入狱服刑的,客观上也无法直接抚养未成年子女。① 当然,父母一方因构成重婚罪被判处缓刑的,考虑到未成年子女长期与父母一方共同生活,为了避免贸然改变未成年子女的生活环境,人民法院仍然可能判决由重婚的父母一方直接抚养未成年子女。②

因此,父母一方重婚、与他人同居或者存在其他严重违反夫妻忠实义务导致父母双方离婚的,由违反忠实义务的父母一方直接抚养未成年子女,可能不利于未成年子女的健康成长。③ 据此,在父母双方无法就离婚后未成年子女的直接抚养达成一致时,如果父母一方重婚、与他人同居或者存在其他严重违反夫妻忠实义务的情形,人民法院在确定未成年子女抚养关系时,应当将上述事实作为对父母一方的不利因素纳入考量。当然,在母亲屡次严重违反忠实义务导致离婚的情形中,如果母亲认识到自身错误且确有悔意,考虑到年幼的未成年子女长期由母亲照顾,人民法院可以判决由母亲直接抚养未成年子女。

四、抢夺、藏匿未成年子女且另一方不存在本条第 1 项或者第 2 项等严重侵害未成年子女合法权益情形

《未成年人保护法》第 24 条第 1 款规定:"未成年人的父母离婚时,应当妥善处理未成年子女的抚养、教育、探望、财产等事宜,听取有表达意愿能力未成年人的意见。不得以抢夺、藏匿未成年子女等方式争夺抚养权。"然而,在实践中,当夫妻感情恶化时,夫妻一方可能会抢夺、藏匿未成年子女,确保未成年子女由自己直接抚养。然而,抢夺、藏匿

---

① 参见安徽省东至县人民法院(2014)东民一初字第 00208 号民事判决书,福建省诏安县人民法院(2014)诏民初字第 1491 号民事判决书。
② 参见甘肃省白银市平川区人民法院(2020)甘 0403 民初 86 号民事判决书。
③ 参见浙江省台州市中级人民法院(2014)浙台民终字第 929 号民事判决书,重庆市綦江区人民法院(2015)綦法民初字第 04414 号民事判决书,贵州省六盘水市钟山区人民法院(2015)黔钟民初字第 1253 号民事判决书,福建省霞浦县人民法院(2015)霞民初字第 2584 号民事判决书。

未成年子女会阻隔未成年子女与父母之间的情感纽带和正常交流，干扰和影响了年龄尚幼、心智尚未成熟的未成年子女思想，不利于未成年子女的健康成长，违背了未成年子女利益最大化原则。也就是说，抢夺、藏匿未成年子女不仅损害了另一方父母对未成年子女的监护权利，还对未成年子女造成了精神上的伤害。

父母一方抢夺、藏匿未成年子女是否影响未成年子女抚养权的归属，司法实践存在分歧。有法院认为，虽然父母一方抢夺、藏匿了子女，但在父母双方均具有抚养条件且没有证据显示任何一方存在不利于未成年子女成长的情形中，抢夺、藏匿未成年子女的父母一方仍然可以直接抚养未成年子女。① 这一立场的理由在于，考虑到被抢夺、藏匿的未成年子女一直与抢夺、藏匿的父母一方长期生活，依据《婚姻家庭编司法解释（一）》第46条第2项，为了避免未成年子女生活环境骤然改变从而影响其成长，有必要维持未成年子女的生活现状。然而，这一立场无异于鼓励夫妻一方在陷入离婚纠纷时抢夺、藏匿未成年子女，使未成年子女与自己共同生活成为既定事实，从而取得抚养权。因此，有法院认为，在父母一方抢夺、藏匿未成年子女的情形中，任何人不能以违法行为所造成的既成事实为由，获取相应的权利，从而由另一方直接抚养未成年子女。② 这一点也适用于父母双方离婚后的变更抚养关系纠纷。不直接抚养未成年子女的父母一方抢夺、藏匿未成年子女并请求变更抚养关系的，人民法院不会支持该方的请求。③ 此外，父母一方抢夺、藏匿未成年子女，导致未成年子女求学环境变差，不利于未成年子女成长的，人民法院会判决未成年子女由另一方直接抚养。④

在父母双方无法就未成年子女的直接抚养达成一致时，本条将抢夺、

---

① 参见广东省广州市番禺区人民法院（2022）粤0113民初18141号民事判决书。
② 参见河北省安平县人民法院（2020）冀1125民初1704号民事判决书。
③ 参见广东省高级人民法院（2020）粤民申5748号民事裁定书。
④ 参见山东省利津县人民法院（2020）鲁0522民初1107号民事判决书。

藏匿未成年子女的行为作为对行为方的不利因素之一，由人民法院在确定抚养关系时纳入考虑，从而优先由另一方直接抚养未成年子女。当然，如果父母一方已经具备了本条第1项、第2项的情形，人民法院就已经可以考虑优先由另一方直接抚养子女。具体来说，对于未满2周岁的未成年子女，原则上应当由母亲直接抚养，不适用本条规定；对于年满2周岁的未成年子女，在父母双方均具备抚养条件时，如果父母一方抢夺、藏匿未成年子女，应当优先考虑另一方直接抚养子女。这是因为，抢夺、藏匿未成年子女的行为表明父母一方不能理性地处理纠纷、化解矛盾，由其直接抚养未成年子女对后者未必有利。[①] 对于已满8周岁的未成年子女，在确定抚养关系时应当尊重其真实意愿。在父母一方抢夺、藏匿年满8周岁未成年子女的情形中，未成年子女的真实意愿应当是在不受父母一方影响时的真实意愿。当然，抢夺、藏匿未成年子女只是确定抚养关系时需要考虑的因素之一，即使父母一方有抢夺、藏匿子女的行为，人民法院也并非必须判决未成年人子女由另一方直接抚养。在这种情形中，人民法院仍然应当遵循未成年子女利益最大化原则，综合考虑父母双方的抚养条件、子女意愿等因素，从而抢夺、藏匿未成年子女的父母一方亦有可能取得抚养权。[②] 此时，另一方可以依据《侵权责任编司法解释（一）》第1条、第2条请求父母一方承担侵权责任。

五、其他不利于未成年子女身心健康的情形

本条第5项属于兜底性规定，由法官根据个案的具体情况，依据最有利于未成年子女原则来适用。父母一方必须存在不利于未成年子女身心健康的情形，人民法院才应当优先考虑另一方直接抚养子女。如果父母一方实施了《民法典》第36条第1款、《监护人侵害未成年人权益意

---

① 参见王丹：《抢夺、藏匿未成年子女法律问题研究》，载《法律适用》2024年第1期。
② 参见王丹：《抢夺、藏匿未成年子女法律问题研究》，载《法律适用》2024年第1期。不同意见，参见张荣丽：《家暴致离婚案件子女抚养权归属审判研究——从儿童保护法律视角对调研结果及典型案例的分析》，载《妇女研究论丛》2017年第1期。

见》第 35 条规定的严重侵害被监护人合法权益的行为，已经足以由人民法院判决撤销监护人资格。与此相对，父母子女的关系，不因父母离婚而消除，离婚后，子女无论由父或母直接抚养，仍是父母双方的子女。离婚的父母双方仍为未成年子女的监护人，仍有抚养、教育、保护的权利和义务。在评价上，比起取消直接抚养子女的权利，撤销监护人资格属于更严重的"制裁"。进而，基于举轻以明重的法理，如果父母一方实施了《民法典》第 36 条第 1 款、《监护人侵害未成年人权益意见》第 35 条规定的严重侵害被监护人合法权益的行为，法院就应当考虑由另一方直接抚养未成年子女。

当然，父母双方均为未成年子女的监护人，因此，即使父母一方没有尽到监护职责，另一方也需要尽到监护职责。倘若父母双方都未尽监护职责，导致未成年子女面临死亡或者严重伤害危险、流离失所或者生活无着、处于困境或者危险状态的，法院不宜以父母一方未尽到监护职责为由，将未成年子女交由另一方直接抚养。因此，《民法典》第 36 条第 1 款第 2 项、《监护人侵害未成年人权益意见》第 35 条第 2 项至第 4 项规定的情形，不属于本条第 5 项的适用范围。一般来说，其他不利于未成年子女身心健康的情形可能包括：性侵害、出卖、暴力伤害未成年人，严重损害未成年人身心健康的；胁迫、诱骗、利用未成年人乞讨，经公安机关和未成年人救助保护机构等部门三次以上批评教育拒不改正，严重影响未成年人正常生活和学习的；教唆、利用未成年人实施违法犯罪行为，情节恶劣的。

◆ 疑点与难点

不利因素的参考意义

在实践中需要注意的是，如果父母均要求直接抚养已满 2 周岁的未成年子女，人民法院在确定子女由哪一方直接抚养时，需要根据个案的具体情况综合考虑，包括子女的生活环境、父母双方的经济条件、父母双方的教育条件和教育方式、父母双方的生育能力、父母双方的子女数量、未成年子女的性别、未成年子女的个人意愿、未成年子女和父母的身体状况等因素。父母一方存在本条规定情形的，构成争取直接抚养权的不利因素，但人民法院并不能直接以此为由将子女交由另一方直接抚养。也就是说，即使父母一方存在本条规定的不利因素，但是考虑到另一方的情况，人民法院在充分考虑子女利益的基础上，确定由父母一方直接抚养子女。

◆ **典型案例**

谢某梅诉贺某阳离婚纠纷案[1]

——涉家庭暴力离婚纠纷案件的先行判决及抚养费支付方式的确定

裁判要旨：1. 对于在离婚纠纷中涉及的准予离婚、子女抚养、财产分割、债务处理等事项，短时间内难以全部查清，而一方当事人又遭受家庭暴力，人民法院认定夫妻感情确已破裂的，可以依据《民事诉讼法》第156条的规定，先行判决解除双方夫妻关系和处理其他已经查明的相关诉讼请求；待查明全部事实后，再对其他诉讼请求进行判决。

2. 在审理涉家庭暴力离婚纠纷案件中，应当综合考虑当地实际生活水平、子女成长开支、双方当事人的经济条件、收入情况及定期给付抚养费对被家暴当事人身心健康的影响，妥当确定抚养费支付方式。对于不直接抚养子女一方具备一次性给付的经济基础，且存在危害对方身心健康风险的，人民法院对一次性支付抚养费用的请求依法予以支持。

（本条由缪宇撰写）

---

[1] 参见人民法院案例库参考案例（入库编号：2024-07-2-014-001）。

> 第十五条 【父母处分以共同财产购买并登记在未成年子女名下房屋的效力】
>
> 父母双方以法定代理人身份处分用夫妻共同财产购买并登记在未成年子女名下的房屋后，又以违反民法典第三十五条规定损害未成年子女利益为由向相对人主张该民事法律行为无效的，人民法院不予支持。

◆ 条文要旨

本条是关于父母处分用夫妻共同财产购买并登记在未成年子女名下房屋的行为效力的规定。

◆ 理解与适用

一、父母以夫妻共同财产出资并登记在未成年子女名下房屋的归属

婚姻关系存续期间，父母以夫妻共同财产出资购买房屋但登记在未成年子女名下的情况较为普遍，由此引发了房屋归属争议和处分效力的双重争议，涉及保护未成年子女利益和保护市场交易安全价值之间的平衡。

对于未成年子女名下房屋的归属，学理和实务形成了"家庭共有说""夫妻共有说"和"父母赠与子女个人所有说"三种截然不同的观点，[①] 由此相应地形成了不同理由支撑下的"处分有效说"和"处分无效说"等观点。"家庭共有说"实质上体现了家庭整体主义视角下的财产混同观念，父母财产实际上是与子女利益混为一体的家庭财产，而非与子女财产严格区分的、纯粹的夫妻财产，即便父母将房屋登记在子女

[①] 参见夏昊晗：《亲子间赠与、债权人保护与未成年人名下房产所有权归属的认定——王雲轩、贺珠明执行异议之诉一案评析》，载《华东政法大学学报》2019年第3期。

名下，仍不改变其仍是家庭共有财产的本质。① 此外，实务中还有法院基于保护债权人利益的理由，认为父母以夫妻共同财产出资购买房屋但登记在未成年子女名下的行为存在逃避债务、规避执行的嫌疑，将房屋认定为家庭共有财产。② "夫妻共有说"和"父母赠与子女个人所有说"一定程度上体现了父母财产与子女财产的隔离，前者关注购房出资来源在权属认定中的重要性，将父母出资购买的房屋认定为夫妻共同财产的转化，不能仅依据不动产登记判断房屋归属。③ 后者认为如果符合赠与的相应要件，则应根据不动产登记确定房屋归未成年子女所有。不过，在审查时需严格把握赠与意思的识别标准，防止父母通过将房屋登记在未成年子女名下的方式减少责任财产以逃避债务，损害债权人利益。实践中，法院认为父母共同出资购房登记在未成年子女名下可能出于多种因素考虑，通常会先审查父母购房登记时是否存在真实的赠与意思，若存在，则认定为未成年子女个人所有；若不存在，则认定为夫妻共有。④ 此外，还有少数法院认为父母赠与财产给未成年子女，同时又作为法定代理人接受赠与，此时赠与人与接受赠与人均为未成年人的父母，导致自己与自己发生民事法律关系，该行为无法成立赠与。对此，否定了亲子间赠与的效力。⑤

---

① 参见常鹏翱：《物权法的"希尔伯特问题"》，载《中外法学》2022年第2期。类似的案例观点可参见李某某与李某甲等申请执行人执行异议之诉案，最高人民法院（2020）最高法民申6800号民事裁定书。
② 参见范某诉褚某某、范某某案外人执行异议之诉案，山东省泰安市中级人民法院（2021）鲁09民终4238号民事判决书。
③ 参见高某诉高某某、杨某某第三人撤销之诉纠纷案，江西省高级人民法院（2017）赣民终463号民事判决书。
④ 参见隗某甲诉张某、隗某2离婚后财产纠纷案，北京市第二中级人民法院（2018）京02民终198号民事判决书；周某甲诉李某、周某乙合同纠纷案，广东省高级人民法院（2019）粤民申2968号民事裁定书；何某甲、何某乙诉李某某、吴某某案外人执行异议之诉案，江苏省高级人民法院（2018）苏民再2号民事判决书。也有法院直接根据不动产登记推定未成年子女为房产所有权人，参见最高人民法院（2020）最高法民申5648号民事裁定书。
⑤ 参见樊某某诉刘某某案外人执行异议之诉案，重庆市渝北区人民法院（2022）渝0112民初35476号民事判决书；莫某某诉刘某甲、刘某乙申请执行人执行异议之诉案，广东省阳江市中级人民法院（2020）粤17民终935号民事判决书。

本条规定并未直接回应在房屋归属上采纳上述的"家庭共有说""夫妻共有说"还是"父母赠与子女个人所有说",但其隐含了该房屋属于未成年子女的立场。如果房屋属于夫妻双方,自然不存在代理处分的问题,子女并非为父母代持房屋。在代持关系下,父母不可能成立代理处分关系。

二、父母代理处分行为的效力

本条后半句之所以否定其无效主张并不是以诚信原则修正无效规则的适用,而是强调父母子女利益的一致性。用夫妻共同财产购买并登记在未成年子女名下的房屋虽然属于未成年子女,但父母往往是基于家庭利益的考虑以法定代理人的身份处分该房屋。不能孤立看待子女的利益和父母的利益,如父母以个体工商户形式经营家庭餐馆,为扩大经营规模,将子女的房产抵押给银行贷款。表面上看,这一行为与未成年子女的利益无关,实际上父母扩大生产经营的行为也是为了给家庭创造更好的生活条件。父母的代理处分也不会影响其对子女的抚养义务。本条规定不能类推适用于非父母监护,难以从非父母监护中推定出这种利益的一致性。父母子女关系中存在利益一致的信任假设,[①] 而非父母监护中不存在这种信任假设。非父母监护人的代理处分行为仍需适用《民法典》第35条的规定,检验其是否符合未成年人利益,即使诉争财产系非父母监护人赠与所得。

父母单方代理处分不适用本条规定。由于处分未成年人名下房屋属于重大事项,不管父母双方是否共同直接抚养未成年子女,该事项均应由作为监护人的双方共同决定。如果其中一方父母擅自以代理人身份处分双方以夫妻共同财产出资为子女购买的房屋,即属于无权代理,除非构成表见代理,否则该行为不对未成年子女发生效力。

[①] 参见刘征峰:《被忽视的差异——〈民法总则(草案)〉"大小监护"立法模式之争的盲区》,载《现代法学》2017年第1期。

第十五条 【父母处分以共同财产购买并登记在未成年子女名下房屋的效力】 173

父母双方代理处分非以夫妻共同财产购买并登记在未成年子女名下的房屋能否类推适用本条规定，需要视情况而定。如果该房屋系一方父母以个人财产出资购买，则该方父母的代理处分与其子女利益通常也难以区分。在双方均同意代理处分的情形下，仍然可推定具有利益一致性。如果登记在未成年子女名下的房屋并非父母双方或者一方出资，而是第三人出资或者以未成年人自有资金（如劳务报酬、奖金等）出资，不能类推适用本条规定。这是因为在诉争财产范围内，父母的利益和子女的利益是脱离的，仍需适用《民法典》第 35 条的规定。此时，诚信原则亦不能当然修正无权代理之后果，需要进行细致利益衡量。原则上不宜承认此种情形中诚信原则的修正功能，权利受到损害的相对人可以直接向父母主张侵权责任。

本条所称处分应作广义理解，不局限于狭义的处分行为。因此，不仅父母代为实施的买卖、设定抵押、设定居住权、让与担保等行为适用本条规定，父母代为实施的出租、借用等行为亦可适用本条规定。

◆ 疑点与难点

夫妻赠与未成年子女财产的归属

本条规定未明确夫妻能否赠与未成年子女财产的归属问题。学界及实务界对于父母能否对未成年子女实施赠与仍有争议。有法院认为，未成年子女的行为需由父母代理，若认可父母对未成年子女的赠与行为，则赠与人与受赠人均为父母，实质上是在自己与自己之间实施民事法律行为，该行为不可能发生合同法上的效力。[1] 代理人为完成代理任务而缔约时，有可能与被代理人的利益产生冲突，自己代理即为典型情形。[2]

---

[1] 参见徐某甲诉徐某乙、谭某某所有权确认纠纷案，北京市第一中级人民法院（2020）京 01 民终 1749 号民事判决书；贾某诉杨某等民间借贷纠纷、案外人执行异议之诉案，山西省吕梁市中级人民法院（2015）吕民一终字第 466 号民事判决书；高某诉高某某、杨某某第三人撤销之诉上诉案，江西省高级人民法院（2017）赣民终 463 号民事判决书。
[2] 参见谢鸿飞：《代理部分立法的基本理念和重要制度》，载《华东政法大学学报》2016 年第 5 期。

关键在于明确父母赠与未成年子女房屋是否与子女利益存在冲突。"未成年子女作为无民事行为能力人或者限制民事行为能力人，接受赠与属于纯获利益的法律行为，禁止自我代理的观点难以立足。"①

不能从父母用夫妻共同财产购买并登记在未成年子女名下的行为当然推定出其有赠与的意思。在缺乏明确赠与意思时，需要综合考量购房背景、父母双方购房资金来源、父母双方债权债务情况等因素确定是否存在赠与的意思表示。即使存在明确的赠与意思，也可能构成虚伪表示，以实现逃避债务、规避限购等目的，子女可能只是名义权利人。如果能够证明父母不具有真实的赠与意思，则该房屋不属于子女，父母名义上的代理处分行为实际上是为自己处分，对双方直接发生效力。此时，父母的债权人亦可要求执行该房屋。②

如果父母双方对子女的赠与系真实意思表示，父母的债权人不能直接要求执行该房屋，如果赠与发生在父母对第三人负担债务之后，如符合《民法典》第538条规定的债权人撤销权要件，第三人可主张撤销该赠与行为。③ 赠与行为撤销后，房屋属于父母的责任财产，第三人可要求执行该房屋。

◆ **典型案例**

某银行苏州分行与陈某某、某织造公司等金融借款合同纠纷④

裁判要旨：法院认为，首先，《民法总则》第19条规定："八周岁以上的未成年人为限制民事行为能力人，实施民事法律行为由其法定代理人代理或者其经法定代理人同意、追认，但是可以独立实施纯获利益

---

① 刘征峰：《论身份关系与财产变动公示的体系牵连》，载《法制与社会发展》2024年第2期。
② 参见李某某申请执行刘某某、乌苏某某社民间借贷纠纷案，新疆维吾尔自治区奎屯市人民法院（2024）新4003执异39号执行裁定书。
③ 参见钱某诉沈某某等案外人执行异议之诉案，浙江省高级人民法院（2017）浙民再140号民事判决书。
④ 参见江苏省苏州市中级人民法院（2017）苏05民终7469号民事判决书。

的民事法律行为或者与其年龄、智力相适应的民事法律行为。"本案中，在对案涉房产设定抵押时，陈某某系限制民事行为能力人，其父母作为其法定代理人，代理陈某某作出了相应的民事法律行为，符合法律规定。陈某某以其自身不能作出有效的意思表示为由主张设定抵押的民事法律行为无效，缺乏依据，不能成立。其次，陈某系某织造公司的法定代表人、股东，故某织造公司的经营状况与陈某及其未成年子女陈某某的经济利益直接正相关。故陈某、杨某某作为陈某某的父母、监护人，以其与陈某某共同共有的房屋为某织造公司的借款提供担保，是为了更好地经营某织造公司，与家庭利益并不冲突，亦不违反有利于被监护人的财产处分原则。因此，陈某某主张设定抵押行为并非为其自己的利益，进而主张设定抵押无效，不能成立。最后，在设定抵押过程中，陈某、杨某某作为陈某某的法定代理人，代理陈某某作出抵押意思表示。某银行苏州分行作为抵押权人并不存在过错，其主张抵押权有效设立，可以成立。如陈某某认为其监护人未能尽到监护义务，侵害其权利，可以另行向监护人主张救济。

（本条由刘征峰撰写）

第十六条　【不负担抚养费约定的效力】

离婚协议中关于一方直接抚养未成年子女或者不能独立生活的成年子女、另一方不负担抚养费的约定，对双方具有法律约束力。但是，离婚后，直接抚养子女一方经济状况发生变化导致原生活水平显著降低或者子女生活、教育、医疗等必要合理费用确有显著增加，未成年子女或者不能独立生活的成年子女请求另一方支付抚养费的，人民法院依法予以支持，并综合考虑离婚协议整体约定、子女实际需要、另一

> 方的负担能力、当地生活水平等因素，确定抚养费的数额。
>
> 前款但书规定情形下，另一方以直接抚养子女一方无抚养能力为由请求变更抚养关系的，人民法院依照民法典第一千零八十四条规定处理。

◆ 条文要旨

本条规定的是父母双方关于一方不负担抚养费约定的效力。

◆ 理解与适用

本条是对《民法典》第1085条第2款的深化。依据《民法典》第1085条第2款，关于子女抚养费给付的协议或者判决，不妨碍子女在必要时向父母任何一方提出超过协议或者判决原定数额的合理要求。本条在此基础上作了进一步规定，父母双方关于一方不负担抚养费的约定，不影响未成年子女、不能独立生活的成年子女对一方享有的抚养费请求权。未成年人是指未满18周岁的自然人。不过，16周岁以上、以自己的劳动收入为主要生活来源的未成年人视为完全民事行为能力人，原则上不得再要求父母支付抚养费，并在具有负担能力时应当对缺乏劳动能力或者生活困难的父母支付赡养费。[①] 不能独立生活的成年子女，依据《婚姻家庭编司法解释（一）》第41条，是指尚在校接受高中及其以下学历教育，或者丧失、部分丧失劳动能力等非因主观原因而无法维持正常生活的成年子女。

一、不负担抚养费约定的性质

在实践中，父母一方可能以不要求另一方支付抚养费为条件，来

---

① 参见戴孟勇：《劳动成年制的理论与实证分析》，载《中外法学》2012年第3期。

"换取"直接抚养子女的权利。此外，父母双方可能各自直接抚养一名子女，从而约定互相不负担抚养费。[1]依据本条规定，这种父母一方直接抚养子女、另一方不负担抚养费的约定，对父母双方具有约束力，但对子女不具有约束力。实际上，就未成年子女的抚养而言，我国司法实践一般也认为，夫妻一方负担全部抚养费的约定对未成年子女不生效力。从理由上来看，司法实践主要分为两种立场：（1）夫妻双方约定由一方负担全部抚养费的，仅涉及抚养费负担主体，不影响未成年子女的抚养权利；[2]（2）夫妻双方约定由一方负担全部抚养费的，该约定损害未成年子女的利益，从而对未成年子女没有法律效力。[3]严格来说，由一方负担抚养费的约定，可以从债务免除、履行承担两个角度来观察。

所谓债务免除，是指父母一方作为未成年子女的法定代理人，免除另一方对未成年子女负担的抚养费债务，从而父母一方完全承担了抚养费之债。免除行为作为处分行为，通常存在负担行为作为原因行为，既可有偿亦可无偿，比如赠与。[4]倘若父母双方以法定代理人的身份订立赠与合同、父母一方代理未成年子女放弃对另一方的抚养费债权，[5]构成代理人与相对人恶意串通损害被代理人合法利益的行为。进而，该约定依据《民法典》第164条第2款、第154条无效。[6]即使承认免除行为为无因行为，[7]依据《民法典》第35条第1款，放弃抚养费债权的处

---

[1] 参见内蒙古自治区赤峰市元宝山区人民法院（2016）内0403民初602号民事判决书，山西省柳林县人民法院（2022）晋1125民初1138号民事判决书。
[2] 参见安徽省怀宁县人民法院（2021）皖0822民初3735号民事判决书。
[3] 参见山西省运城市中级人民法院（2016）晋08民终78号民事判决书，天津市静海区人民法院（2016）津0118民初286号民事判决书，吉林省公主岭市人民法院（2019）吉0381民初3019号民事判决书，陕西省蒲城县人民法院（2020）陕0526民初1980号民事判决书，山东省东明县人民法院（2022）鲁1728民初3849号民事判决书。
[4] 参见崔建远：《合同法》（第五版），北京大学出版社2024年版，第341页。
[5] 将"不负担抚养费的约定"理解为放弃权利的裁判，如黑龙江省牡丹江市爱民区人民法院（2019）黑1004民初1368号民事判决书。
[6] 《德国民法典》第1614条第1款就明确规定，不得为将来放弃抚养请求权。
[7] 参见崔建远：《合同法》（第五版），北京大学出版社2024年版，第341页。

分行为不生效力；如果认为《民法典》第35条第1款限制的是夫妻一方的代理权限，那么，就放弃抚养费债权的处分行为因夫妻一方欠缺代理权限而不生效力；如果认为《民法典》第35条第1款限制的是夫妻一方的处分权限，那么，就放弃抚养费债权的处分行为因夫妻一方欠缺处分权限而不生效力。在这种情形下，为了保护未成年子女的利益，无须认定免除行为效力待定。采纳效力待定模式甚至会陷入矛盾：在效力待定模式下，逻辑上子女可以在取得完全民事行为能力后追认，但此时子女可能因抚养需求获得满足而丧失抚养请求权。不仅如此，如果承认恶意串通规则可适用于有相对人的单方行为，那么，免除作为有相对人的单方法律行为亦可适用恶意串通规则。此时，由父母一方实施且以另一方作为相对人的免除行为，仍可依据恶意串通规则被认定为无效。

实际上，采纳债务免除说与《民法典》第1085条第2款存在矛盾。既然子女在必要时可以针对父母任何一方提出超过协议数额的合理要求，那么，抚养费约定对子女就没有拘束力。同时，债务免除说无法适用于无法独立生活的成年子女，父母双方并非成年子女的法定代理人，不能经由代理来免除父母一方对成年子女的抚养义务。此外，债务免除说也不符合离婚协议的实践操作。倘若父母一方作为子女的法定代理人免除另一方对子女的抚养费债务，父母一方仍须遵循代理的显名原则。然而，子女抚养条款属于离婚协议的一部分，父母在订立离婚协议约定一方无须支付抚养费时，不可能显示子女的姓名，强调子女为该抚养条款的当事人。

所谓履行承担，是指父母双方作为抚养之债的债务人订立约定。也就是说，倘若父母双方以自己的名义订立上述约定，该约定仅约束父母双方，不影响子女的抚养费给付请求权。这一立场的理由在于，父母双

第十六条 【不负担抚养费约定的效力】 179

方均对子女负担抚养义务，父母双方系抚养之债的连带债务人，① 子女系抚养之债的债权人。父母双方以抚养之债的债务人身份订立上述约定的，属于债务人之间达成的履行承担协议。② 基于履行承担协议，承担人负有义务，消灭债务人对债权人负担的债务，使债务人从债务的拘束中解脱出来，或者以其他方式避免债务人被债权人诉请要求清偿。③ 抚养费给付之债属于金钱债务，父母双方均可为之，无须不直接抚养子女的一方亲自履行，故可以适用履行承担由直接抚养子女的一方给付。因此，父母双方约定一方无须支付抚养费的，不影响子女对父母一方享有的抚养费给付请求权。④ 只是在子女请求父母一方给付抚养费时，依据约定无须支付抚养费的父母一方得请求直接抚养子女的另一方消灭前者对子女承担的抚养费给付义务。于是，父母双方在离婚协议中约定，不直接抚养子女的一方无须支付抚养费的，仅涉及父母双方关于抚养费债务履行的内部关系，子女仍然对父母双方享有抚养请求权。⑤ 不直接抚养子女的一方不得以自身没有给付能力为由拒绝给付抚养费。⑥ 当然，父母双方是否存在不直接抚养子女的父母一方无须支付抚养费的约定，要基于法律行为的解释规则来判断。一般来说，父母双方须在离婚协议

---

① 依据《德国民法典》第1606条第3款第1句，父母双方作为按份债务人对子女负担抚养义务，父母双方各自的份额按照收入状况和财产状况（Erwerbs- und Vermögensverhältnissen）确定。参见 [德] 迪特尔·施瓦布：《德国家庭法》（第五版），王葆莳译，法律出版社2022年版，第533页；[德] 玛丽娜·韦伦霍菲尔：《德国家庭法》（第六版），雷巍巍译，中国人民大学出版社2023年版，第216页。Vgl. Auch MüKoBGB/Langeheine, 9. Aufl. 2024, BGB § 1606 Rn. 6. 采纳按份责任模式的原因，在于避免夫妻双方之间的追偿困难。Vgl. HKK/Schlinker, §§ 1601-1615o, Rn. 141. 然而，由于子女通常不了解父母双方的收入状况和财产状况，主张抚养费的子女必须同时起诉父母双方，提出自己的抚养总需求，并由法院确定父母双方各自负担的份额。Vgl. Gernhuber/Coester-Waltjen, Familienrecht, 7. Aufl., C. H. Beck, § 47 Rn. 41.
② Vgl. BGH NJW 2009, 1667, 1668; MüKoBGB/Langeheine, 9. Aufl. 2024, BGB § 1614 Rn. 13; Staudinger/Klinkhammer (2022) BGB § 1614 Rn. 16.
③ Vgl. MüKoBGB/Gottwald, 9. Aufl. 2022, BGB § 329 Rn. 1.
④ 参见王雷：《论身份关系协议对民法典合同编的参照适用》，载《法学家》2020年第1期。
⑤ 参见夏江皓：《〈民法典〉第1067条第1款（子女对父母的抚养费给付请求权）评注》，载《南京大学学报（哲学·人文科学·社会科学）》2022年第4期。
⑥ 参见吉林省农安县人民法院（2020）吉0122民初1000号民事判决书。不同意见，参见辽宁省营口市站前区人民法院（2020）辽0802民初1243号民事判决书。

中明确约定，不直接抚养子女的一方无须支付抚养费。如果在离婚协议中，父母双方就不直接抚养子女的一方承担抚养费金额未作约定，不能解释为不直接抚养子女的一方无须支付抚养费。① 子女对不直接抚养子女的父母一方仍然享有抚养费请求权。②

由是观之，为了保护未成年子女和不能独立生活的成年子女的利益，父母双方关于一方不负担抚养费的约定，只能解释为履行承担，对父母双方具有法律拘束力。据此，如果父母双方约定不直接抚养子女的父母一方无须支付抚养费，该约定构成履行承担。该约定虽然合法有效，但不影响子女的抚养费请求权。③ 进而，父母双方关于一方直接抚养子女、另一方不承担抚养费的约定并不会因违背公序良俗而无效。④ 这既适用于未成年子女，也适用于不能独立生活的成年子女。在此基础上，父母离婚时关于子女抚养费分担的约定同样仅约束父母双方，对子女没有拘束力。⑤ 有法院指出，"请求抚养费的主体是子女，而非离婚关系中的父母。关某元作为关某云的婚生子，有权利主张抚养费，此权利不受时间限制，也不受其父母约定数额的限制"。⑥ 还有法院强调，"王某不负担抚养费，但该协议属于夫妻双方内部约定，不具有对外法律约束力，不能免除父母抚养子女的法定义务，不能对抗（王某婚生女）曾某某对父

---

① 参见辽宁省辽阳市中级人民法院（2021）辽10民终945号民事判决书。误将没有约定抚养费理解为无须支付抚养费的判决，参见广东省汕头市龙湖区人民法院（2021）粤0507民初1279号民事判决书，黑龙江省肇源县人民法院（2021）黑0622民初1089号民事判决书，吉林省公主岭市人民法院（2024）吉0184民初1287号民事判决书，江苏省常州市钟楼区人民法院（2020）苏0404民初6036号民事判决书。
② 参见吉林省高级人民法院（2022）吉民再116号民事判决书。
③ 参见江西省吉安市中级人民法院（2019）赣08民终1762号民事判决书。
④ Vgl. MüKoBGB/Langeheine, 9. Aufl. 2024, BGB § 1614 Rn. 15.
⑤ 参见抚养费协议确定的抚养费金额偏低的，子女也可以向不直接抚养子女的父母一方请求支付抚养费。参见吉林省长春市中级人民法院（2022）吉01民终6095号民事判决书。
⑥ 参见吉林省高级人民法院（2022）吉民再116号民事判决书。另参见陕西省定边县人民法院（2017）陕0825民初1684号民事判决书，江西省吉安县人民法院（2017）赣0821民初1103号民事判决书，江苏省南通市通州区人民法院（2016）苏0612民初4324号民事判决书。

母双方的抚养费请求权"。① 在个案中，子女请求另一方支付抚养费，取决于子女的抚养需求。如果与子女共同生活的父母一方已经承担了子女的抚养，子女的抚养需求获得满足，子女就不能再请求不直接抚养子女的父母一方支付抚养费。

值得注意的是，如果直接抚养未成年子女的父母一方并无相当的经济能力来承担抚养义务，或者无法尽到抚养义务，且不直接抚养未成年子女的父母一方无须支付抚养费，上述约定是否因违背公序良俗或违背未成年子女利益最大化原则而无效，值得分析。依据《婚姻家庭编司法解释（一）》第52条，人民法院对这类抚养协议负有审查义务，从而这类抚养协议可能无效。② 然而，既然将不负担抚养费的约定解释为履行承担，那么，这类约定对子女没有拘束力，子女可以依据《民法典》第1085条第2款请求不负担抚养费的父母一方给付抚养费。因此，约定由不具有抚养能力的父母一方直接抚养未成年子女、另一方不负担抚养费，并不会直接损害未成年子女的利益。③ 真正损害未成年子女利益的是，直接抚养未成年子女的父母一方不具有抚养能力，又不以未成年子女的名义请求另一方给付抚养费，从而导致未成年子女生活条件恶化。在这种情形下，讨论不负担抚养费约定是否有效，仅影响父母之间的法律关系，对未成年子女而言意义不大。如果不负担抚养费的另一方不主动向未成年子女支付抚养费，未成年子女的利益即无法得到保障。直接抚养子女的父母一方不会以未成年人的名义起诉另一方要求给付抚养费，未成年人也不能以自己的名义起诉另一方要求给付抚养费。此时，人民法院只能依据《民法典》第36条第1款第2项根据其他组织的申请，在

---

① 参见山东省荣成市人民法院（2024）鲁1082民初3463号民事判决书。
② 参见最高人民法院民事审判第一庭编著：《最高人民法院民法典婚姻家庭编司法解释（一）理解与适用》，人民法院出版社2021年版，第466页。
③ 参见夏江皓：《〈民法典〉第1067条第1款（子女对父母的抚养费给付请求权）评注》，载《南京大学学报（哲学·人文科学·社会科学）》2022年第4期。

未成年子女处于危困状态时撤销父母的监护人资格，并为未成年子女依法指定监护人。

与此相对，就不能独立生活的成年子女而言，即使直接抚养子女的父母一方没有抚养能力，另一方依据约定不负担抚养费，成年子女仍可以自己的名义请求另一方给付抚养费。此时，父母双方关于一方不负担抚养费的约定对成年子女没有拘束力，不影响成年子女的利益。

二、子女请求另一方支付抚养费的理论基础

抚养费的增加涉及两个方面的法律关系，即子女与依约不负担抚养费的父母一方之间的关系、父母双方之间的关系。由于父母一方不负担抚养费的约定仅仅约束父母双方，直接抚养子女的父母一方因自身原因导致自身经济状况恶化或子女抚养需求增加的，仅仅影响父母双方内部关系，不影响子女对父母享有的抚养费请求权。据此，在直接抚养子女的父母一方无法满足子女的抚养需求时，子女作为债权人仍可请求另一方履行抚养义务。对此，子女一方负举证责任。[①] 在子女与依约不负担抚养费的父母一方关系上，应当区分未成年人和不能独立生活的成年人：未成年子女不具有完全民事行为能力，一般不能独立请求给付抚养费，而是由直接抚养未成年子女的父母一方，作为法定代理人以未成年子女的名义，请求依约不负担抚养费的另一方给付抚养费；与此相对，不能独立生活的成年子女可以独立向依约不负担抚养费的父母一方请求给付抚养费。进而，依约不负担抚养费的父母一方仍须向未成年子女和不能独立生活的成年子女给付抚养费。在父母双方的关系上，按照父母双方约定，直接抚养子女的父母一方本负有义务，来消灭不负担抚养费的父母一方对子女的抚养义务，但最终依约不负担抚养费的父母一方仍向子女给付了抚养费，故直接抚养子女的父母一方可能构成违约。

[①] 参见甘肃省平凉市（地区）中级人民法院（2022）甘08民终130号民事判决书，辽宁省沈阳市中级人民法院（2020）辽01民终9278号民事判决书。

由此可见,在父母双方约定一方不负担抚养费时,抚养费的增加涉及两方面的法律关系。本条第 1 款第 2 句的措辞是"未成年子女或者不能独立生活的成年子女请求另一方支付抚养费的",实际上着眼于子女与依约不负担抚养费的父母一方之间的法律关系,不涉及父母之间的法律关系。在解释上,本条第 1 款第 2 句是第 1 句在逻辑上的必然结果。具体来说,依据本条第 1 款第 1 句,父母双方关于一方无须负担抚养费的约定属于履行承担,仅对父母双方具有约束力,对子女没有约束力。父母双方对子女的抚养义务不因上述约定而免除,子女仍然可以请求父母双方履行抚养义务。父母对子女的抚养义务属于广义扶养义务的范畴,以被扶养人存在扶养需求为前提。[1] 依据《民法典》第 1067 条,父母向子女给付抚养费的数额,主要取决于子女的抚养需求和父母的抚养能力。[2] 要求父母给付抚养费的子女,应当就抚养需求的存在负举证责任。[3] 在此基础上,依据《民法典》第 1085 条第 2 款,子女在有抚养需求时,可以向依约不负担抚养费的父母一方行使抚养费请求权。因此,本条第 1 款第 2 句实际上是《民法典》第 1085 条第 2 款的具体化,规定的是子女向依约不负担抚养费的父母一方行使抚养费请求权的前提,即子女存在抚养需求。按照本条第 1 款第 2 句,子女的抚养需求可能表现为两种形式:子女既有的抚养需求未得到满足,即直接抚养子女一方经济状况发生变化导致原生活水平显著降低;子女出现了新的抚养需求,即子女生活、教育、医疗等必要合理费用确有显著增加。

至于父母之间的关系,则须考虑直接抚养子女的一方就违反抚养费约定是否具有过错。父母双方关于一方不负担抚养费的约定,实质上是父母一方负有义务,以消灭另一方对子女的抚养义务,故这类约定具有

---

[1] 参见杨大文主编:《亲属法与继承法》,法律出版社 2013 年版,第 236 页。
[2] 参见薛宁兰、谢鸿飞主编:《民法典评注·婚姻家庭编》,中国法制出版社 2020 年版,第 274 页。
[3] 参见薛宁兰、谢鸿飞主编:《民法典评注·婚姻家庭编》,中国法制出版社 2020 年版,第 278 页。

委托合同的性质。如果直接抚养子女的父母一方负有义务，以消灭另一方对子女负担抚养义务，并以在离婚财产分割时多分夫妻共同财产为对价，那么，这一约定就属于有偿委托合同。进而，依据《民法典》第929条第1款，直接抚养子女的父母一方是否对依约不负担抚养费的另一方承担违约损害赔偿责任，取决于前者是否具有过错。

直接抚养子女的父母一方对违反抚养费协议不具有过错的，如因为疾病导致自身劳动能力减弱或丧失，[①] 子女因突发重大疾病需要支出高额医疗费，直接抚养子女的父母一方无须对依约不负担抚养费的另一方承担违约责任。反之，直接抚养子女的父母对违反抚养费协议具有过错的，如沾染赌博恶习导致严重负债，应当对依约不负担抚养费的另一方承担违约责任。然而，在这一背景下，直接抚养子女的父母一方、依约不负担抚养费的父母一方、子女之间可能会形成给付上的循环：依约不负担抚养费的父母一方给付抚养费后，本就无力满足子女抚养需求的直接抚养方须以个人财产对不负担抚养费的父母一方承担违约责任，从而削弱自身的抚养能力，导致子女被迫继续请求依约不负担抚养费的父母一方给付抚养费。在这种情形下，依约不负担抚养费的父母一方可以依据本条第2款，以直接抚养子女一方无抚养能力为由请求变更抚养关系。

在此基础上，直接抚养子女的父母一方还可以援引情势变更规则，以自己的名义请求依约不负担抚养费的另一方调整抚养费协议，从而另一方须向子女承担部分抚养费。这一立场也得到了德国学者的支持。[②] 必须说明的是，虽然抚养费协议不改变父母和子女之间的身份关系，不属于纯粹的身份关系协议，但它通常与子女由哪一方直接抚养关联在一

[①] 有法院认为，不直接抚养子女的父母一方患病导致部分丧失劳动能力的，可以依据情势变更规则请求减少其负担的抚养费。参见山东省德州市中级人民法院（2019）鲁14民终257号民事判决书。

[②] Vgl. Grandke, in: Scholz/Kleffmann, Praxishandbuch Familienrecht, Teil K Sonderfragen des Unterhalts, C. H. Beck, 2024, Rn. 508; Campbell, Vereinbarungen der Eltern zum Kindesunterhalt, NJW-Spezial 2023, 388, 389; MüKoBGB/Finkenauer, 9. Aufl. 2022, BGB § 313 Rn. 236.

起,不同于纯粹的市场交易关系。据此,有观点认为,《民法典》第533条的情势变更规则只能参照适用而非直接适用于抚养费协议,直接抚养子女的一方应当依据《民法典》第464条第2款结合《民法典》第533条,请求依约不负担抚养费的一方变更抚养费协议。① 因此,即使父母双方约定一方直接抚养子女、另一方不承担抚养费,因为客观情况的变化导致直接抚养子女的一方无力尽到抚养义务但一方不具有可归责性的,父母双方可以变更抚养费协议,重新确定双方负担抚养费的比例。② 我国学界也认为,如果直接抚养子女的一方独立承担抚养义务对其明显不公平,直接抚养子女的一方可以依据情势变更规则与另一方协商,变更双方分担抚养费的比例。③ 一旦法院确定父母双方需要各自负担部分抚养费,在父母双方的内部关系中,直接抚养子女的父母一方就无须再独立承担全部抚养义务,本来依约无须承担抚养费的另一方就需要向子女支付抚养费。

参照适用情势变更规则旨在确保子女能够稳定地获得抚养费,从而不直接抚养子女的父母一方能够按照变更后的抚养费协议持续地支付抚养费。在承认子女不受抚养费协议拘束的背景下,即使不承认抚养费协议能够参照适用情势变更规则,子女在抚养需求未获得满足时,仍然可以请求依约不负担抚养费的父母一方支付抚养费。也就是说,即使不承认抚养费协议能够参照适用情势变更规则,子女的利益仍然能获得保障。不过,这一路径的问题在于缺乏稳定性:子女只能一次次地举证证明既有的抚养需求未获满足,从而一次次地请求依约不负担抚养费的父母一方支付抚养费。反之,如果承认抚养费协议能够参照适用情势变更规则,

---

① 参见冉克平:《"身份关系协议"准用〈民法典〉合同编的体系化释论》,载《法制与社会发展》2021年第4期。
② Vgl. MüKoBGB/Langeheine, 9. Aufl. 2024, BGB § 1614 Rn. 13.
③ 参见冉克平:《"身份关系协议"准用〈民法典〉合同编的体系化释论》,载《法制与社会发展》2021年第4期;夏江皓:《〈民法典〉第1067条第1款(子女对父母的抚养费给付请求权)评注》,载《南京大学学报(哲学·人文科学·社会科学)》2022年第4期。

那么，即使父母双方无法就变更抚养费协议达成一致，人民法院也可以变更双方的抚养费协议，不直接抚养子女的父母一方据此持续性地按照约定金额向子女支付抚养费。由于实践中抚养费给付方式以按月支付为主，这种稳定的给付对于继续性债务的履行具有重要意义，从而节约子女反复行使抚养费请求权的成本。

由于我国现行法既否认了可变更的民事法律行为，又没有专门规定继续性债务的变动，现阶段只能依靠情势变更规则，允许人民法院以裁判方式变更抚养费协议。依据《合同编通则司法解释》第32条第3款，人民法院有权确定合同变更的时间。据此，允许抚养费协议参照适用情势变更规则，人民法院可以根据个案的具体情况确定抚养费协议变更的时间，无须限定于直接抚养子女的一方提出请求时。

直接抚养子女的父母一方援引情势变更规则主张调整抚养费协议，主要发生在直接抚养子女的父母一方无法满足子女既有抚养需求的场合。在子女因年龄增长而出现生活、教育成本上升的情形，由于父母双方在离婚时能够预见到子女未来所需的抚养费用会越来越多，子女因年龄增长所需的抚养费合理增长并非不可预见的客观情况变化，不能适用情势变更规则。[1] 此时，直接抚养子女的父母一方应当依据《婚姻家庭编司法解释（一）》第58条，以未成年子女的名义请求另一方支付抚养费。对此，有法院就明确指出，直接抚养子女的一方"应当预见到孩子未来必然会产生相应费用，在签订离婚协议的时候应履行审慎义务，全面考虑自己的抚养能力，与另一方协商确定好婚生子女抚养费的费用和承担事宜，离婚后诚实信用的履行离婚协议"。[2] 不过，为了保护未成年子女的利益，法院仍然会要求另一方向子女给付抚养费，从而"孩子的学习和

---

[1] 参见吉林省公主岭市人民法院（2023）吉0184民初4229号民事判决书。不过，在该案中，原告为未成年子女，但法院以原告"已进入初高中学习，费用有所增加，但这应该在其法定代理人离婚时应当预见的范围之内，并不构成情势变更"为由，拒绝了原告增加抚养费的请求。这实际上混淆了援引情势变更规则的主体。

[2] 参见吉林省桦甸市人民法院（2021）吉0282民初3416号民事判决书。

生活不应因直接抚养子女的一方对自己抚养能力的错估而产生困难"。[1]反之，如果子女抚养费用的变化尚属于直接抚养子女的一方在离婚时可预见范围之内，且直接抚养子女的一方抚养条件与离婚时没有发生重大变化，子女又不能举证证明存在《婚姻家庭编司法解释（一）》第58条规定的抚养需求增加情形，人民法院就不会支持其增加抚养费的请求。[2]

总之，子女请求依约不负担抚养费的父母一方支付抚养费的，涉及两方面的法律关系。在子女和依约不负担抚养费的父母一方之间的关系上，子女请求依约不负担抚养费的父母一方给付抚养费的，系依据《民法典》第1085条第2款行使抚养请求权，以存在本条第1款第2句的抚养需求为前提。子女不是父母双方抚养费协议的当事人，不受该约定拘束，无须援引《民法典》第533条的情势变更规则即可行使抚养请求权。[3] 也就是说，《民法典》第1085条第2款意义上的"在必要时"不能被限缩解释为发生情势变更时。[4]

在父母双方的关系上，子女请求依约不负担抚养费的父母一方给付抚养费，意味着直接抚养子女的父母一方构成违约。直接抚养子女的父母一方是否对依约不负担抚养费的父母一方承担违约责任，取决于前者

---

[1] 参见吉林省公主岭市人民法院（2021）吉0184民初589号、（2021）吉0184民初2585号民事判决书。不同观点，参见山东省泗水县人民法院（2023）鲁0831民初3090号民事判决书。该院认为，"虽然原告父亲主张其再婚妻子身有残疾不能上班挣钱，原告父亲为家庭唯一经济来源，但是原告父亲在与被告离婚两天后便与现任妻子登记结婚，其应该对该状况作出充分的准备，不能以此作为增加原告抚养费的理由"。还有法院认为，不直接抚养子女的一方"主张的两点应予降低抚养费的理由，其中之一是患有糖尿病，但其在签订离婚协议时候就已经患有该病，且在签订离婚协议时应当预见到未来生活中存在再婚生子的实际情况，作为完全民事行为能力人对于患病、再婚生子将要产生的费用存在合理的预知"。参见吉林省长春市中级人民法院（2014）长民二终字第821号民事判决书。
[2] 参见陕西省西安市碑林区人民法院（2023）陕0103民初13511号民事判决书。
[3] 参见夏江皓：《〈民法典〉第1067条第1款（子女对父母的抚养费给付请求权）评注》，载《南京大学学报（哲学·人文科学·社会科学）》2022年第4期。
[4] 实践中有些法院误认为，子女只能在发生情势变更时才可以请求增加抚养费。参见湖南省怀化市中级人民法院（2015）怀中民一终字第297号、（2015）怀中民一终字第525号民事判决书，河南省焦作市中级人民法院（2015）焦少民终字第00040号民事判决书。

是否具有过错。当然，直接抚养子女的父母一方对违反抚养费协议是否具有过错，不影响子女对依约不负担抚养费的父母一方享有的抚养费请求权。直接抚养子女的父母一方没有过错的，无须对依约不负担抚养费的父母一方承担违约责任。然而，不承担违约责任仅具有维持现状的功能，父母双方的抚养费协议内容仍然保持不变，对双方具有拘束力。在此基础上，直接抚养子女的父母一方还可以援引《民法典》第533条的情势变更规则，① 请求变更父母双方之间的抚养费分担比例，将一方无须支付抚养费的约定变更为双方各自负担部分抚养费的约定。在抚养费协议的内容发生变更之后，本来无须支付抚养费的另一方应当向子女支付一定抚养费。这也意味着，依据情势变更规则变更抚养费协议后，本来依约不承担抚养费的父母一方不是向直接抚养子女的父母一方给付抚养费，而是向子女支付抚养费。也就是说，在父母双方之间，直接抚养子女的一方不得以自己的名义请求另一方向自己支付抚养费；在父母子女之间，子女得以自己的名义请求另一方向自己支付抚养费，直接抚养子女的一方亦可以未成年子女的名义请求另一方给付抚养费。

区分子女与不直接抚养子女的父母一方的关系、父母之间的关系，直接抚养子女的父母一方再婚再育后能否请求依约不负担抚养费的父母一方承担抚养费之争，即可迎刃而解。② 直接抚养子女的父母一方已婚已育，不是请求另一方向自己支付抚养费的理由。不过，在直接抚养子女的父母一方因已婚已育造成自身经济状况发生变化导致原生活水平显

---

① 有些法院认为，父母双方仅在出现情势变更或合意协商时才能变更抚养费协议。参见广东省深圳市中级人民法院（2014）深中法民终字第1538号民事判决书，山东省莱芜市中级人民法院（2014）莱中民一终字第236号民事判决书。

② 有法院认为，直接抚养子女的父母一方因再婚负担债务的，即使该方自身抚养能力降低，子女也不能要求另一方分担抚养费。参见山东省泗水县人民法院（2023）鲁0831民初3090号民事判决书。也有法院认为，直接抚养子女的父母一方再婚再育的，子女可以请求另一方增加抚养费。参见甘肃省瓜州县人民法院（2014）瓜一初字第278号民事判决书。此外，有法院认为，直接抚养子女的父母一方再婚未育的，子女亦可请求增加抚养费。参见山东省平原县人民法院（2021）鲁1426民初816号民事判决书。

著降低时，抚养需求未获满足的子女，可以直接依据本条第 1 款第 2 句请求不直接负担抚养费的父母一方支付抚养费。也就是说，《民法典》第 1085 条第 2 款意义上的"在必要时"并不包括直接抚养子女一方再婚再育、家庭负担加重，而是以子女的抚养需求为准。

三、子女请求另一方支付抚养费的金额

我国司法实践一般认为，依据原《婚姻法》（已失效）第 37 条第 2 款、《民法典》第 1085 条第 2 款，离婚协议中关于抚养费给付的约定对父母双方具有拘束力，从而，在子女教育医疗等方面的需求没有出现显著增加或者出现重大变故时，人民法院不应支持一方主张增加抚养费的请求。[1] 根据前文分析，抚养费协议仅约束父母双方，子女能否要求另一方支付抚养费，取决于子女是否存在抚养需求。本条第 1 款第 2 句规定了子女请求另一方支付抚养费的前提，即存在抚养需求。按照本条第 1 款第 2 句，子女的抚养需求可能表现为两种形式：子女既有的抚养需求未得到满足，即直接抚养子女一方经济状况发生变化导致原生活水平显著降低；子女出现了新的抚养需求，即子女生活、教育、医疗等必要合理费用确有显著增加。[2] 子女主张抚养费的，应当就抚养需求的存在负举证责任。[3]

本条第 1 款第 2 句规定，针对子女提出支付抚养费的请求，人民法院应当综合考虑离婚协议整体约定、子女实际需要、另一方的负担能力、

---

[1] 参见辽宁省沈阳市中级人民法院（2020）辽 01 民终 12507 号民事判决书，辽宁省锦州市中级人民法院（2022）辽 07 民申 108 号民事裁定书，河南省周口市中级人民法院（2020）豫 16 民终 1586 号民事判决书。

[2] 《江苏省高级人民法院婚姻家庭案件审理指南（2010 年）》规定："根据《婚姻法》第三十七条第二款的规定，子女生活费和教育费的协议或判决，不妨碍子女在必要时向父母任何一方提出超过协议或判决原定数额的合理要求。根据《离婚子女抚养意见》第十八条的规定，子女要求增加抚养费有下列情形之一，父或母有给付能力的，应予支持：（1）原定抚育费数额不足以维持当地实际生活水平的；（2）因子女患病、上学，实际需要已超过原定数额的；（3）有其他正当理由应当增加的。"

[3] 参见薛宁兰、谢鸿飞主编：《民法典评注·婚姻家庭编》，中国法制出版社 2020 年版，第 278 页。

当地生活水平等因素，确定抚养费的数额。据此，在确定不负担抚养费的父母一方支付抚养费金额时，人民法院应当考虑离婚协议整体约定、子女的抚养需求、不负担抚养费的父母一方的经济条件、子女经常居住地的生活水平等因素。

所谓离婚协议整体约定，是指父母双方订立的抚养费协议通常与离婚协议中财产分割条款、债务承担条款相互关联，比如不负担抚养费的父母一方可能会放弃夫妻共同财产或少分夫妻共同财产，或多承担夫妻共同债务。人民法院在确定子女应得的抚养费金额时，是否应当考虑离婚协议中的财产分割条款，司法实践存在两种观点。肯定说认为，离婚协议包括夫妻身份关系的终止、夫妻共同财产的分割、夫妻共同债务的承担、子女的抚养、离婚经济帮助、家务劳动补偿等内容，各个条款相互联系、相互影响，从而具有整体性。父母双方达成的抚养费约定属于离婚协议的一部分，是在父母双方就财产分割、债务承担达成一致的基础上，直接抚养子女的父母一方对自己抚养能力作了充分预估后就子女抚养事项作出的安排。因此，在父母双方离婚后，子女能否要求增加抚养费、增加抚养费的具体金额，人民法院需要考虑离婚协议中财产分割条款、债务承担条款等内容。此外，未成年子女请求不直接抚养的父母一方支付抚养费的，通常由直接抚养子女的父母一方以未成年子女名义提起诉讼。如果人民法院不考虑离婚协议整体安排，直接支持未成年子女的请求，直接抚养子女的父母一方无异于绕开了抚养费约定，不受自己意思表示的拘束，有违诚实信用原则。[①]

否定说则认为，离婚协议中的财产分割仅影响父母之间的关系，与子女对父母一方享有的抚养费请求权无关。不直接抚养子女的父母一方

[①] 参见辽宁省沈阳市中级人民法院（2014）沈中少民终字第 00143 号、（2021）辽 01 民终 13418 号民事判决书，贵州省铜仁市（地区）中级人民法院（2021）黔 06 民终 1100 号民事判决书，河南省周口市中级人民法院（2020）豫 16 民终 1586 号民事判决书，安徽省淮南市潘集区人民法院（2024）皖 0406 民初 1384 号民事判决书。

即使放弃夫妻共同财产，也不能免除自身对子女的法定抚养义务。①

本书认为，只要区分子女与不直接抚养子女的父母一方的关系、父母之间的关系，就应当采取否定说。也就是说，虽然离婚协议中财产分割条款、债务承担条款与抚养条款密不可分，但它们的当事人始终是父母双方，也仅约束父母双方。因此，子女对父母双方享有的抚养请求权作为法定权利，不受影响。进而，直接抚养子女的父母一方以未成年子女的名义请求依约不负担抚养费的另一方支付抚养费的，如果未成年子女确实存在抚养需求，人民法院应当肯定不负担抚养费的另一方支付抚养费，但不应当变更父母之间的抚养费协议。子女请求父母一方支付抚养费，不同于父母之间的抚养费协议，这是两类法律关系。然而，父母之间关于一方无须承担抚养费的约定属于履行承担，直接抚养子女的父母一方有义务，消灭依约无须承担抚养费的父母一方对子女负担的抚养义务，避免依约无须承担抚养费的父母一方受到子女的追索。从这个角度来说，依约不承担抚养费的父母一方仍然是抚养之债的债务人，以直接抚养子女的父母一方作为履行辅助人。进而，即使人民法院判决要求依约不负担抚养费的父母一方支付抚养费，该方仍可请求直接抚养子女的父母一方代自己履行对子女的抚养费给付义务。直接抚养子女的父母一方不履行对另一方依据抚养费协议所负义务的，另一方得请求直接抚养子女的父母一方承担违约责任。

子女的抚养需求包括衣食住行、教育、医疗、通行、适当的文化娱乐活动方面的需求，需要在个案中根据子女的性别、年龄、健康状况、学习情况、兴趣爱好等因素综合确定。② 依约不负担抚养费的父母一方

---

① 参见陕西省咸阳市中级人民法院（2023）陕04民终909号民事判决书，吉林省延边朝鲜族自治州中级人民法院（2021）吉24民终753号民事判决书。
② 学界将子女的抚养需求区分为基本需求、特别需求、额外需求。参见夏江皓：《〈民法典〉第1067条第1款（子女对父母的抚养费给付请求权）评注》，载《南京大学学报（哲学·人文科学·社会科学）》2022年第4期；[德]玛丽娜·韦伦霍菲尔：《德国家庭法》（第六版），雷巍巍译，中国人民大学出版社2023年版，第356页。

的负担能力包括经济收入和经济条件，即收入状况和财产状况。①《婚姻家庭编司法解释（一）》第49条实际上按照父母一方月总收入、当年总收入或者同行业平均收入等标准来确定抚养费金额。其中，月总收入不限于工资、奖金、劳务报酬，还包括生产、经营、投资的收益等，如出租房屋取得的房屋租金。父母一方没有经济收入的，可以依据《婚姻家庭编司法解释（一）》第51条用其财物折抵抚养费。

此外，当地生活水平一般是指子女实际居住地的生活水平。② 在实践中，子女虽然为农村户口，但长期生活在城镇的，应当以子女的实际生活居住地作为计算抚养费时的标准。③ 在计算上，最高人民法院指出，"确定当地实际生活水平，应以当地城镇居民家庭人均消费性支出、农村居民家庭人均生活消费支出这两项货币性指标为基础，适当考虑城市居民家庭人均可支配收入、农村居民家庭人均纯收入，以及就业、教育、卫生等社会福利因素"。④ 此外，不宜按照《人身损害赔偿司法解释》第17条统一适用上一年度城镇居民人均消费支出标准。《人身损害赔偿司法解释》第17条适用于父母死亡或者残疾时，由加害人承担被扶养人生活费赔偿，不考虑被扶养人的实际生活需求，旨在依据《人身损害赔偿司法解释》第20条尽可能地一次性地解决人身损害产生的赔偿问题；本条适用于父母存活时，以子女存在实际的、个性化的抚养需求为前提，抚养需求未获满足的子女可以随时请求父母一方支付抚养费。因此，居住在农村地区的子女，即使将来有前往城镇学习生活的可能性，也应当

---

① 参见最高人民法院民事审判第一庭编著：《最高人民法院民法典婚姻家庭编司法解释（一）理解与适用》，人民法院出版社2021年版，第449页。

② 参见最高人民法院民事审判第一庭编著：《最高人民法院民法典婚姻家庭编司法解释（一）理解与适用》，人民法院出版社2021年版，第449页。

③ 参见陕西省吴堡县人民法院（2021）陕0829民初192号民事判决书，山东省平原县人民法院（2021）鲁1426民初179号民事判决书，吉林省扶余市人民法院（2019）吉0781民初4259号民事判决书。

④ 参见最高人民法院民事审判第一庭编著：《最高人民法院民法典婚姻家庭编司法解释（一）理解与适用》，人民法院出版社2021年版，第449页。

按照农村居民人均生活消费支出标准判断当地生活水平。① 如果该子女未来确实前往城镇学习生活且获得的抚养费不足以满足抚养需求，该子女可以再次请求不直接抚养子女的父母一方支付抚养费。

四、抚养关系的变更

本条第 2 款规定，在子女请求依约不负担抚养费的父母一方支付抚养费时，依约不负担抚养费的父母一方可以以直接抚养子女一方无抚养能力为由请求变更抚养关系，人民法院依据《民法典》第 1084 条第 3 款处理。具体来说，不满 2 周岁的子女，原则上由母亲直接抚养。因此，即使直接抚养子女的女方经济状况发生变化导致原生活水平显著降低，除非存在《婚姻家庭编司法解释（一）》第 44 条、第 56 条规定的情形，不满 2 周岁的子女仍由女方直接抚养。对于已满 2 周岁的子女，人民法院可以根据个案的具体情况，基于未成年子女利益最大化原则，依据《婚姻家庭编司法解释（一）》第 56 条的规定处理。子女已满 8 周岁的，应当尊重其真实意愿。

◆ 疑点与难点

必要合理费用的认定

本条所称的"必要合理费用"，是指子女生活、教育、医疗等方面的合理费用，旨在维持子女的正常生活。直接抚养子女的一方须举证证明，自身经济状况发生变化导致原生活水平显著降低，如因疾病导致劳动能力明显降低，或者抚养子女所需的"必要合理费用"出现了显著增加。② 子女住院治疗产生的大额医疗费，属于"必要合理费用"。③ 学龄前儿童

---

① 参见甘肃省庆阳市环县人民法院（2020）甘 1022 民初 1748 号民事判决书。
② 参见辽宁省沈阳市中级人民法院（2020）辽 01 民终 12507 号民事判决书，河南省商丘市睢阳区人民法院（2023）豫 1403 民初 4232 号民事判决书，辽宁省海城市人民法院（2020）辽 0381 民初 3412 号民事判决书，江西省安远县人民法院（2019）赣 0726 民初 1363 号民事判决书。
③ 参见吉林省长春市中级人民法院（2022）吉 01 民终 842 号民事判决书。

参加兴趣班的相关费用,不是法律规定的教育费的范畴,属于超出孩子基本费用的额外教育费用,从而不属于"必要合理费用"的范畴。①

就教育培训支出,上海地区司法实践采纳了以下立场:对于争议较大的教育培训支出,抚养人之间未约定或约定不明的,对既已参加的培训,应考虑到保障未成年人接受教育的连贯性,原则上予以支持;对超出既有范围的培训,实际抚养一方未能与对方协商一致的非必要支出,应视为其自愿为子女负担的部分,不宜作为未实际抚养一方的抚养费分担范围。② 这一立场值得肯定。

(本条由缪宇撰写)

第十七条　【欠付抚养费的处理】

离婚后,不直接抚养子女一方未按照离婚协议约定或者以其他方式作出的承诺给付抚养费,未成年子女或者不能独立生活的成年子女请求其支付欠付的抚养费的,人民法院应予支持。

前款规定情形下,如果子女已经成年并能够独立生活,直接抚养子女一方请求另一方支付欠付的费用的,人民法院依法予以支持。

◆ **条文要旨**

本条规定的是不直接抚养子女的父母一方欠付抚养费的处理。

---

① 参见黑龙江省哈尔滨市中级人民法院(2023)黑01民终6835号民事判决书。
② 参见上海市第一中级人民法院(2020)沪01民终8640号民事判决书,入选上海市高级人民法院2022年第二批(总第二十批)参考性案例(上海市高级人民法院审判委员会2022年6月20日讨论通过)。

◆ 理解与适用

依据《民法典》第1084条第1款和第2款,父母与子女间的关系,不因父母离婚而消除。离婚后,父母对于子女仍有抚养、教育、保护的权利和义务。因此,父母对子女的法定抚养义务不受父母双方离婚的影响。一般来说,父母离婚后,根据离婚协议中子女抚养约定,子女由一方直接抚养,不直接抚养子女的一方应当依约支付抚养费。《婚姻家庭编司法解释(一)》第43条规定了婚姻关系存续期间子女对父母享有的抚养费请求权。在父母双方离婚的情形,本条第1款规定了未成年子女、不能独立生活的成年子女对不直接抚养子女的父母一方享有的抚养费请求权,从而与《婚姻家庭编司法解释(一)》第43条共同构建了子女的抚养费请求权体系。

一、子女享有抚养费请求权时欠付抚养费的处理

本条第1款的权利人是未成年人、不能独立生活的成年子女,理由在于,一旦子女成年且具备独立生活能力,子女就不再具有抚养需求,对父母享有的抚养请求权就归于消灭。对此,《民法典》第1067条第1款有明确规定。未成年人是指未满18周岁的自然人。不过,16周岁以上、以自己的劳动收入为主要生活来源的未成年人视为完全民事行为能力人,原则上不得再要求父母支付抚养费,并在具有负担能力时应当对缺乏劳动能力或者生活困难的父母支付赡养费。[①] 不能独立生活的成年子女,依据《婚姻家庭编司法解释(一)》第41条,是指尚在校接受高中及其以下学历教育,或者丧失、部分丧失劳动能力等非因主观原因而无法维持正常生活的成年子女。

依据本条第1款,在父母不履行抚养义务时,未成年子女或者不能独立生活的成年子女有请求父母给付抚养费的权利。经由反面解释,能够独

[①] 参见戴孟勇:《劳动成年制的理论与实证分析》,载《中外法学》2012年第3期。

立生活的成年子女，对父母自然不享有抚养费请求权。这一点也得到了我国司法实践的支持。比如，广东省广州市中级人民法院认为，"从抚养费立法目的和功能来看，抚养费的主要功能是保障未成年子女的健康成长，当子女成年且能独立生活后，抚养费的功能已经丧失，不再具有保护利益"。[1] 浙江省宁波市中级人民法院也认为，"抚养费设立的目的是保障未成年子女健康成长，子女成年后，抚养费所体现的法益已不存在"。[2] 在子女尚未成年时或子女成年但不具有独立生活能力时，不直接抚养子女的父母一方未全额支付抚养费的，子女成年且具有独立生活能力后，能否向父母一方追索其欠付的抚养费，属于本条第2款需要解决的问题。

从本条第1款的文义来看，如果"不直接抚养子女一方未按照离婚协议约定或者以其他方式作出的承诺给付抚养费"，子女可以请求不直接抚养子女的父母一方支付欠付的抚养费。这似乎违背了合同相对性原理。以离婚协议中的抚养费约定为例，如果离婚协议中约定了不直接抚养子女的父母一方承担的抚养费金额，由于离婚协议的当事人是父母双方，子女只是父母之间离婚协议之外的第三人，本来不应该依据父母之间的离婚协议享有权利。不过，本条第1款的功能在于，承认子女可以按照离婚协议约定或者其他方式约定的金额，请求不直接抚养子女的父母一方支付抚养费。据此，子女依据父母双方离婚协议中抚养费约定，对不直接抚养子女的父母一方享有抚养费请求权，从而离婚协议中的抚

---

[1] 参见辽宁省朝阳市中级人民法院（2021）辽13民终2763号民事判决书。相同立场，参见北京市丰台区人民法院（2022）京0106民初6272号民事判决书，北京市门头沟区人民法院（2022）京0109民初4678号民事判决书。

[2] 参见浙江省宁波市中级人民法院（2021）浙02民终4727号民事裁定书。相同立场，参见江苏省南京市玄武区人民法院（2014）玄少民初字第485号民事判决书。江苏省南京市玄武区人民法院认为，"抚养费的拖欠并不能够简单地认定为是一种债权债务关系。抚养费设立的目的与价值是为了保障未成年子女健康成长。子女成年之后，无论是否具有独立生活能力，抚养费所体现的法益已不存在。因为，已经成年的子女对自己过去享有的权利没有追及性，抚养费的请求具有很强的人身性质，与请求抚养人请求之时的具体情况相关，请求抚养人也只能针对当时的情况来请求抚养，一旦请求抚养的基础丧失，就不再享有请求抚养的权利。同理，父母离婚后，子女向父亲或母亲主张父母婚姻关系存续期间拖欠的抚养费，因该抚养费用已丧失功能，不具有保护利益，故本案原告的诉讼请求不应得到支持"。

养费约定构成真正利益第三人合同。这一真正利益第三人合同背后的对价关系，是父母对子女负担的法定抚养义务。按照这一逻辑，子女作为父母间抚养费约定的第三人，基于抚养费约定这一补偿关系，取得对不直接抚养子女的父母一方的履行请求权，能够依据本条第 1 款、《民法典》第 522 条第 2 款直接请求不直接抚养子女的父母一方对自己按照抚养费约定的金额支付抚养费。与此类似，父母以离婚协议以外的其他方式达成合意，约定不直接抚养子女的父母一方支付的抚养费金额时，也构成真正利益第三人合同，从而子女取得对不直接抚养子女的父母一方的履行请求权。进而，在不直接抚养子女的父母一方迟延支付抚养费时，不仅直接抚养子女的父母一方作为抚养费约定的债权人可以请求另一方向子女给付抚养费，而且子女作为第三人可以请求另一方向自己给付抚养费。这有助于保护子女的利益。

不仅如此，如果不能独立生活的成年子女具有完全民事行为能力，不直接抚养子女的父母一方与不能独立生活的成年子女就抚养费支付达成合意的，作为合同相对人，子女据此对不直接抚养子女的父母一方享有债权，可以请求其按照约定给付抚养费。

需要注意的是，本条第 1 款只是强调，子女能够直接请求不直接抚养子女的父母一方按照约定的金额支付抚养费，并不意味着，子女只能按照约定的金额从不直接抚养子女的父母一方获得抚养费。换言之，本条第 1 款"不直接抚养子女一方未按照离婚协议约定或者以其他方式作出的承诺给付抚养费"不构成对子女抚养请求权的限制。实际上，离婚协议的当事人为父母双方，故仅约束父母双方。父母在离婚协议中约定不直接抚养子女的一方应当支付抚养费的，抚养费支付的金额、期限对子女没有拘束力。离婚协议中的抚养费约定，只能为作为第三人的子女赋予权利，而非限制其权利。进而，依据《民法典》第 1085 条第 2 款，离婚协议关于抚养费给付的约定，不妨碍子女在必要时向父母任何一方提出超过协议原定数额的合理要求。因此，子女能否请求不直接抚养子女的父母一方给付抚养费，取决于《民法典》第1085条第2款"在必要时"的判断，即子女是否存在未获满足的正当抚养需求。

依据连带债务的逻辑也能得出同样结论。父母对未成年子女、不能独立生活的成年子女负有法定抚养义务，属于抚养债务的连带债务人。由于连带债务本质上是数个债务人各自负担的数个债务，连带债务的债权人可以选择任何一个债务人请求后者履行全部债务，连带债务人内部分担债务的约定对债权人没有拘束力。据此，即使不直接抚养子女的父母一方已经依约支付抚养费，在未成年子女、不能独立生活的成年子女的抚养需求未获满足时，子女可以选择父母任何一方履行抚养义务，包括支付抚养费，不受父母双方离婚协议中抚养费约定的限制。其中，子女请求不直接抚养子女的父母一方支付抚养费的，未成年子女、不能独立生活且不具有完全民事行为能力的成年子女由直接抚养子女的父母一方作为法定代理人起诉，不能独立生活但具有完全民事行为能力的成年子女自己独立起诉。[1] 进而，依据《民法典》第1085条第2款，即使不直接抚养子女的父母一方已经依约支付抚养费，子女在正当的抚养需求未获满足时，比如子女在因病就医需要支出大额医疗费但直接抚养子女的父母一方无力支付时，可以继续请求不直接抚养子女的父母一方继续支付抚养费。

总之，依据本条第1款，未成年子女或者不能独立生活的成年子女对不直接抚养子女的父母一方享有履行请求权，可以请求后者按照离婚协议约定、其他方式承诺确定的金额支付欠付的抚养费。换言之，在离婚协议约定、其他方式承诺确定的金额范围内，不直接抚养子女的父母一方应当无条件地向子女支付抚养费。不仅如此，依据《民法典》第196条第3项，子女对不直接抚养子女的父母一方享有的抚养费给付请求权不适用诉讼时效。

---

[1] 参见河北省邯郸市丛台区人民法院（2011）丛民初字第1094号民事判决书，广西壮族自治区环江毛南族自治县人民法院（2016）桂1226民初510号民事判决书，上海市宝山区人民法院（2017）沪0113民初20320号民事判决书。

二、子女不享有抚养费请求权时欠付抚养费的处理

在子女尚未成年时或子女成年但不具有独立生活能力时，不直接抚养子女的父母一方未全额支付抚养费的，子女通常由直接抚养子女的父母一方独力抚养成人。子女成年且具有独立生活能力后，如何向不直接抚养子女的父母一方追索其欠付的抚养费，司法实践存在分歧。

在主体方面，享有追索权的主体是子女还是直接抚养子女的父母一方，司法实践存在不同认识。有些法院认为，享有追索权的主体是子女。[1] 这一立场实际上认为，不直接抚养子女的父母一方依据离婚协议约定负担的抚养费给付义务，权利人为子女。[2] 不过，这些法院就子女追索权是否适用诉讼时效存在分歧。部分法院认为，子女在未成年时对父母享有的抚养费请求权不适用诉讼时效，在成年时对不直接抚养子女的一方享有的不再是抚养费请求权而是追索权，须适用诉讼时效，且自未成年人成年时（不具备被抚养条件时）开始计算诉讼时效。[3] 也有法院认为，请求支付抚养费、赡养费、扶养费不适用诉讼时效，未成年子女对不直接抚养子女的父母一方享有的抚养费请求权一直不适用诉讼时效，故子女在成年后行使该权利的，也不受诉讼时效的限制。[4]

与此相对，也有法院认为，虽然不直接抚养子女的父母一方欠付抚养费，但直接抚养子女的父母一方将子女抚养成人的，实际上是代不直接抚养子女的父母一方履行了抚养义务，从而对不直接抚养子女的父母

---

[1] 参见上海市浦东新区人民法院（2018）沪 0115 民初 37800 号民事判决书，广东省广州市中级人民法院（2018）粤 01 民终 2819 号民事裁定书。承认追索权的主体为子女，那么，成年但不能独立生活的非婚生子女对父母双方仍享有抚养请求权，故可以请求不直接抚养子女的父母一方支付欠付的抚养费。这一抚养费请求权不适用诉讼时效。参见广东省汕头市中级人民法院（2018）粤 05 民终 910 号民事判决书。
[2] 参见广东省高级人民法院（2019）粤民申 14003 号民事裁定书，广东省肇庆市中级人民法院（2019）粤 12 民终 2094 号民事判决书。
[3] 参见上海市浦东新区人民法院（2018）沪 0115 民初 37800 号民事判决书，上海市松江区人民法院（2018）沪 0117 民初 4476 号民事判决书，广东省肇庆市中级人民法院（2019）粤 12 民终 2094 号民事判决书，河南省洛阳市中级人民法院（2019）豫 03 民终 810 号民事判决书。
[4] 参见北京市朝阳区人民法院（2021）京 0105 民初 72910 号民事判决书。

一方享有追偿权。① 按照这一认识，直接抚养子女的父母一方已经满足了子女的抚养需求，从而成年且具有独立生活能力的子女对不直接抚养子女的父母一方不再享有抚养请求权，② 但在父母之间发生追偿关系。追偿的内容系直接抚养子女的一方代为履行抚养义务而产生的费用，③ 或垫付的抚养费。④ 不过，有极少数法院认为，夫妻双方均负有抚养未成年子女或者不能独立生活的成年子女的法定义务，不存在谁代谁抚养的问题，故直接抚养子女的一方在另一方欠付抚养费时独立养育子女的，对另一方不享有追偿权。⑤

本书认为，抚养费给付旨在满足子女现时的抚养需求。⑥ 不直接抚养子女的一方就过去欠付的抚养费，具体范围可能也不易查明，⑦ 毕竟父母双方关于抚养费给付的约定仅约束双方，不等于为满足子女抚养需求而实际支出的抚养费。虽然不直接抚养子女的一方欠付抚养费，但直接抚养子女的一方已经将子女抚养成人且具有独立生活能力的，直接抚养子女的一方实际上已经履行了对子女的法定抚养义务。如前所述，父母双方均为法定抚养义务的连带债务人，任何一方均独立地负有抚养义务，从而满足子女的抚养需求。在父母双方作为连带债务人的背景下，

---

① 参见江苏省盐城市中级人民法院（2017）苏09民终4753号民事裁定书，山东省青岛市中级人民法院（2016）鲁02民终9号民事判决书，广东省连州市人民法院（2022）粤1882民初2668号民事判决书，山东省临邑县人民法院（2024）鲁1424民初73号民事判决书，四川省双流区（县）人民法院（2024）川0116民初4111号民事判决书。

② 参见山西省介休市人民法院（2019）晋0729民初521号民事判决书，浙江省武义县人民法院（2023）浙0723民初2429号民事判决书，陕西省绥德县人民法院（2022）陕0826民初1471号民事判决书，河南省上蔡县人民法院（2020）豫1722民初4671号民事判决书。

③ 参见湖北省谷城县人民法院（2021）鄂0625民初1210号民事判决书。

④ 参见广东省广州市黄埔区人民法院（2023）粤0112民初1775号民事判决书，湖南省沅江市人民法院（2022）湘0981民初1644号民事判决书，江苏省建湖县人民法院（2022）苏0925民初5829号民事判决书。

⑤ 参见江苏省宿迁市宿城区人民法院（2020）苏1302民初8949号民事判决书。

⑥ 参见［德］玛丽娜·韦伦霍菲尔：《德国家庭法》（第六版），雷巍巍译，中国人民大学出版社2023年版，第363页。

⑦ 参见［德］迪特尔·施瓦布：《德国家庭法》（第五版），王葆莳译，法律出版社2022年版，第529页。

父母双方履行的都是自己对子女负担的抚养义务，确实不构成父母一方代另一方履行后者对子女负担的抚养义务。也就是说，直接抚养子女的父母一方将子女抚养成人且具有独立生活能力的，只是履行了自己对子女负担的法定义务，但同时导致不直接抚养子女的父母一方对子女的法定抚养义务因目的实现而消灭。在不直接抚养子女的父母一方与子女之间的关系上，不直接抚养子女的父母一方对子女负担的抚养费债务消灭。如前所述，由于父母双方订立的离婚协议仅约束父母双方，子女的抚养请求权不受父母双方约定抚养费金额的限制，父母双方约定的抚养费金额本质上是父母双方内部分担抚养义务的依据。基于抚养费约定真正利益第三人合同的性质，子女甚至可以直接针对不直接抚养子女的父母一方享有履行请求权。不过，在子女成年且能够独立生活时，父母双方的法定抚养义务消灭，双方作为连带债务人需要处理内部关系，即确定双方各自分担的内部份额。因此，在父母之间，直接抚养子女的父母一方属于实际承担债务超过自己份额的连带债务人，可以依据离婚协议约定的金额向不直接抚养子女的一方行使追偿权。据此，在子女成年且具有独立生活能力后，有权向不直接抚养子女的父母一方追索的主体原则上为直接抚养子女的父母一方。

◆ **疑点与难点**

诉讼时效的适用

直接抚养子女的父母一方对另一方享有的追偿权，是否罹于诉讼时效？对此，有法院持肯定说，认为直接抚养子女的父母一方享有的追偿权属于普通债权，适用诉讼时效，自子女成年之日起算。[①] 子女虽然未成年但是已经依靠自己的收入独立生活的，诉讼时效自子女以自己的劳

[①] 参见湖南省沅江市人民法院（2022）湘0981民初1644号民事判决书、四川省射洪市人民法院（2017）川0922民初2116号民事判决书。在子女已经去世时，有法院认为，直接抚养子女的一方享有的追偿权适用诉讼时效，有权就子女去世前三年到去世时这段时间的抚养费行使追偿权。参见四川省双流区（县）人民法院（2024）川0116民初4111号民事判决书。

动收入为主要生活来源之时起算。① 不过，在子女尚未成年时，也有法院持否定说，认为追偿权涉及的款项属于抚养费的范畴，故依据《民法典》第 196 条第 3 项不适用诉讼时效。② 在我国学界，有学者持否定说，理由在于，共同抚养人之一为其他共同抚养人垫付费用，就垫付费用追偿的，并未改变该费用的伦理属性，因此该费用仍适用《民法典》第 196 条，不罹于诉讼时效。③ 本书认为，直接抚养子女的父母一方对不直接抚养子女的另一方享有的追偿权，本质上属于普通债权，并没有身份性，应当适用诉讼时效。子女抚养债务属于继续性债务，父母双方在子女成年并能够独立生活之前一直负担抚养债务，抚养费的具体金额取决于子女不断变化的抚养需求。进而，只有在抚养债务消灭时，父母双方才能确定抚养债务的总金额及各自负担的份额，从而确定直接抚养子女的父母一方是否构成"实际承担债务超过自己份额"，即确定追偿权的具体范围。因此，直接抚养子女的父母一方对另一方享有的追偿债权，原则上自对子女抚养义务的消灭之日起计算诉讼时效。

子女对父母的抚养费请求权不适用诉讼时效。然而，由于抚养费给付请求权以子女具有抚养需求为前提，如果子女的抚养需求已经获得满足，抚养费请求权应当归于消灭，无须考虑诉讼时效是否适用的问题。④

---

① 参见江苏省镇江市中级人民法院（2017）苏 11 民终 1263 号民事判决书。该判决未考虑劳动成年制的要求，以子女 15 岁"即依靠自己的打工收入维持生活，不再需要给付抚养费用"为由，认为不直接抚养子女的父母一方无须再分担子女的抚养费。实际上，该判决的出发点是，子女已经独立生活的，不再具有抚养需求，从而直接抚养子女的一方无须再承担抚养义务，不能要求另一方分担抚养成本。这一逻辑是否妥当，值得斟酌。
② 参见山东省临沂市兰山区人民法院（2021）鲁 1302 民初 6196 号民事判决书，山东省聊城市茌平区人民法院（2022）鲁 1503 民初 3395 号民事判决书。
③ 参见杨巍：《〈民法典〉第 196 条（不适用诉讼时效的请求权）评注》，载《南大法学》2022 年第 2 期。
④ 学界有类似观点认为，在当事人之间存在身份关系且有抚养、赡养或扶养之必要时，相应的请求权才不适用诉讼时效。参见朱晓喆：《民法典总则编·诉讼时效、期间计算评注（第 188 条—第 204 条）》，北京大学出版社 2024 年版，第 297 页。不过，有法院认为，未成年子女可以就过去三年的抚养费请求不直接抚养子女的父母一方偿还。也就是说，未成年子女针对父母一方的抚养费请求权须适用诉讼时效。参见山西省长治市潞州区人民法院（2019）晋 0403 民初 2190 号民事判决书，湖南省嘉禾县人民法院（2019）湘 1024 民初 297 号民事判决书。

在司法实践中，有些法院就认为，"子女在成年之后，抚养费所体现的法益已经消灭，就同时丧失了抚养费的请求权，也不存在诉讼时效的适用问题"①。不过，采取这一立场，可能会导致不直接抚养子女的父母一方逃避抚养义务：如果直接抚养子女的父母一方已经满足了子女的抚养需求但未及时请求另一方给予补偿，另一方不仅无须向子女支付抚养费，而且还能够以诉讼时效届满为由对直接抚养子女的父母一方提出的追偿请求提出抗辩。因此，有必要设置一些例外情形，允许子女在抚养需求已经满足时仍可以就不直接抚养子女的父母一方主张抚养费请求权。这需要司法实践和学界进一步的探索。

（本条由缪宇撰写）

> **第十八条　【"受其抚养教育"的认定】**
> 对民法典第一千零七十二条中继子女受继父或者继母抚养教育的事实，人民法院应当以共同生活时间长短为基础，综合考虑共同生活期间继父母是否实际进行生活照料、是否履行家庭教育职责、是否承担抚养费等因素予以认定。

◆ **条文要旨**

本条是人民法院认定继子女受继父或者继母抚养教育事实时应予考虑因素的规定。

◆ **理解与适用**

继父母子女（以下简称继亲），是因子女的生父或生母再婚，在子

---

① 参见黑龙江省大庆市让胡路区人民法院（2021）黑0604民初5262号民事判决书，浙江省武义县人民法院（2023）浙0723民初2429号民事判决书。

女和生父或生母的再婚配偶之间形成的一种亲子关系。现实生活中，继亲关系主要有名义型、共同生活型、收养型三种。① 其中，"名义型继亲"是指继父母对继子女没有抚养教育的事实，双方仅为姻亲关系，不产生法律上父母子女的权利义务；"共同生活型继亲"是指继子女与继父母共同生活，双方已形成事实上的抚养教育关系，依照《民法典》第1072条第2款，其权利义务"适用本法关于父母子女关系的规定"。我国《民法典》还允许继父母经生父母同意后收养继子女②，继父母经法定程序收养继子女后，双方关系便转化为法律上的养父母子女关系，适用《民法典》关于养父母子女关系的规定。《婚姻家庭编司法解释（二）》本条列举了司法实践中对共同生活型继亲间抚养教育事实认定应予参酌的因素。

一、《民法典》第1072条第2款的规范性质

为对继亲关系进行必要规制，《民法典》第1072条第2款设定条件，使得形成抚养教育关系的继亲之间享有和承担与亲生父母子女相同的权利义务，从而使此类继亲关系在法律上得到和自然血亲亲子关系"等同"的对待。其目的在于弥补再婚家庭功能之不足，确保未成年子女及没有独立生活能力的成年子女在重组家庭中健康成长，从而维护此类家庭的稳定与和谐。

本书认为，《民法典》第1072条第2款的性质是拟制规范。一般而言，法律拟制包括作为立法技术手段的拟制、作为裁判说理手段的拟制，以及学术中应用的拟制三种类型。③ 就此，法律拟制可分为立法拟制、

---

① 参见巫昌祯主编：《婚姻与继承法学》（第四版），中国政法大学出版社2007年，第204页；马忆南：《婚姻家庭继承法学》（第二版），北京大学出版社2011年，第192页；薛宁兰、金玉珍主编：《亲属与继承法》，社会科学文献出版社2009年版，第220页；夏吟兰、龙翼飞等：《中国民法典释评·婚姻家庭编》，中国人民大学出版社2020年版，第165—166页；黄薇主编：《中华人民共和国民法典婚姻家庭编释义》，法律出版社2020年版，第122页。
② 参见《民法典》第1103条。
③ 参见［德］卡尔·拉伦茨：《法学方法论》（第六版），黄家镇译，商务印书馆2020年版，第333—334页。

司法拟制、理论拟制。此所谓法律拟制，首先是指立法拟制。

拟制（fiction），是一项有着悠久历史的重要立法技术，它是法律"对两个不同具体事实的同等评价"。①立法者运用拟制技术，不改变某一法律要件的字面表述，使原本不符合该要件的另一事实满足它，从而实质上扩大该要件的外延。在立法层面，拟制并非初始的立法行为，而是在既有规范基础上的新规范创设行为②，它使得字面无变化的既有规范能够容纳某些新出现的事物。为与拟制规范相呼应，有研究将既有规范称为"基础规范"，认为"拟制规范是对基础规范法律后果的参引，每一个拟制规范都有对应的基础规范"。③再者，拟制具有三方面特征：（1）它侧重将两个不同事物"等同"对待。（2）拟制的目的，在于使 A 事实产生与 B 事实相同的法律效果。与推定可以被相反事实推翻不同的是，拟制具有不可反驳性，法律不允许以证据反驳并推翻被拟制的事实（A 事实）。（3）在法律用语上，拟制在法条中多采用"视为"这一语词标识。④

然而，我国《民法典》第 1072 条第 2 款并未使用通常易于识别的"视为"语词，而是选择"适用"一词。无独有偶，对于养亲关系拟制的效力，《民法典》第 1111 条也采用类似表述。⑤一般而言，《民法典》中的"适用"包括适用（直接适用）、补充适用和参照适用三种类型。⑥就我国《民法典》对继亲、养亲关系的效力规定看，其第 1072 条和第 1111 条"适用"一词的含义，显然不是补充适用和参照适用。由于它们

---

① 参见张焕然：《论拟制规范的一般结构——以民法中的拟制为分析对象》，载《法制与社会发展》2021 年第 4 期。
② 参见张焕然：《论拟制规范的一般结构——以民法中的拟制为分析对象》，载《法制与社会发展》2021 年第 4 期。
③ 参见李伟伟：《民法典中的法律拟制规范研究》，中国政法大学出版社 2023 年版，第 77 页。
④ 参见刘英明：《中国民事推定研究》，法律出版社 2014 年版，第 21—22 页。
⑤ 《民法典》第 1111 条第 1 款规定："自收养关系成立之日起，养父母与养子女间的权利义务关系，适用本法关于父母子女关系的规定……"
⑥ 参见李伟伟：《民法典中的法律拟制规范研究》，中国政法大学出版社 2023 年版，第 151 页。

符合法律拟制的一般结构,即将某一事实另行评价为满足某个抽象要件,并维持该要件在字面表述上的不变。① 故而,《民法典》第 1072 条第 2 款是对继亲间亲子关系的拟制,第 1111 条第 1 款是对养亲间亲子关系的拟制。

将这一条款的性质界定为"拟制规范",主要基于如下考虑:首先,"视为"固然是拟制规范的标志性语词,但它只是拟制规范构成性特征的附属因素。如果仅凭这一语词标志,将难以实现对拟制规范的准确识别。② 其次,我国编撰《民法典》时,立法者关于继亲关系和养亲关系的拟制,沿用原《婚姻法》的一惯用语③,并未基于这一规范的性质,对立法表述作出调整。尽管如此,就这一规范的法律效果看,它"参引"了《民法典》关于自然血亲亲子之间权利义务的规定。亲子关系的性质是亲属身份关系,其类型都是法定的④,不能"类推比照",更不能"参照适用"。《民法典》通过第 1072 条第 2 款,使实际存在抚养教育事实(关系)的继亲从一般意义上的姻亲,转化为具有父母子女权利义务关系的拟制血亲,从而成为与自然血亲亲子关系相对应的一类法定亲子关系——拟制亲子关系。

(一)继亲关系法律拟制的要件

继亲之间在法律上何以形成姻亲和血亲两种不同的亲属关系?

首先,子女的生父或生母再婚是继亲关系产生的首要法律事实。我国《民法典》第 1045 条第 1 款将亲属分为配偶、血亲和姻亲三种。从继父母角度看,继子女是其配偶的血亲;于继子女而言,继父母则是其血亲的配偶,两者都属于亲属法上的姻亲。

---

① 参见张焕然:《论拟制规范的一般结构——以民法中的拟制为分析对象》,载《法制与社会发展》2021 年第 4 期。
② 参见李伟伟:《民法典中的法律拟制规范研究》,中国政法大学出版社 2023 年版,第 70 页。
③ 我国从 1980 年《婚姻法》开始采用继父母和继子女概念,其第 21 条第 2 款规定:"继父或母和受其抚养教育的继子女间的权利和义务,适用本法对父母子女关系的有关规定。"2001 年修正后的《婚姻法》第 27 条第 2 款继续重申这一规定。
④ 参见刘征峰:《家庭法中的类型法定原则基于规范与生活事实的分离和整合视角》,载《中外法学》2018 年第 2 期。

其次，由于许多再婚家庭中有需要父母双亲抚育的未成年子女或无独立生活能力的成年子女，于是，继父母对继子女抚养教育的事实便会经常发生。这种抚育多出自当事人自愿，而不能从父母履行法定义务角度进行解释。在没有相应法律规范对这类事实上的亲子关系予以"确认"的前提下，尽管他们之间存在如同亲生父母子女般的共同生活事实，也不能当然认为他们是一类法定的亲子关系。依照《民法典》第1072条第2款，如果继父母对继子女存在抚养教育的事实，他们之间便"适用"《民法典》关于父母子女权利义务的规定。换言之，符合这一法定条件的继亲，依法形成亲子间的权利义务关系。既然如此，在亲属的分类中，应将之归于血亲中的拟制血亲。属于拟制血亲的继亲关系既不同于自然血亲亲子关系因子女出生的事实产生，也不同于名分型继亲仅因生父母一方再婚所形成的姻亲关系。它是在生父母一方再婚基础上，叠加继父母对继子女抚育的事实，经法律认可，人为设定的。

最后，当事人双方意愿也是形成此类拟制血亲关系的必备要件。在确认存在抚养教育事实后，如果继父母或继子女明确表示双方不结成拟制血亲关系，即便他们有共同生活和抚养教育的事实，司法中也不宜认定双方形成了拟制亲子关系。[1] 最高人民法院1993年《离婚子女抚养意见》从共同生活型继亲关系解除角度，反向肯定在"抚养教育"客观要件之外，当事人的"意愿"是形成继亲拟制血亲关系的主观要件。[2]

(二) 继亲关系法律拟制的目的

拟制技术为法律开放了在必要时偏离甚至逆事实状态而动的可能性，从而使法律能够"守正出奇"。[3] 具体到对亲子关系的法律拟制，其目标

---

[1] 参见最高人民法院民法典贯彻实施工作领导小组主编：《中华人民共和国民法典婚姻家庭编继承编理解与适用》，人民法院出版社2020年版，第217页。
[2] 1993年最高人民法院《离婚子女抚养意见》第13条指出："生父与继母或生母与继父离婚时，对曾受其抚养教育的继子女，继父或继母不同意继续抚养的，仍应由生父母抚养。"
[3] 参见王琦：《论民法典的规范技术——以〈民法总则〉为主要例证的阐释》，载《北大法律评论》2018年第1期。

是"使依据其他标准形成的亲子关系与依据血缘关系形成的法律上的亲子关系具有同等的法律地位"。① 比较而言，法律对自然血亲亲子关系的推定，是基于妇女生育的事实和儿童生母的婚姻所作的父母身份的推定，隐藏在儿童出生事实与其生母婚姻背后的是其与生母生父的基因联系。因此，自然血亲亲子关系的推定，既不是婚生推定，也不是父性推定，而是血缘推定。② 而法律对亲子关系的拟制，则是将完全没有血缘联系的人们"视为"法律上的父母子女。这恰好符合拟制的基本法律特征，即"有意地将明知为不同者同等对待"。③ 有学者因此将法律上亲子关系成立的方式区分为血缘推定和血缘拟制两类，并且认为"法律拟制是将虚假拟制为真实"。④

本书认为，拟制不是虚构事实，而是对两个不同事实在法律上的同等评价。就继亲血亲关系的拟制看，《民法典》是将符合法定要件的事实上的亲子关系评价为与自然血亲的亲子关系具有同等法律地位。立法者运用亲子身份拟制技术，使得法律上亲子关系的外延得以扩展，此为拟制技术在亲子关系形成上的法律适用。我国从原《婚姻法》到现行《民法典》都以继亲之间存在抚养教育事实为标准，确立其形成拟制血亲关系，产生法律上父母子女的权利义务。

如果说法律对养亲关系的拟制，在当代是以实现保护不在父母照护之下未成年人的生存利益为首要目的，同时也为满足无子女或符合法定收养条件的夫妻及单身人士抚养子女需求的话，那么，法律将共同生活型继亲关系拟制为具有权利义务的亲子关系，则主要为重组家庭中继父母对未成年继子女的抚养教育提供法律支持，"从而使行为能力欠缺的

---

① 参见刘征峰、杨狄：《论现代家庭法中的事实亲子关系》，载《法大研究生》第1辑，中国政法大学出版社2014年版，第194页。
② 参见薛宁兰：《自然血亲亲子身份的法律推定》，载《清华法学》2023年第1期。
③ 参见[德]卡尔·拉伦茨：《法学方法论》（第六版），黄家镇译，商务印书馆2020年版，第333页。
④ 参见刘征峰、杨狄：《论现代家庭法中的事实亲子关系》，载《法大研究生》第1辑，中国政法大学出版社2014年版，第194—195页。

未成年继子女能够正常地进行法律交往，人身、财产等合法权益得到有效保护，不因生活在重组家庭而权益受到损害"。① 故此，养亲关系具有长期性和稳定性，继亲关系则具有因父母婚姻变动而变化的特质。法律才会以继亲双方是否形成抚养教育关系为前提条件，对继亲关系性质作出"拟制血亲"抑或"姻亲"的界分。

二、继子女受继父母抚养教育事实的司法认定

继亲间如果存在持续性的抚养教育事实，双方便形成"抚养教育关系"。而对这一事实或关系的认定，是进行法律拟制的关键，也是法官判定继亲间是否适用《民法典》有关父母子女权利义务规定的标准。长期以来，我国从《婚姻法》到《民法典》均未确立具体认定标准。立法的原则性和模糊性带来一系列执法困惑与类案不同判现象。对此，学界多从三方面进行衡量与判断：（1）继子女未成年或者成年后无独立生活能力；（2）继父母负担了继子女的全部或部分生活费和教育费；（3）继父母与继子女有共同生活的事实，继父母对继子女进行了教育和生活照料。

《婚姻家庭编司法解释（二）》第 18 条首次明确司法中认定《民法典》第 1072 条第 2 款所谓"受其抚养教育"事实，应从"共同生活期间继父母是否实际进行生活照料、是否履行家庭教育职责、是否承担抚养费"等三方面综合判断。与《婚姻家庭编司法解释（二）（征求意见稿）》第 17 条②比较，本条不再将"共同生活时间长短"与其他因素简单并列，而将之单独列出。在此基础上，再综合判断上述三项因素。如此变化进一步凸显了持续性的共同生活是确定继亲间是否形成抚养教育事实或关系的前提条件。共同生活是建立继亲间共同生活体的必要事实行为，但非唯一要素，如果继父母与继子女仅有共同生活的外观，未实际对

---

① 参见夏江浩：《〈民法典〉第 1072 条（继母与继子女间的权利义务关系）评注》，载《法学家》2023 年第 6 期。
② 该条曾指出："对民法典第一千零七十二条中继子女受继父或者继母抚养教育的事实，人民法院应当综合考虑共同生活时间长短、继父母是否承担抚养费、是否实际进行生活上的照顾抚育等因素予以认定。"

继子女进行生活照料、未履行对继子女的家庭教育职责、未承担继子女的抚养费,亦不能认定其与继子女已经形成抚育教育的事实或关系。

(一)共同生活时间长短

如前所述,共同生活,是认定继亲间形成抚育关系的前提条件。那么,继父母对继子女抚养教育事实持续多长时间,方可认定双方形成抚育关系?对未成年子女而言,由于其与继父/母不是自然血亲,双方共同生活的首要内容便是共同居住和相处。不仅如此,培养和建立父母子女间的感情与亲情,也需要持续一定期间,使彼此从陌生人渐变为如亲生父母子女般的亲人。同时,抚养教育事实是否持续存在也需要时间验证。只有长期的、较稳定的抚育,司法中才能认定双方形成了抚养教育关系。因此,双方形成抚养教育关系所依赖的共同生活时间不宜过短。

一些学者主张,继父母与继子女共同生活应当持续 3 年以上[1];还有一些学者则认为,继父母需对继子女抚养教育 5 年以上,才能认定双方形成抚养教育关系。[2] 显然,学者们在此项标准内涵的认知上并不一致。本书主张,不能简单地将共同生活时间等同于抚养教育时间,共同生活仅为外在表象。在此前提下,还应当存在继父母对继子女实际进行抚养教育的事实。并且,共同生活及抚养教育的期限,也"不宜固定为一个确定的时间"[3],法官应结合个案中的诸多因素,对是否形成抚养教育事实或关系进行综合判断。

检索近年来人民法院判例发现,涉及司法认定继亲间是否形成抚养教育关系案件,并不限于支付抚养费和赡养费两类,还存在于死亡赔偿金分割、法定继承人范围确定,以及解除继亲关系等案件中。在共同生

---

[1] 参见王利明主编:《中国民法典学者建议稿及立法理由:人格权·婚姻家庭编·继承编》,法律出版社 2005 年版,第 397 页;顾薛磊、张婷婷:《论我国继父母子女形成抚养关系的认定标准》,载《青少年犯罪问题》2014 年第 4 期;王葆莳:《论继父母子女之间的法定继承权——〈民法典〉第 1072 条和第 1127 条解释论》,载《法学》2021 年第 9 期。

[2] 参见王歌雅:《扶养与监护纠纷的法律救济》,法律出版社 2001 年版,第 89 页;王洪:《婚姻家庭法》,法律出版社 2003 年版,第 240 页。

[3] 参见房绍坤、于梦瑶:《继父母子女之间继承权释论》,载《法学论坛》2023 年第 4 期。

活时间的认定上，对于生母与继父登记结婚不到 1 年，继父又在外打工与继女共同生活时间极为短暂的，法院认为这种短暂的、时断时续的抚养行为，不能确定继父女之间已经形成抚养教育关系[①]；对于继子与继母一起生活 2 年多的，法院认为时间较短，不能认定双方已形成父母子女间的权利义务关系[②]；对于继父女共同生活 4 年，法官也会结合案情，认定双方并未形成有抚养教育关系的继父女关系的。[③] 这些佐证了本书所持上述观点。并且，《婚姻家庭编司法解释（二）》第 18 条未明确具体时间界限，而是将"共同生活时间长短"作为法官综合判断的先决条件。

（二）实际进行生活照料

未成年子女是成长中的人，其身心处于生长发育阶段。无论生活在原生家庭还是再婚家庭，他们都需要来自父母双亲生活上的照料。我国法律将亲属扶养分为夫妻间的相互扶养、父母对子女的抚养、子女对父母的赡养三种类型，从其内涵看，可分为广义和狭义。广义的扶养包括生活保持和生活照料两方面。父母对未成年子女的抚养属于广义扶养，其中，"生活保持"是指父母向未成年子女提供经济来源（生活费、教育费等），以保障其基本生存需求。而"生活照料"则是父母通过提供家务劳动、陪伴等一系列行为，对子女的日常生活予以照护。

父母对未成年子女的生活照料体现在诸多方面，例如，确保安全，避免子女发生意外伤害事故；提供均衡饮食，保证子女获得足够营养；定期为子女进行健康体检和免疫接种；引导并陪伴子女进行有益身心的娱乐与体育活动；等等。基于亲子间的亲情和为人父母者因为爱而具有的利他主义情怀，他们通常会悉心照料子女饮食起居、娱乐健康等事务，使之得以健康成长和全面发展。

[①] 参见河南省新乡市中级人民法院（2014）新中民四终字第 213 号民事判决书。
[②] 河南省新乡市中级人民法院（2013）新中民四终字第 440 号民事判决书。
[③] 参见河北省石家庄市中级人民法院（2018）冀 01 民终 9158 号民事判决书。

由此可见,生活照料,是继父母与继子女形成抚养教育关系必不可少的内容。此类抚养行为虽以继父母的物质给付为基础,但又不限于此,更多地表现为继父母对未成年继子女的日常起居、饮食、安全、娱乐、体育活动等的关心与关爱、照顾和陪伴等一系列情感与劳务的付出。这种非物质的精神抚养①对于增进继亲间情感融合,建立彼此信任关爱和稳定持续的亲子关系,具有积极意义。

(三) 履行家庭教育职责

"履行家庭教育职责",是新的提法和要求,在《婚姻家庭编司法解释（二）（征求意见稿）》中未曾出现。众所周知,家庭是子女接受学校教育,走向社会前的第一课堂,父母是子女教育的第一任老师。因此,家庭教育在子女德、智、体、美、劳等方面全面发展,将其培养成有理想、有道德、有文化、守纪律的高素质人才的整个教育链中,居于基础性的首要位置。

我国《民法典》第 26 条和第 1068 条均规定,父母有教育未成年子女的权利和义务。《未成年人保护法》第 15 条第 1 款要求未成年人的父母"应当学习家庭教育知识,接受家庭教育指导,创造良好、和睦、文明的家庭环境"。其第 16 条进一步细化《民法典》中监护人责任的内容,将"教育和引导未成年人遵纪守法、勤俭节约,养成良好的思想品德和行为习惯;对未成年人进行安全教育,提高未成年人的自我保护意识和能力;尊重未成年人受教育的权利,保障适龄未成年人依法接受并完成义务教育;预防和制止未成年人的不良行为和违法犯罪行为,并进行合理管教"等一并作为父母履行监护人职责的必要内容。

2022 年 1 月 1 日施行的《家庭教育促进法》第 2 条第一次以立法形式明确"家庭教育"内涵,它是父母或其他监护人"为促进未成年人全

---

① 参见杨棋:《动态系统理论下继父母子女间抚养教育关系成立的认定》,载《中华女子学院学报》2023 年第 5 期。

面健康成长，对其实施的道德品质、身体素质、生活技能、文化修养、行为习惯等方面的培育、引导和影响"。该法第 16 条进一步细化家庭教育内容，明确要求未成年人的父母或者其他监护人，针对不同年龄段未成年人身心发展特点，从公民、公德和法治意识，到学业、生活、心理健康、安全知识、劳动观念及习惯等，对未成年子女进行全方位的培育、引导和影响。

综上所述，父母履行家庭教育职责体现在诸多方面。我国《未成年人保护法》《家庭教育促进法》结合新时代未成年人保护特点与要求，细化和强化《民法典》关于监护人职责的原则规定。《婚姻家庭编司法解释（二）》第 18 条将立法的新要求和新发展及时融入继父母对继子女"抚养教育事实"的司法认定之中，体现出司法解释的时效性与融通性，为今后各级人民法院审理此类案件提供了详尽指引。

（四）承担抚养费

获得父母必要的经济供养，是未成年子女生存的物质保障。实务中，它多表现为父母支付未成年子女生活费、教育费等。从学理角度看，它属于狭义的扶养，又称"经济抚养"。有观点认为，判断继父母是否对继子女进行了抚养教育的首要标准，是看其是否对未成年继子女提供了经济抚养，具体包括为继子女在生活、学习等方面提供一定的物质条件，如支付继子女衣食住行、教育及医疗等的费用。[1] 还有学者主张，继父母是否承担继子女全部或部分生活费和教育费，是判断他们之间是否形成抚养教育关系的主要标准。如果继父母未承担任何费用，仅有对继子女的教育和生活照料，不能认定双方形成了抚养教育关系。[2] 与之相左观点则认为，只要继父母与未成年继子女共同生活，对其进行教育和生

---

[1] 参见顾薛磊、张婷婷：《论我国继父母子女形成抚养关系的认定标准》，载《青少年犯罪问题》2014 年第 4 期。
[2] 参见余延满：《亲属法原论》，法律出版社 2007 年版，第 432 页。

活照料，即便未负担抚养费用，也应认为他们之间形成了抚养关系。①

本书认为，承担抚养费，固然是继父母实际抚养未成年继子女的重要标志，但不能将之绝对化，不能将给付抚养费简单等同于履行生活照料义务和家庭教育职责。以此观察司法实务，在继父母要求继子女支付赡养费案件中，一些法院认为，仅以继父母未能承担未成年继子女全部或部分生活费和教育费，便判断双方未形成抚养教育关系，具有片面性，于法不合，亦不符合一般社会认知，属于对抚养教育关系的误解。继子女主张不对继父母负有赡养义务的主张不能获得支持。②还有法院认为，抚养教育不能简单机械地理解为物质上的帮助。形成抚养教育关系，在物质帮助上应当有量的要求，在时间上亦应当是长期且持续的状态，同时还包含在精神上的扶助和在感情上对彼此身份的认同等多方面因素。③应当注意，由于我国民众无婚前或婚后通过约定确定夫妻财产制的习惯，绝大多数夫妻之间并无财产制约定，便当然实行法定夫妻财产制，即婚后所得共同共有制。此种情形下，如果继父母以夫妻共同财产承担继子女全部或部分生活费和教育费的，应当认定其符合这一要件。

为避免过于强调承担抚养费的重要性，纠正忽视继父母对继子女日常生活关心照料和履行家庭教育责任的倾向，《婚姻家庭编司法解释（二）》第18条改变征求意见稿对各项衡量因素的排列顺序，将承担抚养费调整至生活照料和履行家庭教育责任两项因素之后，其用意不言自明。

司法实践中对抚养教育事实或关系的认定应着眼于客观事实，不宜将衡量其有无的上述因素与构成拟制血亲关系的要件等同。由于这一拟制的核心是对已经存在父母子女生活事实的关系予以法律上的认可，一些研究将当事人双方主观意愿也作为认定抚养教育事实的要素，似有不妥。

---

① 参见王洪：《婚姻家庭法》，法律出版社2003年版，第240页。
② 参见陕西省渭南市中级人民法院（2021）陕05民终209号民事判决书，山东省德州市中级人民法院（2019）鲁14民终927号民事判决书。
③ 参见四川省广安市中级人民法院（2018）川16民终330号民事判决书。

◆ **疑点与难点**

共同生活型继亲是姻亲还是拟制血亲

关于共同生活型继亲关系的法律性质，学界和实务界一直存在争议。一些学者主张，不能仅依据继父母子女间存在抚养教育的事实，便认定双方形成拟制血亲关系。① 还有法官进一步指出，这类继父母子女关系"是介于名义型继父母子女关系（姻亲）、收养型继父母子女关系（血亲）之间的，按权利义务一致性原理而产生对等性权利义务的特殊的姻亲关系，并只在对等双方——继父母子女之间发生效力"。② 欲对共同生活型继亲关系的性质作出妥当结论，须从此类继亲关系的形成、法律效力及解除三方面展开分析。

首先，在关系的形成上，共同生活型继亲成为拟制血亲有其特殊之处。法律上对之仅有实体法律效果的引致，即双方权利义务关系"适用本法关于父母子女关系的规定"，未确立类似收养由公权力介入的登记（公示）程序，故而其形成缺乏要式性。这是反对将之作为拟制血亲主张的首要理由。③ 然而，应予顾及的是，收养制度起源甚早，历来是不同历史时期各国亲子关系法的组成部分。因此，法律对收养制度的规定较为健全和成熟。另外，在民众婚姻观念较为传统、离婚率低的时代，再婚现象虽有却不普遍，再婚家庭中继父母子女关系自然不会是法律关注和调整的重点。随着婚姻关系的超稳定性被打破，离婚率上升，再婚家庭中的继父母子女随之增多，今后，法律及司法解释加大对此类亲子

---

① 参见王洪：《婚姻家庭法热点问题研究》，重庆大学出版社2000年版，第247—249页；王丽萍：《婚姻家庭法律制度研究》，山东人民出版社2004年版，第223—224页；张学军：《〈中国民法典〉"亲属"法律制度研究》，载《政法论坛》2021年第3期；王葆莳：《论继父母子女之间的法定继承权——〈民法典〉第1072条和第1127条解释论》，载《法学》2021年第9期。
② 参见王列宾：《继父母子女间有"抚育关系"不应构成拟制血亲》，载《上海法治报》2017年3月1日，第B06版。
③ 参见王葆莳：《论继父母子女之间的法定继承权——〈民法典〉第1072条和第1127条解释论》，载《法学》2021年第9期。

关系的调整是必然趋势。再者，作为一类独立的法定亲子关系，此类继亲关系的形成有别于养亲关系是合理的和可理解的。如果仅因两种拟制血亲关系在形成方式上存有差异，便将共同生活型继亲关系排除在拟制血亲之外，不仅会人为限缩拟制血亲的范围，更为重要的是，忽视了继父母与需要抚养教育继子女间业已形成的事实上的亲子关系，应得到法律平等确认与保护的现实需求。

其次，关于此类继亲关系的法律效力，目前学界存在两种观点。一种认为，《民法典》第1072条第2款这一引致规范涉及父母子女关系的一切规范，"通过抚养教育产生的拟制父母子女关系的权利义务内容不仅局限于《民法典》，也及于其他私法领域乃至公法领域"。① 另一种则主张，可将"本条第2款规定的'抚养教育'解释为继父母对未成年继子女的监护"。②

本书认为，对《民法典》第1072条第2款过宽或过窄的解释，都不符合立法本意，应严格遵循法条本意作出恰当解释。从文义上看，第1072条第2款所言"适用本法"，是指适用《民法典》。民法典各编有关父母子女权利义务的条文都可适用于形成抚养教育关系的继亲，除非《民法典》有特殊规定或者与其性质不相符合。③ 具言之，本款涵摄的权利义务主要体现在三方面④：一是继父母对继子女有抚养教育的义务。受到继父母抚养教育的继子女，成年后负有对继父母赡养、扶助和保护的义务（《民法典》第26条、第1067条）。二是继父母作为监护人，有代理被监护的继子女实施民事法律行为、保护未成年继子女人身和财产及其他合法权益的义务。未成年继子女造成他人损害的，继父母应承担

---

① 参见薛宁兰、谢鸿飞主编：《民法典评注·婚姻家庭编》，中国法制出版社2020年版，第317页。
② 参见夏江浩：《〈民法典〉第1072条（继父母与继子女间的权利义务关系）评注》，载《法学家》2023年第6期。
③ 例如，依照《民法典》第1094条，继母不能作为收养关系中的送养人。
④ 参见中国审判理论研究会民事审判理论专业委员会编著：《民法典婚姻家庭编条文理解与司法适用》，法律出版社2020年版，第119页。

民事责任（《民法典》第27条第1款、第34条、第35条）。三是继父母子女有相互继承遗产的权利（《民法典》第1127条第3款、第4款）。应当注意的是，《民法典》第1127条之所以使用"扶养关系"一词，意在表明继父母子女互享继承遗产的权利，而该项权利的享有以他们各自履行抚养教育和赡养扶助义务为前提。这是我国继承法权利义务相一致原则的必然要求。申言之，如果继子女在未成年时得到继父母的抚养教育，成年后却未履行对继父母赡养扶助义务，便不应享有对继父母遗产的继承权。可见，此类继亲法律上的权利义务是有限的。它与收养产生完全等同于自然血亲亲子关系的法律效力相比是有差别的。

不仅如此，继亲间形成拟制血亲关系后，并不解除继子女与生父母的自然血亲关系，继子女与亲生父母、继父母因此存在双重的权利义务关系。对比《民法典》第1072条第2款和第1111条第1款①，继亲关系法律拟制的效力仅及于继父母子女，并不及于各自近亲属。而收养的效力会由养父母子女辐射至双方的近亲属。因收养关系成立，养子女与生父母及其他近亲属的权利与义务关系归于消除。

最后，在关系的解除上，此类继亲也具有特殊性。（详见本书第19条释评）司法实务多认为存在抚养教育事实的继亲关系不因生父母与继父母离婚而自动解除。故而学理上不宜将此类继亲关系归为姻亲。如果他们是姻亲，那么，这种关系就会因生父母与继父母离婚而自动解除。显然，如此理解与司法实践是矛盾冲突的。

总之，现行法对养父母子女关系的拟制主要体现在收养成立与有效要件上，而对继亲关系的拟制则集中体现为对继父母抚养教育继子女事实的认定。从两类拟制血亲关系的法律效力看，相较于养亲，《民法典》

---

① 《民法典》第1111条规定："自收养关系成立之日起，养父母与养子女间的权利义务关系，适用本法关于父母子女关系的规定；养子女与养父母的近亲属间的权利义务关系，适用本法关于子女与父母的近亲属关系的规定。养子女与生父母以及其他近亲属间的权利义务关系，因收养关系的成立而消除。"

对共同生活型继亲关系的拟制，属于不完全拟制。因此，基于最有利于未成年子女利益原则和最大限度发挥再婚家庭养老育幼功能的目的，与其将共同生活型继亲关系归为"特殊的姻亲关系"，不如将之定性为"特殊的拟制血亲关系"。

◆ **典型案例**

李某 1 诉李某 2 等法定继承纠纷案[①]

——继父对继子遗产继承权的取得

裁判要旨：继父母子女能否以第一顺序法定继承人身份继承对方遗产的关键，在于继父母与继子女是否形成抚养教育关系。司法实践中，对于生父母再婚时 18 周岁以上的成年继子女与继父母之间形成抚养关系标准的认识分歧较大。

本案被继承人李某 3 在 15 岁时（1983 年）因遭电击致肢体二级残疾，失去劳动能力。1988 年其生父去世，次年生母与李某 2 再婚，婚后双方未生育子女。李某 3 与生母继父共同生活居住于自家老房。2012 年生母去世后，李某 3 仍由继父李某 2 照顾，直至 2016 年 11 月 12 日李某 3 去世。其哥李某 1 主张对李某 3 与李某 2 共同居住的房屋享有继承权。

本案争议焦点是，继父李某 2 能否成为继子李某 3 的第一顺序继承人。法院结合案件事实，从继父对继子抚养时间的长期性、经济与精神抚养的客观存在、家庭身份的融合性等方面，对本案死者与继父之间是否形成抚养关系进行综合判断。法院认为，被继承人李某 3 因事故致丧失劳动能力，全部生活起居均须他人照顾，且身体状况随年龄增长每况愈下，对照顾的要求也越来越高。于他而言是否需要抚养与是否已成年并无关联。况且，从 1989 年生母与继父再婚，到李某 3 2016 年去世，继

[①] 参见北京市第三中级人民法院（2018）京 03 民终 11424 号民事判决书。

父李某2与他共同生活，对其进行经济上的扶助和精神上的关心长达27年之久。李某2已作为重要家庭成员融入与李某3的共同家庭生活之中。

故此，法院认定李某2与李某3生前形成扶养关系，应当以第一法定顺序继承人身份继承死者李某3遗产。

（本条由薛宁兰撰写）

第十九条 【离婚后继父母子女关系的解除】

生父与继母或者生母与继父离婚后，当事人主张继父或者继母和曾受其抚养教育的继子女之间的权利义务关系不再适用民法典关于父母子女关系规定的，人民法院应予支持，但继父或者继母与继子女存在依法成立的收养关系或者继子女仍与继父或者继母共同生活的除外。

继父母子女关系解除后，缺乏劳动能力又缺乏生活来源的继父或者继母请求曾受其抚养教育的成年继子女给付生活费的，人民法院可以综合考虑抚养教育情况、成年继子女负担能力等因素，依法予以支持，但是继父或者继母曾存在虐待、遗弃继子女等情况的除外。

◆ 条文要旨

本条是有关生父母与继父母离婚后，以诉讼方式解除继亲拟制血亲关系的原则、条件及继父母生活费请求权的规定。

◆ 理解与适用

关于继亲拟制血亲关系的解除，我国法律一直未有相应规定。基于法理及最高人民法院已有批复解释，总体上，继亲拟制血亲关系是可以解除的。主要有三种情形和方式：（1）因继父母子女一方死亡而终止；（2）经双方当事人协商一致而解除；（3）当事人双方不能达成协议，一方向法院起诉，经法院判决解除。《婚姻家庭编司法解释（二）》第19条就离婚后继亲拟制血亲关系的诉讼解除，从以下三方面作出规定：

一、解除的原则

本条第1款延续已有司法精神，规定生父母与继父母离婚后，当事人主张解除继亲拟制血亲关系的，人民法院以解除关系为原则，以不解除关系为例外，明确统一了人民法院处理继亲拟制血亲关系解除纠纷的法律适用标准，增强了司法解释的可操作性。详言之，法官在判断是否解除继亲拟制血亲关系时，除非存在继子女已被继父或继母收养或者继子女仍与继父或继母共同生活的情况，原则上应予支持。

如此规定的合理性体现在三个方面：（1）《民法典》第1072条第2款属于引致性规范，目的是避免重复规定继亲拟制血亲关系，故不宜采用反对解释，认为民法典未予规定的则为法律上不准许。[1] 此外，既有司法解释承认继亲拟制血亲关系可以解除。[2] 在尚无明确法律规定情形下，相关司法解释虽已失效，其蕴含的法理和精神仍具参考价值和借鉴意义，在审判实践中仍然发挥重要作用。[3]（2）共同生活型继亲关系与养亲关系均为拟制血亲，拟制血亲关系基于一定法律事实形成，亦可因一定的法律事实而解除。我国民法典肯认收养关系可以协议解除或诉讼解除，依体系解释，对继亲拟制血亲关系的解除应予同理对待。审判实践中，一些法院参照适用养父母子女解除收养关系的规定，对继亲拟制

---

[1] 参见上海市浦东新区人民法院（2019）沪0115民初91790号民事判决书。
[2] 例如，1988年《最高人民法院关于继父母与继子女形成的权利义务关系能否解除的批复》指出："继父母与继子女已形成的权利义务关系不能自然终止，一方起诉要求解除这种权利义务关系的，人民法院应视具体情况作出是否准许解除的调解或判决。"该批复自2013年1月18日起不再适用，但这表明已有司法解释是允许当事人通过诉讼方式解除继亲拟制血亲关系的。
[3] 参见河南省驻马店市泌阳县人民法院（2015）泌民初字第00328号民事判决书，辽宁省沈阳市中级人民法院（2021）辽01民终11819号民事判决书。

血亲关系解除案件作出裁决。① （3）现行适用《婚姻家庭编司法解释（一）》第54条允许继亲拟制血亲关系可因继父母单方意思解除。对这一规定的解释是，这一拟制血亲关系源于继父母自愿对继子女进行抚养教育，"应当允许继父母在一定条件下，以放弃将来的权利来提前释放自己的义务。"②并且，这体现了对当事人意愿的尊重，并为诉讼解除继亲拟制血亲关系留有余地。③本书认为，《婚姻家庭编司法解释（一）》第54条是以父母为本位的解释，它顾及继父母一方的意愿，却忽视受其抚育的继子女意愿与实际需求。《婚姻家庭编司法解释（二）》第19条第1款改变语言表达，用"当事人"一词将继子女涵盖进来，通过赋予继亲关系双方享有拟制血亲关系的诉讼解除权，使得此类关系可基于当事人的诉讼行为，经由法院裁判予以解除。如此可避免在继亲拟制血亲关系解除上的单方性和随意性，促进继亲拟制血亲关系解除规范的体系化。

二、解除的条件

通过诉讼解除继亲拟制血亲关系应当满足一定条件。依《婚姻家庭编司法解释（二）》第19条第1款，继亲拟制血亲关系的诉讼解除应满足以下条件。

第一，生父母与继父母离婚。法律或司法解释对解除继亲拟制血亲关系设定何种条件是由规范的目的决定的。继亲关系法律拟制的目的主要是保障继亲之间幼有所育、老有所养，防止相互虐待和歧视，促进再婚家庭关系团结和睦，此为继亲拟制血亲关系解除的出发点。生母与继父或生父与继母离婚后，继父母子女一方或双方向法院主张解除继亲拟

---

① 参见上海市第一中级人民法院（2019）沪01民终1424号民事判决书，浙江省温州市乐清市人民法院（2015）温乐民初字第353号民事判决书，浙江省温州市中级人民法院（2015）浙温民终字第2125号民事判决书，北京市西城区人民法院（2023）京0102民初28486号民事判决书。
② 参见最高人民法院民事审判第一庭编著：《最高人民法院民法典婚姻家庭编司法解释（一）理解与适用》，人民法院出版社2021年版，第476页。
③ 参见曹薇薇：《拟制血亲亲子关系司法解除的困境因由和路径优化》，载《东方法学》2024年第2期。

制血亲关系的，意味着这一再婚家庭关系无法维持，继亲拟制血亲关系的存续失去意义，应当允许解除。实践中，已有法院以生母与继父离婚，继父坚持解除继父女关系为由，判决解除继亲拟制血亲关系，以保护老年人的合法权益。①

第二，继父母与继子女之间不存在依法成立的收养关系。《民法典》第1103条允许继父母收养继子女。当继父母经生父母同意，依法办理收养继子女登记手续后，其与继子女之间便形成收养法律关系。基于此，先前的继父母子女关系变为养父母子女关系，双方关系的解除当然适用法律关于收养关系解除的规定。② 即便生父母与养（继）父母离婚，在依法解除收养关系之前，他们之间仍存在父母子女的权利义务关系，收养关系不因离婚而解除。因此，《婚姻家庭编司法解释（二）》第19条第1款将继父母与继子女存在依法成立的收养关系作为例外情形，有着明确的法理和法律依据。这一除外条件的设定，体现了《婚姻家庭编司法解释（二）》对民法典规则体系性的高度重视和法典化思维的实际运用，有助于实现继亲拟制血亲关系解除条件与继父母收养继子女规范的有序衔接。

第三，继子女不再与继父母共同生活。继亲拟制血亲关系解除的本质是身份关系的解除，法官既要重视当事人的主观意愿，也要充分审查客观因素。生父母与继父母离婚后，当事人向法院主张解除继亲拟制血亲关系的，原则上应予支持。但如果法院经审查发现继子女仍与继父或者继母共同生活，则不予支持。理由在于，共同生活时间长短是司法中认定继亲间是否形成抚养教育关系的基础性因素。继亲拟制血亲关系得以确立说明当事人共同生活时间较长，相互依赖程度高，已经形成抚养教育关系。生父母与继父母离婚后，继子女与继父或继母仍然继续共同

---

① 参见四川省成都市都江堰市人民法院（2024）川0181民初3128号民事判决书。
② 参见《民法典》第1114条至第1118条。

生活，便足以说明抚养教育事实并未消失，当事人之间并无实质性矛盾。从保障未成年继子女生存利益出发，这一关系不应予以解除。审判实践中，有法院以生母与继父离婚后继女仍由继父抚养，继父对继女抚养教育事实存续为由，认定继父女之间的拟制血亲关系不因生母与继父婚姻关系终止而解除。①

三、继父母生活费请求权

本条第 2 款对继亲拟制血亲关系解除后继父母的生活费请求权作出规定。具体而言，继亲关系解除后，缺乏劳动能力和生活来源的继父或继母请求曾受其抚养教育的成年继子女给付生活费的，人民法院可综合考虑抚养教育情况、成年继子女负担能力等因素，依法予以支持，但是继父或者继母曾存在虐待、遗弃继子女等情况的除外。理解和适用本条，应当从以下两方面把握：

第一，充分体现权利义务相一致原则。在继亲拟制血亲关系中，继父母对继子女长期给予生活上的照料、经济上的支持和教育上的供养，他们本可期待年老时获得来自成年继子女的赡养和扶助，如果规定继亲拟制血亲关系解除后成年继子女对继父母的赡养扶助义务随亲属身份关系解除而消失，就会使继父母对曾受其抚养教育继子女的赡养、扶助期待利益落空。因此，基于公平原则，从救济继父母的期待利益损失和保障生活困难继父母的生存需要出发，有必要规定继亲拟制血亲关系解除后，特定情形下，法官可支持缺乏劳动能力和生活来源的继父母向曾受其抚养教育的成年继子女请求给付生活费。对此，有学者指出，形成抚养教育关系的继父母子女关系解除后，"经继父母抚养长大的继子女，对缺乏劳动能力又没有生活来源的继父母有给付生活费的义务"。② 也有法院持相同态度。在"陈某某与祝某某赡养费纠纷案"中③，法院认定

---

① 参见重庆市潼南区人民法院（2021）渝 0152 民初 6123 号民事判决书。
② 参见王丽萍：《婚姻家庭法律制度研究》，山东人民出版社 2004 年版，第 225 页。
③ 参见上海市浦东新区人民法院（2018）沪 0115 民初 66047 号民事判决书。

继父子关系解除后，因继父生活确有困难，判决曾受其抚养教育的继子给付一定的生活费。在"谢某甲与胡某甲、胡某乙等解除收养关系纠纷案"中①，法院主张，即便继亲关系解除，由继父或继母养大成人并独立生活的继子女，仍应承担生活困难、无劳动能力的继父或继母晚年生活费用。

第二，明确继父母生活费请求权的适用条件。由本条第2款表述可见，继亲拟制血亲关系解除后，继父母生活费请求权的实现应当满足四个条件：

第一，继父或继母既缺乏劳动能力，又缺乏生活来源，即采取"双缺乏"原则。显然，这一规定是对《民法典》第1118条关于收养关系解除后养子女给付养父母生活费适用条件规定的类推适用。② 有学者认为，对于养父母缺乏劳动能力和生活来源，应结合《民法典》第1067条第2款规定的"缺乏劳动能力或者生活困难"一并理解。应"立足于具体案情判断有关主体在体力、智力和心理等方面是否具有参与就业的劳动能力，是否能够获得一定的薪资收入、是否拥有一定的资源和机会获得如租税等其他类型的收入以维持其生存生活所需。"③ 通常，"缺乏劳动能力"，是指因年老、疾病、残疾等原因无法从事体力或者脑力劳动，丧失或部分丧失劳动能力的情况。④ "缺乏生活来源"，则主要是指没有固定的工资、没有稳定的经济收入，无法有效地从他人或社会获得必要的生活资料。⑤ 在法律适用过程中，应当兼顾对当事人劳动能力和生活来源的双重考察。

第二，受继父母抚养教育的继子女已经成年。由于未成年继子女自

---

① 参见重庆市忠县人民法院（2019）渝0233民初3636号民事判决书。
② 《民法典》第1118条第1款指出："收养关系解除后，经养父母抚养的成年养子女，对缺乏劳动能力又缺乏生活来源的养父母，应当给付生活费……"
③ 参见薛宁兰、谢鸿飞主编：《民法典评注·婚姻家庭编》，中国法制出版社2020年版，第614页。
④ 参见薛宁兰、谢鸿飞主编：《民法典评注·婚姻家庭编》，中国法制出版社2020年版，第277页。
⑤ 参见最高人民法院民法典贯彻实施工作领导小组主编：《中华人民共和国民法典婚姻家庭编继承编理解与适用》，人民法院出版社2020年版，第595页。

身尚需继父母的抚养、教育和照料，自然无力承担赡养扶助继父母的义务。因此，承担生活费给付义务的主体应当是成年继子女。

第三，结合抚养教育情况、成年继子女负担能力等事实综合认定。继父母享有生活费请求权是继亲拟制血亲关系解除后的救济手段，人民法院审理案件时不能简单机械地一概予以支持，而应当结合抚养教育情况、成年继子女的负担能力等进行全面充分考察。其中，"抚养教育情况"是判断由继子女承担生活费给付义务是否公平的重要因素。法官应立足具体案情，从共同生活时间长短、继父母对继子女抚养教育的付出程度、双方相互依赖程度等方面予以综合认定。如果继父母对继子女虽有抚养教育事实，但精神关怀不足，未能充分照顾到继子女的身心健康，可以考虑适当减轻成年继子女的生活费给付义务。对"成年继子女的负担能力"考察，应当结合继子女的实际收入、支付能力以及家庭状况等因素。例如，在"陈某某与祝某某赡养费纠纷案"中[1]，法院结合被告经济条件、家庭情况等，确定其应负担生活费的具体给付数额及方式。

第四，继父或继母不存在虐待、遗弃继子女等情况。我国《民法典》第1042条第3款明确指出"禁止家庭成员间的虐待和遗弃"。所谓"虐待"，是家庭成员以作为或不作为的方式，对其他家庭成员实施的打骂、恐吓、饿冻、居住条件上的歧视性待遇等，致其身体或精神遭受损害的行为；所谓"遗弃"，则是家庭成员中负有法定抚养、扶养、赡养义务的一方，拒不履行该项义务，致使需要抚养、扶养、赡养的另一方不能得到法定供养，损害其合法利益的违法行为。[2] 虐待和遗弃均是我国刑法确定的犯罪。在继亲关系存续期间，如果继父母存在虐待、遗弃等侵害继子女合法权益的行为，人民法院对其请求生活费给付的主张应不予支持，否则将有失公允。

---

[1] 参见上海市浦东新区人民法院（2018）沪0115民初66047号民事判决书。
[2] 参见薛宁兰、谢鸿飞主编：《民法典评注·婚姻家庭编》，中国法制出版社2020年版，第31页。

◆ 疑点与难点

继亲拟制血亲关系可否自行终止或解除

可以肯定的是，在承认共同生活型继亲是拟制血亲的前提下，继父母子女一方死亡将导致双方关系终止。除此之外，其他情形下的继亲拟制血亲关系不能自行解除。具体而言，在生父母一方死亡或者生父母与继父母离婚两种情形下，继亲拟制血亲关系的解除，应当区分情形，作不同处理。

首先，对于生父母一方死亡的，该拟制血亲关系原则上不能自行解除。继父母不得因此停止对未成年继子女的抚养教育；健在的生父母一方欲领回子女抚养的，须经继父母同意；双方协商未果，则由法院从最有利于未成年子女利益角度作出裁判。

其次，对于生父母与继父母离婚的，该拟制血亲关系原则上亦不能自行解除。须由当事人一方诉请法院作出裁判；由法官依照《婚姻家庭编司法解释（二）》第19条，结合案件具体情况，作出是否准许解除的调解或判决。

最后，最高人民法院《离婚子女抚养意见》（已废止）第13条虽然在《婚姻家庭编司法解释（一）》第54条中得以全部保留，但其妥当性值得反思。该项规定虽未正面提及继亲关系的解除，但适用的结果必然导致继亲关系解除。它授权继父母单方放弃抚养，未顾及继子女的意思和需求。既然继父母与受其抚养教育的继子女之间是一种拟制血亲关系，这一关系的解除自然不能基于当事人一方的意思表示而终止。《婚姻家庭编司法解释（二）》第19条第1款首次明确离婚后继父母子女关系解除的司法途径，并作相应限制，弥补了上述司法解释的缺漏。

◆ 典型案例

谢某甲与胡某甲、胡某乙等解除收养关系纠纷案[①]

——继父母子女关系不因离婚而自行解除

裁判要旨：继亲关系中，对于继子女未成年时生父或者生母死亡的，基于保护未成年子女合法权益法律原则，已形成抚养关系的继父母子女关系，不能自行解除。同理，生父母与继父母离婚后，虽然受继父母长期抚养、教育的继子女已成年，继亲关系亦不能自行解除。一方或双方应向人民法院提出解除继父母子女关系诉求，由法院根据案件情况，作出是否准许的裁判。

本案原告谢某甲于1984年与三被告之母田某再婚。婚后，谢某甲到田某家与三个未成年继子女共同生活。夫妻二人共同将三个继子女胡某甲、胡某乙、胡某丙抚养成年，直至他们各自结婚成家。2017年谢某甲被确诊癌症住院治疗。住院期间，他诉至法院，请求与田某离婚，法院经裁判准予双方离婚。在与田某离婚前后的两年多时间里，他未得到三个继子女的看望、慰藉等精神上的尊重和生活上的照料。2019年谢某甲向法院起诉，要求解除与胡某甲、胡某乙、胡某丙三人的继父子女关系。

法院依法判决解除原告谢某甲与被告胡某甲、胡某丙、胡某乙的继父子女关系。法院认为，原告谢某甲虽然年老患病，无劳动能力，但每月4400元退休工资足以保障其生活需要。对于原告要求被告每人补偿其抚养被告期间支出的费用2万元，因不符合法律规定，法院不予支持。同时，法院亦不支持三被告要求原告支付每人3万元，作为他们垫付原告1万元医药费和多年赡养原告所支付的费用。

（本条由薛宁兰撰写）

[①] 参见重庆市忠县人民法院（2019）渝0233民初3636号民事判决书。

> **第二十条　【离婚协议中给予子女财产约定的效力】**
>
> 离婚协议约定将部分或者全部夫妻共同财产给予子女，离婚后，一方在财产权利转移之前请求撤销该约定的，人民法院不予支持，但另一方同意的除外。
>
> 一方不履行前款离婚协议约定的义务，另一方请求其承担继续履行或者因无法履行而赔偿损失等民事责任的，人民法院依法予以支持。
>
> 双方在离婚协议中明确约定子女可以就本条第一款中的相关财产直接主张权利，一方不履行离婚协议约定的义务，子女请求参照适用民法典第五百二十二条第二款规定，由该方承担继续履行或者因无法履行而赔偿损失等民事责任的，人民法院依法予以支持。
>
> 离婚协议约定将部分或者全部夫妻共同财产给予子女，离婚后，一方有证据证明签订离婚协议时存在欺诈、胁迫等情形，请求撤销该约定的，人民法院依法予以支持；当事人同时请求分割该部分夫妻共同财产的，人民法院依照民法典第一千零八十七条规定处理。

◆ 条文要旨

本条规定的是离婚协议中给予子女财产约定的效力。

◆ 理解与适用

一、给予子女财产约定的性质

在实践中，夫妻双方在离婚时可能会将大额夫妻共同财产分配给子女。将大额夫妻共同财产留给子女的动机一般有两种,即保护子女利益、以折中方案避免分歧。所谓保护子女利益,是指一方担心另一方再婚再育后无法充分保护子女的利益,因此要求将大额财产转至子女名下;所谓以折中方案避免分歧,是指夫妻双方无法就大额财产的分割达成一致,但将大额财产转至子女名下是夫妻双方都能接受的解决方案。①

长期以来,围绕离婚协议中给予子女财产约定的性质,学界和司法实践存在较大分歧,围绕父母与子女之间的关系,学界和司法实践主要存在两种立场,即特殊赠与说、利益第三人合同说。

在司法实践中,不少法院将离婚协议中给予子女财产约定认定为赠与。然而,这类约定属于何种约定,各地法院立场不一,大致存在目的赠与说、道德义务性质赠与说、附条件赠与说等。总的来看,各地法院反对将一般赠与规则适用于给予子女财产约定,从而该约定构成特殊赠与,不得被任意撤销。具体来说,有些法院持目的赠与说,认为夫妻将夫妻共同财产赠与子女系目的赠与,或有目的的赠与,② 从而不适用一般赠与合同的规定,不得随意撤销。然而,如何理解这一赠与的目的,各个法院立场不一。有些法院认为,这一赠与的目的是婚姻关系的解除,即离婚。③ 也有法院认为,这一赠与除了以离婚为目的,还具有保护、照顾未成年子女利益的目的。④ 持道德义务性质赠与说的法院认为,夫妻在离婚协议中将夫妻共同财产赠与子女的约定是具有道德义务性质的

---

① 参见陈宜芳、吴景丽、王丹:《〈关于适用民法典婚姻家庭编的解释(二)〉的理解与适用》,载《人民司法》2025年第3期。
② 参见山东省潍坊高新技术产业开发区人民法院(2023)鲁0791民初4776号民事判决书,江苏省淮安市淮安区人民法院(2023)苏0803民初5805号。
③ 参见河南省郑州市中原区人民法院(2024)豫0102民初1579号民事判决书,浙江省德清县人民法院(2024)浙0521民初120号民事判决书,北京市通州区人民法院(2022)京0112民初546号民事判决书,湖北省武汉市新洲区人民法院(2022)鄂0117民初3736号民事判决书,山东省肥城市人民法院(2023)鲁0983民初646号民事判决书。
④ 参见辽宁省锦州市中级人民法院(2024)辽07民终107号民事判决书,山东省日照市东港区人民法院(2022)鲁1102民初8126号民事判决书,安徽省阜阳市颍州区人民法院(2023)皖1202民初15126号民事判决书,安徽省宿松县人民法院(2022)皖0826民初1326号民事判决书。

赠与，从而不得任意撤销。① 在此基础上，还有些法院综合了目的赠与说和道德义务性质赠与说，认为该赠与既以解除身份关系为目的，又具有道德义务性质。② 此外，由于给予子女财产约定属于离婚协议的一部分，离婚协议又以夫妻双方离婚为生效条件，有些法院将给予子女财产约定认定为附生效条件的赠与。③ 实际上，特殊赠与说也得到了部分学者的支持。持该说的学者认为，离婚协议中的给予子女财产条款属于特殊赠与，虽具有赠与的性质，但不能适用《民法典》关于赠与合同的规定。④ 还有学者更进一步，强调给予子女财产约定属于目的赠与。⑤

利益第三人合同说立足于合同相对性，认为给予子女财产约定属于夫妻双方订立的离婚协议的一部分，故子女并非当事人而是第三人，给予子女财产约定构成利益第三人合同或利益第三人条款。⑥ 不过，子女是否针对父母享有独立请求权，司法实践和学界存在分歧，从而该说可以细分为不真正利益第三人合同说、真正利益第三人合同说。持不真正利益第三人合同说的学者认为，离婚协议约定夫妻一方或双方财产归属子女，是夫妻双方就离婚时财产归属而向对方所作之允诺，从而须向子

---

① 参见云南省昆明市中级人民法院（2024）云01民终9564号民事判决书，重庆市第三中级人民法院（2024）渝03民终436号民事判决书，贵州省贵阳市中级人民法院（2021）黔01民终1466号民事判决书，重庆市第一中级人民法院（2021）渝01民终1136号民事判决书，四川省成都高新技术产业开发区人民法院（2024）川0191民初5150号民事判决书。

② 参见山东省潍坊市中级人民法院（2022）鲁07民终340号民事判决书，吉林省白山市中级人民法院（2022）吉06民终371号民事判决书，山西省太原市中级人民法院（2021）晋01民终894号民事判决书，四川省乐山市中级人民法院（2020）川11民终1180号民事判决书，广东省汕尾市中级人民法院（2020）粤15民终93号民事判决书。

③ 参见湖南省长沙市中级人民法院（2024）湘01民终163号民事裁定书，黑龙江省桦南县人民法院（2022）黑0822民初2181号之二民事裁定书，北京市房山区人民法院（2021）京0111民初6530号民事判决书，四川省大竹县人民法院（2020）川1724民初1773号民事判决书，广东省广州市越秀区人民法院（2021）粤0104民初42562号民事判决书。

④ 参见雷春红：《离婚当事人约定的"赠与子女财产"条款研究》，载《法治研究》2022年第6期。

⑤ 参见王中昊、叶名怡：《离婚协议约定给予子女财产条款的效力》，载《妇女研究论丛》2025年第1期。

⑥ 采纳第三人利益合同说的立场但未说明子女是否享有独立请求权的裁判，参见山东省青岛市中级人民法院（2022）鲁02民终5909号民事判决书。

女为特定给付，但子女并无请求权。① 这得到了以江苏地区基层法院为代表的部分法院的支持。② 与此相对，持真正利益第三人合同说学者认为，给予子女财产约定系夫妻双方订立的真正利益第三人合同，夫妻双方须向作为第三人的子女履行给付义务，且子女享有独立的请求权。③ 这一立场也得到了部分法院的支持。④ 采真正利益第三人合同说的法院，还从合同相对性的角度对赠与说提出了质疑。这些法院认为，给予子女财产约定属于离婚协议的一部分，当事人为夫妻双方而非子女。基于合同相对性，给予子女财产约定不可能是以子女为当事人的赠与合同，只能是真正利益第三人合同。⑤

就这一问题，本解释的起草者认为，离婚协议中给予子女财产约定的性质取决于夫妻双方的约定：给予子女财产约定本质上是夫妻分割共同财产的方式之一，仅对夫妻双方具有约束力，但在财产权利转移之前，夫妻双方可以协商一致撤销给予子女财产约定，故原则上子女没有独立请求权；如果夫妻双方希望赋予子女独立请求权，该约定即参照适用《民法典》第522条第2款真正利益第三人合同规则。⑥ 此外，离婚协议中给予子女财产约定不能被单独撤销。这是因为，"离婚协议中关于共

---

① 参见许莉：《离婚协议效力探析》，载《华东政法大学学报》2011年第1期。
② 参见黑龙江省牡丹江市中级人民法院（2023）黑10民终516号民事裁定书，陕西省汉中市中级人民法院（2021）陕07民终1833号民事裁定书，江苏省连云港市中级人民法院（2020）苏07民终1699号、（2021）苏07民终2806号民事裁定书，江苏省常州市钟楼区人民法院（2021）苏0404民初2381号民事判决书，江苏省徐州市泉山区人民法院（2021）苏0311民初6368号民事裁定书。
③ 参见陆青：《离婚协议中的"赠与子女财产"条款研究》，载《法学研究》2018年第1期。
④ 参见贵州省高级人民法院（2020）黔民申1002号民事裁定书，辽宁省沈阳市中级人民法院（2022）辽01民终3589号民事判决书，上海市闵行区人民法院（2020）沪0112民初20502号民事判决书。
⑤ 参见广东省湛江市中级人民法院（2024）粤08民终1701号民事判决书，广东省深圳市中级人民法院（2020）粤03民终9673号民事判决书，云南省大理市人民法院（2024）云2901民初1991号民事判决书，内蒙古自治区阿拉善盟中级人民法院（2022）内29民终2号民事判决书，上海市松江区人民法院（2020）沪0117民初16894号民事判决书。
⑥ 参见陈宜芳、王丹：《民法典婚姻家庭编法律适用中的价值理念和思维方法——以〈民法典婚姻家庭编解释（二）〉为视角》，载《法律适用》2025年第1期。

同财产处分的约定,实际上是夫妻双方分割共同财产的具体形式,且与解除婚姻关系、子女抚养等约定构成不可分割的整体,不能单独撤销其中一部分内容。"① 由此可见,起草者认为,离婚协议中给予子女财产约定属于利益第三人合同,且原则上属于不真正利益第三人合同,故夫妻双方可以依据本条第 1 款在达成合意后解除该约定,夫妻一方可以依据本条第 2 款请求不履行约定的另一方承担违约责任;夫妻双方约定赋予子女独立请求权时,该约定为真正利益第三人合同,从而子女可以依据本条第 3 款请求不履行约定的父母一方承担违约责任。②

就给予子女财产约定区别于一般赠与的特殊性,贵州省高级人民法院指出,"离婚协议系夫妻婚姻关系解除下夫妻双方自愿达成的财产清算协议,通常情形下它不仅涉及夫妻共同财产和共同债务的处理,还可能涉及对配偶另一方的经济补偿、经济帮助、离婚过错损害赔偿、子女抚养费的承担,甚至在抚养费之外,为子女利益考虑提供更好的财产安排,'赠与子女财产'条款作为离婚协议的重要组成部分,它与离婚协议中的其他内容约定相互依存,整个离婚协议内容具有不可分的牵连性而具有'整体性'的特征,故一般情形'赠与子女财产'条款不能任意单独撤销……夫妻双方在离婚协议中约定将房屋等共同财产赠与子女,貌似纯粹的财产处分,实质牵涉到婚姻关系存续、子女抚养等人身关系,夫妻双方协议离婚时考虑的往往不是抚养义务的履行问题,而是为了满足各种复杂的情感上或经济上的需求:弥补离婚对子女所带来的身心伤害、为子女未来婚嫁立业提前作出安排、对实际抚养一方提供居住条件等经济上的便利和保障、避免家庭财产随着一方未来组建新的家庭而外流、在存在多个子女的情况下将特定财产排除在继承范围之外,作出此

---

① 陈宜芳、王丹:《民法典婚姻家庭编法律适用中的价值理念和思维方法——以〈民法典婚姻家庭编解释(二)〉为视角》,载《法律适用》2025 年第 1 期。
② 参见陈宜芳、吴景丽、王丹:《〈关于适用民法典婚姻家庭编的解释(二)〉的理解与适用》,载《人民司法》2025 年第 3 期。

类财产安排的背后往往是各种复杂的情感、伦理、经济动因的综合考量，而与一般意义上的赠与子女财产（房屋等）不同。故考量'赠与子女财产'条款能否撤销这个问题又必须落实在'离婚'这一特殊语境之中，并结合离婚协议中其他的人身、财产安排加以综合判断。因此，离婚协议中的财产赠与条款不能剥离出来作为财产约定来看待并进而单独适用合同法有关赠与的规定"①。

严格来说，只要坚持离婚协议是夫妻双方订立的一揽子协议，那么，作为离婚协议的组成部分，给予子女财产约定就不可能是以子女为当事人的赠与合同。② 即使承认夫妻双方作为子女的法定代理人可以代理子女订立赠与合同，但承认给予子女财产约定属于赠与合同，意味着离婚协议部分条款属于夫妻双方订立的协议、部分条款属于夫妻双方与子女之间订立的协议，不再是夫妻双方订立的一揽子协议。因此，给予子女财产约定并非赠与合同，而是夫妻共同财产分割的一种特殊方式，与解除婚姻关系、子女抚养、其他共同财产分割等紧密联系。③ 进而，在坚持合同相对性的基础上，本解释将离婚协议中给予子女财产的约定界定为利益第三人合同，具有一定合理性。

依据起草者的解释，根据离婚双方在离婚协议中的约定，给予子女财产约定或者是不真正利益第三人合同，或者是真正利益第三人合同。据此，离婚协议包含的给予子女财产约定实际上是利益第三人合同中的补偿关系，子女据此取得债权受领权限或直接针对作为债务人的父母取得债权。对价关系揭示了父母赋予子女债权或者债权受领权限的原因，因此，给予子女财产约定的对价关系取决于给予财产的内容。需要注意的是，在给予财产旨在满足子女的抚养需求时，如父母在离婚协议中约

---

① 贵州省高级人民法院（2020）黔民申 1002 号民事裁定书。
② 参见刘征峰：《家庭关系民法适用和续造的顺序》，载《法学研究》2024 年第 1 期。
③ 参见浙江省宁波市中级人民法院（2018）浙 02 民终 467 号民事判决书，江苏省江阴市人民法院（2019）苏 0281 民初 15002 号、（2020）苏 0281 民初 6254 号民事判决书。

定给予子女特定财产以履行不直接抚养子女的夫妻一方的抚养义务，属于父母之间关于如何履行双方抚养义务的内部约定，不属于本条意义上的给予子女财产约定。不过，在父母双方既约定了负担抚养费又约定了给予子女财产时，或者在不直接抚养子女的夫妻一方给予财产的价值超出了其应当承担的抚养费限度时，父母在离婚协议中约定给予子女特定财产的目的，在于弥补离婚对子女所带来的心理伤害、为子女未来婚嫁立业提前作出安排、对实际抚养一方提供居住条件等经济上的便利和保障、避免家庭财产随着一方未来组建新的家庭而外流等，① 因此，对价关系为父母对子女的赠与。由此可见，如果夫妻双方在离婚协议中约定，不直接抚养子女的夫妻一方给予子女一定数额的金钱且离婚后无须支付抚养费，那么，该方以给予子女财产的方式履行法定抚养义务。反之，如果夫妻双方在离婚协议中约定，不直接抚养子女的夫妻一方须将登记在个人名下的夫妻共有房产过户至子女名下，且夫妻共有房产的价值远远高于夫妻一方应当承担的抚养费总额，那么，子女基于该约定获益的原因（对价关系）在于父母双方对子女的赠与。

既然子女依据离婚协议中给予子女财产约定取得债权受领权限或直接取得债权，那么，给予子女财产约定存在效力瑕疵时，子女可能无法取得债权受领权限或债权。作为整体性离婚协议的一部分，在离婚协议因欺诈、胁迫而订立时，受欺诈、胁迫的一方可以请求人民法院撤销离婚协议，从而给予子女财产约定也一并被撤销。也就是说，给予子女财产约定可因欺诈、胁迫而被撤销。本条第 4 款对此就作了明确规定。比如，男方在离婚后发现子女并非自己亲生子女，可以请求人民法院撤销给予子女财产约定。② 一旦离婚协议因欺诈、胁迫被人民法院撤销，就夫妻双方约定给予子女的夫妻共同财产，子女不再享有受领权限。以夫妻给予子女

---

① 参见陆青：《离婚协议中的"赠与子女财产"条款研究》，载《法学研究》2018 年第 1 期。
② 参见陈宜芳、吴景丽、王丹：《〈关于适用民法典婚姻家庭编的解释（二）〉的理解与适用》，载《人民司法》2025 年第 3 期。

房产为例，夫妻双方离婚协议中的给予子女财产约定属于债权行为，构成子女取得房产法律上的原因。如果房产已经过户至子女名下，该房产因离婚协议被撤销而重新成为夫妻共同财产，由夫妻双方重新分割；如果房产尚未过户至子女名下，将房产过户给子女的义务因离婚协议的撤销而消灭，房产仍为夫妻共同财产，由夫妻双方分割。据此，依据本条第 4 款后半句，行使撤销权的夫妻一方同时请求分割该部分夫妻共同财产的，基于便利当事人的原则，[1] 人民法院依照《民法典》第 1087 条第 1 款处理。

二、子女无独立请求权时给予子女财产约定的效力

本条第 1 款和第 2 款调整的是，子女无独立请求权时给予子女财产约定的效力，即给予子女财产约定作为不真正利益第三人合同时的效力。

虽然在文义上，本条第 1 款的适用范围并未明确限定于不真正利益第三人合同的情形，但是，将本条第 1 款适用于真正利益第三人合同的情形，会违反《民法典》第 35 条第 1 款。[2] 长期以来，学界围绕真正利益第三人合同（补偿关系）的解除存在分歧。不过，在《民法典》出台之后，学界已经逐渐形成共识：在补偿关系中，债权人无须第三人同意即可行使法定解除权；[3] 补偿关系的合意解除会导致第三人取得的权利直接消灭，补偿关系之债权人和债务人合意解除的，必须经过第三人同意。[4]

---

[1] 参见陈宜芳、吴景丽、王丹：《〈关于适用民法典婚姻家庭编的解释（二）〉的理解与适用》，载《人民司法》2025 年第 3 期。

[2] 有法院一方面认为子女享有独立请求权，另一方面认为父母双方在转移财产权利之前可以合意变更给予子女财产约定。参见四川省邛崃市人民法院（2023）川 0183 民初 3886 号民事判决书。

[3] 参见刘凯湘：《民法典合同解除制度评析与完善建议》，载《清华法学》2020 年第 3 期；韩世远：《合同法学》，高等教育出版社 2022 年版，第 115 页；石佳友、李晶晶：《论真正利益第三人合同中的第三人权利》，载《湖南科技大学学报（社会科学版）》2022 年第 5 期；陈景善、郜俊辉：《利他合同之法定解除权行使规则研究》，载《社会科学研究》2020 年第 6 期；潘运华、洪雨箫：《民法典中第三人利益合同规范的解释论》，载《福州大学学报（哲学社会科学版）》2023 年第 1 期。不同意见，参见崔建远：《论为第三人利益的合同》，载《吉林大学社会科学学报》2022 年第 1 期。

[4] 参见姚明斌：《基于合意解除合同的规范构造》，载《法学研究》2021 年第 1 期；石佳友、李晶晶：《论真正利益第三人合同中的第三人权利》，载《湖南科技大学学报（社会科学版）》2022 年第 5 期。

依据本条第 1 款的文义，夫妻双方达成合意时可以"撤销"给予子女财产约定，实质上是就离婚协议中部分条款达成了合意解除。进而，如果认为本条第 1 款适用于赋予子女独立请求权的给予子女财产约定，那么，就该类给予子女财产约定的合意解除须经子女同意。在这种情形，逻辑上，只能由父母作为法定代理人代子女表示同意。然而，这会导致子女丧失取得的独立请求权，本质上构成对子女权利的处分。依据《民法典》第 35 条第 1 款第 2 句，监护人除为维护被监护人利益外，不得处分被监护人的财产。因此，父母代子女表示同意进而合意解除给予子女财产约定，会因违反《民法典》第 35 条第 1 款第 2 句而无效。换言之，将本条第 1 款的适用范围扩展至赋予子女独立请求权的给予子女财产约定，意味着父母作为子女的法定代理人须放弃子女取得的独立请求权，会违反《民法典》第 35 条第 1 款。

既然本条第 1 款适用于不赋予子女独立的请求权的给予子女财产约定，那么，需要就本条第 1 款"撤销"的性质进行分析。

在父母约定不直接抚养子女的一方以给予子女财产的方式履行对子女的抚养义务时，该约定本质上是父母双方作为债务人内部分担抚养成本。逻辑上，父母双方合意"撤销"离婚协议中给予子女财产约定的，仅影响父母双方作为抚养之债的连带债务人的内部关系，即父母双方以何种形式履行对子女的抚养义务。此时，父母双方合意"撤销"离婚协议中给予子女财产的约定，本质上属于合意解除了双方达成的抚养义务履行安排，属于合意解除。在给予子女财产约定被合意解除后，父母双方仍须协商就子女离婚后的抚养达成一致。

在对价关系为父母对子女的赠与合同关系时，[1] 本解释的起草者指出，"即便认为该财产是对子女的赠与，也是夫妻共同赠与，在财产权

---

[1] 混淆补偿关系和对价关系的判决，参见河南省周口市川汇区人民法院（2023）豫 1602 民初 5742 号民事判决书。

利没有转移前，一方亦不单独享有任意撤销权。因为双方共同赠与的标的是夫妻共同财产，双方对该共同财产不分份额地共同享有所有权，亦不宜认定一方可以享有一半的撤销权。"[1] 据此，本解释的起草者将父母对子女的赠与理解为一般赠与，从而父母有"反悔"的权利。只不过，这一赠与涉及的是对价关系而非补偿关系。由于本解释第1条第1款强调父母双方合意"撤销"，进而，在将对价关系理解为一般赠与的背景下，只能适用于父母双方作为赠与合同之赠与人的情形。据此，在父母双方作为赠与合同赠与人、子女作为赠与合同受赠人时，父母任何一方都不享有任意撤销权，只能是父母双方作为赠与人依据一般赠与合同规则共同享有任意撤销权，可以任意撤销对子女的赠与。父母双方撤销赠与的权限，并非源于父母双方对夫妻共同财产享有的所有权，而是源于赠与人的地位。一旦父母双方达成撤销赠与的合意，父母双方即可行使任意撤销权，并作为子女的法定代理人受领该撤销的意思表示，从而作为对价关系的赠与合同消灭。同时，父母双方作为赠与人达成撤销赠与合同之合意的，亦构成补偿关系之合意解除，即合意解除了离婚协议中给予子女财产约定。

总之，在对价关系为赠与关系且父母双方均为赠与人时，父母双方合意"撤销"构成赠与人共同行使任意撤销权，同时合意解除了离婚协议中给予子女财产约定。

需要注意的是，依据本条第1款，父母双方有权合意"撤销"给予子女财产约定的时点是父母双方离婚后、财产权利转移之前。也就是说，在离婚协议随着父母双方离婚而生效之后，父母双方可以合意"撤销"给予子女财产约定。由于离婚协议以夫妻双方办理离婚登记为生效要件，依据《婚姻家庭编司法解释（一）》第69条，如果夫妻双方离婚未成，

---

[1] 陈宜芳、王丹：《民法典婚姻家庭编法律适用中的价值理念和思维方法——以〈民法典婚姻家庭编解释（二）〉为视角》，载《法律适用》2025年第1期。

一方在离婚诉讼中反悔的，即使人民法院判决夫妻双方离婚，离婚协议也会因生效条件未成就而确定不生效力。进而，如果父母双方未能协议离婚而是进入离婚诉讼程序，人民法院判决父母双方离婚的，包含在离婚协议内的给予子女财产约定就不会生效。此外，依据举重以明轻的法理，在离婚协议生效之后，父母尚可合意"撤销"给予子女财产约定，那么，在离婚协议生效之前，父母亦可合意"撤回"给予子女财产约定。

在父母双方并未通过给予子女财产约定赋予子女独立请求权时，父母双方订立的是不真正利益第三人合同，子女作为第三人仅享有债权受领权限。此时，一旦给予子女财产约定已经生效，父母一方依据该不真正利益第三人合同对另一方负有义务，应当向子女给予财产。给予子女财产约定所涉财产，不会因该约定生效而直接归子女所有，父母一方须依据物权变动规则完成公示。比如，父母双方约定将登记在父母一方名下的夫妻共有房屋留给子女的，父母一方需要与子女完成房屋过户登记手续，子女才能取得房屋所有权。在办理房屋过户登记之前，该房屋仍属于夫妻共同财产。由于子女对父母一方不享有履行请求权，依据本条第2款，在父母一方不履行该不真正利益第三人合同约定的义务时，仅另一方有权请求父母一方承担违约责任，子女无法请求父母一方承担违约责任。于是，如果父母一方不履行离婚协议约定的给予子女财产之义务，另一方可以请求其承担继续履行、损害赔偿等违约责任。尤其是父母一方将约定给予子女的房产转让给他人，导致他人善意取得的，父母一方对另一方须承担违约损害赔偿责任。[①]

三、子女有独立请求权时给予子女财产约定的效力

本条第3款规定了子女有独立请求权时给予子女财产约定的效力。如果父母双方在离婚协议给予子女财产约定中明确肯定了子女享有独立

[①] 参见陈宜芳、王丹：《民法典婚姻家庭编法律适用中的价值理念和思维方法——以〈民法典婚姻家庭编解释（二）〉为视角》，载《法律适用》2025年第1期。

第二十条　【离婚协议中给予子女财产约定的效力】　239

的请求权，那么，针对依据给予子女财产约定负有义务的父母一方，子女可以直接请求其履行。在负有义务将财产转移给子女的父母一方完成物权公示之前，子女尚未取得约定所涉财产，而是仅享有债权。[①] 在父母一方不履行义务时，子女可以基于自己享有的债权直接请求父母一方承担违约责任。这是真正利益第三人合同的基本逻辑，也符合《合同编通则司法解释》第 29 条第 1 款。当然，在子女不具有完全民事行为能力时，虽然子女依据给予子女财产约定享有独立的履行请求权，但该履行请求权应当由法定代理人行使。在实践中，通常是不直接抚养子女的父母一方依据给予子女财产约定负有将特定财产转移给子女的义务。在不直接抚养子女的父母一方没有依约履行时，直接抚养未成年子女的父母一方作为法定代理人以子女的名义请求不直接抚养子女的父母一方承担继续履行、损害赔偿等违约责任。

依据《民法典》第 522 条第 2 款，子女作为真正利益第三人合同中的第三人，只要没有在合理期限内明确拒绝，就会基于离婚协议中给予子女财产约定直接取得履行请求权。在给予子女财产约定涉及的财产为房屋时，未成年子女不具有完全民事行为能力，即使表示明确拒绝，该明确拒绝也不生效力。[②] 不过，本款强调"双方在离婚协议中明确约定子女可以就本条第一款中的相关财产直接主张权利"。结合起草者"原则上不应直接赋予子女请求权"的基本立场，[③] 仅在父母双方在给予子女财产约定中明确约定子女享有权利时，给予子女财产约定才构成真正利益第三人合同，子女才享有独立的履行请求权。需要注意的是，直接抚养子女的父母一方经由欺诈、胁迫导致不直接抚养子女的另一方按照

[①] 参见北京市大兴区人民法院（2022）京 0115 民初 12762 号民事判决书。父母双方在离婚协议中约定将一半房屋份额给予子女的，在房屋被征收时，子女有权取得一半的房屋补偿款。参见安徽省宣城市中级人民法院（2022）皖 18 民终 502 号民事判决书。
[②] 参见山东省青岛市中级人民法院（2022）鲁 02 民终 5909 号民事判决书。
[③] 参见陈宜芳、王丹：《民法典婚姻家庭编法律适用中的价值理念和思维方法——以〈民法典婚姻家庭编解释（二）〉为视角》，载《法律适用》2025 年第 1 期。

给予子女财产约定负担义务的，后者可以依据本条第4款请求撤销给予子女财产约定，从而子女享有的独立请求权归于消灭。①

◆ 疑点与难点

给予子女财产约定对债权人的效力

如前所述，离婚协议中的给予子女财产约定本质上属于夫妻共同财产的分割方式，② 因此，给予子女财产约定应当适用本解释第3条，从而夫妻一方个人债务的债权人可以针对该约定行使债权人撤销权。③ 当然，父母一方将财产转让给子女，通常是另一方在离婚财产分割中做了相应的让步，给予了父母一方一定的补偿。因此，在给予子女财产约定涉及的财产价值与另一方的补偿相当时，父母一方的责任财产经由离婚财产分割得以维持，债权人不能行使撤销权。

夫妻双方在给予子女财产约定中赋予子女独立请求权的，针对依据该约定负有将财产转移给子女的父母一方，子女享有债权。也就是说，离婚协议中的给予子女财产约定不能直接发生物权变动，而是产生债权债务关系。实际上，离婚协议中对夫妻共同财产的分割和归属安排，均不具有物权效力。④ 在实践中，由于给予子女财产约定所涉的财产以房产为主，在不直接抚养子女的父母一方尚未将房屋办理登记过户给子女之前，如果父母一方离婚后举债形成个人债务的债权人申请强制执行该

---

① 真正利益第三人合同的当事人能否在未经第三人同意时行使因欺诈、胁迫所生的撤销权，我国学界存在争议。肯定说，参见石佳友、李晶晶：《论真正利益第三人合同中的第三人权利》，载《湖南科技大学学报（社会科学版）》2022年第5期。类型化说，参见崔建远：《论为第三人利益的合同》，载《吉林大学社会科学学报》2022年第1期。
② 参见浙江省宁波市中级人民法院（2018）浙02民终467号民事判决书。
③ 参见四川省巴中市中级人民法院（2023）川19民终298号民事判决书，江西省上饶市（地区）中级人民法院（2022）赣11民终887号民事判决书，河南省许昌市中级人民法院（2021）豫10民终1091号民事判决书，广西壮族自治区防城港市中级人民法院（2019）桂06民终797号民事判决书，河北省邢台市中级人民法院（2020）冀05民终566号民事判决书。
④ 参见叶名怡：《离婚房产权属约定对强制执行的排除力》，载《法学》2020年第4期；冉克平、陈丹怡：《债权人保护视角下的离婚财产协议》，载《学习与实践》2024年第10期；汪洋：《论离婚时父母为子女出资的房产归属与补偿规则》，载《法律适用》2025年第1期。

房屋，子女对该房屋是否享有足以排除执行的民事权益，司法实践存在分歧。司法实践中主流意见持肯定说，[1] 少数法院则持否定说。[2] 肯定说的理由一般包括以下几点：第一，子女依据离婚协议中给予子女财产约定取得的债权，在时间上先于父母一方个人债务的债权人取得的债权，父母不可能存在转移财产逃避债务的意图。第二，子女针对父母一方享有的过户登记请求权，具有特定指向性，已经构成物权期待权，而父母一方个人债务的债权人享有的债权通常是普通金钱债权，以父母一方全部个人财产为责任财产范围，且该金钱债权并非基于对案涉房屋产权登记对外公示效力的信赖而产生，在性质上和内容上都不具有优先性。第三，父母双方在离婚协议中约定房屋归子女所有，具有生活保障功能，而父母一方个人债务对应的债权属于一般金钱债权，主要体现在交易的平等性和自愿性，并不涉及情感补偿、妇女儿童及未成年人保护和生活利益照顾等因素。第四，如果子女已经在该房屋内长期稳定地居住，父母一方在举债时，债权人可能并不知道父母一方与该房屋之间的关系，从而未将房屋作为父母一方的责任财产，不应获得优先保护。

◆ **典型案例**

徐某华诉王某飞、第三人王某某赠与合同纠纷案[3]

——离婚协议中赠与未成年子女房屋条款的撤销及房屋未变更登记被拆迁时征收补偿款的归属认定

裁判要旨： 夫妻在离婚协议中作出的将夫妻共有房屋赠与子女的意思表示，属于双方在解除婚姻身份关系时对于夫妻共同财产、子女抚养

---

[1] 最高人民法院（2021）最高法民申 7090 号民事裁定书，重庆市高级人民法院（2023）渝民申 4058 号民事裁定书，陕西省高级人民法院（2020）陕民终 959 号民事裁定书，四川省高级人民法院（2019）川民终 101 号民事判决书，湖北省武汉市中级人民法院（2024）鄂 01 民终 21692 号民事判决书。

[2] 参见重庆市第五中级人民法院（2021）渝 05 民终 7960 号民事判决书，贵州省贵阳市中级人民法院（2021）黔 01 民终 8788 号民事判决书。

[3] 参见人民法院案例库参考案例（入库编号：2024-07-2-102-002）。

问题进行一揽子安排处理的条款,具有法律约束力,双方均应依约履行。婚姻关系解除后,一方反悔主张撤销该赠与的,人民法院不予支持。在未办理产权变更登记前,房屋被征收的,相应征收补偿利益应当归子女所有。

(本条由缪宇撰写)

> **第二十一条 【离婚经济补偿的确定】**
>
> 离婚诉讼中,夫妻一方有证据证明在婚姻关系存续期间因抚育子女、照料老年人、协助另一方工作等负担较多义务,依据民法典第一千零八十八条规定请求另一方给予补偿的,人民法院可以综合考虑负担相应义务投入的时间、精力和对双方的影响以及给付方负担能力、当地居民人均可支配收入等因素,确定补偿数额。

◆ 条文要旨

本条是关于确定离婚经济补偿确定方法的规定。

◆ 理解与适用

一、离婚经济补偿的适用要件

《民法典》第 1088 条规定了离婚经济补偿制度。与原《婚姻法》第 40 条不同,《民法典》第 1088 条删除了双方实行分别财产制这一前提,进一步强化了对家务劳动者的保护,承认并鼓励夫妻双方对婚姻家庭的贡献。[1] 据此,无论夫妻双方采取的是共同财产制还是分别财产制,只

---

[1] 参见黄薇主编:《中华人民共和国民法典婚姻家庭编释义》,法律出版社 2020 年版,第 177 页。

要夫妻一方在婚姻关系存续期间负担了较多义务，离婚时均有权主张离婚经济补偿。

离婚经济补偿以一方在婚姻关系存续期间负担较多义务为前提。离婚经济补偿仅针对一方在婚姻关系存续期间的付出，而不针对婚前或者离婚后的付出。本条所称"负担较多义务"不仅指向抚育子女、照料老年人这样的家务劳动，还指向协助另一方工作等非家务劳动。实践中"负担较多义务"的典型情形包括：（1）一方因犯罪服刑，既无经济收入，客观上亦无法承担家庭义务，另一方独自承担抚养孩子、照顾老人等责任；[1]（2）夫妻双方长期分居，一方未尽到子女抚养的义务，另一方分居期间承担了较多家务劳动并照顾子女等；[2]（3）女方在婚姻关系存续期间为生育子女，因胚胎移植术、流产等多次住院治疗，在生育子女方面付出较多时间和精力[3]等。

协助另一方工作虽然没有直接涉及家庭义务的履行，但也间接为家庭提供了经济上的支持。[4] 需要注意的，对于非家务劳动的认定应该更为严格。例如夫妻一方在另外一方投资的公司担任财务人员并正常领取工资酬劳，一般不宜认定为"协助另外一方工作"。双方直接参与共同生产经营即使存在分工差异，一般也不宜认定为"协助另一方工作"。例如，夫妻二人以个体工商户形式经营餐馆，一方负责采购、厨师，另外一方负责收银，餐厅服务，并不能基于双方分工差异认为后者在协助前者工作。双方直接参与共同生产经营活动，共享收益，不存在协助补偿问题。

负担较多义务是相对概念，是指一方相对于另外一方在抚育子女、

---

[1] 参见罗某某诉李某某离婚纠纷案，云南省澜沧拉祜族自治县人民法院（2016）云0828民初0001号民事判决书。

[2] 参见买某诉蔡某离婚纠纷案，载天津法院网，https://tjfy.tjcourt.gov.cn/article/detail/2021/11/id/6366345.shtml，2025年2月25日访问。

[3] 参见《赵某某与汪某某离婚纠纷案——女方为生育子女付出较多有权请求离婚经济补偿》，载《关爱妇女 司法护航 看看这些维护妇女权益典型案例》，微信公众号"温州市中级人民法院"2022年3月7日，2025年2月19日访问。

[4] 参见刘征峰：《离婚经济补偿的功能定位与体系协调》，载《妇女研究论丛》2024年第3期。

照料老年人、协助另一方工作等方面的无偿付出较多。例如，在婚姻关系存续期间，一方承担了大部分养育女儿工作，并协助另外一方工作及读书，而另外一方多半时间在完成个人学业进修，前者的行为构成"负担较多义务"。① 一方在家庭分工中主要承担抚育子女的责任，另外一方主要承担照料老年人的责任，两者的时间和精力付出没有明显失衡，不属于本条所称负担较多义务。

离婚经济补偿仅能在离婚诉讼中提起。离婚经济补偿作为双方离婚清算中失衡利益矫正机制只能发生在离婚时，而不能发生在婚姻关系存续期间。参照《婚姻家庭编司法解释（一）》第87条第2款和第3款，对于法院判决不准离婚的案件，当事人主张离婚经济补偿的，不予支持，对于在婚姻关系存续期间，当事人不起诉离婚而单独提起离婚经济补偿请求的，法院不予受理。此外，离婚经济补偿规则亦不能适用于夫妻一方死亡所致婚姻关系终止情形。

在离婚经济补偿的具体程序要件上，可参照《婚姻家庭编司法解释（一）》第88条关于离婚损害赔偿的规定，即：原告向法院提起经济补偿请求的，必须在离婚诉讼的同时提出；有权提出补偿请求方作为被告的离婚诉讼案件，如果被告不同意离婚也不提起经济补偿请求的，可以就此单独提起诉讼；有权提出补偿请求方作为被告的离婚诉讼案件，一审时被告未提出经济补偿请求，二审期间提出的，法院应当进行调解；调解不成的，告知当事人另行起诉。双方当事人同意由二审人民法院一并审理的，二审人民法院可以一并裁判。

在协议离婚情形中，当事人原则上不能协议离婚后单独提起离婚经济补偿请求。在离婚损害赔偿中，无过错方可能在协议离婚后才发现另

---

① 参见曾慧：《已婚男考研读博毕业后起诉离婚》，载《人民法院报》2022年3月23日，第3版；《冀某某诉黄某某离婚纠纷案——夫妻一方负担抚育子女等较多义务的，离婚时有权请求经济补偿》，载河南省范县人民法院网，https://hnfxfy.hncourt.gov.cn/public/detail.php?id=2740，2025年3月3日访问。

外一方的重大过错行为，而负担较多义务的一方对自己的付出是清楚、明确的，当事人通过离婚协议达成的清算协议通常已经包含了对双方付出的考虑，这种考虑可能体现在财产的分割上，或者协议约定的补偿金额上。只有在离婚协议没有处理任何财产或者约定财产问题后续处理且未明确放弃离婚经济补偿时，才能在协议离婚后单独提起离婚经济补偿诉讼。

二、离婚经济补偿的具体数额

鉴于婚姻家庭纠纷的各种情况较为复杂，且不同家庭的个性化程度较大，需要在个案中进行利益衡量，法律上不宜确立统一的补偿标准。[①] 本条规定并未确定僵化的补偿计算标准，而是列举了法院在确定离婚经济补偿具体数额时所应考量的因素，为法院确定具体补偿数额提供了指引。这些因素既有涉及负担义务较多方的，亦有涉及给付方的。就前者而言，主要涉及负担相应义务投入的时间、精力和对双方的影响。负担相应义务投入的时间、精力越多，可补偿数额就越高。例如，自子女出生时便辞职在家承担几乎全部的抚育工作，由于抚育子女需要投入较多的精力，如果抚育时间较长，则补偿数额较高。[②] 需要强调的是，这里要考察的是在婚姻关系存续期间的无偿劳动的总体情况，而非抚育子女、照顾老年人或者协助另一方工作的单项情况。对双方的影响，可能存在两种情况。在双方实行分别财产制时，这种影响主要表现在失衡的分工模式对另外一方在婚姻关系存续期间取得财产能力的影响。

在双方实行共同财产制时，这种影响主要表现在对负担较多义务方未来收入能力的影响。夫妻一方在婚姻关系存续期间的家务劳动在夫妻共同财产制层面可能得到评价。易言之，一方在家务劳动上的付出通过分享共同财产的方式得到"补偿"，但共同财产制下仍然可能存在另行补偿的必要。将时间、精力和情感等花费在家务劳动中的一方（主要是

[①] 参见孙若军：《离婚救济制度立法研究》，载《法学家》2018年第6期。
[②] 参见刘洋：《重庆一全职主妇离婚时主张经济补偿获法院支持》，载《人民法院报》2022年8月24日，第3版。

妇女）遭受的人力资本损失，可能难以在夫妻共同财产分割中得到充分弥补。① 例如，其中一方不仅负担了主要家务，也外出工作创造了绝大部分家庭收入，而另外一方对家庭几乎没有贡献。更为重要的是，夫妻法定财产制层面的"补偿"针对的是已经发生的家务劳动，而无法评价承担家务对另外一方未来收入能力的影响。② 尤其是全职承担家务通常会对其未来就业能力和收入能力产生较大的不利影响。此种情形下的补偿不构成"双重补偿"。③ 全职承担家务的时间越长，这种影响越大，补偿数额就越高。当然，如果负担较多义务方已经通过分割夫妻共同财产获得了较多财产，足以弥补家务劳动对其未来收入能力的影响，则原则上不应再额外进行补偿。

本条亦规定了给付方的因素，尤其是给付方的负担能力。相对方如果无负担能力，原则上不宜支持离婚经济补偿。给付方如果负担能力较差，可以作为减少离婚经济补偿的因素。在给付方经济能力无法查明时，可参考当地居民人均可支配收入来确定其给付能力。④ 同时，当地人均可支配收入也是用以评估对负担较多义务方影响的重要标准。

不能参照家政服务价格标准计算补偿额。参照家政服务价格标准意味着将补偿定性为劳务补偿，不仅限制了补偿的范围，还会导致家庭生活中的计较。⑤

◆ **疑点与难点**

如何正确适用离婚经济补偿规则

正确适用离婚经济补偿规则的关键在于厘清其与夫妻共同财产分割

---

① 参见冉克平：《〈民法典〉离婚救济制度的体系化阐释》，载《政法论丛》2021年第5期。
② 参见刘征峰：《离婚经济补偿的功能定位与体系协调》，载《妇女研究论丛》2024年第3期。
③ 参见谢鸿飞：《私法中的分配层次》，载《中国社会科学》2023年第9期。
④ 参见《广西壮族自治区桂林市中级人民法院发布四个保护妇女权益典型案例》，微信公众号"广西壮族自治区桂林市中级人民法院"2025年3月7日，2025年3月8日访问。
⑤ 参见金眉：《离婚经济补偿的理解与适用研究》，载《江苏社会科学》2021年第4期。

规则、离婚经济帮助规则以及其他考虑夫妻双方家庭贡献财产清算规则的关系。离婚损害赔偿针对的是夫妻一方的重大过错行为，与本条规定无关。

就离婚经济补偿规则与夫妻共同财产分割规则的关系而言，应先适用夫妻共同财产规则。根据《民法典》第1087条第1款的规定，离婚时，夫妻的共同财产由双方协议处理；协议不成的，由人民法院根据财产的具体情况，按照照顾子女、女方和无过错方权益的原则判决。就家庭分工所生利益失衡状态并非离婚财产分割所要考量的因素。只有在夫妻共同财产分割仍不足以矫正家庭分工所生利益失衡状态时，才应适用离婚经济补偿规则。如前所述，如果夫妻共同财产分割已经足以补偿负担较多义务方过去的付出以及对未来收入能力的不利影响，原则上不宜进行补偿。在分别财产制下，不仅要补偿负担较多义务方过去的付出，还要补偿这种付出对其未来收入能力的负面影响。而在共同财产制下，原则上仅补偿对其未来收入能力的不利影响。

就离婚经济补偿规则与离婚经济帮助规则的关系而言，根据《民法典》第1090条的规定，离婚时，如果一方生活困难，有负担能力的另一方应当给予适当帮助。具体办法由双方协议；协议不成的，由人民法院判决。确定一方生活是否困难，应以适用夫妻共同财产分割规则、离婚经济补偿规则后的结果为准，如果负担较多义务方获得了较多的离婚经济补偿，其生活有了较好的保障，自然不能主张离婚经济帮助。换言之，离婚经济帮助具有兜底作用。[1]

就离婚经济补偿规则与其他考虑夫妻双方家庭贡献财产清算规则的关系而言，《婚姻家庭编司法解释（二）》第5条在处理夫妻一方给予另一方房屋的离婚清算时、第8条在处理父母出资购房的离婚清算时，均将家庭贡献作为考量因素。这两条中的家庭贡献的外延远远大于本条

---

[1] 参见刘征峰：《离婚经济补偿的功能定位与体系协调》，载《妇女研究论丛》2024年第3期。

所称负担较多义务。例如，夫妻一方以其个人财产为家庭提供生活费来源属于家庭贡献，但不属于本条所称负担较多义务。在此种情形下，应当先适用这两条规定。如果本条规定的"负担较多义务"已经在房屋归属或者补偿层面进行了评价，已经足以矫正家庭分工所生利益失衡状态，则不宜在离婚经济补偿层面进行重复评价。

◆ 典型案例

梁某乐与李某芳离婚纠纷案[①]

裁判要旨：梁某乐、李某芳于2017年通过相亲认识，经自由恋爱后于同年11月登记结婚，并于2018年10月生育女儿小欣。双方婚后因生活琐事经常发生矛盾，李某芳于2021年4月带女儿回到母亲家中居住，双方开始分居。梁某乐认为夫妻双方感情已经破裂，诉至法院，请求判决双方离婚，女儿归梁某乐抚养。在审理过程中，李某芳表示同意离婚，请求法院判决女儿由其抚养，并提出因怀孕和照顾年幼的孩子，其婚后一直没有工作，要求梁某乐向其支付家务补偿款2万元。

江门市新会区人民法院认为，梁某乐和李某芳经自愿登记结婚并生育女儿，有一定的夫妻感情，但在婚姻关系存续期间，未能相互包容、缺乏理性沟通，导致夫妻感情逐渐变淡。特别是发生争吵后，双方不能正确处理夫妻矛盾，导致分居至今，双方均同意离婚。经法院调解，双方感情确已破裂，没有和好的可能。依照《民法典》第1088条关于家务劳动补偿制度的规定，李某芳在结婚前与母亲一起经营餐饮店，婚后因怀孕和抚育子女负担较多家庭义务未再继续工作而无经济收入，梁某乐应当给予适当补偿。结合双方婚姻关系存续的时间、已分居的时间及梁某乐的收入情况等因素，酌定经济补偿金额。2021年4月9

[①] 参见《广东法院贯彻实施民法典典型案例（第一批）》，载广东法院网，http：//www.gdcourts. gov.cn/gsxx/quanweifabu/anlihuicui/content/mpost_1047260.html，2025年3月2日访问。

日，判决准予双方离婚；女儿由李某芳直接抚养，梁某乐每月支付抚养费1000元，享有探视权；梁某乐一次性支付给李某芳家务补偿款1万元。

（本条由刘征峰撰写）

> **第二十二条　【离婚经济帮助的处理】**
>
> 离婚诉讼中，一方存在年老、残疾、重病等生活困难情形，依据民法典第一千零九十条规定请求有负担能力的另一方给予适当帮助的，人民法院可以根据当事人请求，结合另一方财产状况，依法予以支持。

◆ 条文要旨

本条规定的是离婚经济帮助的处理。

◆ 理解与适用

《民法典》第1090条确立了离婚经济帮助制度。该条规定，"离婚时，如果一方生活困难，有负担能力的另一方应当给予适当帮助。具体办法由双方协议；协议不成的，由人民法院判决。"本条对《民法典》第1090条的离婚经济帮助进行了细化，从而有助于司法实践准确适用离婚经济帮助规则。

一、离婚经济帮助的性质

关于离婚经济帮助的性质，学界主流观点认为，离婚导致夫妻双方互负的扶养义务消灭，因此，离婚经济帮助并非夫妻之间扶养义务的延续,仅仅是婚姻关系终止时的法定后果、善后措施,[1]体现的是夫妻共同生活产生的道义责任。[2]少数观点则认为,离婚经济帮助是夫妻之间互相扶养的法律义务在离婚后的延伸,也是扶弱济贫的社会主义道德的要求。[3]

从法律适用的角度来看,应当采纳主流观点,避免将离婚经济帮助与扶养义务挂钩。这一立场的理由在于:夫妻之间的扶养义务是生活保持义务,离婚经济帮助的程度显然无须达到生活保持义务的水平,充其量只需达到生活扶助义务的水平。实际上,本解释的起草者也赞成主流观点。起草者认为,"离婚经济帮助,不是夫妻扶养义务的延续,而是解除婚姻关系时的一种善后措施。"[4]对此,有学者认为,在《民法典》扩张家务劳动补偿制度适用范围的背景下,两种立场在实践效果上可能并无区别。[5]在功能上,离婚经济帮助有助于保护经济能力较弱的一方,避免经济能力较弱的一方因担心离婚后无法维持生活而委曲求全、不愿离婚,从而能够实现婚姻自由。[6]

需要说明的是,离婚经济帮助既适用于诉讼离婚,也适用于协议离婚。也就是说,夫妻双方可以在离婚协议中约定离婚经济帮助的形式和内容。实际上,即使在诉讼离婚过程中,夫妻双方仍然可能在法院的引导下就离婚经济帮助达成一致,并被法院所认可。在离婚纠纷

---

[1] 参见马忆南:《婚姻家庭继承法学》,北京大学出版社2023年版,第150页;房绍坤、范李瑛、张洪波:《婚姻家庭与继承法》,中国人民大学出版社2021年版,第95页;张力主编:《婚姻家庭继承法学》,群众出版社2021年版,第200页。

[2] 参见夏吟兰主编:《婚姻家庭继承法》,中国政法大学出版社2021年版,第148页;李永军主编:《中国民法学》(第四卷 婚姻继承),中国民主法制出版社2022年版,第205页。

[3] 参见杨大文、龙翼飞主编:《婚姻家庭法》,中国人民大学出版社2020年版,第152页;陈苇主编:《婚姻家庭继承法学》,高等教育出版社2022年版,第219页;冉克平:《〈民法典〉离婚救济制度的体系化阐释》,载《政法论丛》2021年第5期。

[4] 参见陈宜芳、吴景丽、王丹:《〈关于适用民法典婚姻家庭编的解释(二)〉的理解与适用》,载《人民司法》2025年第3期。

[5] 参见孙若军:《论民法典离婚经济帮助制度的发展》,载《法律适用》2025年第1期。

[6] 参见冉克平:《〈民法典〉离婚救济制度的体系化阐释》,载《政法论丛》2021年第5期。

诉讼中，有权主张离婚经济帮助的夫妻一方既可以是原告，[1] 也可以是被告。[2]

二、离婚经济帮助的成立要件

离婚经济帮助请求权的成立要件包括夫妻一方在离婚时生活困难、另一方有负担能力。

第一，生活困难在离婚时已经存在。夫妻一方必须在离婚时已经出现生活困难，即夫妻一方应当在离婚时提出离婚经济帮助的请求。[3] 夫妻一方在离婚后因为各种原因陷入生活困难的，不能请求离婚经济帮助。据此，夫妻双方离婚后，夫妻一方再以离婚时存在生活困难请求另一方提供离婚经济帮助的，人民法院可能会以夫妻一方应在离婚时主张离婚帮助为由拒绝其请求。[4] 不过，也有法院持不同意见，主张需要帮助的夫妻一方在离婚诉讼中未能主张离婚帮助的，如患有精神分裂症未到庭应诉，在离婚后仍可要求另一方提供离婚帮助。[5]

第二，关于生活困难的认定标准，学界存在绝对困难标准、相对困难标准和合理生活水平标准三种立场。所谓绝对困难标准，是指夫妻一方离婚时无法维持当地基本生活水平。[6] 所谓相对困难标准，是指夫妻一方在离婚后可以维持基本生活，但离婚后生活水平比离婚前生活水平

---

[1] 参见云南省昌宁县人民法院（2022）云0524民初1096号民事判决书，山东省临沂经济技术开发区人民法院（2021）鲁1392民初2233号民事判决书。
[2] 参见江西省广丰区人民法院（2024）赣1103民初2992号民事判决书，辽宁省大连市普兰店区人民法院（2023）辽0214民初1031号民事判决书，湖北省浠水县人民法院（2023）鄂1125民初1714号民事判决书。
[3] 参见最高人民法院民法典贯彻实施工作领导小组主编：《中华人民共和国民法典婚姻家庭编继承编理解与适用》，人民法院出版社2020年版，第325页。
[4] 参见广东省广州市中级人民法院（2015）穗中法民一终字第2069号民事判决书，福建省福鼎市人民法院（2021）闽0982民初1375号民事判决书，湖北省荆州市沙市区人民法院（2020）鄂1002民初248号民事判决书。
[5] 参见江苏省南京市溧水区人民法院（2016）苏0117民初2079号民事判决书。
[6] 参见最高人民法院民事审判第一庭著：《婚姻法司法解释的理解与适用》，中国法制出版社2002年版，第95—96页。

下降的情形。[1] 所谓合理生活水平标准，是指夫妻一方离婚时凭借个人财产和分得的夫妻共同财产无法维持合理的生活水平。[2] 实际上，我国学界主流观点也支持绝对困难标准。[3] 与此相对，少数学者支持相对困难标准，主张一方的财产不足以维持最近的生活即可认定为生活困难，从而避免一方因离婚而生活水平明显下降。[4] 还有学者认为，采用相对困难标准可最大限度发挥离婚经济帮助的救济功能，代表了离婚经济帮助制度的发展方向。不过，绝对困难标准易于司法操作，符合我国当下国情。[5] 晚近有学者提出，应当根据经济帮助的不同类型和目的，结合个案的具体情况来判断生活困难。在生活困难的类型上，区分生活费和住房；在生活困难帮助的目的上，区分恢复或部分恢复被扶养人的自立能力、维持正常生活两类。[6]

《婚姻家庭编司法解释（二）（征求意见稿）》第20条延续了原《婚姻法司法解释（一）》第27条的立场，将生活困难的认定标准明确为"依靠个人财产和离婚时分得的财产仍无法维持当地基本生活水平"。这也意味着，《婚姻家庭编司法解释（二）（征求意见稿）》就生活困难采纳了绝对困难标准，没有接受相对困难标准、合理生活水平标准。不

---

[1] 参见巫昌祯、夏吟兰主编：《婚姻家庭法学》，中国政法大学出版社2016年版，第262页；李俊：《离婚救济制度研究》，法律出版社2008年版，第345页；宋豫、陈鸣：《我国离婚经济帮助制度的立法缺陷及其完善》，载《法学杂志》2008年第3期；司丹：《经济帮助制度：适用·审视·完善》，载《学术论坛》2012年第3期；肖鹏：《论我国离婚经济帮助制度的完善》，载《四川大学学报（哲学社会科学版）》2012年第4期。

[2] 参见冉启玉：《离婚扶养制度研究》，群众出版社2013年版，第193页；黄薇主编：《中华人民共和国民法典婚姻家庭编解读》，中国法制出版社2020年版，第233页。

[3] 参见夏吟兰主编：《婚姻家庭继承法》，中国政法大学出版社2021年版，第148页；陈苇主编：《婚姻家庭继承法学》，中国政法大学出版社2022年版，第274页；房绍坤、范李瑛、张洪波：《婚姻家庭与继承法》，中国人民大学出版社2021年版，第95页；张力：《婚姻家庭继承法学》，群众出版社2021年版，第201页。

[4] 参见马忆南：《婚姻家庭继承法学》，北京大学出版社2023年版，第150页；马忆南：《论离婚经济帮助制度》，载《中华女子学院学报》2024年第4期；冉克平：《〈民法典〉离婚救济制度的体系化阐释》，载《政法论丛》2021年第5期。

[5] 参见薛宁兰：《民法典离婚救济制度的功能定位与理解适用》，载《妇女研究论丛》2020年第4期。

[6] 参见孙若军：《论民法典离婚经济帮助制度的发展》，载《法律适用》2025年第1期。

过，本解释正式稿最终删除了"依靠个人财产和离婚时分得的财产仍无法维持当地基本生活水平"这一措辞。对此，本解释的起草者指出，"生活困难是指依靠分得的夫妻共同财产和个人财产仍不能维持合理生活水平……离婚经济帮助的对象实则是不仅没有生活来源，同时因为年老、重病、残疾等丧失了劳动能力之群体。"[①] 也就是说，本解释的起草者采纳了相对困难标准。

目前，在司法实践中，受到原《婚姻法司法解释（一）》第27条的影响，多数法院采纳绝对困难标准。[②] 一般来说，如果一方在离婚时身有残疾、身患疾病需要大额医疗费或者劳动能力受限，人民法院可能会支持其离婚经济帮助的请求。[③] 然而，在社会保障体系越来越发达、社会保障和社会救助覆盖面不断扩大的背景下，夫妻一方离婚后无法维持当地基本生活水平的，可以通过最低生活保障获得保护，从而满足基本生活需要。据此，采纳绝对困难标准，以夫妻一方离婚后无法维持当地基本生活水平为准来认定生活困难，会导致离婚经济帮助的适用范围逐步缩减。从这个角度来说，采纳相对困难标准，能够确保离婚经济帮助制度不会因时代变迁而沦为具文，具有较强的现实意义。

主张离婚经济帮助的夫妻一方对生活困难负举证责任，[④] 即夫妻一

[①] 陈宜芳、吴景丽、王丹：《〈关于适用民法典婚姻家庭编的解释（二）〉的理解与适用》，载《人民司法》2025年第3期。

[②] 参见湖北省黄石市中级人民法院（2021）鄂02民终1710号民事判决书，广西壮族自治区北海市中级人民法院（2021）桂05民终311号民事判决书，江苏省徐州市中级人民法院（2020）苏03民终84号民事判决书，广东省饶平县人民法院（2022）粤5122民初32号民事判决书，辽宁省大连市普兰店区人民法院（2023）辽0214民初1031号民事判决书。

[③] 参见湖北省浠水县人民法院（2023）鄂1125民初1714号民事判决书，江西省广丰区人民法院（2024）赣1103民初2992号民事判决书，陕西省渭南市中级人民法院（2020）陕05民终32号民事判决书，江西省新余市中级人民法院（2020）赣05民终573号民事判决书，河北省高级人民法院（2020）冀民申4559号民事裁定书。

[④] 参见西藏自治区高级人民法院（2023）藏民申16号民事裁定书，黑龙江省佳木斯市中级人民法院（2023）黑08民终1649号民事判决书，山东省昌邑市人民法院（2023）鲁0786民初19号民事判决书，山东省巨野县人民法院（2023）鲁1724民初17号民事判决书，河南省沈丘县人民法院（2022）豫1624民初6089号民事判决书。

方在离婚后极有可能陷入生活困难。① 值得注意的是，在我国司法实践中，如果夫妻一方能够获得家务劳动补偿、离婚损害赔偿，其主张离婚经济帮助的请求可能不会得到支持。② 这意味着，一方主张离婚经济帮助的，法院可能以家务劳动补偿的方式满足其要求。③ 反之，法院亦可能以夫妻一方为家庭付出较多支持其离婚经济帮助的请求。④ 实际上，在离婚诉讼中，如果人民法院在财产分割、债务承担方面已经对经济地位弱势一方予以照顾，该方就不存在生活困难的情形，人民法院可能不会支持其离婚经济帮助的请求。⑤

第三，提供帮助的一方具有负担能力。基于自身的经济收入和经济条件，提供帮助的夫妻一方在满足自身合理需求之后，还有余力给另一方提供帮助。因此，如果一方在离婚时陷入生活困难，但另一方的经济收入和经济条件只能维持当地的一般生活水平，⑥ 另一方就无须向对方提供经济帮助。⑦

对离婚具有过错的夫妻一方能否主张离婚经济帮助，学界存在肯定说、⑧ 否定说两种立场。⑨ 在司法实践中，有法院采肯定说。⑩ 本书认

---

① 参见陕西省渭南市中级人民法院（2020）陕05民终32号民事判决书。
② 参见河南省平舆县人民法院（2020）豫1723民初316号民事判决书。
③ 参见上海市闵行区人民法院（2020）沪0112民初34935号民事判决书。
④ 参见孙若军：《论民法典离婚经济帮助制度的发展》，载《法律适用》2025年第1期。另参见河南省周口市中级人民法院（2020）豫16民终760号民事判决书，辽宁省大连市普兰店区人民法院（2023）辽0214民初1031号民事判决书，山东省临清市人民法院（2022）鲁1581民初873号民事判决书，河南省郸城县人民法院（2018）豫1625民初2994号民事判决书。
⑤ 参见山东省昌邑市人民法院（2023）鲁0786民初19号民事判决书，辽宁省盖州市人民法院（2021）辽0881民初2072号民事判决书。
⑥ 参见吉林省通化市东昌区人民法院（2022）吉0502民初770号民事判决书。
⑦ 参见陈宜芳、吴晨丽、王丹：《〈关于适用民法典婚姻家庭编的解释（二）〉的理解与适用》，载《人民司法》2025年第3期。
⑧ 参见胡康生主编：《中华人民共和国婚姻法释义》，法律出版社2001年版，第174页；黄薇主编：《中华人民共和国民法典婚姻家庭编解读》，中国法制出版社2020年版，第233页；最高人民法院民法典贯彻实施工作领导小组主编：《中华人民共和国民法典婚姻家庭编继承编理解与适用》，人民法院出版社2020年版，第326页。
⑨ 参见马忆南：《论离婚经济帮助制度》，载《中华女子学院学报》2024年第4期；孙若军：《论民法典离婚经济帮助制度的发展》，载《法律适用》2025年第1期。
⑩ 参见山东省莒南县人民法院（2013）莒涝民初字第98号民事判决书。

为，在采纳绝对困难标准认定生活困难的背景下，离婚经济帮助旨在保障经济地位弱势一方的生存利益，因此，即使该方存在过错，也应该为了保障其生存利益而给予其离婚经济帮助。然而，在认定生活困难采相对困难标准之后，离婚经济帮助的制度功能不再是基本生活水平的兜底，而是原有生活水平的维持。进而，在社会保障体系基本完备的背景下，不宜再允许有过错的一方获得离婚经济帮助。

三、离婚经济帮助的形式

离婚经济帮助的形式包括货币形式和实物形式，如提供住房等，取决于个案中另一方的财产状况。在实践中，根据个案的具体情况，夫妻一方以给付货币方式提供经济帮助的，可以是一次性给付，也可以是定期给付。在《民法典》实施之前，定期给付的期限，短则3年以内，[1]长则7—10年。[2] 在夫妻一方患有精神疾病无法通过自身劳动维持当地基本生活水平时，另一方可能须提供无固定期限的经济帮助。[3]

针对夫妻一方因经济困难无房居住的情形，《婚姻家庭编司法解释（二）（征求意见稿）》第20条第2款曾经规定了另一方提供离婚经济帮助的具体形式。该款规定，"一方因经济困难无房居住的，人民法院可以根据当事人请求，判决有负担能力的另一方采用下列方式予以帮助：（一）一定期限的房屋无偿使用权；（二）适当数额的房屋租金；（三）通过判决设立一定期限的居住权；（四）其他符合实际的方式。"不过，本

---

[1] 参见湖南省常德市中级人民法院（2016）湘07民终557号民事判决书（2年），广东省肇庆市鼎湖区人民法院（2013）肇鼎法民一初字第13号民事判决书（3年），江西省瑞昌市人民法院（2015）瑞民初字第1225号民事判决书（3年），山东省莘县人民法院（2016）鲁1522民初31号民事判决书（3年）。

[2] 参见江苏省仪征市人民法院（2014）仪民初字第1823号民事判决书（8年），四川省彭州市人民法院（2015）彭州民初字第3182号民事判决书（8年），浙江省余姚市人民法院（2015）甬余泗民初字第196号民事判决书（8年），广东省广州市增城区人民法院（2014）穗增法民一初字第1209号民事判决书（10年），湖北省武汉市新洲区人民法院（2015）鄂新洲阳民初字第00118号民事判决书（10年）。

[3] 参见湖南省永州市中级人民法院（2014）永中法民一终字第109号民事判决书，山东省莱阳市人民法院（2016）鲁0682民初303号民事判决书。

解释正式稿最终删除了这一细化规定。因此，如何确定离婚经济帮助的具体方式，有待学界和司法实践进一步探索。

人民法院能够通过裁判方式为离婚的配偶设立居住权，这一点已经成为学界和司法实践的共识。① 然而，房屋居住权是对离婚时无房居住一方进行帮助的形式之一，但不是唯一方式。② 因此，在一方无房居住且另一方经济条件较好时，另一方可以以货币形式提供经济帮助，从而使无房居住的一方能够租赁房屋、支付租金。③ 反之，在一方无房居住且另一方经济条件一般但有房居住时，④ 人民法院可以通过判决的方式，为无房居住的一方在另一方个人房屋上设立一定期限的居住权。⑤ 当然，如果房屋本身不具备分割居住的条件或属于公房，人民法院不会以设立居住权的方式要求一方提供经济帮助。⑥ 一般来说，如果夫妻双方名下存在夫妻共有房屋，通过分割夫妻共有房屋，经济地位处于弱势的一方即使不能取得房屋所有权，也可以取得部分补偿，从而能够自行租赁房屋并支付租金。因此，在实践中，居住权通常在另一方个人所有的房屋上设立。⑦

---

① 参见曾大鹏：《〈民法典〉居住权的三层构造之解释论》，载《华东政法大学学报》2024年第2期；付一耀：《论裁判方式设立居住权》，载《社会科学研究》2022年第6期。
② 参见湖北省黄石市中级人民法院（2017）鄂02民终809号民事判决书，山东省烟台市中级人民法院（2015）烟民四终字第933号民事判决书。
③ 参见江苏省泰州市中级人民法院（2015）泰中民四终字第0021号民事判决书，山东省青岛市中级人民法院（2016）鲁02民终3248号民事判决书，浙江省绍兴市柯桥区人民法院（2016）浙0603民初2485号民事判决书，广东省湛江市霞山区人民法院（2015）湛霞法民一初字第766号民事判决书。
④ 参见付一耀：《论裁判方式设立居住权》，载《社会科学研究》2022年第6期。
⑤ 参见山东省平度市人民法院（2018）鲁0283民初6896号民事判决书。
⑥ 参见辽宁省大连市中级人民法院（2016）辽02民终235号民事判决书，湖南省慈利县人民法院（2015）慈民一初字第796号民事判决书，湖南省平江县人民法院（2016）湘0626民初864号民事判决书。
⑦ 参见孙若军：《论民法典离婚经济帮助制度的发展》，载《法律适用》2025年第1期。

◆ 疑点与难点

离婚经济帮助的期限及终止

在我国司法实践中,有地方法院认为,"离婚经济帮助是对离婚时生活困难一方基本生存权益的救济,经济帮助不能被当作无限期的生存手段。"[1] 因此,有法院指出,"即使离婚经济帮助的附加期限未满或条件尚未达成,当发生提供经济帮助一方丧失经济帮助条件或者离婚时生活困难一方再婚、经济能力足以维持当地基本生活水平的情况,经济帮助的存在意义已经丧失,不论经济帮助的履行程度如何,提供离婚经济帮助一方均可停止给付。况且提供离婚经济帮助和接受离婚经济帮助对象具有特定性,即提供离婚经济帮助方和被帮助方必须是离婚当事方,离婚经济帮助与一般的债权不同,当提供离婚经济帮助方或被帮助方死亡时,经济帮助即随之停止。"[2]

上述立场值得赞同。离婚经济帮助并非无期限的帮助,且获得离婚经济帮助的权利具有一定身份性。在出现以下情形时,离婚经济帮助即使存在一定期限,也应当终止:(1)接受帮助的一方再婚或经济能力足以维持合理的生活水平;(2)提供帮助的一方负担能力不足以继续提供帮助;(3)接受帮助的一方死亡;(4)提供帮助的一方死亡,但提供帮助的一方以设立居住权的方式提供帮助的除外。具体来说,在接受帮助的一方再婚时,该方以配偶为法定扶养义务人,提供帮助的一方即无须再提供经济帮助;在接受帮助的一方取得劳动收入并能维持合理的生活水平时,该方不再存在生活困难的情形,提供帮助的一方亦无须再提供经济帮助;在接受帮助的一方死亡时,即使离婚经济帮助表现为定期支付生活费、扶养费,由于离婚经济帮助的高度人身性,接受帮助一方针

---

[1] 山东省昌邑市人民法院(2023)鲁0786民初19号民事判决书。
[2] 云南省云县人民法院(2024)云0922民初465号民事判决书。

对提供帮助一方享有的生活费、扶养费请求权无法由继承人继承；在提供帮助的一方死亡时，其继承人也无须继续负担接受帮助一方的生活费、扶养费。不过，如果离婚经济帮助的形式是为接受帮助的一方设立居住权，提供帮助的一方死亡不影响居住权的存续。

实际上，在以定期支付生活费、扶养费的方式提供离婚经济帮助的场合，离婚经济帮助的给付已经成立继续性债务。进而，司法实践认为，提供经济帮助的一方在离婚后经济条件恶化的，[1] 或者接受经济帮助的一方经工作已经取得稳定的收入来源的，[2] 提供经济帮助的一方可以依据情势变更规则请求减少甚至免除支付生活费、扶养费的义务。对此，主张减少、免除支付生活费、扶养费义务的一方负举证责任。[3] 此外，有学者认为，离婚经济帮助的终止包括法定终止和裁判终止，因此，接受帮助的一方有意造成自己贫困的，如挥霍财产，或者有严重侵害提供帮助一方合法权益等行为的，人民法院可以裁判终止经济帮助。[4]

（本条由缪宇撰写）

第二十三条 【本解释的生效时间】

本解释自2025年2月1日起施行。

◆ 条文要旨

本条是关于本解释生效时间的具体规定。

---

[1] 参见辽宁省沈阳市中级人民法院（2020）辽01民终15002号民事判决书，上海市徐汇区人民法院（2020）沪0104民初21048号民事判决书。
[2] 参见湖南省长沙市中级人民法院（2020）湘01民终6464号民事判决书。
[3] 参见北京市第二中级人民法院（2021）京02民终8806号民事判决书。
[4] 参见孙若军：《论民法典离婚经济帮助制度的发展》，载《法律适用》2025年第1期。

◆ 理解与适用

在我国，司法解释属于民法的法源已经逐渐成为学界的共识。① 尽管《民法典》第 10 条仅将法律和习惯规定为民法法源，但是，最高人民法院发布的司法解释具有法律效力，从而实质上属于民法法源。对此，《最高人民法院关于司法解释工作的规定》第 5 条明确规定，"最高人民法院发布的司法解释，具有法律效力。"此外，《最高人民法院关于裁判文书引用法律、法规等规范性法律文件的规定》第 4 条第 1 句也规定，"民事裁判文书应当引用法律、法律解释或者司法解释。"最高人民法院《人民法院民事裁判文书制作规范》也允许人民法院在裁判依据中引用司法解释。

在司法解释属于民法法源、能够作为审理民事案件裁判依据的背景下，司法解释的生效时间决定了人民法院在审理民事案件时能否引用司法解释作为裁判依据，具有重要实践价值。司法解释的生效时间，是指司法解释开始发生效力的时间。② 依据《最高人民法院关于司法解释工作的规定》第 25 条第 3 款，"司法解释自公告发布之日起施行，但司法解释另有规定的除外。"因此，司法解释一般自发布之日起生效，但另有规定的除外。

本解释于 2025 年 1 月 15 日公布，但依据本条规定自 2025 年 2 月 1 日生效，属于《最高人民法院关于司法解释工作的规定》第 25 条第 3 款另有规定的情形。也就是说，从本解释的公布到生效，间隔两周左右。这与最高人民法院 2023 年公布的《合同编通则司法解释》、2024 年公布的《侵权责任编司法解释（一）》不同：《合同编通则司法解释》于 2023 年 12 月 4 日公布、自 2023 年 12 月 5 日起施行，《侵权责任编司法解释

---

① 参见王利明：《民法总则新论》，法律出版社 2023 年版，第 74 页；杨代雄：《民法总论》，北京大学出版社 2022 年版，第 63 页。

② 参见最高人民法院民事审判第一庭编著：《最高人民法院民法典婚姻家庭编司法解释（一）理解与适用》，人民法院出版社 2021 年版，第 756 页。

（一）》于 2024 年 9 月 25 日公布、自 2024 年 9 月 27 日起施行。实际上，最高人民法院安排司法解释自公布后两周左右实施，并非没有先例。比如，《生态环境侵权责任解释》于 2023 年 8 月 14 日公布、自 2023 年 9 月 1 日起施行。最高人民法院规定司法解释自公布一段时间之后再施行，一般是出于两点考虑：其一，在司法解释自公布到实施前的这段时间广泛宣传司法解释，引起社会的关注和重视；其二，在司法解释自公布到实施前的这段时间，各级人民法院能够理解和掌握司法解释的精神和内容，从而能够在审判工作中正确理解和适用司法解释的相关规定。[①]

本司法解释针对我国婚姻家庭领域审判工作实践中的热点和难点问题，如假离婚、同居财产分割、夫妻间给予房产（房屋加名）、夫妻一方的平台打赏、夫妻一方违背公序良俗的赠与、父母为子女出资购房、夫妻以夫妻共同财产出资形成的股权、夫妻一方放弃继承、抢夺藏匿未成年子女、离婚时子女的直接抚养、离婚协议中子女抚养费给付约定、离婚协议将财产给予子女等作了细致的规定。因此，有必要为本司法解释的施行预留相应的准备时间，确保广大人民群众和审判人员能够正确理解本解释的具体内容。

◆ 疑点与难点

司法解释的溯及力

围绕司法解释是否具有溯及力，我国司法实践的立场比较混乱。[②] 对此，学界存在溯及力肯定说和溯及力否定说两种立场。所谓溯及力肯定说，是指司法解释不仅适用于施行之后的案件，还适用于司法解释施

[①] 参见最高人民法院民事审判第一庭编著：《最高人民法院民法典婚姻家庭编司法解释（一）理解与适用》，人民法院出版社 2021 年版，第 758 页。
[②] 参见张新宝、王伟国：《最高人民法院民商事司法解释溯及力问题探讨》，载《法律科学（西北政法大学学报）》2010 年第 6 期。

行前、作为被解释对象之法律的施行期间发生的案件。① 这一立场的理由在于，司法解释涉及的是人民法院在审判工作中具体应用法律的问题，作为对具体法律的解释属于被解释之法律的具体组成部分，从而在时间效力上与被解释的法律保持一致，即可以溯及既往至被解释之法律生效时。② 所谓溯及力否定说，是指基于法不溯及既往原则，为了保护民众的信赖，司法解释原则上不具有溯及力。③ 实际上，司法解释溯及力之争背后涉及司法解释的性质之争，即司法解释究竟是对既有法律的"解释"还是超越既有法律的"准法律"。对此，有学者准确地指出，"虽然最高人民法院近年来的趋势是希望将司法解释作为准法律来建构专门的时间效力规则，但一方面在规范体系上司法解释的制定机构和制定程序都决定了其无法直接作为法律，另一方面在功能效用上司法解释也需要通过高效和广泛的适用来回应社会需求，因此始终无法在司法解释的时间效力规则上做到自洽统一。"④

在刑事司法解释领域，《刑事司法解释时间效力规定》第1条明确规定，"司法解释是最高人民法院对审判工作中具体应用法律问题和最高人民检察院对检察工作中具体应用法律问题所作的具有法律效力的解释，自发布或者规定之日起施行，效力适用于法律的施行期间。"这一规定明显采纳了溯及力肯定说。在民事司法解释领域，《总则编司法解释》第39条第2款、《合同编通则司法解释》第69条第2款均规定，"民法典施行后的法律事实引起的民事案件，本解释施行后尚未终审的，

---

① 参见最高人民法院民事审判第二庭、研究室编著：《最高人民法院民法典合同编通则司法解释理解与适用》，人民法院出版社2023年版，第769—770页。
② 参见杨登峰：《民事、行政司法解释的溯及力》，载《法学研究》2007年第2期；张新宝、王伟国：《最高人民法院民商事司法解释溯及力问题探讨》，载《法律科学（西北政法大学学报）》2010年第6期。
③ 参见孟睿偲：《论司法解释溯及既往原则》，载《江汉论坛》2022年第8期；姜秉曦：《法律保留与司法解释的溯及力》，载《浙江社会科学》2023年第9期。
④ 参见刘哲玮：《论民事司法解释的时间效力规则——从〈民间借贷司法解释〉的两次修订展开》，载《现代法学》2021年第2期。

适用本解释；本解释施行前已经终审，当事人申请再审或者按照审判监督程序决定再审的，不适用本解释。"这一规定亦采纳了溯及力肯定说。《侵权责任编司法解释（一）》第26条第2款也采纳了相同立场。该款规定："本解释施行后，人民法院尚未审结的一审、二审案件适用本解释。本解释施行前已经终审，当事人申请再审或者按照审判监督程序决定再审的，适用当时的法律、司法解释规定。"

结合《民法典时间效力规定》相关规定，依据《总则编司法解释》第39条第2款、《合同编通则司法解释》第69条第2款的精神，本解释原则上有溯及力。具体而言：

第一，《民法典》施行后的法律事实引起的民事纠纷案件，在本解释施行后尚未终审的，适用本解释。本解释是关于《民法典》婚姻家庭编的解释，在时间效力上当然及于《民法典》施行后的法律事实引起的民事纠纷。因此，《民法典》施行后的法律事实引起的民事案件纠纷尚未终审的，本解释当然适用。

第二，《民法典》施行后的法律事实引起的民事纠纷案件，在本解释施行前已经终审、施行后当事人申请再审或者按照审判监督程序决定再审的，为了尊重终审判决的既判力，不适用本解释。

第三，《民法典》施行前的法律事实引起的民事纠纷案件，适用当时的法律、司法解释，不适用本解释。基于法不溯及既往原则，法律一般不能适用于施行之前法律事实引起的民事纠纷。因此，不论是依据溯及力肯定说还是溯及力否定说，司法解释的效力不能溯及至作为被解释对象之法律施行前。不过，依据《民法典时间效力规定》第2条，如果"适用民法典的规定更有利于保护民事主体合法权益，更有利于维护社会和经济秩序，更有利于弘扬社会主义核心价值观的"，《民法典》施行前的法律事实引起的民事纠纷案件，可以适用《民法典》。按照这一精神，《民法典》施行前的法律事实引起的民事纠纷案件，如果适用本解释的规定更有利于保护民事主体合法权益，更有利于维护社会和经济秩序，更有利于弘扬社会主义核心价值观的，那么，本解释可以适用。当然，依据最高人民法院《全国法院贯彻实施民法典工作会议纪要》第18条的规定，在溯及适用本解释时，人民法院"应当做好类案检索，经本院审判委员会讨论后层报高级人民法院"。高级人民法院审判委员会在讨论后，认为溯及适用符合《民法典时间效力规定》第2条规定的标准，应当溯及适用的，报最高人民法院备案。

◆ **典型案例**

胡某诉刘某离婚后财产纠纷案[①]

——离婚后发现一方存在重大过错，在法定诉讼时效期间内请求离婚损害赔偿的，人民法院应予支持

裁判要旨：1. 协议离婚时间在民法典实施前，无过错方在民法典实施后提起离婚损害赔偿诉讼时已经超过原婚姻法司法解释规定的一年期间，从维护民事主体权益及弘扬社会主义核心价值观、实现"三个更有利于"的角度出发，应当按照有利溯及原则，适用民法典及其司法解释的相关规定，保障无过错方的合法权益。离婚损害赔偿请求权应当适用民法典总则编关于诉讼时效制度的规定。

2. 配偶一方违反夫妻忠实义务，在婚姻存续期间与婚外异性存在不正当关系，离婚后三天即再婚并在不到半年内生育子女，严重伤害夫妻感情，导致婚姻破裂，应当认定为民法典第1091条第5项规定的"有其他重大过错"情形。

（本条由缪宇撰写）

[①] 参见人民法院案例库参考案例（入库编号：2023-07-2-015-001）。

最高人民法院关于审理涉彩礼纠纷案件适用法律若干问题的规定

(2023年11月13日最高人民法院审判委员会第1905次会议通过 2024年1月17日最高人民法院公告公布 自2024年2月1日起施行 法释〔2024〕1号)

> **第一条　【适用范围】**
> 以婚姻为目的依据习俗给付彩礼后，因要求返还产生的纠纷，适用本规定。

◆ **条文要旨**

本条是有关《彩礼纠纷规定》适用案件类型的规定。

◆ **理解与适用**

本条确立《彩礼纠纷规定》的适用范围，同时，揭示出彩礼给付具有目的性和习俗性两个基本特征。

一、彩礼给付的目的性

在民法中，所谓"给付"是指给付人基于特定目的，有意识地增加他人财产的行为。换言之，它是给付人为发生一定预期结果而为的赠与。多数情形下，给付是为清偿债务，但也存在基于其他目的的给付。以结婚为目的的彩礼给付，便属于后者。[1] 当前，我国学界和实务界较为一致地认为，彩礼给付是赠与行为，对于它是何种性质的赠与，则有不同见解和解释。

（一）彩礼给付性质的不同学说

我国学界关于彩礼给付性质的认识经历了一个演变过程。早期，有附条件或负担赠与说、从契约说、所有权转移说等。[2] 目前，主要有"附解除条件赠与说"和"目的性赠与说"两种不同认识。

---

[1] 参见［德］迪特尔·梅迪库斯：《请求权基础》，陈卫佐等译，法律出版社2016年版，第195页。
[2] 参见王利明、郭明瑞、方流芳：《民法新论》（下），中国政法大学出版社1988年版，第70页。

附解除条件赠与说在很长一段时期是学界通说。① 该说主张,婚约期间一方给付彩礼,是以将来与对方结婚为条件的赠与。具体而言,它是附解除条件的赠与,所附条件就是婚约的解除。当婚约解除,无法实现赠与人和受赠人结婚目的时,解除条件成就,受赠人应当返还接受的财物;若婚约不解除,双方缔结了婚姻,给付条件成就,赠与行为即告完成。持这一学说的学者以我国台湾地区史尚宽先生和王泽鉴教授为代表。史尚宽先生认为,彩礼给付"并非单纯以无价转移财产权为目的,实系预想他日婚约之履行,而以婚约之解除或违反为解除条件之赠与,嗣后婚约解除或违反之时,当然失其效力。"② 王泽鉴教授持类似见解,他指出"因订立婚约而交付聘金或礼物,在解释上得认为是以婚姻不成立为解除条件之赠与"。③ 依民法原理,附解除条件的民事法律行为在所附条件成就时,便失去效力。此时,彩礼给付方为给付的法律原因消灭,属于给付原因嗣后不存在,彩礼受领方因此所获利益,亦失去法律上的依据,构成民法上的不当得利。

(二) 附条件赠与说之不足

上述解释,虽可成立,但从更大视野审视附条件赠与说,其在细节上的缺漏和法律价值上的障碍便显露无遗。

首先,就当事人为彩礼给付的意思表示看,王泽鉴教授曾经解释道:"交付聘金或礼物时,当事人明示约定附以解除条件者,其例绝少,因此,此项附解除条件之意思表示,仅能依社会一般观念,认为系属默示意思表示。此种认定原属拟制,未必尽符当事人原意。"④ 显然,他已经

---

① 参见张贤钰主编:《婚姻家庭法教程》,法律出版社1995年版,第112页;杨遂全:《新婚姻家庭法总论》,法律出版社2001年版,第93页;王洪:《婚姻家庭法》,法律出版社2003年版,第72—73页;余延满:《亲属法原论》,法律出版社2007年版,第157页;薛宁兰、金玉珍主编:《亲属与继承法》,社会科学文献出版社2009年版,第72页;郑小川、于晶:《婚姻继承习惯法研究——以我国某些农村调研为基础》,知识产权出版社2009年版,第66页。
② 参见史尚宽:《亲属法论》,中国政法大学出版社2000年版,第158页。
③ 参见王泽鉴:《民法学说与判例研究》(第一册),中国政法大学出版社1998年版,第430页。
④ 参见王泽鉴:《民法学说与判例研究:重排合订本》,北京大学出版社2015年版,第429—430页。

意识到，如此"拟制"出的当事人意思表示，常常与其本意不相符合。结合我国当今社会现实，在广大农村地区，百姓操劳多年，倾其所有给付彩礼，是迫于地方习惯做法，为最终缔结婚姻关系，不得已而为之的。这种给付的目的性、现实性、无奈性，都是不容否认和忽视的。① 可见，如果学理上将彩礼给付定性为附解除条件的赠与，人为地将给付人的内心意思解释为以婚约解除为条件的赠与，显然与民法意思表示理论要求当事人的意思表示应当是其内心真意，以及当下中国的社会生活实际，都是不一致的。

其次，基于婚姻自由的宪法和法律原则，如果在婚姻关系缔结过程中，当事人之间可以通过附加一定条件，采取一些特殊手段达到目的，必然会使金钱变成衡量、维持婚姻关系的重要砝码，从而根本上改变婚姻关系的本质属性。② 因此，不宜将包括彩礼给付在内的恋爱期间的各种赠与，视为附有条件或负担的赠与，因为任何一方都不能以规制对方的结婚自由作为条件或者负担。③ 此为附解除条件赠与说无法逾越的法律价值上的障碍。

一些学者认为，最高人民法院在对适用原《婚姻法司法解释（二）》第10条、现行适用《婚姻家庭编司法解释（一）》第5条理解与适用的阐述中，对彩礼给付的性质采纳了"附解除条件赠与说"。④ 其实，最高人民法院的相关论述并未对彩礼给付的性质表明态度，而是主张"作为给付彩礼的代价中，本身就蕴涵着以对方答应结婚为前提。如果没有

---

① 参见最高人民法院民事审判第一庭编著：《最高人民法院民法典婚姻家庭编司法解释（一）理解与适用》，人民法院出版社2021年版，第71页。
② 参见最高人民法院民事审判第一庭编著：《最高人民法院民法典婚姻家庭编司法解释（一）理解与适用》，人民法院出版社2021年版，第70—71页。
③ 参见王利明、郭明瑞、方流芳：《民法新论》（下），中国政法大学出版社1988年版，第70页。
④ 参见张学军：《彩礼返还制度研究——兼论禁止买卖婚姻和禁止借婚姻索取财物》，载《中外法学》2006年第5期；魏润祺：《现代中国的彩礼及其返还制度》，载高其才主编：《当代中国婚姻家庭习惯法》，法律出版社2012年版，第78页；陈爱武主编：《最高人民法院婚姻法司法解释精释精解》（增订本），中国法制出版社2019年版，第118—119页。

结成婚，其目的落空，此时彩礼如仍归对方所有，与其当初给付时的本意明显背离。"① 这段话虽未明确指出彩礼给付的性质是"目的性赠与"，但已关注到男方给付彩礼的目的是不能忽略的。可见，最高人民法院对彩礼给付性质的倾向性十分明显。《彩礼纠纷规定》本条首次突出彩礼给付的目的性这一特征，是对已有司法解释的重大突破，进一步表明最高人民法院在彩礼给付性质上的态度。

（三）将彩礼给付定性为"目的性赠与"的意义

"目的性赠与说"是近年来出现的关于彩礼给付性质的新认识。本书认为，将彩礼给付定性为"目的性赠与"的意义体现在三方面：

第一，可避免"附解除条件赠与说"拟制的当事人双方确立附解除条件赠与法律关系的合意与给付方的本意或真意不相符合的矛盾。虽然，男方给付彩礼某种程度上受制于当地婚姻习俗，多少有些不得已而为之的成分，但这并不影响或就此否认双方存在着缔结婚姻的合意。就男方给付彩礼、女方接受彩礼这一过程看，双方实际形成了赠与法律关系，只是在这一合意的背后存在着赠与人欲与对方缔结婚姻的目的，而不是如果对方不与之成婚便返还彩礼的意思。因此，将彩礼给付定性为目的性赠与，并不否认双方存在着缔结婚姻的合意。一旦男方赠与目的不达，请求返还彩礼，便可通过给付目的不达之不当得利这一途径解决。

第二，可为彩礼返还请求权的产生和彩礼范围的确定找到合理的民法学解释路径。在民法中，"给付"是给付人为发生一定预期结果而为的赠与。此类赠与有一个特点，即赠与人不得请求结果之实现，只是在结果不实现时赠与人可以请求不当得利的返还。再者，由于给付人的目的是与对方成婚，所以，在确定彩礼范围时，应将男女交往中，日常性的、有特殊纪念意义时节上的、与结婚无直接关系的小额赠与排除在外。②

---

① 参见最高人民法院民事审判第一庭编著：《最高人民法院民法典婚姻家庭编司法解释（一）理解与适用》，人民法院出版社2021年版，第71页。
② 参见《彩礼纠纷规定》第3条。

第三，这一学说已逐渐获得认可。陶毅教授认为"婚约期间的赠与和婚约的目的不可分割，解除婚约后双方皆知道原来追求的目的已经无法实现，因此，以具有特定目的的赠与来解释解除婚约后的赠与物返还问题比较妥当。"[1]《彩礼纠纷规定》本条首次明示彩礼给付目的，必将有力推进实务界和学界在彩礼给付性质认识上的提升。

二、彩礼给付的习俗性

在我国，婚前由男方给付女方彩礼的习俗有着悠久历史。早在距今近3000年的西周时期，便形成"以聘娶婚为结婚方式，以'六礼'为嫁娶程序"的婚姻礼制。所谓"六礼"，是指"纳采、问名、纳吉、纳征、请期、亲迎"。其中"纳征"即是给付彩礼。从古代典籍《礼记·昏义》关于"六礼备谓之聘，六礼不备谓之奔"的表达中，可窥见男女结婚行"六礼"对于当时婚姻的成立有着重大意义。

以男方给付女方一定数额聘金或聘礼作为成婚条件的"聘娶婚"，在中国数千年封建社会中一直占据主导地位，并得到当时法律认可和保护。历代律例中的"户婚律"，都以成立"婚书"、收受"聘礼"作为男女订婚的依据。婚约一经成立，便发生准婚姻的效力，男女双方及其主婚人（祖父母、父母等其他家长）均受其约束，不得反悔，悔约者须按律科刑。《唐律·户婚律》"许嫁女报婚书"条规定："诸许嫁女已报婚书及有私约而辄悔者，杖六十（男家自悔者不坐不追聘财）。"女方"若更许他人者杖一百；已成者徒一年半……女追归前夫，不娶还聘财"。其核心意思是，订婚后男方反悔的，不得索回聘财；女方反悔又许嫁他人的，除返还聘财，还要追究主婚人刑事责任。再如，《大清现行刑律》"男女婚姻"条，针对女方家将女儿再许他人的情形，规定未成婚的杖七十，已成婚的杖八十。后定娶者知情与女家同罪。财礼入官。"不知者不坐，追还财礼。女归前夫，前夫不愿者，倍追财礼给还其女。仍从

---

[1] 参见陶毅主编：《新编婚姻家庭法》，高等教育出版社2002年版，第86页。

后夫男家悔者，罪亦如之，不追财礼。"①

中华人民共和国成立后，男女平等、婚姻自由成为一项宪法和法律原则。法律不再要求男女结婚前必须订立婚约，是否订立婚约由当事人双方协商决定。由于婚约不再具有法律约束力，婚约的解除无须经过法定程序。尽管如此，民间订立婚约、给付彩礼的传统习俗并未绝迹，尤其在广大农村地区和经济不发达地区，婚前给付彩礼成为一种婚姻习俗。换言之，古时，聘娶婚制下，给付彩礼是订立婚约、成婚的必经程序；当代，彩礼给付已与婚约相分离，即便是自由恋爱的男女，谈婚论嫁时也多受制于习俗，由男方及其父母给付女方及其父母一定数额的金钱或者财物。故而，《婚姻家庭编司法解释（一）》第5条和《彩礼纠纷规定》第1条都强调"依据习俗给付彩礼"。法官认定彩礼时应认识到：给付彩礼具有习俗对当事人意志的强制性，即当事人一方是迫于习俗给付对方财产，以之作为彩礼，从而达到缔结婚姻的目的。②

当代的婚姻关系是民事关系，缔结婚姻的行为（"结婚"）属于民事法律行为。男女恋爱期间自愿互赠财产，是爱的表达，有利于增进彼此感情，甚或还有对于女方父母多年来养女成人付出的感谢与回馈！这固然无可厚非，但如果一方迫于习俗压力，以超出自身和家庭经济承受能力的数额为彩礼给付，则不为法律和司法解释提倡。它不仅背离给付彩礼的初衷，使给付方及其家庭背上沉重经济负担，亦为婚姻的稳定埋下隐患，不利于弘扬新型社会文明风尚。近20年来，我国多发于农村地区的彩礼返还纠纷呈现新特点。一些地区彩礼数额持续走高，形成攀比之风，甚至婚前索要彩礼成为一些人发家致富的主要来源。各地彩礼名

---

① 以上法例引自法学教材编辑部、《婚姻法教程》编写组：《婚姻立法资料选编》，法律出版社1982年版，第93—94页、第110页。
② 参见胡云红、宋天一：《彩礼返还纠纷法律适用研究——以全国法院158份问卷调查和相关裁判文书为对象》，载《中国政法大学学报》2022年第6期。

目繁多，有所谓"一动不动""万紫千红一片绿"①等俗称。这正是最高人民法院公布《彩礼纠纷规定》的社会背景。

三、彩礼返还的民法属性

彩礼给付是目的性强且明确的婚前赠与。男方及其家人依当地婚姻习俗给付女方及其家人一定数额彩礼的意图是与女方缔结婚姻。当一方悔婚或双方合意解除婚约等原因发生，从而使给付方结婚目的无法实现。由于彩礼给付目的欠缺，男方给付女方彩礼的法律原因便归于消灭，女方及其家人因此失去继续持有彩礼利益的正当性。②如前所述，此类赠与的赠与人不得请求对方为一定行为而实现其赠与目的，仅在其目的结果未予实现时，可请求受赠人返还赠与物。以此来观彩礼给付行为，虽然给付方的主观愿望是与对方成婚，但这一给付并不是附有负担的赠与，给付人并不因此在法律上取得与对方成婚的请求权③，其只享有请求对方返还赠与物的权利，即彩礼返还请求权。

不当得利是一项源自罗马法的古老民法制度，其理论基础是社会的衡平观念。古罗马法学家"不论任何人均不得基于他人之损害而受利益"④之格言，是不当得利制度延续至今的理论依据和精神源泉。日本学者曾就彩礼金的返还，有过形象描述："一方面，虽然财产已经转移了，但由于成为其原因的法律关系并未发生，现实和期待之间出现了不一致，这是一种事实状态；另一方面，按照公平原则，也不希望把这种不一致的状态放置不管，这是一种价值判断。这两者在理论上的处理就

---

① "一动"是指小汽车，"不动"是指楼房；"万紫千红一片绿"则指一千张100元和五百张50元人民币。参见郭维基：《返还彩礼问题刍议》，载《山西省政法管理干部学院学报》2020年第3期。
② 此即我国《民法典》第985条所谓"得利人没有法律根据"。
③ 对此，大陆法系国家及地区民法典多有明示：《德国民法典》第1297条指出："不得基于婚约提起缔结婚姻的诉讼。"
④ 参见邹海林：《我国民法上的不当得利》，载梁慧星主编：《民商法论丛》（第5卷），法律出版社1996年版，第28页。

是不当得利制度。"① 一般而言，构成民法上的不当得利应具备取得利益、致他人损害、无法律上原因三个要件。彩礼返还属于未能达成约定效果而发生的不当得利，即给付目的不达之不当得利，其构成要件具体是：（1）受领方因对方"给付"而获得彩礼利益；（2）给付方的"给付"是为达成某种事实上或法律上的目的，双方当事人对其意欲的目的结果有法律行为上的合意；（3）当给付目的的结果不发生时，受领给付因欠缺法律上原因，从而成立不当得利。②

◆ 疑点与难点

应否对彩礼给付目的作扩张解释

彩礼给付目的是仅限于双方登记结婚，还是也包括婚后双方为夫妻的共同生活？对此，最高人民法院《彩礼纠纷规定（征求意见稿）》与生效后的《彩礼纠纷规定》在表述上有所不同。前者称"以缔结婚姻为目的"，后者则改为"以婚姻为目的"。显然，本条在彩礼给付目的的表述中取消"缔结"一词，意在将彩礼给付目的从缔结婚姻，扩展至婚后双方为夫妻关系的共同生活。并且，司法解释起草者也明确了这一用意。③

回溯以往涉彩礼纠纷司法解释——2004年适用《婚姻法司法解释（二）》第10条和现行适用《婚姻家庭编司法解释（一）》第5条，都未明示彩礼给付的目的，仅笼统地称"当事人请求返还按照习俗给付的彩礼"。最高人民法院在相隔十多年出版的两本司法解释的理解与适用书中，表达了相同的态度："本解释在决定彩礼是否返还时，是以当事人是否缔结婚姻关系为主要判断依据的。给付彩礼后未缔结婚姻关系的，原则上收受彩礼的一方应当返还彩礼。给付彩礼后如果已经结婚的，原

---

① 参见[日]北川善太郎：《日本民法体系》，李毅多、仇京春译，科学出版社1995年版，第34页。
② 参见王泽鉴：《不当得利》，北京大学出版社2015年版，第141页。
③ 参见王丹：《新形势下彩礼纠纷的司法应对》，载《中国应用法学》2024年第1期。

则上彩礼不予返还,只是在一些特殊情形下才支持当事人的返还请求。"① 尽管这是对彩礼返还与否原则界限的表达,但原则界限的确定与对彩礼给付目的的认识直接相关。

将缔结婚姻关系作为彩礼给付的目的,是学界长期坚持的通说。新近有学者发文主张,彩礼给付目的应从缔结婚姻关系扩大至双方有共同生活事实。给付目的具有"集合"属性,"原则上推定男方之给付目的由'登记结婚'和'共同生活'这两项常态元素构成,二者中任意一项未得到满足,给付目的便未全部实现,彩礼返还请求权由此产生,仅满足任意一项者,只产生部分彩礼的返还请求权。"②

本书认为,对彩礼给付目的作扩张解释多有不妥,理由如下:

第一,如果将彩礼给付目的从单一变为双重,势必弱化"办理结婚登记"对于当事人双方身份关系确立的决定性作用。既然彩礼给付是一种基于习俗的目的性赠与,那么,这一给付的最终目的应当是能够对当事人身份关系的形成产生直接影响的因素。只有达到这种程度,彩礼给付的习俗性才更加鲜明,并且,这也是区分彩礼给付与婚前一般赠与的重要条件。

第二,最高人民法院在对《彩礼纠纷规定》的说明中强调,规定的重要意义之一是:"基于彩礼的目的性赠与特征……在民法典婚姻家庭编司法解释(一)的基础上,完善相关裁判规则,有助于统一类案的法律适用标准,妥善平衡双方利益"。③ 可见,《彩礼纠纷规定》并未否认和改变《婚姻家庭编司法解释(一)》的基本立场和内容,因此,对彩礼给付目的的解读,应当保持两部司法解释的一致性。如果坚持认为《彩礼纠纷规定》第 1 条"以婚姻为目的"的表述扩大了彩礼给付的目

---

① 参见最高人民法院民事审判第一庭编著:《最高人民法院民法典婚姻家庭编司法解释(一)理解与适用》,人民法院出版社 2021 年版,第 75 页。
② 参见姚明斌、刘亦婷:《彩礼返还请求权的规范构造》,载《南大法学》2023 年第 4 期。
③ 《规范彩礼认定范围、彩礼返还原则、诉讼主体资格等 最高法发布文件规范涉彩礼纠纷案件审理》,载最高人民法院网,https://www.court.gov.cn/zixun/xiangqing/423432.html,2025 年 4 月 22 日访问。

的，那么两部司法解释在彩礼给付目的这一根本性问题上，是存在分歧的。如此将难以实现统一司法解释适用标准的初衷。

第三，将彩礼给付目的从办理结婚登记扩大至"共同生活"，客观上会产生过度约束彩礼受领方（女方）的效果。依此逻辑，未办理结婚登记的，因彩礼给付目的不达，受领方应返还彩礼；对于办理了结婚登记，但未形成实质上的"共同生活关系"的，给付方也可以给付彩礼目的未达而要求返还彩礼。无论婚前婚后，给付方随时都可以任何一种给付目的不达为由而要求受领方返还彩礼，显然，这与最高人民法院一贯坚持的彩礼是否返还的原则界限不相一致。"共同生活"不应是影响当事人身份关系变动的因素，它不足以成为司法解释认定的彩礼给付目的。诚然，在彩礼返还问题上，办理结婚登记后确未共同生活的，受领方应返还彩礼，符合社会一般认知，但其逻辑基础不宜为因共同生活目的不达而要求返还，而是法官基于公平原则对案件处理的结果。这与最高人民法院在对《彩礼纠纷规定》的说明中强调应当坚持公平原则是一致的。

总之，将彩礼给付目的限定为缔结婚姻关系（即双方登记结婚），并不影响未缔结婚姻便以夫妻名义共同生活，或者缔结了婚姻但并未共同生活两种情形下的彩礼返还。因为，"共同生活"情况作为法官确定彩礼是否返还及返还比例的首要因素，在彩礼返还与否的原则界限下，发挥着重要作用。不将它作为彩礼给付的目的，并不意味着将之排除在法官确定彩礼返还与否及比例的诸多因素之外，相反，它是法官综合考虑诸多因素中的首要因素。

（本条由薛宁兰撰写）

> **第二条　【禁止借婚姻索取财物】**
> 禁止借婚姻索取财物。一方以彩礼为名借婚姻索取财物，另一方要求返还的，人民法院应予支持。

◆ 条文要旨

本条重申禁止借婚姻索取财物的法律原则，同时明示人民法院对索取物返还诉求予以支持的立场。

◆ 理解与适用

一、本条的规范意旨

新中国成立以来的两部婚姻法在确立婚姻自由原则基础上，同时设定若干禁止性规定，"禁止借婚姻索取财物"便是其中之一。[①] 现行《民法典》婚姻家庭编第1042条第1款延续这一规定。可见，对借婚姻索取财物行为给予否定性评价，是我国法律一贯坚持的准则。性质上，借婚姻索取财物与包办、买卖等其他干涉婚姻自由的行为，均违反法律的强制性规定，妨碍婚姻自由原则的贯彻，不利于提倡和推行男女平等、婚姻自由等新型婚姻风尚。

《彩礼纠纷规定》本条重申《民法典》禁止性规定，进一步明确人民法院对此种情形下索取财物返还的司法态度。一旦确认一方行为构成"以彩礼为名借婚姻索取财物"，法官对另一方要求返还的请求，应当予以支持。应予注意的是，本条所言索取财物的返还，并不属于彩礼返还的一种情形，对其法律属性应从"借婚姻索取财物"行为法律效力的高

[①] 1950年原《婚姻法》第2条指出："禁止任何人借婚姻关系问题索取财物"。1980年原《婚姻法》第3条第1款规定："禁止包办、买卖婚姻和其他干涉婚姻自由的行为。禁止借婚姻索取财物。"两部婚姻法规定在行文表述上有所不同，但其主旨是相同的。

度予以理解和适用。关于民事法律行为的效力，我国《民法典》第143条从积极要件角度，将"不违反法律、行政法规的强制性规定，不违背公序良俗"作为法律行为的有效要件之一；《民法典》第153条则从消极要件角度，分两款规定："违反法律、行政法规的强制性规定的民事法律行为无效。""违背公序良俗的民事法律行为无效。"该两条规定相得益彰，使《民法典》第8条确立的合法与公序良俗原则"对法律行为内容的审查功能有了具体依据"。[①] 法官应当依照《民法典》第143条和第153条宣告该项法律行为无效。

《民法典》上述两条所言"强制性规定"，是指当事人不得排除适用的规定，否则，将影响民事法律行为的效力。显然，一方"借婚姻索取财物"行为是对《民法典》第1042条禁止性规定的违反，依第153条第1款应归于无效。不仅如此，"借婚姻索取财物"也是有违公序良俗的行为，民法典确立这一禁止性规定，亦为维护缔结婚姻过程中的公序良俗。公序良俗，是公共秩序与善良风俗的简称，它是现代民法的重要概念和原则。其中，公共秩序指向的是法律的价值体系，善良风俗则指向法律之外的伦理秩序。[②] 公序良俗原则是对法律强制性规定的补充，通过适用这一原则，可达限制民事主体意思自治范围的效果。因此，无论从违反法律强制性规定角度考察，还是以公序良俗原则的要求衡量，"借婚姻索取财物"行为都会在民法上产生无效后果。索要方与给付方形成的"赠与合同"也会随之归于无效，给付方因此有权请求返还，人民法院当然应予支持。此乃《彩礼纠纷规定》本条的法理基础。

二、借婚姻索取财物行为的认定

（一）借婚姻索取财物与买卖婚姻的区分

"借婚姻索取财物"一语源自1950年《婚姻法》。该法第2条明令

[①] 参见徐涤宇、张家勇主编：《〈中华人民共和国民法典〉评注（精要版）》，中国人民大学出版社2022年版，第150—151页。

[②] 参见陈甦主编：《民法总则评注》（上册），法律出版社2017年版，第58页。

禁止这一行为，而未明示禁止买卖婚姻。从中央人民政府法制委员会对本条的立法解释中[1]，可推断买卖婚姻是包含在第2条"禁止任何人借婚姻关系问题索取财物"之中的。为便于法律适用，1980年《婚姻法》将买卖婚姻与借婚姻索取财物分别予以禁止。1979年最高人民法院司法解释对"买卖婚姻"作出界定，认为它是指"第三者（包括父母）以索取大量财物为目的，包办强迫他人婚姻。"[2] 基于此，学界多认为"借婚姻索取财物"是指除买卖婚姻以外的其他借婚姻索取财物的行为。[3]

借婚姻索取财物与买卖婚姻都以索取一定数额财物作为结婚条件。这是两者的共同之处，两者的区别主要体现在三方面：（1）婚姻自主的程度不同。前者的双方当事人基本自主自愿结婚，后者则完全违背当事人意愿，具有第三人包办与强迫的性质。（2）索取财物的主体不同。前者的主体通常是婚姻中的一方当事人（如女方），个别情形下也有女方父母索要的；后者的主体则是婚姻当事人之外的第三人（包括双方父母）。因之，索取物的归属也有所不同。（3）所形成婚姻的法律后果不同。因前者缔结的婚姻，一般不构成法律上的可撤销婚姻。由于后者形成的婚姻违背当事人意愿，具有胁迫性质，则构成法律上婚姻可撤销的原因。受胁迫方可依法提起撤销婚姻之诉。[4] 借婚姻索取财物不只是封建婚姻制度的副产品，还是当今市场经济条件下婚姻关系物化的表现。它妨碍婚姻自由原则的贯彻落实，男方为与女方成婚，迎合女方或其父母提出的成婚条件，不惜高额举债，从而为婚后双方生活和睦埋下隐患。现实生活中，借婚姻索取财物行为比买卖婚姻行为更加常见和多发。

---

[1] 参见陈绍禹：《关于中华人民共和国婚姻法起草经过和起草理由的报告》，载刘素萍主编：《婚姻法学参考资料》，中国人民大学出版社1989年版，第50页。
[2] 参见1979年最高人民法院《关于贯彻执行民事政策法律的意见》（已失效）。
[3] 参见余延满：《亲属法原论》，法律出版社2007年版，第59页；杨大文主编：《亲属法与继承法》，法律出版社2013年版，第40页；张伟主编：《婚姻家庭继承法学》，法律出版社2021年版，第64页。
[4] 参见《民法典》第1052条第1款。

(二) 借婚姻索取财物与赠与的区分

语义上，索取和赠与有本质区别。所谓"索取"，是收受方以明示或暗示方式，让给予方给付其一定数额的财物，给予方为了成婚而被动为之。"赠与"，则是给予方基于自己的意愿主动将财物给予受赠方，受赠方因此接受的行为。[①] 此所谓"赠与"包括婚前一方出于自愿的赠与和一方基于习俗给付彩礼两种情形。

首先，恋爱期间一方及其父母自愿馈赠对方或其家人各种礼物的行为与借婚姻索取财物不同。这种赠与并非以双方成婚为条件，而是出自赠与人内心真实意愿，是借以表达或增进感情的方式。这种赠与具有互动性和合法性，即便有的馈赠具有较高价值，也不因此影响行为的法律效力。赠与物归受赠方所有，即便日后双方未能成婚，或者结婚后又离婚，该类赠与物一般不予返还，如果因此导致赠与方生活困难的，可酌情返还。较之赠与，借婚姻索取财物行为则具有违法性和单方性，给付方并非出于自愿而是为了成婚被迫给付，因为这是双方能否结婚的先决条件。此外，一方索要财物的数额多少与构成借婚姻索取财物并无关系。

其次，借婚姻索取财物也不同于彩礼给付。在前一情形下，一方索要财物的数额明显高出当地婚前给付的一般水平，或索要方并无与对方缔结婚姻的真实意思。而彩礼给付则是男女在缔结婚姻过程中，基于当地习俗，由男方或其父母给付女方及其父母的财物，并以此作为婚约或婚姻成立的标志。

综上，"借婚姻索取财物"主要是指当事人一方向对方索要财物，以此作为结婚条件的违法行为。

[①] 参见陈爱武主编：《最高人民法院婚姻法司法解释精释精解》（增订本），中国法制出版社2019年版，第117页。

◆ **疑点与难点**

有无必要保留"禁止借婚姻索取财物"的规定

（一）国家法视野下的"禁止借婚姻索取财物"

不可否认，作为习俗的婚前彩礼给付与我国自古以聘娶婚为主流婚姻形态密切相关。在人类婚姻形态演变史中，聘娶婚脱胎于买卖婚。嫁娶过程中由男方给付女方聘金或聘礼，使得聘娶婚"隐然含有买卖婚姻的遗迹。"[①]

中华人民共和国成立后，除立法明确禁止借婚姻索取财物外，最高人民法院、司法部发布若干具有浓厚反封建色彩的司法文件。这些司法文件多将婚前给付聘金或聘礼定性为买卖婚姻性质，其主要内容是：对于"公开"或"变相"买卖婚姻性质的聘金或聘礼，除没收外，还要对当事人予以教育、处罚；对于赠与性质的彩礼给付，原则上不许请求返还，仅在给付方经济特别困难且收受方有返还能力时，才由法官酌情判令返还。[②]

1978年党的十一届三中全会后，我国进入依法治国和改革开放的历史阶段。1979年《最高人民法院关于贯彻执行民事政策法律的意见》（已失效）仍将彩礼返还案件的处理置于"买卖婚姻问题"项下，但对于婚前彩礼给付性质的认定在态度上有所缓和。尤其是首次对买卖婚姻的内涵作出界定，从而将之与自主自愿婚姻中基于婚姻习俗的彩礼给付相区分。

1980年《婚姻法》继续规定禁止借婚姻索取财物。1984年《最高人民法院关于贯彻执行民事政策法律若干问题的意见》（以下简称"1984年意见"）（已失效）不再对买卖婚姻问题作专门规定，而是在"离婚

[①] 参见陈顾远：《中国婚姻史》，商务印书馆2014年版，第71页。
[②] 参见1951年8月《最高人民法院、司法部关于婚姻案件中聘金或聘礼处理原则问题的函》（已失效）、1951年12月《最高人民法院关于聘金或聘礼的几个疑义及早婚如何处理问题的复函》。

时财产的处理问题"项下，区分两种情形作不同处理：对属于包办强迫买卖婚姻所得的财物，离婚时，原则上依法收缴；对借婚姻关系索取的财物，离婚时，如结婚时间不长，或者因索要财物造成对方生活困难的，可酌情返还。1993年《离婚处理财产意见》（已失效）第19条第1款直接援用"1984年意见"所列上述第2种情形，一并将婚前大额给付概称为"借婚姻关系索取的财物"，其第2款规定："对取得财物的性质是索取还是赠与难以认定的，可以按赠与处理。"至此，对于婚前聘金或聘礼的给付，司法解释不再采取先确定婚姻关系性质再作区分的方法，而是概称为"借婚姻关系索取的财物"，处理的措施也趋向于私法的解决方法。

2000年以来，国家法开始正视彩礼给付这一婚姻习俗，对基于习俗的彩礼给付一律采取私法解决方法。2004年4月1日实施的《婚姻法司法解释（二）》第10条首次直面"按照习俗给付的彩礼"所生纠纷，确立三种应予返还的情形，即：（1）双方未办理结婚登记手续的；（2）双方办理结婚登记手续但确未共同生活的；（3）婚前给付并导致给付人生活困难的。2020年《民法典》通过后，最高人民法院于2021年1月1日实施适用《婚姻家庭编司法解释（一）》。《婚姻家庭编司法解释（一）》第5条全面保留原《婚姻法司法解释（二）》第10条规定。在上述司法解释的基础上，2024年最高人民法院《彩礼纠纷规定》，全面总结近年来司法实践经验，积极回应社会关切，重申禁止借婚姻索取财物的法律原则，在彩礼的认定、返还、诉讼当事人列明等方面，对当事人所在地的婚姻习俗予以充分尊重。至此，对婚前彩礼给付所生纠纷的司法处理，国家法继续坚持禁止借婚姻索取财物的法律原则，通过不断更新细化司法解释，充分尊重各地彩礼给付婚姻习俗，注重对各方当事人利益的平衡保护。

（二）"禁止借婚姻索取财物"规定的正当性与可行性

近年来，不时有学者撰文从正当性和可行性两方面，质疑"禁止借婚姻索取财物"法律原则存在的必要性。他们或认为"禁止一方当事人借婚姻索财带有明显的道德主义立法倾向",脱离社会生活和法律操作的实际①,或主张废除这一规定,认为它违反农村生活实际,不利于老年人合法权益保护。②

本书认为,法律和司法解释明令"禁止借婚姻索取财物"的正当性不容置疑。首先,法律规范除具有指引和评价人们行为的功能外,还具有价值倡导功能。③"禁止借婚姻索取财物"的规定就兼具这两项功能。其次,结合近年来我国社会生活实际,婚前高额彩礼给付屡禁不止,借婚姻索取财物和借婚姻骗取财物现象时有发生,《民法典》和司法解释继续重申"禁止借婚姻索取财物",进一步彰显了这一禁止性规定是确保婚姻自由原则实现的一道不可触碰的法律"红线"。

关于这一规定的可行性,最高人民法院曾指出,现实生活中,男方给付女方的财物究竟是否属于"借婚姻索取财物",有时候当事人举证非常困难。④ 有法官主张,"借婚姻索取财物与一般彩礼给付无法区分时,可以统一纳入彩礼返还规则",但同时又承认,如果一方"收受彩礼后,携款潜逃,或者短期内多次以缔结婚姻为名,收取高额彩礼后无正当理由悔婚的,可以认定为借婚姻索取财物的行为"。⑤ 这恰好说明,一方面,必须承认实践中存在着证明构成借婚姻索取财物的困难;另一方面,也存在着人民法院依照法律和司法解释,最终认定当事人构成借婚姻索取财物,甚至追究骗婚者刑事责任的实例。既然如此,这一原则性规定的可行性便是存在的,并非一概不能。它是人民法院处理涉彩礼纠纷案件时应当坚守的必要法度。至于实践中一定程度存在的对"索

---

① 参见周安平:《对我国婚姻法原则的法理学思考》,载《中国法学》2001年第6期。
② 参见张学军:《彩礼返还制度研究——兼论禁止买卖婚姻和禁止借婚姻索取财物》,载《中外法学》2006年第5期。
③ 参见夏吟兰主编:《中华人民共和国婚姻法评注 总则》,厦门大学出版社2016年版,第193页。
④ 参见最高人民法院民事审判第一庭编著:《最高人民法院民法典婚姻家庭编司法解释(一)理解与适用》,人民法院出版社2021年版,第74页
⑤ 参见王丹:《新形势下彩礼纠纷的司法应对》,载《中国应用法学》2024年第1期。

取"或"赠与"难以认定的情形,从实操角度考虑,当现有证据无法确认一方构成"索取"的,应当按"赠与"处理。此乃实操层面议题,而非关涉这一禁止性规定存废与否的根本性问题。

对于有学者主张将"借婚姻索取财物"情形纳入彩礼返还体系的见解①,这里有必要做一辨析。如前所述,依法理,违反这一禁止性规定的民法效果是索取行为将归于无效,由此发生返还索取物的后果。这虽与彩礼返还裁决在财产的归属上有"殊途同归"之功效,但基于法律行为无效的索取物返还与通过司法裁决的彩礼返还,两者的法理依据不同,不可混为一谈。通过确认"借婚姻索取财物"行为无效,让索取者返还财物,在法律上是有救济渠道的。

再者,对于1993年《离婚处理财产意见》(已失效)第19条所言"借婚姻关系索取的财物"的理解不能停留在字面意思上,而应结合中华人民共和国成立以来司法解释关于聘礼或礼金(新近才改称"按照习俗给付的彩礼")返还态度与处理的演变,作出合理解读。本书认为,20世纪80、90年代,在习俗尚未进入国家法视野获得应有尊重的大背景下,最高人民法院"1984年意见"和1993年《离婚处理财产意见》都不可能对借婚姻索取财物与依习俗给付彩礼作出界分,故而才会将两者一并概称"借婚姻关系索取的财物"。这一并不准确的称谓随着2004年《婚姻法司法解释(二)》的实施而归于失效。故此,以失效司法解释的曾用语和处理方法为依据,主张将借婚姻索取财物导致的索取物返还纳入彩礼返还体系的见解并不合适,也与《彩礼纠纷规定》本条将借婚姻索取财物单独列举规定的意旨不相一致。

---

① 参见汪洋:《彩礼范围与返还事由的体系再造——最高人民法院〈彩礼纠纷规定〉释评》,载《妇女研究论丛》2024年第2期。

◆ **典型案例**

涂某诉蒋某婚约财产纠纷案[①]

——恋爱期间一方借婚姻索取财物的认定

裁判要旨：审理法院认为，借婚姻索取财物是一方为取得财物而与另一方建立恋爱关系并作出结婚承诺，给付的一方通常是被迫而非自愿地赠与对方财物。本案中，原被告双方相处期间，女方蒋某仅在有物质需要时才与涂某联系。她多次以支付房屋租金、买首饰及其他生活消费为由，向涂某索取金钱物品等共计12万余元。自2022年8月起，蒋某拒接涂某电话，对涂某领证的提议采取推托、逃避态度，并多次向他表示"给钱才领证"，双方感情遂产生隔阂，于2022年9月结束恋爱关系。涂某向法院起诉，要求蒋某返还恋爱期间给付的各种款项。

应注意的是，对蒋某是否构成借婚姻索取财物的认定，不能以其是否具有结婚意愿作为唯一标准，还应当结合案件中的其他事实，综合判断。例如，原被告双方长期两地分居，被告多数时间在外务工，双方联络感情的主要方式是微信，且被告主动与原告联系主要以索要钱款为目的，其余时间均以工作忙碌等原因拒接、忽视原告的电话。审理法院结合男方给付财物时的态度、双方相处模式及感情状况等其他事实，认定蒋某对双方的感情持漠然态度，其与涂某建立恋爱关系是为利用涂某对结婚的期待索要财物，从而满足自身的物质需求。法院认为，蒋某与涂某从认识开始，为满足自身物质需求不断以结婚作为条件向涂某索取财物，又以未达到彩礼标准为由拒绝结婚，此行为与恋爱中的一般赠与存在差别，应认定为借婚姻索取财物。法院遂判令蒋某全部返还恋爱期间涂某给付的各种钱款。

民事活动应当遵循自愿、公平、诚实信用原则。婚约双方都应共同

[①] 参见人民法院案例库参考案例（入库编号：2024-07-2-012-011）。

遵守缔约合意，无论一方是否具有结婚意向，其借机索取财物的行为因违反法律和司法解释的禁止性规定而归于无效。本案事实足以表明，蒋某主观上具有借婚姻索取财物的意思，客观上实施了索要行为。在实际取得各种款项12万余元后，推托、躲避涂某，既表示不愿与之结婚，又拒绝返还恋爱期间索要的款项。

今后，人民法院审理此类案件时，应依照《彩礼纠纷规定》第2条，对一方要求另一方返还借婚姻索取财物的诉求，予以支持，并可依照《民法典》第153条、第157条关于民事法律行为无效及其法律后果的原则规定，对此类案件作出裁判。

（本条由薛宁兰撰写）

第三条　【彩礼的认定】

人民法院在审理涉彩礼纠纷案件中，可以根据一方给付财物的目的，综合考虑双方当地习俗、给付的时间和方式、财物价值、给付人及接收人等事实，认定彩礼范围。

下列情形给付的财物，不属于彩礼：

（一）一方在节日、生日等有特殊纪念意义时点给付的价值不大的礼物、礼金；

（二）一方为表达或者增进感情的日常消费性支出；

（三）其他价值不大的财物。

◆ **条文要旨**

本条规定为法官审理涉彩礼纠纷案件时认定彩礼的范围提供指引。

◆ 理解与适用

"彩礼"源自我国流传千年的订婚习俗，是民间在男女双方订婚意向初步达成时，由男方及其父母给付女方及其父母一定数量"聘礼""聘金"的习惯性称呼。由于各地彩礼给付的习俗千差万别，现行法律及司法解释均未对何为彩礼作出界定。学界通常认为，彩礼是男女订立婚约或结婚时，由男方及其父母给付女方及其父母的金钱或者财物，并以此作为婚约或婚姻成立的标志。[①] 从各地习俗看，不同地区婚前给付名目繁多，然而并非所有婚前给付都属于彩礼。

《彩礼纠纷规定》本条分两款，从主客观、正反两个方面，确立法官认定彩礼时参酌的各项因素以及排除在彩礼之外的情形。

一、认定彩礼的各项因素

本条第1款紧密结合《彩礼纠纷规定》第1条揭示的彩礼给付的目的性和习俗性两个特征，将之作为法官认定彩礼范围的主观与客观要素，同时列举"给付的时间和方式""财物价值""给付人及接收人"三项事实标准，由法官在认定彩礼范围时进行综合判断。

首先，彩礼给付是目的性强且明确的婚前赠与，其核心是给付人欲与受领人缔结婚姻关系。此为从民法意思表示层面区分彩礼给付与一般性赠与的核心要素。法官不能直观地以一方给付财物的称谓来认定其是否属于彩礼，而应当结合当地彩礼给付习俗、当事人给付财物的价值等其他因素，推定给付人的主观意愿是为缔结婚姻关系，还是仅为表达爱意，增进双方感情。因此，诸如金额为"520""1314""1001""10001"等具有特殊含义的金钱给付，可排除在彩礼范围之外，而为一般性赠与。

其次，当事人所在地彩礼给付的习俗，也是法官认定彩礼时不可忽

[①] 参见陈群峰：《彩礼返还规则探析——质疑最高人民法院婚姻法司法解释（二）第十条第一款》，载《云南大学学报（法学版）》2008年第3期；参见张学军：《彩礼返还制度研究——兼论禁止买卖婚姻和禁止借婚姻索取财物》，载《中外法学》2006年第5期。

视的重要客观因素。我国《民法典》第10条规定："处理民事纠纷，应当依照法律；法律没有规定的，可以适用习惯，但是不得违背公序良俗。"这一规定赋予民事习惯在法律适用层面可作为法官裁判的依据，从而确立了我国民法的"法律—习惯"二位阶法源体系，并以符合公序良俗作为限制习惯成为法源的标准。[1] 既然现行法律对何为彩礼未有明确界定，习俗便成为法官审理涉彩礼纠纷时的主要法源依据。因此，法官在认定彩礼范围、彩礼数额是否过高，以及决定彩礼返还比例时，当事人所在地的婚姻习俗是法官应予考虑的重要因素。

在《彩礼纠纷规定》颁行之前，各地法院审理了大量此类案件，对彩礼的认定形成一些共识和做法。一些地方中级人民法院出台处理婚约彩礼纠纷案件指导意见，用于指导所辖地域基层法院裁判；个别省份高级人民法院出台的有关审理婚姻家庭纠纷案件的解答或指南，对此也有所涉猎。[2] 审案法官多根据案件发生地的风俗习惯，结合案件事实，对婚前男方给予女方及其父母的各种金钱或财物，做出是彩礼还是一般性赠与的判断和区分。例如，在甘肃省天水市中级人民法院2023年审理的一起婚约财产纠纷二审案件中，法官除认定名为彩礼的8万元给付外，还将男方依当地婚俗给付女方及其父母的"头钱""开箱钱""看钱"共计2.8万元，也认定为彩礼。[3]

对于男方为女方购买的"三金""四金""五金"（金银首饰），是否划归彩礼范围，各地法院做法不一。法官会结合男方及其家庭经济状况，以及数额大小，多数案件中认定为彩礼，个别案件则认定为一般性赠与。2024年，人民法院案例库收录的一起婚约财产返还案中，男方刘某在双方登记结婚的当月，先后向女方朱某银行账户转去两笔钱款。他在第一

---

[1] 参见徐涤宇、张家勇主编：《〈中华人民共和国民法典〉评注（精要版）》，中国人民大学出版社2022年版，第12页。
[2] 参见江西省高级人民法院《关于审理婚姻家庭纠纷案件适用法律若干问题的解答》（2008年）；江苏省高级人民法院《家事纠纷案件审理指南（婚姻家庭部分）》（2019年）。
[3] 参见甘肃省天水市中级人民法院（2023）甘05民终392号民事判决书。

笔 80 万元附言中写明是"彩礼",在第二笔 26 万元的附言中写的是"五金"。审理本案的法官将这两笔汇款都认定为彩礼。法官将第一笔汇款认定为彩礼,应无疑义,而将第二笔 26 万元汇款也认定为彩礼的理由是:26 万元属于数额巨大,将之认定为彩礼"符合(当地)婚礼习俗中对彩礼的一般认知。"[1] 可见,给付财物的价值是认定彩礼的客观标准。通常,构成彩礼的婚前给付均数额较大,并且在当地有着较为统一的行情。

最后,"给付的时间和方式""给付人及接收人"等也是法官认定彩礼时应予考虑的因素。就"给付的时间"看,男方给付女方彩礼,多发生在双方订立婚约或者谈婚论嫁期间,即登记结婚之前。当然,也不排除个案中存在双方在领取结婚证后举行婚礼前,男方给付女方彩礼,因为,许多民众观念中存在着只有举行公开的结婚仪式,才算双方结婚的情形的认识。甚至个别案件存在婚前约定给付彩礼,婚后男方才实际给付的情形。至于"给付的方式",传统社会中多为通过媒人转交,女方父母当场接受。现代社会,随着男女社交多元化,除媒人、父母在场外,也会通过银行或微信转账等便捷方式,直接转给女方或其父母等亲属。从"给付人及接收人"这一事实看,通常彩礼的给付人为男方及其父母,受领人则是女方及其父母,当然,也不排除个别案件中的给付人和受领人是与其各自共同生活的其他亲属,如祖父母、姑舅等。

二、不属于彩礼的婚前给付

本条第 2 款以给付财物的价值和给付目的为标准,反向排除三类不属于彩礼的婚前赠与:(1)在节日生日等特殊纪念意义时点给付的价值不大的礼物、礼金;(2)一方为表达或者增进双方感情的日常消费性支出;(3)其他价值不大的财物。这三类婚前赠与有两个共同之处:一是价值不大;二是一方的给付目的或为增进彼此感情,或为拉近两个家庭距离,属于日常性礼尚往来,而非借此影响婚约的订立或启动聘定程序,

---

[1] 江苏省苏州市中级人民法院(2021)苏 05 民终 10300 号民事判决书。

直至双方缔结婚姻。至于对"价值不大"的衡量，则需结合当地经济发展与居民消费水平，由法官作出判断。已有一些法院结合本地实际确立内部衡量标准，当然，这些法院内定标准并非一劳永逸，会因当地经济发展和生活水平提高，以及婚前彩礼给付实际情况的变化，适时作出调整。

除前两项特定时间节点的馈赠与日常消费性支出外，对"其他价值不大的财物"的认定，各地审判实践存在差异。以甘肃省法院审判实务为例，法官不认定为彩礼的"其他价值不大的财物"通常包括：零花钱（盘缠）、提亲钱、认亲戚钱、买衣服钱、随手礼、离娘衣、选日子钱、订婚时招待亲友的菜水钱以及举办结婚仪式的宴请花费等。[1]

◆ 疑点与难点

"见面礼""传家宝"可否被认定为彩礼

法官审理婚约财产纠纷和离婚纠纷中的彩礼返还案件面临的首要任务是从彩礼的性质和特征出发，认定彩礼的范围。诸多调查表明[2]，此为法官裁判时遇到的首要难点。在此综合诸多论著观点，对司法实务认定中并不一致的"见面礼"和"传家宝"两类婚前给付性质认定作一探讨。

所谓"见面礼"，通常是女方首次与男方父母或其他长辈亲属见面时，由男方父母或其他长辈亲属给付女方的一定数额的金钱，常以红包形式交给女方。在男女交往过程中，许多地区存在由男方家庭给付女方见面礼的习俗，但在给付的数额、给付的蕴意等方面存在差异。有调查显示[3]，

---

[1] 参见张掖市甘州区人民法院（2021）甘0702民初8323号民事判决书，和政县人民法院（2022）甘2925民初1375号民事判决书，永靖县人民法院（2022）甘2923民初2362号民事判决书，渭源县人民法院（2023）甘1123民初114号民事判决书，平凉市崆峒区人民法院（2023）甘0802民初860号民事判决书。

[2] 参见马忆南、庄双漕：《彩礼返还的司法实践研究》，载《中华女子学院学报》2019年第4期；薛建淼：《彩礼返还纠纷的类案裁判规则与法律适用问题研究》，载《山东法官培训学院学报》2023年第4期。

[3] 参见胡云红、宋天一：《彩礼返还纠纷法律适用研究——以全国法院158份问卷调查和相关裁判文书为对象》，载《中国政法大学学报》2022年第6期。

河北省部分地区的"见面礼"表达的是男方父母对女方的认可度。如果男方父母认可女方，则会支付一笔价值不菲的见面礼，从而启动接下来的聘亲等程序；如果男方父母不给付女方见面礼，则婚事不能成就。而在湖北省部分地区，"见面礼"只是男方父母等亲属给付的用以补偿女方交通来往的费用，其金额往往较小。对于前者，应认定为彩礼，而对后者，则以不认定为彩礼为宜。例如，在甘肃省渭源县人民法院审理的一起婚约财产纠纷案中，原告主张被告返还其父母婚前给付的见面礼1800元等支出。判决书则称"被告虽自认原告给付其见面礼1800元、原告母亲给付其800元，但因上述款项系原告及其家人在婚礼准备过程中的礼节性馈赠，不宜计入彩礼范畴予以返还，故对原告的上述主张本院不予支持。"① 再如，安徽省宿州市中级人民法院在一起婚约财产纠纷案的二审民事判决书中指出，原告为与被告缔结婚约关系，给付被告126000元见面礼及部分财物，一审将见面礼126000元认定为彩礼款，将给付的其他财物认定为赠与性质，符合民间习俗及司法实务。② 可见，各地婚前给付习俗不同，给付见面礼数额多少不一，这些因素都会影响法官对不同案件中"见面礼"的性质作出认定。

  至于个别案件中出现的婚前男方父母给予女方的"传家宝"，是否划归彩礼范畴的问题，需作进一步分析。通常，"传家宝"多为金银珠宝或者是某种祖传物件。男方家将之送给女方的目的十分明确，就是视其为未来儿媳，希冀双方结为连理，百年好合。应当认识到，婚前男方家赠与女方"传家宝"并非源自习俗，而是男方及其家人基于主观意愿的主动赠与。故以前述彩礼特性观之，"传家宝"并非典型意义上的彩礼。但是，由于男方家赠与此物的目的明确以及通常此类特定物价值较高，可以将之视为彩礼。在双方不能成婚或者离婚时，女方应予返还。

---

① 甘肃省渭源县人民法院（2023）甘1123民初114号民事判决书。
② 安徽省宿州市中级人民法院（2020）皖13民终1576号民事判决书。

法官审理此类案件时，对于"传家宝"这一寄托男方及其家人特殊情感之物，以纳入彩礼返还范畴为宜。最后，还应注意的是，"传家宝"在民法上属于特定物，法官裁判时，应判决女方返还原物；如果原物灭失或毁损，女方应赔偿由此造成的物质损失。

◆ 典型案例

王某某诉刘某某离婚案[①]

——彩礼的认定及"共同生活"的判断

裁判要旨：受案法院经审理认为，原被告双方经网络相识，短暂相处不到两月便登记结婚，双方感情基础较为薄弱。庭审中，被告不同意离婚，但根据双方陈述及举证，难以认定原被告之间存在夫妻感情或有和好可能，故准予双方离婚。

对于两人相处期间原告通过招商银行转账的208000元系彩礼，双方均无异议，法院予以认定；对于原告通过农业银行转账的50000元和通过微信转账的20000元，法院认为是原告为结婚登记和举办婚礼置备相关物品所给付，亦将之认定为彩礼。而对于原告通过微信先后转账给被告13140元、1314元的性质，法院结合转账时的情境和当时双方的关系，认为属于恋爱关系中的赠与，不认定为彩礼。至于原告所述为被告购买"三金"以及为被告母亲购买项链共计30151元花费，因原告未提交证据予以证明，被告也不予认可，法院未认定为彩礼。

共同生活应是一种长期、稳定的状态，除双方当事人共同居住于同一住所外，还应从物质、精神、生活等多方面进行综合考量，做到主客观相统一。结合本案事实，原被告登记结婚后，仅共同居住几日，难以认定双方已经形成夫妻的共同生活。故法院认定，本案所涉彩礼返还属

[①] 参见国家法官学院、最高人民法院司法案例研究院编：《中国法院2020年度案例·婚姻家庭与继承纠纷》，中国法制出版社2020年版，第22—24页。

于司法解释所列应予返还情形中的"双方办理结婚登记但确未共同生活"，遂判决被告应当返还彩礼。

（本条由薛宁兰撰写）

第四条　【涉彩礼纠纷中的诉讼主体】

婚约财产纠纷中，婚约一方及其实际给付彩礼的父母可以作为共同原告；婚约另一方及其实际接收彩礼的父母可以作为共同被告。

离婚纠纷中，一方提出返还彩礼诉讼请求的，当事人仍为夫妻双方。

◆ **条文要旨**

本条是有关涉彩礼返还纠纷案件中诉讼主体的规定。

◆ **理解与适用**

一、涉彩礼纠纷案件类型与诉讼主体确定

通常，彩礼给付多发生在男女双方订立婚约阶段。婚姻缔结前，因一方悔婚或双方合意解除婚约等原因发生，使给付彩礼方结婚目的无法实现，由此会产生彩礼返还纠纷。在《民事案件案由规定》中，此类案件属于婚约财产纠纷，居于婚姻家庭纠纷各项案由之首。在诉讼性质上，婚约财产纠纷属于给付之诉。民事诉讼中的"给付之诉"是指原告请求法院判令被告履行一定给付义务的诉讼。它以原告对被告享有民事实体法上的给付请求权为基础。如前所述，婚约财产纠纷中的原告之所以在民法上享有请求被告返还彩礼的给付请求权，盖因其给付彩礼后结婚目的不达，而被告（收受彩礼方）继续持有彩礼利益则失去法律上的根据，由此在民法上产生给付方的彩礼返还请求权，此为彩礼返还之诉成立的实体法基础。

基于彩礼返还的民法属性，男女双方一经缔结婚姻，彩礼给付目的实现，故此，婚姻关系存续期间原则上不存在彩礼返还的问题。那么，夫妻一方提起离婚诉讼后，夫方是否仍享有请求妻方返还彩礼的权利？以上述彩礼返还请求权产生的一般条件衡量，此时夫方应无此项请求权。然而，从司法政策角度观察，民事司法政策及解释对离婚诉讼中的彩礼返还一直持有限许可态度。即：双方缔结婚姻的，彩礼原则上不予返还，仅在一些特殊情形下才对原告返还请求予以支持。具体包括结婚登记后双方"确未共同生活"、因彩礼给付"导致给付人生活困难"①、双方"共同生活时间较短且彩礼数额过高"② 三种情形。由此可将涉彩礼纠纷案件细分为婚约财产纠纷案件和离婚诉讼案件两种类型。

"如何确定这两类案件中的诉讼主张"，是长期以来困扰司法实践的程序法问题。以往司法实践中常出现这样的情形，即：男方提起彩礼返还之诉时，只将女方作为被告，法官也未在诉讼中追加实际接受彩礼的女方父母作为共同被告，从而导致裁判生效后陷入难以执行的困境。

彩礼返还纠纷中是否将父母作为诉讼主体，学界和实务界有不同认识，主要有肯定说、否定说和区分认定说三种观点。显然，《彩礼纠纷规定》本条针对司法实务中困扰法官的诉讼主体确定问题，采取区分认定原则，针对婚约财产纠纷和离婚纠纷两类不同性质案件，对可否将男女各自的父母列为共同原告或共同被告，分两款作出规定：（1）婚约财产纠纷中，原被告各自父母实际给付或接受彩礼的，可以作为此类案件的共同原告或共同被告；（2）离婚纠纷中，不以原被告各自父母是否给付或接受彩礼为标准，案件的诉讼主体仍为夫妻双方。其实，这一举措在

---

① 以上两种情形参见2004年原《婚姻法司法解释（二）》第10条、2020年《婚姻家庭编司法解释（一）》第5条。
② 参见最高人民法院2024年《彩礼纠纷规定》第5条。

个别省级高级人民法院的指导意见中已有体现。2010年《江苏省高级人民法院婚姻家庭案件审理指南》指出，在婚约彩礼返还纠纷中，"对于当事人诉讼主体的确定，应区分情况：1.双方办理结婚登记的，应以男女双方作为彩礼返还的权利人与义务人；2.双方未办理结婚登记的，如果彩礼的给付人与收受人不是男女双方，可直接列实际给付人和实际收受人为诉讼当事人。"[1] 可见，《彩礼纠纷规定》本条对两类涉彩礼纠纷案件诉讼当事人的区分认定，不仅符合法理，还有可参考的地方司法实践。

在涉彩礼返还的离婚案件中不将双方父母列为诉讼主体，是由离婚案件的性质决定的。在民事诉讼中，离婚诉讼属于形成之诉（变更之诉），具体而言，它是解除婚姻关系的身份关系变更之诉。在这一诉讼中，法官主要对原被告双方是否解除夫妻身份关系作出裁判，在准予双方离婚的案件中，法官还要附带解除依附于夫妻身份的财产关系，如夫妻债务性质认定及清偿，夫妻共同财产分割。不仅如此，法官还要确定离婚后未成年子女的监护等事项。对于离婚诉讼中的原告或被告一并提出彩礼返还请求的，为便利当事人诉讼，节约诉讼成本，法官可依照法定情形，对此一并作出裁决，但不能因此将原被告双方父母追加为离婚诉讼的当事人。因为，这既不符合诉讼原理，也会影响法官对离婚纠纷的审理。由此可见，尽管一些离婚案件中存在原告或被告同时诉请对方返还彩礼的情形，但彩礼返还并非离婚诉讼的主要目标，也并不会因此改变案件的诉讼性质。实际上，离婚诉讼后，当事人另行提起婚约财产之诉的情形，在司法实务中并不少见，这不失为解决彩礼返还纠纷的一种可行路径。总之，离婚案件的性质和主要目标决定了即便存在双方父母实际给付或接收彩礼的情形，也难以将之作为诉讼当事人，与离婚诉讼的双方当事人一并成为离婚案件的共同原告或共同被告。

---

[1] 胡云红、宋天一：《彩礼返还纠纷法律适用研究——以全国法院158份问卷调查和相关裁判文书为对象》，载《中国政法大学学报》2022年第6期。

二、父母成为婚约财产纠纷诉讼主体的适格条件

当今,传统婚嫁习俗中的"父母之命、媒妁之言"早已不是男女成婚的必备环节和内容。尽管如此,在谈婚论嫁、给付与接收彩礼环节,父母往往实际参与其中,并且男方及其父母给付彩礼的主要部分也实际为女方父母接受。这是因为民间多将给付彩礼理解为男方家庭对女方父母将其抚养成人的回馈,是对他们的尊重。故而,婚约财产纠纷并非只关涉婚约双方当事人的利益,也体现为婚约之下两个家庭间的利益纠葛。

《彩礼纠纷规定》第4条第1款将父母与子女共同作为婚约财产纠纷案件一方当事人是有条件的。能够与子女一同作为此类案件原告或被告的,是"实际给付彩礼的父母"或"实际接收彩礼的父母"。由于婚约关系的双方当事人是意欲成婚的男女,他们因此享有提起诉讼的权利。以民事诉讼当事人适格理论观之,男方给付彩礼但结婚目的不达的,便依法享有彩礼返还请求权,在婚约财产纠纷中是适格的原告;女方实际接受彩礼,在实体法上便负有返还义务,亦是这类纠纷中适格的被告。再者,以诉的利益标准来看,实际给付或接收彩礼的父母虽然不是婚约关系的当事人,"对请求法院承认和保护的权利没有管理权或处分权",但是,他们以诉讼当事人身份进入诉讼,有利于法官查明涉案彩礼数额及其使用情况等案件事实,也有利于生效判决得到及时执行。可见,案件审理结果于他们而言存在着诉的利益。他们亦是此类案件中适格的当事人,可以共同原告或共同被告身份"进行实体权利生成的事实举证和抗辩"。①

虽然上述特定情形下,婚约财产纠纷案件中原被告双方的父母可以被列为或追加为共同原告或共同被告,但他们不宜单独成为婚约财产返还纠纷中的一方当事人。由于男女双方是婚约关系的当事人,父母只宜与他们各自成为共同的原告或被告参加诉讼。其法理依据在于,遵循婚

---

① 参见汤维建主编:《民事诉讼法学》(第三版),北京大学出版社2023年版,第132页。

姻自由的法律原则，男女恋爱期间依照习俗订立婚约，应是各自的自主行为。如果诉讼中将男女当事人的父母列为案件独立的原告或被告，实则变相承认"父母之命"在婚约中的重要性，如此将不符合婚姻自由原则的要求。仅在男方或女方失踪或死亡的特定情形下，才可将父母列为此类诉讼的一方主体。

◆ **疑点与难点**

其他亲属能否作为婚约财产纠纷案件的诉讼主体

《彩礼纠纷规定》本条明确了男女双方父母可否作为婚约财产纠纷和离婚纠纷中当事人的原则界限。这有利于今后人民法院受理涉彩礼纠纷时对诉讼当事人的确定，也有利于查明涉案彩礼数额、彩礼实际使用情况等案件事实，确定承担彩礼返还的责任主体，并使裁判生效后得以及时执行。

在此值得一提的是，《彩礼纠纷规定》本条并未明确能否将实际支付彩礼或接受彩礼的其他亲属也列为诉讼当事人。最高人民法院法官撰文指出，此类案件的诉讼主体"除父母之外，原则上，不宜再扩大至其他主体"。[1] 对于个别案件中婚约当事人一方因父母早亡、丧失行为能力、甚或离婚等原因，而由其祖父母、兄姐、姑舅姨等"其他亲属抚养长大并在彩礼给付接受中代行父母职责"的，"可以基于习俗，参照适用《彩礼纠纷规定》处理"。[2]

2017年，最高人民法院曾就十二届全国人大五次会议第1385号建议，作出的《关于审理彩礼纠纷案件中能否将对方当事人的父母列为共同被告的答复》（以下简称《彩礼答复》）就曾阐明对此问题的立场。该答复指出，在实际生活中，彩礼的给付人和接受人并非仅限于男女双

---

[1] 参见王丹：《新形势下彩礼纠纷的司法应对》，载《中国应用法学》2024年第1期。
[2] 参见陈宜芳、吴景丽、王丹：《〈关于审理涉彩礼纠纷案件适用法律若干问题的规定〉的理解与适用》，载《人民司法》2024年第10期。

方，还可能包括男女双方的父母和亲属，这些人均可成为返还彩礼诉讼的当事人。可见，判断此类诉讼中当事人是否适格的关键，是看其是否实际给付或接受了彩礼，这与父母能够作为诉讼中适格当事人的条件并无二致。最高人民法院《彩礼答复》对诉讼主体列明问题的观点是明确的，即谁是彩礼的实际给付人和接受人，谁就会被法院列为返还彩礼诉讼中的当事人。为防止出现将其他亲属列为诉讼当事人，导致过多人牵涉诉讼现象的发生，《彩礼纠纷规定》本条最终未将"其他亲属"一并列出。但从《彩礼答复》及最高人民法院法官对《彩礼纠纷规定》理解与适用的解释中可知，特殊情形下，法官可以将其他亲属作为此类案件的一方当事人。

检索已有判例，的确存在其他亲属被列为诉讼当事人的案件。法官从案件实际情况出发，为使司法对纠纷的处理做到案结事了，遂将父母以外的其他亲属列为被告。[1] 例如，在邢某某诉高某婚约财产纠纷案中[2]，被告高某的孙女高某某因父母离异，随其一同生活。2020年1月，邢某某与高某某经人介绍认识。男方给付女方彩礼22.8万元后，按农村习俗举行结婚仪式并同居生活。双方因缺乏了解，同居期间经常发生纠纷，直至2021年6月高某某离家出走，下落不明。邢某某以婚前给付女方巨额财产致家庭生活极度困难为由，诉请女方返还财产，鉴于女方下落不明，受案法院遂将其爷爷高某列为被告。

综上，《彩礼纠纷规定》本条在婚约财产纠纷诉讼当事人中未明确列举其他亲属，是就一般情形而言的。针对实践中出现的上述特殊情形，法官可参照适用《彩礼纠纷规定》本条，将实际给付或接受彩礼的其他亲属一并列为案件的原告或被告。

---

[1] 参见甘肃省天水市中级法院（2023）甘05民终1100号民事判决书，甘肃省天水市中级法院（2023）甘05民终1065号民事判决书，甘肃省镇原县法院（2023）甘1027民初3146号民事判决书。

[2] 参见甘肃省华池县法院（2021）甘1023民初874号民事判决书。

◆ 典型案例

台某1、台某2与刘某1、刘某2婚约财产纠纷案①
——接收彩礼的女方祖父可作为共同被告

裁判要旨：根据我国传统习俗，订立婚约过程中，常由男女双方父母在亲朋、媒人等见证下共同协商、共同参与完成彩礼给付。因此，法院确定婚约财产纠纷的诉讼当事人时，须顾及案件事实和习惯做法。如果婚约当事人中的女方父母或其他长辈亲属接收了彩礼，可认为是他们与女方的共同行为，法院受理案件后，宜将其一并作为共同被告参加诉讼。同理，如果男方父母实际给付了彩礼，法官也可以将他们追加为共同原告。

本案中，男方台某1与女方刘某1订婚时，男方家通过媒人给付女方家10万元彩礼。女方祖父刘某2收到彩礼后，给男方台某1返回2000元、给台某1的父母返回10000元。法院认为，扣去被告女方家退还原告男方家的12000元，被告方（女方祖父）实际收到"彩礼"88000元。台某1与刘某1登记结婚共同生活近3年，后因双方夫妻感情破裂，于2023年3月7日办理离婚登记手续。离婚后，双方因退还订婚时男方及其父给付女方及其祖父"彩礼"等相关款项发生争议，起诉至法院。一审法院根据彩礼给付过程中双方及其家人参与程度，将男方台某1及其父亲台某2列为共同原告，将女方刘某1及其祖父刘某2列为共同被告。

婚约财产纠纷诉讼中，法院将婚约双方及其父母，甚至收受彩礼的其他亲属（本案中为女方祖父）列为共同诉讼当事人，符合习惯，也有利于查明彩礼数额、彩礼实际使用情况等案件事实，从而依法作出裁判。

（本条由薛宁兰撰写）

---

① 参见甘肃省天水市中级人民法院（2023）甘05民终1065号民事判决书。

> **第五条 【已结婚登记并共同生活时彩礼返还的条件】**
>
> 双方已办理结婚登记且共同生活，离婚时一方请求返还按照习俗给付的彩礼的，人民法院一般不予支持。但是，如果共同生活时间较短且彩礼数额过高的，人民法院可以根据彩礼实际使用及嫁妆情况，综合考虑彩礼数额、共同生活及孕育情况、双方过错等事实，结合当地习俗，确定是否返还以及返还的具体比例。
>
> 人民法院认定彩礼数额是否过高，应当综合考虑彩礼给付方所在地居民人均可支配收入、给付方家庭经济情况以及当地习俗等因素。

◆ 条文要旨

本条是关于彩礼不予返还与例外可返还情形及其考虑因素的规定。

◆ 理解与适用

《彩礼纠纷规定》第 1 条规定给付彩礼应当"以婚姻为目的"，而非仅仅"以结婚为目的"。婚姻不同于财产交易行为，结婚登记或者举办婚礼仅仅意味着法律意义上婚姻关系成立，长期且稳定的共同生活才是婚姻关系的本质特征。因此，"以婚姻为目的"包含了"结婚登记"这一形式要件与"长期稳定的共同生活"这一实质要件。

一、无须返还彩礼的情形

近年来，因婚龄较短与高额彩礼交织导致的利益失衡造成了诸多社会问题，且双方已办理结婚登记并共同生活的情形难以适用《婚姻家庭编司法解释（一）》第 5 条，故本条予以了回应。已办理结婚登记且彩礼数额不属于过高的情形下，即使共同生活时间较短，离婚时原则上亦不予返还；若彩礼数额过高且共同生活时间较短，则结合其他事由进行必要调整。

二、共同生活时间较短且彩礼数额过高的返还情形

根据《婚姻家庭编司法解释（一）》第5条第2款和本条，双方已办理结婚登记且共同生活时彩礼返还以双方离婚为前提，有的法院审判指引进一步扩展到婚姻关系被宣布无效、解除、撤销等情形。[①] 程序方面，如果当事人在离婚诉讼阶段提出彩礼返还请求且被准许离婚的，法院可以合并审理；若法院判决不准离婚则不能支持返还彩礼的请求。[②] 当事人也可以在离婚文书生效后另行起诉，并适用普通诉讼时效，诉讼时效自解除婚姻关系之日起计算；如果没有登记结婚，自接收人拒不返还之日起计算。[③]

如何认定"共同生活"是司法实践的难点问题。有的裁判意见认为，婚后共同出资贷款购房并进行装修或添置物件、共同消费且相互代为支付消费款项等行为足以认定。[④] 有的裁判意见以婚姻存续期间女方曾怀孕流产的事实认定已共同生活。[⑤] 有的观点则借鉴《民法典》夫妻权利义务的规定以及夫妻债务问题中认定夫妻共同生活的标准，认为需要满足共同住所、性生活、共同承担家务及负担生活费用、共同赡养老人及抚育子女、精神上相互慰藉等婚姻生活的实质内容。[⑥] 颇有争议的是，很多案件中当事人都把"未发生性关系"作为共同生活时间较短的证据。[⑦] 笔者认为，在传统伦理习俗观念中，"发生性关系"是给付彩礼订立婚约后方被默

[①] 参见《甘肃定西中级人民法院关于审理婚姻家庭案返还彩礼问题的若干意见（试行）》（2008年）第2条。

[②] 参见最高人民法院民事审判第一庭：《最高人民法院婚姻家庭编解释（一）理解与适用》，人民法院出版社2021年版，第75页。

[③] 参见最高人民法院民事审判第一庭：《最高人民法院婚姻家庭编解释（一）理解与适用》，人民法院出版社2021年版，第149页。

[④] 参见上海市金山区人民法院（2021）沪0116民初7645号民事判决书。

[⑤] 参见辽宁省抚顺市中级人民法院（2021）辽04民终3109号民事判决书。

[⑥] 参见刘彬彬：《彩礼返还制度基于民法典精神的反思与重构》，载《天津法学》2021年第2期。

[⑦] 参见江苏省徐州市中级人民法院（2021）苏03民终8420号民事判决书，北京市第三中级人民法院（2022）京03民终912号民事判决书，河南省漯河市中级人民法院（2021）豫11民再8号民事判决书。

许的亲密交往内容，也是男女共同生活的组成部分，当然会影响到彩礼是否返还。但是当代社会的性伦理与传统社会已经形成较大差异，"发生性关系"主要涉及双方的偏好与选择，很难构成某一方受益或者受损的根据。因此，不能把"发生性关系"直接认定为影响彩礼返还数额比例的具体事由，只能将其作为认定"共同生活时间长短"的判定因素之一。

本条相较于《彩礼纠纷规定》第6条，明确了已办理结婚登记且彩礼数额不属于过高的情形下，即使共同生活时间较短，离婚时原则上亦不予返还；若彩礼数额过高且共同生活时间较短，则结合其他事由进行必要调整。其潜台词是在彩礼数额并非过高时，"已结婚登记"便足以对抗返还请求；而彩礼数额过高时，结婚登记并非毫无作用，可作为减少返还数额和比例的酌定事由。并且，本条规定把《彩礼纠纷规定（征求意见稿）》中"共同生活时间"修改为"共同生活情况"，用意是指引法官在考量共同生活事实时，不能简单计算时间长短，还需要综合考虑双方是否实际一起居住、未实际共同居住的原因等因素。在确定是否返还和返还比例时，还要考虑彩礼实际使用及嫁妆情况、孕育情况、双方过错等事实，不同事由叠加会出现各种不同组合，规定具体的共同生活时间反而可能损害一方利益。但是在已结婚登记且属于高额彩礼的情形下，依照本条文义，如果双方共同生活时间较短，可以减少返还数额和比例。反之，共同生活时间较长则无须返还。若"已结婚登记"的形式要件与"长期共同生活"的实质要件皆已满足，意味着"以婚姻为目的"的实现，不应支持彩礼返还请求。原则上共同生活满两年时间足以认定为"共同生活时间较长"，《民法典》第1079条也规定了因感情不和分居满两年则准予离婚，可见两年时间足以推断出双方是否存在长期稳定共同生活的意愿和事实。

三、彩礼实际使用及嫁妆情况构成返还抗辩事由

本条第1款把"彩礼实际使用及嫁妆情况"作为确定是否返还以及返还比例的事由。彩礼实际使用包括两种情形，一种是彩礼被消耗而不复存在，又可细分为彩礼被花费于婚礼筹办、双方共同生活或被用于接

收入及其家庭的个人消费。另一种是彩礼转化为其他财物，对此又涉及其他财物的不同归属。

第一种情形下，如果彩礼被实际用于支付筹办婚事的费用或者花费于双方共同生活，有的法院认为彩礼给付目的已经实现，不能请求返还。① 给付人已在彩礼消耗过程中获益，若仍请求返还相当于重复得利。如果彩礼仅仅用于接收人及其家庭成员的花销而非双方共同生活，有观点认为尚需进一步考察接收人能否主张所得利益不存在的抗辩。② 若依据《民法典》第157条规定也可主张接收人折价补偿，同时考虑双方导致婚约解除或离婚的过错事实，酌情确定返还数额。

第二种情形下，应当界定彩礼转化为其他财物是归属于女方个人财产、双方婚后的共同财产还是女方父母的财产。若彩礼转化为女方个人财产或其父母的财产，则视为仍然存在，依据其他事由确定返还数额；若彩礼已转化为夫妻共同财产，可将彩礼返还与共同财产分割一并处理，在分割共同财产中体现影响彩礼返还的诸多事由。③

有的地区婚嫁习俗是男方出多少彩礼，女方父母会通过礼金、汽车、家庭用品、房屋装修等方式回送大体等值的嫁妆。有的习俗中嫁妆数额甚至高于彩礼，两者皆用于新家庭的建设，体现代际分配的功能，通常仅归属于女方个人所有。彩礼还有可能先归属于女方父母，然后全部或者部分转化为女方父母给付的嫁妆。该种情形下嫁妆仍为彩礼呈现的一种形式，如果嫁妆属于女方个人财产，适用彩礼返还规则；如果嫁妆在实际共同生活中转化为夫妻共同财产，分割共同财产时一并处理。如果彩礼归属于女方个人且女方父母额外陪送嫁妆，则嫁妆返还可以参照彩礼返还规则一并处理。

---

① 参见内蒙古自治区通辽市科尔沁区人民法院（2008）科民初字第948号民事判决书，安徽省淮南市中级人民法院（2005）淮民一终字第366号民事判决书，福建省宁德市中级人民法院（2022）闽09民终287号民事判决书。

② 参见姚明斌、刘亦婷：《彩礼返还请求权的规范构造》，载《南大法学》2023年第4期。

③ 参见《上海市高级人民法院关于适用最高人民法院婚姻法司法解释（二）若干问题的解答（二）》第5条。

◆ 疑点与难点

一、"高价彩礼"与彩礼的实质区分意义有限

近年来，我国部分地区"高价彩礼"恶俗泛滥，为此各部门针对高价彩礼出台了一系列专项治理措施，最高人民法院《关于为实施乡村振兴战略提供司法服务和保障的意见》第24条指出要"注意甄别地方风俗、民族习惯，通过司法审判引导农村摒弃高额彩礼、干预婚姻自由、不赡养老人等不良风气"。2021年至2024年，中央一号文件连续提出要"开展高价彩礼、大操大办等重点领域突出问题的专项治理"。[①] 农业农村部、中央文明办、民政部等八个部门于2022年8月联合发布《开展高价彩礼、大操大办等农村移风易俗重点领域突出问题专项治理工作方案》，治理目标是"高价彩礼"等陈规陋习在部分地区持续蔓延势头得到有效遏制，农民群众在婚丧嫁娶中的彩礼等支出负担明显减轻。

事实认定层面，考虑到不同地区和不同家庭的收入水准，个案中应当参照各地居民人均可支配收入，例如，超出三倍的判定为构成"高价彩礼"。除了地区经济收入差异外，还应当考虑不同家庭的实际经济状况，有些地市明令彩礼限额，这种简单机械式"一刀切"的认定方式值得商榷。另外，结合《彩礼纠纷规定》第3条第2款将"日常消费性支出""价值不大的财物"反向排除出彩礼范围，这意味着我国规范层面依据财物价值可以客观划分为"高价彩礼"、正常彩礼以及小额普通赠与三个区间。

法效果层面，"高价彩礼"协议因违背公序良俗而无效，对此应无疑义。问题在于协议无效之后的返还是否参照适用《婚姻家庭编司法解释（一）》第5条以及《彩礼纠纷规定》第5条、第6条？换言之，"高

[①] 参见2021年《中共中央　国务院关于全面推进乡村振兴加快农业农村现代化的意见》；2022年《中共中央　国务院关于做好二〇二二年全面推进乡村振兴重点工作的意见》；2023年《中共中央　国务院关于做好二〇二三年全面推进乡村振兴重点工作的意见》；2024年《中共中央　国务院关于学习运用"千村示范、万村整治"工程经验有力有效推进乡村全面振兴的意见》。

价彩礼"应当全部返还抑或参酌各种事由部分返还？本条第 2 款规定，"人民法院认定彩礼数额是否过高，应当综合考虑彩礼给付方所在地居民人均可支配收入、给付方家庭经济情况以及当地习俗等因素"。"彩礼数额过高"当然包含"高价彩礼"这一情形，因此该款也适用于"高价彩礼"的认定和规制。综上所述，从法效果层面观察，区分"高价彩礼"与正常彩礼的必要性不大，"高价彩礼"并不当然意味着必须全部返还，应当一体适用彩礼返还规则。

二、受习俗压力并非彩礼识别标准

多数法院审判指引和裁判意见认为，界定彩礼时应当确定当地是否存在必须给付彩礼才可以结婚的婚嫁习俗，如果男方按照习俗、基于婚约、经中间人（媒人）说和或者应另一方要求而给付则属于彩礼；反之，一方完全自愿的财产给付行为应认定为普通赠与。[1] 最高人民法院总结认为，彩礼给付的目的性、现实性和无奈性，因受制于熟人社会的舆论压力以及婚姻市场的竞争压力，彩礼给付具有软强制特征。[2] 当然，只要不存在受胁迫和受欺诈等瑕疵事由，即便给付彩礼并非完全出自内心自愿，至少怀有对未来美好婚姻生活的憧憬和期待，在意思表示层面仍然是自由和真实的。

给付时是否受到习俗压力同样不是区分彩礼和普通赠与的规范要素。虽然现代合同法语境下突出赠与合同的无偿性，给付基础建立于赠与人纯粹利他的"乐善好施、仗义疏财"的慷慨德性的践行。但是受赠人无须支付对价，并不意味着赠与人毫无回报。赠与同样受到习俗伦理和社会交往礼仪的影响，儒家礼学传统中，礼物是人类情感和道德寓意的物质载体，"礼尚往来"维持和巩固了平等、互惠、互助的人际关系和社

---

[1] 参见上海市闵行区人民法院（2023）沪 0112 民初 4504 号民事判决书，福建省福州市中级人民法院（2021）闽 01 民终 6799 号民事判决书，北京市朝阳区人民法院（2021）京 0105 民初 28478 号民事判决书。

[2] 参见最高人民法院民事审判第一庭：《最高人民法院婚姻家庭编解释（一）理解与适用》，人民法院出版社 2021 年版，第 71 页。

会秩序。"赠"与"答"的传统礼仪和伦理观念，一方面使赠与人因感受到习俗和社会压力而赠与，同时期待受赠人将来等量返还；另一方面会使该压力传导到受赠人，其有"义务"承担等量返还的伦理责任。正是基于双方赠、答的交换性，构成具有本土特色的"报偿性"赠与观，这种共同体内财产流通的常见形式完全区别于商品交换的有偿合同，也区别于慷慨德行主导下的无偿性赠与。

因此，根据是否迫于习俗压力以及婚姻市场竞争压力而界定彩礼是主动给付还是被动给付，在法律层面既无必要也无可能。这种习俗压力同样普遍存在于普通赠与中，不应成为区分彩礼和普通赠与的标准。

三、彩礼返还应当考虑过错事由

《婚姻家庭编司法解释（一）》第5条规定彩礼返还事由时并未考虑违反婚约或者离婚中双方的过错事实，只要双方未结婚登记或者未共同生活，男方就得以请求返还彩礼。这主要是防止父母利用婚约包办婚姻以及遏制早婚现象，原《婚姻法》对婚约采取了不禁止也不保护的立场，使婚约对男女双方不具有强制约束力。赞成观点认为，价值取向上婚姻自由应优于信守婚约，迫于彩礼返还压力而促成的婚姻关系不仅难以稳固，还可能诱发更多家庭纠纷。一方因信赖婚约投入的成本以及因另一方家暴、出轨而遭受的身心损害，不应通过彩礼返还规则，而是通过类推缔约过失责任、侵权损害赔偿责任、离婚财产分割以及离婚损害赔偿等制度获得救济。[①]

而正如为了保障离婚自由，离婚不以一方是否存在过错为前提，但是过错事实是影响共同财产分割以及离婚损害赔偿的重要事由。同理，解除婚约不需要考虑过错从而保障婚姻自由，不意味着解除婚约后的彩礼返还无视各方过错事实。"男方无故悔婚彩礼不退；女方悔婚应当返还彩礼"的婚恋嫁娶习俗是先于现行法的事实存在，虽经革命年代和主

---

① 参见姚明斌、刘亦婷：《彩礼返还请求权的规范构造》，载《南大法学》2023年第4期。

流意识形态的批判，却仍得到民众普遍认同与遵循。而《婚姻家庭编司法解释（一）》第5条完全忽略了彩礼作为结婚"立约定金"的功能，若给付彩礼一方无故悔婚却得以主张返还彩礼，不但背离习俗也不符合诚实信用原则，引发国家法与习俗之间的抵牾，在一些法院彩礼返还案件强制执行中引发暴力对抗。本条增加"双方过错等事实"作为确定是否返还彩礼以及返还具体比例的事由，使得"男方无故悔婚彩礼不退；女方悔婚应当返还彩礼"的婚嫁习俗通过过错事由进入国家法。

一方主动提出离婚、违反婚约或者结束共同生活，如另一方对此不存在过错，则该行为本身被视为具有过错。有的法院依据是给付人还是接收人提出解除婚约或者离婚，规定了不同的返还比例，由提出解除婚约或者离婚一方承担更为不利的后果；[①] 有的法院进一步考察未办理结婚登记的原因，酌定是否返还及数额比例；[②] 还有的法院进一步细化了过错事实的认定，[③] 包括实施家庭暴力、[④] 隐瞒重大疾病或恶习等欺诈行为、[⑤] 共同生活期间出轨、[⑥] 胁迫、重婚或与他人订婚、被判处刑罚等。当然，并非无法缔结婚姻必然意味着一方存在过错，有裁判意见认为，无法缔结婚姻导致双方除感情受创之外，难免会有物质损失，但另一方并未因一方损失而获益，若依据案情无法认定系何方导致或者何方过错居多，不支持由其中一方承担不利责任的主张。[⑦]

[①] 参见江苏省高级人民法院《婚姻家庭案件审理指南》（2010年）第2章。
[②] 参见江苏省高级人民法院《家事纠纷案件审理指南（婚姻家庭部分）》（2019年）第8条。
[③] 参见江苏省高级人民法院《家事纠纷案件审理指南（婚姻家庭部分）》（2019年）第8条。
[④] 参见福建省莆田市中级人民法院（2019）闽03民终2027号民事判决书，甘肃省天水市中级人民法院（2021）甘05民终79号民事判决书，安徽省宿州市中级人民法院（2021）皖13民终792号民事判决书。
[⑤] 参见浙江省温州市中级人民法院（2020）浙03民终7187号民事判决书，福建省泉州市中级人民法院（2014）泉民终字第4518号民事判决书，河北省沧州市中级人民法院（2017）冀09民终6820号民事判决书。
[⑥] 参见甘肃省定西市中级人民法院（2021）甘11民终422号民事判决书，吉林省通化市中级人民法院（2021）吉05民终1368号民事判决书，内蒙古自治区赤峰市中级人民法院（2022）内04民终304号民事判决书。
[⑦] 参见天津市第三中级人民法院（2021）津03民终3001号民事判决书。

法效果层面，若依习俗由过错方承担全部彩礼代价，同样可能引发利益失衡，将过错事实作为影响彩礼返还的酌定事由更为合理。一些法院审判指引规定，因彩礼给付人或接收人过错导致离婚或者婚约解除的，在因其他事由所定返还比例基础上按 50%—10% 左右比例适当增减。有的法院在婚姻因一方过错被撤销或宣告无效情形下，依据一年到三年婚姻存续期间长短，返还 30%—80% 比例彩礼。

四、"已生育子女"构成彩礼不应予以返还的决定性事由

繁衍后代是婚姻制度的重要功能，生育子女构成双方或一方结婚的主观目的；女方也因妊娠、分娩和抚育子女承受更多客观的生理风险、心理压力和身心付出，因此彩礼返还应当虑及女方孕育情况。本条和第 6 条将《彩礼纠纷规定（征求意见稿）》中"孕育子女"修改为"孕育情况"，由此可以区分"已生育子女"与"未生育子女但怀孕、流产"两种情形。

对于已生育子女的情形，少数法院审判指引仅承认可以适当减少彩礼返还比例，而最高人民法院认为原则上彩礼不应当予以返还。[①] 有的裁判理由是彩礼已用于双方共同生活以及子女抚养。[②] 笔者认为，即便彩礼未被消耗也不应当返还。首先，从儿童利益最大化原则考量，如果父母离婚或结束共同生活状态时子女不满 2 周岁，依照《民法典》第 1084 条第 3 款原则上由母亲直接抚养。父亲虽仍有负担部分或者全部抚养费的义务，但女方具备更好的经济基础无疑更有利于子女成长。其次，如果父母离婚或结束共同生活状态时子女已满 2 周岁，意味着不符合《彩礼纠纷规定》第 5 条中"共同生活时间较短"的要件，也不应支持返还请求。

对于未生育子女但女方怀孕、流产的情形，影响返还的理由在于怀孕、流产对于女方身体健康、社会评价以及再婚可能性造成消极影响，[③]

[①] 参见最高人民法院民事审判第一庭：《最高人民法院婚姻家庭编解释（一）理解与适用》，人民法院出版社 2021 年版，第 51—53 页。
[②] 参见山东省淄博市中级人民法院（2021）鲁 03 民终 2261 号民事判决书。
[③] 参见浙江省嘉兴市秀洲区人民法院（2014）嘉秀民初字第 173 号民事判决书。

但是并不足以完全否决返还请求权,仍须结合其他事由综合评判。司法效果上为了补偿女方,应当酌减返还数额,有的法院审判指引明确规定,共同生活期间女方怀孕或者流产的,返还比例可再减少5%至20%。

五、"导致给付人生活绝对困难"构成彩礼应予返还的决定性事由

《婚姻家庭编司法解释(一)》第5条第1款第3项规定"婚前给付并导致给付人生活困难"的,当事人请求返还彩礼的应当予以支持。这意味着仅凭给付人生活困难亦可支持返还请求。原《婚姻法司法解释(二)》第10条自实施以来,对于生活困难的认定一直存在绝对困难和相对困难两种理解,前者指给付人无法维持当地基本生活水准,后者指给付彩礼前后的生活条件相差悬殊。少数裁判意见采纳相对困难的理解,以彩礼对普通家庭带来实质性影响为判定标准;① 而最高人民法院以及各地法院审判指引多采绝对困难的理解,并参照当地最低生活保障标准进行认定。②

实践中,因给付彩礼导致给付人生活绝对困难常见于两类情形,一是给付人为筹集彩礼而举债,后因无力偿还债务陷入贫困;二是男方父母用毕生积蓄给付彩礼后,无固定经济来源而无力维持生活。③ 生活困难作为返还事由的正当性来自生存保障这一基本人权,法政策层面也符合我国脱贫攻坚的国策,防止因彩礼返贫现象的发生。因给付彩礼导致生活相对困难并非不予救济,符合彩礼返还其他事由的,给付人有权请求返还,只是不能单纯以生活相对困难请求返还。

实践中的难题是如何证明给付彩礼与生活绝对困难之间存在因果关系。某案件中,原告主张因给付彩礼向案外人借款共计10万元并提交了借据及银行交易明细。裁判意见认为,原告提供的证据不能证实该借款

---

① 参见甘肃省张掖市中级人民法院(2022)甘07民终1169号民事判决书。
② 参见最高人民法院民事审判第一庭:《最高人民法院婚姻家庭编解释(一)理解与适用》,人民法院出版社2021年版,第77页。
③ 参见《最高人民法院公布49起婚姻家庭纠纷典型案例》之二十七:辽宁省西丰县人民法院王某、徐某某彩礼返还案。

与结婚有关联,也不能证实因此导致原告生活困难的事实。[1] 这一问题涉及"生活困难"与"共同生活时间"的关系,原则上因生活困难请求返还也应满足共同生活时间较短这一要件,理由是共同生活时间越短,除了给付彩礼外导致生活困难的事由越少,则给付彩礼与生活困难两者的因果关系越强。反之,共同生活时间越长意味着彩礼给付对于现阶段生活水准的影响越弱,因果关系很难证明。

◆ **典型案例**

刘某与朱某婚约财产纠纷案[2]

——已办理结婚登记,仅有短暂同居经历尚未形成稳定共同生活的,应扣除共同消费等费用后返还部分彩礼

裁判要旨: 审理法院认为,彩礼是男女双方在缔结婚姻时一方依据习俗向另一方给付的钱物。关于案涉款项的性质,除已明确注明为彩礼的 80 万元款项外,备注为"五金"的 26 万元亦符合婚礼习俗中对于彩礼的一般认知,也应当认定为彩礼。关于共同生活的认定,双方虽然已经办理结婚登记,但从后续拍摄婚纱照、筹备婚宴的情况看,双方仍在按照习俗举办婚礼仪式的过程中。双方当事人婚姻关系仅存续不到 3 个月,其间,双方工作、生活在不同的城市,对于后续如何工作、居住、生活未形成一致的规划。双方虽有短暂同居经历,但尚未形成完整的家庭共同体和稳定的生活状态,不能认定为已经有稳定的共同生活。鉴于双方已经登记结婚,且刘某支付彩礼后双方有共同筹备婚礼仪式、共同旅游、亲友相互往来等共同开销的情况,对该部分费用予以扣减。据此,法院酌情认定返还彩礼 80 万元。

(本条由汪洋撰写)

---

[1] 参见天津市静海区人民法院(2022)津 0118 民初 11703 号民事判决书。
[2] 参见《人民法院涉彩礼纠纷典型案例》,载最高人民法院网,https://www.court.gov.cn/zixun/xiangqing/419922.html,2025 年 4 月 22 日访问。

> **第六条　【未办理结婚登记但共同生活时彩礼返还的条件】**
>
> 双方未办理结婚登记但已共同生活，一方请求返还按照习俗给付的彩礼的，人民法院应当根据彩礼实际使用及嫁妆情况，综合考虑共同生活及孕育情况、双方过错等事实，结合当地习俗，确定是否返还以及返还的具体比例。

◆ 条文要旨

本条是关于双方未办理结婚登记但已共同生活时返还彩礼及其考虑因素的规定。

◆ 理解与适用

一、未办理结婚登记但已共同生活的彩礼返还

双方未办理结婚登记但已共同生活，常见于订立婚约或者给付彩礼后同居的情形，未被《婚姻家庭编司法解释（一）》第5条涵盖，但是各地法院审判指引和裁判意见多有涉及。有的判决彩礼数额较大时接受彩礼一方应予返还；[①] 有的直接参照《婚姻家庭编司法解释（一）》第5条酌情返还；更多法院根据未结婚登记的原因、共同生活时间等各项事由确定是否返还以及具体比例。[②] 最高人民法院在《全国民事审判工作会议纪要》第7条以及《关于审理彩礼纠纷案件中能否将对方当事人

[①] 参见青海省大通回族土族自治县人民法院（2008）大长民初字第153号民事判决书，福建省莆田市秀屿区人民法院（2010）民初字第1422号民事判决书，河南省南阳市中级人民法院（2007）南民一终字第288号民事判决书。

[②] 参见江苏高级人民法院《家事纠纷案件审理指南（婚姻家庭部分）》（2019年）第8条，云南省大理白族自治州鹤庆县人民法院（2013）鹤民一初字第154号民事判决书，重庆市石柱土家族自治县人民法院（2013）石法民初字第02053号民事判决书，福建省宁德市中级人民法院（2022）闽09民终287号民事判决书，福建省福州市中级人民法院（2021）闽01民终6799号民事判决书。

的父母列为共同被告的答复》中,明确了"如果未婚男女双方确已共同生活但最终未能办理结婚登记手续,给付彩礼方请求返还彩礼,人民法院可以根据双方共同生活的时间、彩礼数额并结合当地风俗习惯等事由,确定是否返还及具体返还的数额"。最终,本条在总结各地法院审判实践基础上,列举了确定是否返还以及返还比例的各项事由。

二、共同生活的具体认定标准

本条和《彩礼纠纷规定》第5条的区别在于是否办理结婚登记,问题是"结婚登记"这一形式要件重要吗?各地法院审判指引和裁判意见不再区分是否结婚登记,而将重点放在"共同生活时间"这一实质要件上,至于共同生活是基于夫妻关系还是同居关系在所不问。有的规定共同生活超过一年的,原则上不支持彩礼返还请求;有的规定为两年;有的规定为三年;[①] 有的把三年内的时间段细化为不满六个月、一年、两年等不同区间,对应80%—30%的不同返还比例。[②]

本条与《彩礼纠纷规定》第5条所涉"共同生活时间较短且彩礼数额过高的"返还情形问题类似,如何认定"共同生活"是司法实践的难点问题。笔者认为,在传统伦理习俗观念中,"发生性关系"是给付彩礼订立婚约后方被默许的亲密交往内容,也是男女共同生活的组成部分,当然会影响到彩礼是否返还。但是当代社会的性伦理与传统社会已经形成较大差异,"发生性关系"主要涉及双方的偏好与选择,很难构成某一方受益或者受损的根据。因此,不能把"发生性关系"直接认定为影响彩礼返还数额比例的具体事由,只能将其作为认定"共同生活时间长短"的判定因素之一。并且与前述《彩礼纠纷规定》第5条相同,原则上共同生活满两年时间足以认定为"共同生活时间较长",《民法典》第1079条也规定了因感情不和分居满两年则准予离婚,可见两年时间足以

[①] 参见四川省巴中市中级人民法院(2021)川19民终1563号民事判决书,河南省周口市中级人民法院(2022)豫16民终120号民事判决书。
[②] 参见甘肃省张掖市中级人民法院(2022)甘07民终653号民事判决书。

第六条 【未办理结婚登记但共同生活时彩礼返还的条件】 313

推断出双方是否存在长期稳定共同生活的意愿和事实。

三、彩礼实际使用及嫁妆情况构成返还抗辩事由

本条与《彩礼纠纷规定》第 5 条皆把"彩礼实际使用及嫁妆情况"作为确定是否返还以及返还比例的事由。彩礼实际使用包括两种情形，一种是彩礼被消耗而不复存在，又可细分为彩礼被花费于婚礼筹办或双方共同生活以及被用于接收人及其家庭的个人消费。另一种是彩礼转化为其他财物，对此又涉及其他财物的不同归属。两种情形可参照前述《彩礼纠纷规定》第 5 条的彩礼返还抗辩规则处理。

如果嫁妆属于女方个人财产，适用彩礼返还规则；如果嫁妆在实际共同生活中转化为夫妻共同财产，分割共同财产时一并处理。如果彩礼归属于女方个人且女方父母额外陪送嫁妆，则嫁妆返还可以参照彩礼返还规则一并处理。

◆ 疑点与难点

影响彩礼返还的事由处理

本条所涉疑点与难点与前述《彩礼纠纷规定》第 5 条相同，习俗所导致的压力并不影响彩礼的识别标准。同时，彩礼返还应当考虑过错事由，且已生育子女构成不应返还彩礼的决定性事由。若彩礼导致给付人生活绝对困难，则构成彩礼应予返还的绝对性事由。具体内容可见第 5 条。

◆ 典型案例

张某与赵某婚约财产纠纷案[①]

——男女双方举行结婚仪式后共同生活较长时间且已育有子女，一般不支持返还彩礼

裁判要旨：审理法院认为，双方自 2019 年 2 月起即共同生活并按民

---

① 参见《人民法院涉彩礼纠纷典型案例》，载最高人民法院网，https：//www.court.gov.cn/zixun/xiangqing/419922.html，2025 年 4 月 22 日访问。

间习俗举行了婚礼，双方在共同生活期间生育一子，现已年满2周岁，且共同生活期间必然因日常消费及生育、抚养孩子产生相关费用，若在以夫妻名义共同生活数年且已共同养育子女2年后仍要求返还彩礼，对赵某明显不公平，故判决驳回张某的诉讼请求。

（本条由汪洋撰写）

> **第七条　【施行日期及溯及力】**
> 本规定自2024年2月1日起施行。
> 　　本规定施行后，人民法院尚未审结的一审、二审案件适用本规定。本规定施行前已经终审、施行后当事人申请再审或者按照审判监督程序决定再审的案件，不适用本规定。

◆ 条文要旨

本条是关于本规定生效日期以及本规定溯及力的具体规定。

◆ 理解与适用

一、关于司法解释的生效时间

《立法法》第61条规定"法律应当明确规定施行日期"，司法解释作为最高人民法院对审判工作中法律具体适用问题作出的解释，亦应执行这一标准。2007年3月9日发布的《最高人民法院关于司法解释工作的规定》第25条第3款规定："司法解释自公告发布之日起施行，但司法解释另有规定的除外。"《最高人民法院办公厅关于规范司法解释施行日期有关问题的通知》进一步要求："一、今后各部门起草的司法解释对施行日期没有特别要求的，司法解释条文中不再规定'本解释（规定）自公布之日起施行'的条款，施行时间一律以发布司法解释的最高人民法院公告中明确的日期为准。二、司法解释对施行日期有特别要求的，应当在司法解释条文中规定相应条款，明确具体施行时间，我院公告的施行日期应当与司法解释的规定相一致。"

采取司法解释自公布一段时间之后的某日起施行这种方式，主要考虑到司法解释从公布到施行需要有一个学习宣传贯彻的过程，以便广大审判人员在实际审判工作中正确适用相关规定。本解释的生效时间规定也属此类。

二、关于司法解释的溯及力问题

通说认为，法律不具有溯及力，即"法不溯及既往"，法治国家理念下的法的安定性和信赖利益保护原则是法不溯及既往原则的理论基础。如果以后某一时间点生效的新的法律规范，作为评价该法律规范生效前的某一时间点人们的行为，难免将产生行为规范的不确定性，导致人们无法对自己行为的法律意义和法律后果产生合理的预期，亦缺乏法律公正性。而《立法法》第 104 条规定："法律、行政法规、地方性法规、自治条例和单行条例、规章不溯及既往，但为了更好地保护公民、法人和其他组织的权利和利益而作的特别规定除外。"该条规定了法不溯及既往的原则以及有利溯及的例外情形。确定有关法律规范可以溯及既往必须考虑不改变当事人行为预期、不减损当事人既有权利与减轻特定当事人负担、有利于维护公序良俗的平衡，在民事领域也要考虑符合双方当事人的真实意愿、有利于鼓励交易等因素。这是《立法法》唯一认可的正当溯及既往的规则。

2020 年 12 月 29 日，最高人民法院为贯彻实施《民法典》，制定发布了《民法典时间效力规定》，第 2 条规定："民法典施行前的法律事实引起的民事纠纷案件，当时的法律、司法解释有规定，适用当时的法律、司法解释的规定，但是适用民法典的规定更有利于保护民事主体合法权益，更有利于维护社会和经济秩序，更有利于弘扬社会主义核心价值观的除外。"第 3 条规定："民法典施行前的法律事实引起的民事纠纷案件,当时的法律、司法解释没有规定而民法典有规定的,可以适用民法典的规定,但是明显减损当事人合法权益、增加当事人法定义务或者背离当事人合理预期的除外。"上述规定分别就有利溯及和新增规定溯及问题进行明确。有利溯及的适用场景是旧法有规定,新法也有规定,二者的规定不一致,且新法的适用符合该条中"三个更有利于"的,才符合有利溯及适用的条件。新增规定溯及在学理上被称为"空白溯及",主要针对以往没有相关法律明确规定,《民法典》及其相关司法解释通过增加规定的方式,统一裁判尺度、稳定社会秩序,一般而言并不会破坏当事人的合理预期,反而会使法律更加具有公信力。

司法解释属于根据法律授权的有权解释,是对法律的合法、当然解释,司法解释具有行为规范和裁判规范的双重效力,必然也会涉及溯及力问题。《立法法》第104条并没有把法律解释和司法解释列入其中,关于司法解释的溯及力问题,目前并没有法律、司法解释明确规定,实务上通常是遵循"可以溯及其所解释的法律施行之日"的做法,除非某个司法解释对其能否溯及适用的问题有特殊规定。

在理论层面,一种观点认为,司法解释虽然理论上是对既有法律的解释,但其在一定程度上起着填补立法空白甚至创设新规则的作用。按照法不溯及既往原则,司法解释只能适用于公布施行后人民法院新受理的案件。只要案件的一审程序是在司法解释生效施行之前启动的,都不能适用该司法解释。

另一种观点认为,根据2018年修订的《人民法院组织法》第18条第1款规定:"最高人民法院可以对属于审判工作中具体应用法律的问题进行解释。"司法解释是对法律的释明,虽在被解释法律实施后制定,但应视为被解释法律的一部分,其在生效之日就应适用于审判实践,而且具有溯及力,但其溯及力应受被解释法律的时间效力范围的限制。若司法解释是对现行立法的解释,应当自公布之日起,对于人民法院尚未审结的一审、二审案件均应适用。这种对司法解释施行前人民法院已经受理、司法解释施行后尚未审结的案件加以适用司法解释的主张，实际上是赋予了司法解释一定的溯及力，即只要该案件处于一审、二审阶段，都可以适用该司法解释，至于引发此纠纷的法律事实发生在该司法解释之前还是之后，在所不问，这符合司法解释系解释相关法律的基本特点。

司法解释的溯及力问题，当然也要注重对当事人合理预期的保护。对于纯粹解释细化既有法律条文的司法解释规定，其内容属于完全符合立法本意的范畴，故对于该司法解释溯及至相应法律施行之时，应认定为符合当事人基于该法律规定所形成的合理预期。但对于填补立法空白，明显创设或者修改规则的司法解释条文规定，则会涉及改变甚至背离当事人合理预期的问题，涉及对当事人信赖利益的保护，有必要区分不同情形。对于漏洞填补型的司法解释规定，在遵循《立法法》第104条规定的前提下，要结合《民法典时间效力规定》第3条规定的精神以确定其溯及力问题，此也属于"过去没有规定而现在有规定的，可以适用现在的规定"的范畴，但要以不明显减损当事人合法权益、增加当事人法定义务或者背离当事人合理预期作为限定条件。对于修改规则型的司法解释规定，尤其是"形式上是创设规则，实际上是修改规则"的规定，则要贯彻法律不溯及既往原则，除非符合《立法法》第104条后段规定情形，方可予以有利溯及。

最高人民法院认为，首先，决定司法解释是否适用的基础是法律事实的发生时间，司法解释具有溯及力意味着对其施行前发生的法律事实也适用。法律事实的发生时间早于纠纷产生的时间，更早于起诉和审理的时间，虽然很多司法解释没有明确提出"法律事实""行为或者事件"等概念，但是通过"尚未终审""尚未审结的一审、二审案件""新受理的案件"等表述实现了同样的效果。司法解释施行时"尚未终审"或者"尚未审结的一审、二审案件"的法律事实必然发生在该司法解释施行前；司法解释施行后"新受理的案件"的法律事实可能发生在司法解释施行前，也可能发生在其施行后。其次，对于有明确解释对象的司法解释，其溯及适用于被解释法律施行之时，该类司法解释一般可以溯及至该司法解释施行时尚未审结的一审、二审案件，以及法律事实发生在该司法解释施行前、在该司法解释施行后起诉的案件，但是该司法解释施行时已经终审的案件除外。最后，应当允许司法解释在坚持法不溯及既往基本原则的前提下基于特殊考量对自身溯及力问题作出特殊规定，不能认为存在矛盾或者错误。司法解释是对法律所作的更加具体和更具有可操作性的解释，出于保护当事人合理预期等因素的考虑，可以对司法解释的溯及力问题作出特别规定。

对于是否能够溯及既往的问题，本条给出明示，司法解释适用于被解释法律施行后的法律事实引起的、该司法解释施行时尚未终审的民事纠纷案件。本司法解释施行后尚未审结的一审、二审案件适用新的解释，而施行前已经终审、施行后当事人申请再审或者按照审判监督程序决定再审的案件不适用新的解释。

◆ 疑点与难点

《彩礼纠纷规定》的溯及力

本解释施行前的法律事实引起的彩礼纠纷案件，一般适用当时的法律、司法解释的规定，即《婚姻家庭编司法解释（一）》第5条。但是《民法典时间效力规定》还规定，适用《民法典》的规定更有利于保护民事主体合法权益，更有利于维护社会和经济秩序，更有利于弘扬社会主义核心价值观的除外。当时的法律、司法解释没有规定而《民法典》有规定的，可以适用《民法典》的规定，但是明显减损当事人合法权益、增加当事人法定义务或者背离当事人合理预期的除外。此原则也可类推适用于本解释，对于本解释施行前的法律事实引起的民事纠纷案件，如果适用本解释更有利于保护民事主体合法权益，更有利于维护社会和经济秩序，更有利于弘扬社会主义核心价值观的，适用本解释。当时的法律、司法解释没有规定，本解释有规定的，除非会明显减损当事人合法权益、增加当事人法定义务或者背离当事人合理预期，适用本解释。

本解释施行前已经终审，施行后当事人申请再审或者按照审判监督程序决定再审的案件，不适用本解释。通常情况下，案件裁判的既判力应当优于司法解释的溯及力，即不得以个案的裁判理由不同于司法解释的规定为由推翻已经生效的裁判。这是因为，即使允许司法解释在有限情形下溯及既往，也要以不违反法的稳定性和信赖利益保护原则为前提，而维护裁判的既判力也是法的稳定性的一项基本要求，如果溯及力优于既判力，可能会导致大量既有生效裁判失去效力，不仅不利于稳定市场主体的权利义务关系，也不利于维护司法权威。

原《婚姻法司法解释（二）》第 29 条第 3 款与原《婚姻法司法解释（三）》第 19 条都规定，"本解释施行后，此前最高人民法院作出的相关司法解释与本解释相抵触的，以本解释为准。"涉及关于本解释与其他相关司法解释等规范相冲突时如何处理的问题。在相当长的时间内，最高人民法院根据需要，在不同时期、就不同问题作出了数量较多的相关司法解释。随着时间的推移、情况的变化、法律的修改等原因，现在司法解释的规定及做法，有些会与原来的内容相抵触。在法律及司法解释没有被明确废止的现状下，如何来看待这种规范间的冲突并加以解决？

基于新法优于旧法原则，由同一部门就相同的问题，在不同时期先后作出规定的，应该以最新规定为准。最高人民法院对婚姻家庭纠纷案件审理中有关问题作出的司法解释，前后有不一致或者有变化的，应该以后出台的司法解释为准；对此前的司法解释规定的内容，如果与后来的司法解释并不冲突，又未被明文废止的，仍然有效，人民法院在审理相关案件中可以继续适用。

（本条由汪洋撰写）

图书在版编目（CIP）数据

最高人民法院民法典婚姻家庭编司法解释（二）理解与适用：含彩礼纠纷规定 / 薛宁兰等著. -- 北京：中国法治出版社，2025.8. --（司法解释理解与适用系列）. -- ISBN 978-7-5216-5185-0

Ⅰ.D923.905

中国国家版本馆 CIP 数据核字第 2025AW8939 号

责任编辑：程　思　　　　　　　　　　　　　　封面设计：李　宁

最高人民法院民法典婚姻家庭编司法解释（二）理解与适用（含彩礼纠纷规定）
ZUIGAO RENMIN FAYUAN MINFADIAN HUNYIN JIATINGBIAN SIFA JIESHI（ER）LIJIE YU SHIYONG（HAN CAILI JIUFEN GUIDING）

著者/薛宁兰等
经销/新华书店
印刷/保定市中画美凯印刷有限公司
开本/710 毫米×1000 毫米　16 开　　　　印张/ 21.25　字数/ 280 千
版次/2025 年 8 月第 1 版　　　　　　　　2025 年 8 月第 1 次印刷

中国法治出版社出版
书号 ISBN 978-7-5216-5185-0　　　　　　　　定价：79.00 元

北京市西城区西便门西里甲 16 号西便门办公区
邮政编码：100053　　　　　　　　　　　传真：010-63141600
网址：http://www.zgfzs.com　　　　　　编辑部电话：010-63141836
市场营销部电话：010-63141612　　　　印务部电话：010-63141606

（如有印装质量问题，请与本社印务部联系。）